KB218367

목양교사를 위한 교회교육 길잡이

임계빈 지음

하나님의 사람을 **엘맨**
만들어 가는 ELMAN

목양교사를 위한 교회교육 길잡이

1쇄	2024년 12월 27일
지은이	임계빈
펴낸이	이규종
펴낸곳	엘맨출판사
등록번호	제13-1562호(1985.10.29.)
등록된곳	서울시 마포구 토정로 222
	한국출판콘텐츠센터 422-3
전화	(02) 323-4060, 6401-7004
팩스	(02) 323-6416
이메일	elman1985@hanmail.net
	www.elman.kr

ISBN   978-89-5515-807-6 03230

이 책에 대한 무단 전재 및 복제를 금합니다.
잘못된 책은 구입하신 서점에서 바꿔드립니다.

값 18,000 원

목양교사를 위한 교회교육 길잡이

임계빈 지음

하나님의 사람을 만들어 가는 엘맨 ELMAN

차례

1장 기독교 교육의 기초 · 8
1. 기독교 교육의 정의 · 8 / 2. 기독교 교육학이란 무엇인가 · 25 / 3. 개혁주의 기독교 교육의 방향과 과제 · 30

2장 기독교 교육의 목적 · 37
1. 기독교 교육 목적의 정의 · 37 / 2. 기독교 교육의 목적에 대한 유비적 설명 · 38 / 3. 좋은 목표의 특징 · 44 / 4. 기독교 교육의 목적에 관한 논의 · 46 / 5. 교육목적 진술 · 65

3장 기독교 교육의 역사 · 76
1. 구약시대의 교육 · 78 / 2. 신약시대의 교육 · 84 / 3. 중세기의 기독교 교육 · 93 / 4. 종교개혁의 기독교 교육 · 97 / 5. 개혁 다음 시기의 기독교 교육 · 99 / 6. 주일학교 교육 운동 · 101 / 7. 19세기의 기독교 교육 · 110 / 8. 20세기 기독교 교육 · 112

4장 기독교 교육의 교육 과정 · 119
1. 기독교 교육 과정 개념 · 119 / 2. 기독교 교육 과정 기초 · 123 / 3. 기독교 교육 과정 구성의 원리 · 128 / 4. 기독교 교육 과정의 지향점 · 137 / 5. 통합적인 교회 교육 과정 · 144 / 6. 커리큘럼의 선별과 채택, 그리고 사용 · 148

5장 기독교 교육의 교육 방법 · 161

1. 교육 방법의 정의와 중요성 · 161 / 2. 기독교 교육 방법 선정 기준 · 162 / 3. 기독교 교육 방법 개발의 원리 · 165 / 4. 기독교 교육 방법의 종류 · 170 / 5. 인공지능과 기독교 교육 · 192 / 6. 기독교 교육 방법 마무리 · 194

6장 기독교 교육의 교수-학습 · 197

1. 기독교 교육 교수-학습 접근 · 197 / 2. 교수-학습이론에 대한 정의와 대표적인 접근들 · 199 / 3. 교사가 해야 할 열 가지 결정 · 204 / 4. 학생의 학습 스타일 · 207 / 5. 교수-학습 과정 · 214 / 6. 교수-학습 과정 실행 · 223

7장 기독교 교육의 학생 이해 · 235

1. 발달의 일반적 원리 · 235 / 2. 발달심리학적 이해 · 236 / 3. 심리 사회적 발달 특성 · 241 / 4. 도덕적 판단의 발달론 · 245 / 5. 신앙 발달적 특성 · 249 / 6. 교육학적 인간 이해 · 256 / 7. 학생을 어떻게 바라볼 것인가 · 263 / 8. 학생 이해를 위한 제안 · 266

8장 기독교 교육의 교사 · 270

1. 기독교 교육에 있어서 교사 · 270 / 2. 교사 : 직업인가, 소명인가? · 272 / 3. 교사의 위치 · 275 / 4. 교사의 역할 · 276 / 5. 반목회자 교사가 갖출 7가지 능력 · 287

9장 기독교 교육의 현장 · 301

1. 교회 · 302 / 2. 가정 · 313 / 3. 학교 · 324 / 4. 사회 · 331

10장 기독교 교육의 예배 · 341

1. 예배의 정의 · 342 / 2. 개혁주의 예배 · 344 / 3. 예배의 기능 · 347 / 4. 예배 의식의 요소들 · 351 / 5. 예배의 교육적 의미 · 360 / 6. 예배와 어린이 · 365 / 7. 어린이 예배 갱신 · 369 / 8. 새로운 어린이 예배 형식들 · 379 / 9. 합당한 예배를 위한 교육적 제언 · 392 / 10. 세대 통합예배 · 397

11장 기독교 교육의 상담 · 407

1. 상담의 정의 · 407 / 2. 상담의 어의 · 409 / 3. 상담에 대한 성경적 관점 · 410 / 4. 기독교 상담의 독특성 · 412 / 5. 상담의 과정 · 414 / 6. 기독교 상담자의 자격 · 425 / 7. 상담자원과 기술 · 429 / 8. 상담 이론 · 432 / 9. 기독교 상담의 통합적 원리와 특징 · 445 / 10. 어떻게 "상담하는 교사"가 될까? · 455 / 11. 상담의 실제 · 458 / 12. 맺는말 · 464

12장 기독교 교육의 행정 · 468

I. 기독교 교육 행정 · 468 / 1. 기독교 교육 행정 원리 · 468 / 2. 기독교 교육 행정의 성경적 근거 · 471 / 3. 기독교 교육 행정의 기본 원리 · 474 / 4. 기독교 교육 행정의 과정 · 479 / 5. 행정가들의 책임 및 역할 · 480 / II. 기독교 교육의 조직 · 488 / 1. 교회학교 조직의 원리 · 488 / 2. 기독교 교육의 행정 조직 · 493 / 3. 교회학교의 학제 · 499 / 4. 반의 조직과 구성 · 501 / 5. 새로운 시도 · 502 / III. 계획 및 평가 · 510 / 1. 교육계획의 원리와 방법 · 511 / 2. 평가의 원리 및 방법 · 516

13장 기독교 교육의 선교 · 524

1. 선교적 사명 · 524 / 2. 선교에 대한 이해 · 526 / 3. 교육과 선교의 관계 · 530 / 4. 삼위 하나님의 선교 교육 · 532 / 5. 선교 교육의 기초 · 537 / 6. 선교 교육에서 지역 교회의 동반자 관계 · 544 / 7. 선교 동반자 관계는 가족을 포함 · 549 / 8. 어떻게 선교 교육을 할 것인가? · 551

1장 • 기독교 교육의 기초

1. 기독교 교육의 정의

　매 1학기의 첫 수업이면 언제나 벌어지는 일입니다. 주변은 쥐 죽은 듯이 조용하고 학생들은 다소 얼떨떨한 표정으로 앉아 있습니다. 첫 수업시간이 되면 카렌 타이는 기독교 교육 필수과목을 수강하는 학생들에게 '기독교 교육이란 무엇인가?' 기독교 교육에 대한 정의를 적도록 합니다. 시간이 조금 지나면, 몇몇 학생들은 종이를 바스락거리며 쓰기 시작하지만 대다수는 여전히 미간을 약간 찌푸린 채 있습니다. 나중에 대화를 통해 안 사실이지만 학생들 대부분이 그때 처음으로 기독교 교육이 무엇인지를 생각해 보게 되었다고 합니다. 사실상, 학생들의 대부분은 이런 질문을 처음으로 받아보게 됩니다. 이들은 기독교 교육이란 용어를 종종 접하기는 했으나, 그 의미에 관해서는 한 번도 진지하게 생각해 본 적이 없었습니다. 학생들은 자신들이 알고 있는 '기독교 교육'을 교회의 다른 이들도 알고 있기 때문에 그들 모두의 견해가 일치할 것이라고 단순하게 믿고 있습니다.
　이와 같은 현상은 교회의 교육 위원회에서도 자주 일어납니다. '기독교 교육이란 무엇인가?'라는 질문에 대답하도록 요구할 때면, 보통 두 가지 중 한 가지 현상이 벌어집니다. 위원회 회원들은 처음에는 당황하다가, 좀 고심한 후에 그것에 관하여 실제로 생각해 본 적이 없었다고 말합니다. 아니면 주일학교와 어린이들을 가르치는 것에 관해 언급하기 시작합니다. 기독교 교육에 대한 주된 초점은 어린이들과 주일학교에 맞춰져 있습니다. 물론 기독교 교육이 주일학교와 어린이를 포함한다는 사실에는 이견이 없으나 단지 주일학교와 어린이 교육이라고 정의하는 데에는 한계가 있다고 보며 또한 교육 목회를 세워나가는 기반으로써 부적절하다고 봅니다.

왜 기독교 교육에 대한 개념이 교육 목회의 토대가 되는 것일까요? 기독교 교육의 정의가 그토록 중요한 이유는 무엇일까요? 이는 기독교 교육이란 이름으로 우리가 해야 할 일을 결정짓기 때문입니다. 우리가 무엇을 해야 할지, 왜 해야 하는지, 그리고 중요한 교회 사역을 어떻게 실천할 수 있을지에 대한 생각에 영향을 주며, '기독교 교육이 무엇인가?'에 대한 우리의 인식이 형성 되어질 것입니다. 찰스 멜쳐트(Charles Melchert) 박사가 말한 바와 같이 "만일 우리가 어떤 정의 또는 추구하는 목적에 대한 명확한 이해가 없다는 것은 우연히 이루어지기를 바라는 것에 지나지 않는다. 나는 성도들과 우리 하나님께서는 이러한 우연보다 우리에게 명확한 이해를 더 기대하리라 본다!".

우리는 우리가 무엇을 하고 있는지 명백히 알아야 할 필요가 있습니다. 너무나 중요한 사역이므로 그 의미를 심사숙고해야 하며 그래야 우리는 최선을 다해 힘을 쏟을 수 있습니다. 예수님의 생애와 사역을 살펴보면서, 예수님 스스로가 자신이 누구이며 무엇을 하려는

지 분명히 안다는 점에서 의미심장하고 깊은 인상을 받습니다. 광야에서 사탄에게 시험을 받는 이야기에서 예수는 자신의 정체성을 명확히 드러냅니다. 이 이야기로 예수님이 이 땅에 오신 것은 자신의 정체성에 관해 분명히 하려는 것과 하나님의 아들이라 불리는 것, 이것이 무엇을 의미하는지 또한 무엇을 의미하지 않는지를 알 수 있습니다. 누가복음에 나타난 광야의 시험에 뒤이어(눅4:1~13) 예수께서 후일 나사렛 예수로서 담대히 사역을 이름 짓는 지역, 즉 나사렛 회당을 방문하는 장면이 있는 것은 상당한 의미가 있어 보입니다(눅4: 14~21). 이 이름에서 예수님은 스스로에게 또한 청중 앞에서 그가 좇아야 할 길에 대한 선명한 청사진을 제시합니다. 그리고 복음서에서 예수님이 그의 이름과 그가 선포한 사역이 실현되었음을 증거하고 있습니다.

여기서 한 가지 짚고 넘어가야 할 것이 있습니다. 우리가 개념에 대한 기본이해를 갖는다는 것이 "만병통치" 접근 방식으로 하나의 정의를 도출할 수 있다고 생각지는 않습니다. 저명한 기독교 교육학자인 토마스 그룸(Thomas Groome)이 언급한 바와 같이, "나는 교육은 너무나 복합적이어서 보편적으로 동의한 한 가지 정의가 있을 수 없다고 믿는다. 대신에, 나의 목표는 교회가 기독교 교육이란 무엇이며, 우리가 하는 교육에 대해 어떻게 생각하는가에 관하여 허심탄회하고 진솔한 대화를 나누는 것이다. 이런 대화를 통하여 우리가 당연하다고 여기는 기독교 교육 가정들을 이름 지을 수 있으며, 우리의 교회 내에서 암묵적으로 작용하는 기독교 교육의 개념에 대해 논의할 수 있으며, 또한 기정 사실화 되어버린 정의로 인해 좀 더 효과적인 교육 목회를 수행하지 못하도록 제한하거나 방해하는 방법이 무엇인지 들여다 볼 수 있게 되는 것이다".

기독교 교육을 정의할 수 있는 방법으로는 어떠한 것들이 있습니까? 어떻게 이러한 기초 요소에 틀을 형성하고 구체화 시킬 수 있습니까? 학생들 또는 지교회 모임에서 기독교 교육 개념에 대한 이슈를 다루면서, 종종 서두를 시작할 때, 그들에게 기존의 기독교 교육이 무엇을 의미하는지 이야기하도록 요구해 왔습니다. 그리고 지난 수년 간 관련 용어와 문구의 목록들이 상당히 증가하였습니다. 다음은 반복적으로 계속 들었던 용어들입니다.

양육 / 훈육 / 가르침 / 회심 / 습관 형성 / 교리 주입 / 교리 / 신앙 보전 / 신앙 발달 / 영성 형성 / 변화 / 학교 교육 / 신앙 형성

이 다양한 목록처럼 보이는 모든 단어들이 기독교 교육을 제시하는 것처럼 생각되지는 않습니다. 그러나 다소 다양한 목록으로부터 어떤 의미를 끌어낼 수 있으며 이 목록이 기독교 교육의 핵심적 특성들이 돋보이는 출발점이라 생각합니다.

1) 어원으로 살펴보는 기독교 교육

교육에 관한 어원적 고찰을 통하여 우리는 교육이란 피교육자의 밖에서 영향을 미쳐 들어가는 것과 피교육자의 내부에 들어있는 잠재적인 성장의 가능성이 올바로 발전하도록 돕는 것, 이 둘 간의 변

증법적인 상호작용이라고 하는 점을 알 수 있습니다. 그러면 '교육'이라는 단어 앞에 '기독교'라는 단어가 붙는 기독교 교육은 어원적으로 어떠한 의미를 갖습니까?. 기독교 교육은 말 그대로 기독교와 교육의 합성어입니다. 교육이 가르치고 키우는 일이라면 기독교 교육은 그 가르치고 키우는 일 앞에 기독교라는 수식어가 붙는 교육이라는 말입니다. 그런데 이 기독교라는 수식어와 교육의 관계는 다양하게 해석될 수 있습니다.

첫째, 기독교를 목적격으로 해석할 수 있습니다. 그렇게 되면 기독교 교육은 기독교를 교육하는 것이 되고, 여기에서 기독교란 단어는 교육의 내용을 규정하는 역할을 합니다. 따라서 기독교 교육은 기독교라는 종교를 가르치는 교육으로서, 기독교에 대한 정보를 제공하고, 기독교의 경전인 성경과 교리, 기독교회의 역사와 전통, 그리고 삶의 양식을 가르치는 것이 곧 기독교 교육이 됩니다. 이렇게 볼 때 기독교 교육은 다른 내용을 가르치는 교육, 예를 들어 역사교육, 국어교육, 수학교육과 구별되어 기독교를 가르치는 교육이 됩니다. 기독교 교육에 관한 이러한 이해는 기독교 학교와 같은 상황에서 기독교 과목을 가르치는 교육을 지칭할 때 사용될 수 있겠습니다.

둘째, 기독교 교육은 앞의 '기독교'란 수식어가 뒤의 '교육'이란 단어의 소유격의 의미로 쓰인 것으로도 해석될 수도 있습니다. 그렇게 되면 기독교 교육은 기독교의 교육으로, 기독교가 주체가 되어 실시하는 교육이라고 할 수 있습니다. 기독교가 주체가 되는 교육이 무엇을 뜻하겠습니까? 기독교가 주체가 되는 교육은 기독교인을 양육하는 교육입니다. 이 경우 기독교 교육은 기독교가 주체가 되어 기독교인을 양육하는 교육이라는 의미가 됩니다. 영어 단어인 'christian education'이 이러한 뉘앙스를 풍기는 단어로 우리가 흔히 기독교 교육이라고 할 때 가장 많이 지칭하게 되는 의미가 아닌가 합니다. 그럼 기독교인이 된다는 것은 무엇입니까? 기독교인 됨은 하나님과 인격적인 관계를 맺고, 예수 그리스도를 주로 영접하며, 기독교회라는 신앙공동체의 한 일원으로서 그 공동체의 전통과 문화를 알고 그와 상호작용하며, 가정과 교회와 사회에서 하나님 나라를 구현하며 살아가는 사람을 말합니다. 기독교 교육은 바로 그러한 기독교인을 양육하는 기독교의 교육적 노력이라고 할 수 있습니다. 기독교가 주체가 된다는 말은 곧 교회가 주체가 되는 교육으로 이해되기도 하여, 이 경우 기독교 교육은 교회 교육과 동의어로 쓰일 수도 있습니다.

셋째, 기독교 교육을 해석하는 제3의 가능성은 기독교 교육을 가장 광의로 이해하는 입장이라고 할 수 있는데, 기독교라는 수식어를 형용사적 의미로 해석하여 '기독교적 교육'이라고 보는 것입니다. 그렇게 되면 가르치고 키우는 일인 교육을 기독교적으로 하는 행위를 말하게 됩니다. 여기에서 기독교라는 단어는 단순히 가르치고 키우는 일이라는 가치 중립적 교육의 개념에 방향을 제시하고 교육의 성격과 목적을 규명하는 역할을 합니다. 따라서 기독교 교육은 피교육자를 가르치고 키우는 일 전체를 기독교적 방향으로, 기독교적 관점에서 하는 교육을 지칭하게 됩니다. 그렇게 되면 기독교 교육은 좁은 의미의 기독교인 만들기에 집중하는 것이 아니라 가르치고 키우는 모든 교육적 행위를 기독교적 가치를 가지고 하는 교육을 의미합니다. 앞의 두 번째 기독교 교육 개념이 주로 교회가 주체가 되어 이루어지는 교육이라고 한다면, 세 번째의 기독교 교육 개념은 반드시 교회가 주체가 되어 이루어지는 것만이 아니라 기독교적 가치관과 세계관을 바탕으로 이루어지는 모든 종류의 교육들을 교회의 교육뿐만 아니라 학교의 교육도, 그리고 기독교 과목뿐만 아니라 일반 교과목들, 심지어 직업을 습득하기 위한 교육일지라도 의미할 수 있습니다. 그것이 무엇을 가르치는 것이건 간에 기독교 정신을 바탕으로 정립되고, 기독교적 세계관과 인간상을 바탕으로 세워진 교육이라면 기독교 교육이 될 수 있는 것입니다. 따라서 이 관점에서 보는 기독교 교육은 단순히 기독교의 교리를 가르치거나 적극적 의미의 신자를 키우는 일에만 중점을 두는 것이 아니라, 이에서 더 나아가 피교육자가 자신과 이웃과 세계와의 관계를 기독교적 관점에서 형성하도록 돕고, 기독교적 가치관과 세계관을 형성하며, 그를 바탕으로 교회와 사회와 가정에서 살아갈 수 있도록 인도하는 통전적 의미의 교육을 의미한다고 볼 수 있습니다.

따라서 이러한 의미의 기독교 교육은 교회라는 장에서 뿐만 아니라 가정과 학교 그리고 사회라는 확대된 장에서 이루어집니다. 이와 같은 모델은 무엇보다 기독교적 가치관이 사회 안에 깊이 뿌리를 내린 서구 유럽의 기독교 교육 전통에서 찾아볼 수 있습니다. 공교육의 아버지로 칭해지는 마틴 루터의 기독교 교육의 개념도 세 번째의 교육 개념이라고 할 수 있습니다. 그는 종교개혁과 더불어 교육의 개혁도 시도하였는데, 기존의 학교가 성직자양성을 위주로 하였던 것에서 벗어나 모든 시민을 대상으로 하는 공교육이 되어야 한다고 주장하였습니다.

위에서 살펴본 세 가지의 정의 중 어느 것이 절대적으로 옳다고 단정 지어 말하기는 어렵습니다. 기독교 교육의 역사에서 보면 그 세 가지 입장 모두가 다양한 시대와 상황에 따라서 적절한 기독교 교육의 정의로 받아들여졌고, 또한 오늘날도 기독교 교육이 이루어지는 장에 따라 상이한 기독교 교육의 개념이 수용될 수 있습니다. 따라서 우리는 기독교 교육을 이해할 수 있는 여러 가능성을 인정하고 교육의 장과 목적에 적합한 시의적절한 기독교 교육 개념을 설정할 줄 아는 태도를 가질 수 있어야 할 것입니다.

2) 기독교 교육의 정의

세속적인 교육 개념은 인간의 이성적인 사고에 의한 것인 반면에 기독교 교육의 개념은 성경에 근거합니다. 곧 그리스도인은 하나님의 말씀인 성경에 근거한 인간관을 채택합니다. 성경은 인간의 기원과 본질에 대하여 명확하게 말하고 있습니다. 창세기에서는 인간을 하나님의 형상으로 창조된 존재라고 말합니다. 이러한 인간관에 근거하여 보수주의 기독교 교육학자들은 기독교 교육 개념을 다음과 같이 정의합니다. 먼저 그랜돌프는 기독교 교육을 "성경에 근거한 성령의 능력을 힘입은 그리스도 중심적인 교수-학습 과정이라"고 주장합니다. 쥬크는 기독교 교육이란 "사람들을 그리스도께로 인도하고, 그들을 그리스도 안에 세우기 위하여 하나님의 기록된 말씀을 전함에 있어서 성령의 능력을 힘입어 그리스도와 성경을 중심으로 하여 강단에서 시행하는 과정이라"고 말합니다. 이들은 교육에서 성령의 역사를 강조하고 있습니다. 드종에 따르면 기독교 교육이란 "하나님과 사람, 사람과 동료 그리고 사람과 자연 세상 사이에 참된 관계를 재창조하고 발달시키는 것"입니다. 그는 창조주 하나님과 피조물들 간의 관계에 초점을 맞추고 있습니다. 파즈미뇨는 기독교 교육에 대해 "기독교 신앙을 포함하고 있거나 그에 일치하는 지식, 가치관, 태도, 기술, 느낌과 행동을 전하기 위한 의도적이고 체계적인 일련의 신적이며 인간적인 노력이라"고 정의합니다. 그는 교육의 서술적인 교수 과정에 대해 강조하고 있습니다.

기독교 교육은 두 가지 차원을 포함하고 있습니다. 하나는 신적 차원이요. 다른 하나는 인간적 차원입니다. 기독교 교육이 일반 교육과 구별되는 것은 초월적 차원을 포함한다는 것입니다. 기독교 교육은 하나님의 존재를 전제하며, 하나님의 계시(revelation)에 기초합니다. 하나님이 자신을 계시하실 때에 비로소 하나님을 알 수 있습니다. 신앙도 하나님의 선물입니다. 하나님이 은혜를 베푸시지 않으면 인간의 노력만으로는 신앙을 지닐 수 없습니다. 예수 그리스도를 구주로 영접함으로 기독교인이 되는 것과 그 이후 그리스도 안에서 지속적으로 성장하는 모든 과정이 은혜의 과정입니다. 기독교 교육은 하나님의 은혜에 전적으로 의존해 있고, 이런 점에서 기독교 교육은 '하나님의 교육'이라고 이름 붙일 수 있습니다. 성부, 성자, 성령 하나님이 진정한 교육자입니다. 기독교 교육에 있어서 기도가 중요한 이유가 바로 여기에 있습니다. 겸손히 하나님의 은혜를 사모할 때, 하나님의 교육을 경험할 수 있습니다.

하지만 기독교 교육이 신적 차원이 있고 하나님의 은혜에 의존하고 있다는 것이 인간의 게으름을 정당화하지 않습니다. 하나님이 교육의 주체지만 하나님은 인간을 사용하기를 기뻐합니다. 그렇기 때문에 인간의 노력은 하나님의 은혜의 통로가 될 수 있습니다. 하나님은 헌신되고 준비된 기독교 교육자들을 통해 기독교 교육을 이루어 갑니다. 그리고 무엇보다 기독교 교육은 인간을 변화시키는 것이기에 인간과의 접촉점을 중요시합니다. 인간과의 커뮤니케이션이 가능해야 하고, 인간의 심리와 문화를 제대로 이해해야 하고, 그에 따라 적합성 있는 교육을 실행할 때 변화가 극대화될 수 있습니다. 결국 기독교 교육은 신적 차원과 인간적 차원이 만나는 지점에서 발생합니다. 기독교 교육자는 100% 노력해야 하지만 동시에 100% 하나님께 의지해야 합니다. 우리가 기독교 교육을 위해 준비해야 하는 모든 것을 알차게 준비해야 하고, 그러면서도 전적으로 기도하며 하나님의 은혜를 간구해야 합니다.

3) '교회 교육', '교육 목회', '교회학교'

기독교 교육만큼이나 우리에게 익숙한 단어가 교회 교육입니다. 교회 교육을 장소 개념으로만 이해한다면 그것은 교회 안에서 이루어지는 교육이라고 할 수 있습니다. 그러나 교회 교육은 교회 밖에서 이루어지기도 합니다. 여름 수련회는 중요한 교회 교육 프로그램이지만 교회 밖에서 이루어지는 경우가 많습니다. 따라서 교회 교육은 교회에서 이루어지는 교육을 포함하여 교회가 주관하는 교육으로 이해되어야 합니다.

(1) 교회 교육

교회 교육은 교회가 주관하는 교육으로써, 넓은 의미에서 교회의 모든 삶의 양식과 관련되어 있습니다. 교회 교육을 교회학교와 동의어로 이해하고 있는 사람들이 많습니다. 그러나 교회는 하나님 나라의 백성, 즉 신자를 잉태하고 지속적으로 양육시키는 기관입니다. 따라서 교회의 모든 활동은 궁극적으로 신자를 성숙시키는 교육의 활동이라고 할 수 있습니다. 해리스(M. Harris)는 교회의 교육활동은 하나님의 백성을 만드는 활동이고 이것은 교육뿐만 아니라 예배, 친교, 봉사, 선포 등 교회의 모든 기능이 동참하는 활동이라고 하였습니다. 따라서 교회 교육을 단순히 교회학교와 같이 어린이와 청소년을 대상으로 가르치는 활동에 국한하여 보는 것은 매우 편협한 이해라고 할 수 있습니다.

밀러는 신앙공동체인 교회 자체가 곧 교육하는 교사라고 하였습니다. 교회의 어떤 특별한 행사나 프로그램이 교육하는 것이 아니라 교회 자체가 교육한다는 것입니다. 교회는 예수 그리스도를 통해 자신을 계시하신 하나님을 만난 사람들의 공동체입니다. 그들은 증거자로서 하나님의 언약에 응답하는 신앙공동체를 형성 하였고, 그 안에서 자신의 신앙을 고백하며 응답하는 삶을 삽니다. 교회에는 공동의 신앙고백이 있고, 공동의 이야기가 있으며, 공동의 예배가 있습니다. 이 안으로 사회화하는 것 자체가 곧 신앙 성장의 길이라고 할 수 있습니다. 그렇기 때문에 교회 교육은 신자가 교회와 관련을 맺고 그곳에서 사회화되어가는 전 과정 자체라고 할 수 있는 것입니다. 그렇게 보았을 때 교회 교육은 소위 교육 목회의 개념과 동일시 될 수 있습니다. 교육 목회는 목회의 모든 차원들을 교육적으로 기획하고 실행하는 교회의 활동을 의미합니다. 기독교 교회는 사도행전의 초대교회에서부터 예배, 선교, 교육, 친교, 봉사를 교회의 기본적 존재 양식으로 삼아왔습니다. 이것들은 교회가 안으로는 하나님의 구원의 은혜를 경험하고 나누며, 밖으로는 세상을 향한 중인 공동체의 역할을 수행하는 근본적 통로였습니다. 또한 동시에 그 자체로 기독교 교인 됨을 훈련할 수 있는 통로들이었습니다. 따라서 이 다섯 가지 목회의 모든 차원들은 그 자체로 기독교 교인이 교회의 안과 밖에서 기독교인으로서 살아갈 수 있도록 훈련하는 교육의 통로가 됩니다. 교육 목회(Teaching ministry)는 이와 같은 개념을 바탕으로 하여 목회의 전 영역을 교육적으로 기획하고 실행하는 일련의 교회적, 목회적 활동을 지칭하는 개념입니다.

(2) 교회학교

그에 반해 교회학교는 교회에서 어린이와 청소년을 대상으로 학교식으로 이루어지는 교육프로그램입니다. 교회학교는 18세기 말 영국에서 시작된 '주일학교 운동'에 뿌리를 두는데, 주일에 어린이와 청소년을 대상으로 예배와 학교식의 수업을 하는 교육프로그램입니다. 먼저 간단히 교회학교 또는 주일학교의 역사를 살펴보면 로버트 레익스(Robert Raikes)가 1780년에 영국 글로체스터에서 시작한 주일학교(Sunday School)는 영국은 물론 미국과 전 세계에 퍼지면서 기독교 교육의 확고한 장으로 자리매김했습니다. 처음 로버트 레익스가 시작한 주일학교는 주일 오전 10시에서 12시까지 진행되었고 후에 오후 1시부터 5시까지로 연장되었습니다. 교육 내용으로는 '읽기', '찬송', '예배', '교리 교육', '성경 연구', '영어 공부' 등이었으며, 당시 거리의 아이들과 청소년들을 대상으로 하는 보상적 사회교육의 성격을 띠고 있었습니다. 레익스는 학생들의 입을 옷과 신을 구두를 제공하면서 생활 훈련을 겸한 교육을 실천했습니다. 주일학교는 초창기에는 영국 교회와 귀족 사회로부터 비도덕적 조직이며, 노동자들의 임금을 상승시키는 운동으로 비판받았으며, 당시의 교회 지도자들과 신도들로부터는 안식일을 범하는 이교 집단으로 몰리기도 했습니다. 그러나 4년 후에는 영국에만도 주일학교 학생수가 25만 명에 이르도록 급증하게 되었고, 1785년에는 '런던 주일학교 공회'가 결성되었습니다. 이러한 영국의 주일학교 운동은 미국으로 전파되어 확산되는데, 1790년에는 미국 필라델피아에서 처음 주일학교 협의회가 조직됩니다. 미국에서의 주일학교 운동은 영국에서의 사회교육적 성격과는 달리 '복음 전도의 수단'으로써 사용되었습니다.

특히 1787년 미국 의회가 제정한 교회 - 국가 분리법으로 인해 미국의 공립학교에서는 더 이상 종교교육을 할 수 없게 되었기 때문에 주일학교가 신앙 교육의 책임을 지는 중추 기관으로 발전하게 됩니다. 1824년에는 미국 주일학교 연합회가 결성되었고, 1872년에는 만국 통일 공과를 출판하게 되었습니다. 1940년대 이후에는 종교교육협의회(Religious Education Association)의 영향으로 주일학교라는 이름 대신에 경험주의적이고 과학적인 입장을 보다 강조하는 교회학교(Church School)라는 이름을 갖게 됩니다. 한국에서의 주일학교 또는 교회학교의 발전은 이러한 미국의 주일학교 운동이 선교사들을 통해 한국에 전파된 결과이며, 1907년 평양 대부흥 운동을 통해 전국적으로 확산된 결과라고 할 수 있습니다. 물론 한국에서 기독교 교육의 시작은 1885년 아펜젤러(H. G. Appenzeller)가 설립한 '배재학당'이라는 기독교 학교로부터지만, 새문안교회를 비롯한 교회가 세워지면서 활발하게 주일학교가 태동하게 됩니다. 이미 1907년에 한국의 주일학교 수는 전국에 613개였으며, 학생은 4만 5918명이었습니다. 그 후 계속 확장에 확장을 거듭하여 오늘에 이르렀습니다. 주일학교운동은 이미 선교 초기에 한국교회에 들어와 오늘에 이르기까지 한국교회의 교회 교육을 대표하는 교육프로그램으로 성장하였고, 어린이와 청소년을 체계적이고 전문적으로 교육하는 기관으로 자리 잡아왔습니다. 특별히 다양한 교육프로그램과 공과의 개발, 그리고 그를 지원할 기독교 교육학의 발전을 불러일으키며, 많은 사람들에게 교회 교육은 곧 교회학교라는 생각을 하게 할만큼 기독교 교육의 핵심적 장이 되어 왔습니다.

그러나 교회학교라고 하는 개념은 학교라고 하는 은유를 사용함으로써 교회 교육을 학교식(schooling)의 교육 형태로 고착화하는 문제점을 안고 있기도 합니다. 학교에서 주로 지식 위주의 가르침을 주고 있는 것처럼, 교회 교육을 성경 지식이나 신앙적 정보를 제공하는 교육으로 이해하도록 만드는 경향이 있습니다. 그러나 웨스터 호프가 지적하고 있는 것과 같이 성경에 관해서 배우고 알게 된다는 것이 곧 성경이 증언하는 예수 그리스도의 제자로 살아가게 되는 것을 의미하는 것은 아니고, 또한 신앙인이 되는 것도 아닙니다. 교회학교의 학교식 교육은 기독교나 성경에 관하여(about) 가르칠 수는 있을지 모르지만, 신앙 자체를 형성하도록 하는 것은 아닙니다. 기독교 교육의 최종적 목표가 단순히 종교로서의 기독교를 넘어서서 진정한 신앙인이 되도록 하는 것이라고 보았을 때, 교회학교 모델은 그와 같은 목표에 도달할 수 있는 최적의 기독교 교육 모델이라고는 볼 수 없습니다. 교회학교 개념이 갖는 또 하나의 결정적 문제점은 그것이 교회 안에 존재하는 것이지만, 그 안에 교회 공동체의 나눔과 삶이 없다는 것입니다. 교회학교에서 어린이와 청소년들은 교회학교에 고립된 채, 신앙공동체로서의 교회 전체에 대한 경험을 할 수 없습니다. 신앙의 공동체란 최소한 삼 세대가 함께 공존하면서, 삶을 공유하고 전통 전수와 전통 창조가 이루어져야 하는 곳인데, 교회학교는 교회 안에 존재하는 학교로서 학생과 교사만 있지, 실제로 신앙공동체 전체와의 유기적 상호작용은 활발하게 이루어지지 못합니다. 신앙이 공동체의 참여와 그 안에서의 삶의 나눔을 통해서 형성되는 것이라면, 교회학교 개념은 그 점에서 한계가 있습니다.

(3) 교육 목회

교회 교육은 단지 교회학교만을 의미하는 것이 아닙니다. 교회 교육은 전 연령을 포함하며, 교회생활 전체를 교육의 장으로 포함합니다. 이는 교회학교가 물론 교회 교육의 중요한 장이지만, 교회학교를 포함한 교회의 전 영역이 교회 교육의 장임을 인식해야 한다는 것입니다. 이를 가장 강하게 주장한 사람은 기독교 교육학자 중의 한 사람인 마리아 해리스(Maria Harris)입니다. 그녀는 그녀의 책 「교육목회 커리큘럼」에서 교회 교육이 어떻게 교회학교와 구별돼야 하는지를 잘 설명하고 있습니다.

첫째, 교회 교육은 자라나는 세대만을 대상으로 하는 것이 아니라 평생교육(life-long education)이라는 점입니다. 주일학교 운동이 기독교 교육에 많은 공헌을 한 것이 분명하지만, 교회 교육의 대상을 어린이나 청소년으로 국한하는 경향이 있었고, 이로 인해 교회 교육은 성인에게는 필요하지 않고, 자라나는 세대들에게만 필요한 것으로 잘못 이해되었습니다. 이는 목회와 교육의 분리라는 왜곡된 현상으로 나타나게 되었는데, 목회는 성인을 대상으로, 교육은 자라나는 세대를 대상으로 한다는 그릇된 도식이 형성된 것입니다. 그러나 기독교 교육은 요람에서부터 무덤까지 평생의 과정을 통해 지속됩니다. 유아·아동 교육이 필요함과 동시에 성인·노인 교육이 필요합니다.

둘째, 앞에서 주일학교 또는 교회학교가 지니는 한계를 지적한 것처럼, 교회 교육을 학교 교육만으로 이해하는 것은 지나치게 범주를 좁힌 것입니다. 학교 교육(schooling)이 아닌 곳에서도 얼마든지 교육이 일어날 수 있습니다. 그 대표적인 것이 비형식적 교육(informal education)입니다. 학교라는 건물이나 교과서, 교육 기자재가 없어도 교육이 이루어질 수 있습니다. 마리아 해리스는 교육의 다양한 형태들에 주목하고 있습니다. 특히 그녀는 교육에 있어서 상상과 예술의 중요성을 강조하는데, 교육을 강의나 수업이라는 좁은 테두리에 가두어 놓는 것이 아니라 "예술적 활동으로 넓고 광범위하게 이해할 것"을 제안하고 있습니다. 교육을 예술 활동처럼 창조, 재창조, 형성, 재형성이 이루어지는 과정으로 이해하기에, 이때까지 크게 관심을 갖지 못했던 비형식 교육이나 잠재적 교육 과정의 중요성을 더욱 강조하고 있습니다. 마리아 해리스는 교회학교와 교육 목회의 관점이 어떻게 다른지를 도표로 선명하게 비교했습니다.

〈표1〉 교회학교와 교육 목회의 비교

영역/교육구조	교회학교	교육 목회
기관	개인과 선임된 사람	전 공동체
활동	수업과 교리 주입	교육과 능력 부여
참가자	어린이	전 공동체
방향	전통을 배우고 법을 준수함	세상 속의 사역에 참여

즉, 전통적인 교회 교육의 장으로 인식되어 왔던 교회학교 안에서는 교회학교라는 부서와 기관 안에서 교회학교 교사로 임명받은 교사와 학생이라는 제한된 만남 안에서 이루어졌지만, 교육 목회는 교회의 전 공동체 안에서 기독교 교육이 이루어짐을 의미합니다. 교회학교에서는 분반 공부로 상징되는 수업과 교리 주입이 강조되지만, 교육 목회에서는 교회의 전 생활을 통해 능력이 부여됩니다. 교회학교에서는 어린이가 주 참가자지만, 교육 목회에서는 모든 구성원인 전 공동체가 주 참가자입니다. 교회학교에서는 교육의 방향이 전통

을 배우고 법을 준수하는 것이지만, 교육 목회에서는 그들로 하여금 이 세상 속에서 제사장적 예언자적 왕적 역할을 감당하도록 하는 것이 중요합니다. 마리아 해리스는 이러한 교육 목회가 교회의 전 생활에 걸쳐서 일어난다고 보았습니다. 초대교회에서 교회 생활을 기초해 크게 다섯 가지 영역으로 분류하고 있습니다. 코이노니아, 레이투르기아, 디다케, 케리그마, 그리고 디아코니아 등이 바로 그것입니다. 이 다섯 가지 영역이 기독교 교육의 장이 될 수 있고, 각각의 영역 안에서 교육적 사역이 일어나게 됩니다. 코이노니아는 공동체와 교제를 의미하며, 레이투르기아는 예배와 기도, 디다케는 교수와 학습, 케리그마는 하나님의 말씀 선포, 그리고 디아코니아는 봉사와 섬김을 의미합니다.

위에서 살펴본 바와 같이 교회 교육은 교회가 주관하는 교육입니다. 오랫동안 한국교회에서는 교회학교가 교회 교육을 대표하는 개념이 되어 왔지만, 한국교회는 향후 목회 전반을 교육적으로 이해하고 접근하는 교육 목회의 모델로의 전환을 통해 보다 통전적이고 실제적인 교회 교육을 실현할 수 있어야 할 것입니다.

2. 기독교 교육학이란 무엇인가?

과연 기독교 교육학이란 무엇인가? 라는 질문에 대한 답을 시도해 보면 이렇게 됩니다. 기독교 교육학은 기독교 교육이라는 특수한 교육행위에 관한 이론적 실천적 차원의 연구를 수행하는 학문적 영역을 지칭하는 말입니다. 기독교 교육은 인간의 앎과 삶을 연결시키는 실천적 행위로서 학습자로 하여금 성경의 토대 위에서 삶의 자리에서 하나님의 뜻을 깨닫고 행동하도록 도와주고 격려하는 제반의 교육적 행위입니다. 또 특수한 교육행위라고 하는 이유는 기독교 교육학이 일반 교육학과는 달리 그 대전제가 특수하기 때문입니다. 기독교 교육학은 오직 삼위일체 하나님을 믿는 신앙 위에서만 성립됩니다. 창조주이신 성부 하나님, 인류의 죄를 구속하기 위하여 성육신하신 성자 예수님, 그리고 곁에서 격려하고 죄를 깨닫도록 하고 성경의 말씀대로 살아갈 수 있도록 연약한 인간을 도와주시는 성령 하나님에 대한 절대적인 신뢰와 신앙이 없으면 기독교 교육학은 그 설 자리를 잃으며, 시작조차 할 수 없습니다. 그러므로 하나님의 뜻을 바로 알고 이해하기 위하여 성경 위에 선 신학을 밑받침으로 하여 학습과 교수의 제반 과정을 연구하는 교육학을 활용하며, 인간 삶의 구체적인 상황과 사회현상을 체계적으로 연구하는 사회과학의 시각도 활용하는 것입니다.

• 이제 기독교 교육의 몇 가지 본질을 살펴보자.

첫째, 기독교 교육은 하나님의 교육입니다. 하나님의 교육(에듀카치오 데이, educatio Dei)이라는 말은 기독교 교육의 근원적 교사는 하나님이라는 의미입니다. 선교학에서도 선교는 하나님의 선교(missio Dei)라는 표현을 하듯이, 기독교 교육도 사실 본질적으로 모든 인류의 궁극적인 교사이신 하나님이 행하는 교육입니다. 인간인 교사와 학생이 교수와 학습의 과정을 상호 간에 교환하지만 모든 학습의 과정에 하나님의 개입이 없는 기독교 교육은 없습니다. 하나님은 기독교 교육의 출발점이 되고 종착점이 됩니다.

둘째, 기독교 교육은 하나님과 인간의 만남입니다. 일찍이 마틴 부버의 나와 너(I and Thou)라는 개념을 루이스 쉐릴이 발전시켜 만남의 기독교 교육을 제창한 것처럼, 기독교 교육은 전능하신 하나님을 성육신하신 성자 하나님과 조우(encounter)하게 하는 교육입니다. 그러므로 기독교 교육은 하나님과 인간의 만남이 됩니다.

셋째, 기독교 교육은 고백입니다. 사라 리튬이 주로 애용하는 표현이지만 사실 기독교 교육을 통하여 무한하신 하나님의 사랑과 자비의 초대에 학습자는 나는 믿습니다 라는 고백을 함으로 하나님과의 관계가 성립되고 저 멀리 떨어져 있는 타자인 하나님이 아니라, 지금 여기서 우리의 사정을 아시고 응답하시는 하나님으로 모시고 순간순간을 살아가게 하는 채널이 바로 기독교 교육입니다. 그러므로 기독교 교육은 고백적(confessional)입니다.

넷째, 기독교 교육은 학습자의 필요 파악에서 시작합니다. 학습자의 필요를 파악하는 데서 기독교 교육이 시작한다는 말의 의미는 교사가 무엇을 가르칠지를 먼저 결정하고 나서 학습자로 하여금 교사가 설정한 목표에 도달하도록 교육 과정을 고안하기보다는, 학습자의 수준과 필요를 먼저 고려하는 진정한 눈높이 교육이 바로 기독교 교육이라는 뜻입니다. 사실 눈높이 교육의 고안자는 하나님입니다. 사람의 입장을 고려하여 육신을 입고 오신 것, 그것이 바로 눈높이 교육의 시작이었습니다. 그러므로 기독교 교육은 학습자의 필요를 파악하는 데서 시작되고, 그 필요를 정확히 진단하는 것은 교사의 중요한 업무 중의 하나입니다. 예컨대 학생이 피상적으로 느끼는 필요

(felt needs)가 무엇인지를 정확히 집어내고, 교사가 학생의 필요를 파악하여 가르치고 싶은 내용을 정한 후(prescribed needs), 진정으로 학생에게 없어서는 안 되는 가장 절실한 영적 필요(real needs)를 파악하여 채워주는 것이 기독교 교육입니다.

다섯째, 기독교 교육은 교회를 위한 교육입니다. 기독교 교육은 가정과 교회를 위한 교육입니다. 특히 교회를 위한 교육이라는 표현을 강조하고 싶습니다. 왜냐하면 교회를 통하여 가정의 부모를 교육하고, 부모는 가정에서 자녀를 책임지게 할 수 있기 때문입니다. 이런 맥락에서 볼 때, 기독교 교육의 대상은 교회의 회중으로 존재하는 각 개인을 생명 유기체로 보고, 기독교 교육의 초점은 그 생명 유기체에 대한 전인교육으로 잡으며, 기독교 교육의 목표는 예수 그리스도 안에서의 성숙으로 되며, 기독교 교육의 방법은 삶을 전달/유통 하는 것으로 삼습니다. 기독교 교육은 교회의 교회를 위한 교회에 의한 교육이 되어 진정 신앙공동체를 이루어 나가는 최선의 채널이라고 확신합니다. 그러므로 기독교 교육은 교회를 위한 교육입니다.

20세기 이후 이제 기독교 교육학은 많은 대학에서 하나의 전공학과로서 자리매김을 하였고 신학과 함께 어깨를 나란히 하는 독립학문이 되었습니다. 물론 이 말은 기독교 교육학이 신학과 동떨어져 있는 학문이라는 말이 아닙니다. 이제 사회와 교회가 더 세분화 되고 사람들의 필요가 다양하게 되어서 기독교 교육학이 하나의 독립적인 학문으로서 기독교 교육학 내에 '기독교 교육신학' '기독교 교육철학', '기독교 교육사상사', '기독교 교육 교수 방법론', '기독교 교육심리학', '아동교육·청소년교육·성인교육'과 같은 세부 학문 분야를 지속적으로 발전시키며 21세기의 급변하는 상황 속에서 교회와 사회를 위한 학문으로 발돋움하고 있으며 확고한 학문으로 자리매김을 하였으며, 지금도 꾸준히 그 학문적 깊이와 넓이를 더해 가고 있습니다. 21세기를 살고 있는 현대인들에게 과연 어떠한 기독교 교육이 시대적 적절성(relevancy)도 갖추고, 미래지향적(futuristic)이며, 하나님의 뜻에 부합하고 성경적인(godly and biblical) 기독교 교육이 될지는 함께 지속적으로 풀어 나가야 할 숙제입니다.

〈표2〉 한국 기독교 교육과 기독교 교육학의
시대 구분과 시대별 주요 내용과 특징

주요		내용 및 특징
제1기 (1885~ 1919)	개신교의 수용과 민족교육, 신앙 교육의 형성기	• 선교사, 한국교회, 민족지도자들에 의해 학교를 통한 기독교 교육 시작 : 배재학당(1885), 오산학원 • 청장년 신앙 교육의 시작과 전개 : 사랑방 교육, 사경회, 장년 주일학교 등 •어린이주일학교의 태동과 발전 최초의주일학교설립(1890), 선교 연합공의회 내에 주일학교 위원회 설치(1905), 주일학교 공부, 발간 • 사회문화 교육을 통한 선교 : YMCA YWCA 여자관, 엡엣 청년회, 절제 운동 등
제2기 (1919~ 1945)	민족교육의 쇠퇴와 신앙 교육 중심의 시기	• 주일학교의 성장 : 전국 주일학교 대회 시작(1921), 조선 주일학교연합회 발족(1922), 「부별 계단 공과 발간 시작(1927) • 성인교육 중심에서 아동교육으로의 축소 • 제자 육성 및 개인 경건주의적인 신앙훈련에 초점 • 기독교 교육의 정체성 상실 : 일본화 교육, 신사참배

제3기 (1945~ 1970)	다양한 커리큘럼 도입 및 기독교 교육학의 학문적 개척기	• 기독교 교육이 듀이의 진보주의 교육사상, 홍익인간 교육사상에 기초한 공교육에 큰 영향을 끼치지 못함 • 수적인 성장에 치중한 기독교 학교교육 • 어린이 주일학교와 중고등 주일학교의 부흥 • 조선 주일학교연합회가 대한기독교육협회로 개명 (1948)하여 활동 재개 세계통일 공과 계단 공과 출판 및 보급 • 첫 기독교 교육학과 설치 : 숭실대(1960), 장신대(1965) • 기독교 교육학회 창립(1961) : 기독교 교육학에 대한 학문적 논의의 시작 • 각 대학의 기독교 교육연구소 설립 : 한신대 기독교 교육문제연구소 설립(1962) • 전문잡지 기독교 교육, 창간(1965)
제4기 (1970 년 이 후)	교회 교육의 양적 성장 및 기독교 교육학의 학문적 정립기	• 교육신학의 모색과 교육이론 정립을 위한 노력 시작 • 획일화된 공교육과 평준화 시책으로 인한 기독교학교 내 신앙 교육의 어려움 • 기독교 교육학의 학문적 성격과 정체성에 대한 연구 전개 : 교육신학, 기독교 교육철학 등의 개념을 중심으로 이루어짐 • 교단별로 자체 개발한 교재와 계단공과 사용 • 기독교 교육학과 및 기독교 교육연구소의 계속적인 설립 • 교육 목회 운동 및 교육사 제도에 대한 논의 • 기독교 교육장의 확대 : 사이버 공간의 출현 및 확대

3. 개혁주의 기독교 교육의 방향과 과제

  개혁주의 사상의 특징과 개혁주의 기독교 교육의 원리와 본질을 배경으로 우리는 개혁주의 기독교 교육의 방향과 과제를 다음과 같은 몇 가지로 생각해 볼 수 있습니다.

(1) 기독교 세계관이 교육에 갖는 함의점 고려

기독교 세계관(개혁주의 세계관/성경적 세계관)이 교육의 제반 요소와 과정에 어떠한 함의점(implications)을 갖고 있는가를 부단히 추구하면서 그 사고의 결과들을 체계화하는 작업을 하여야 합니다.

(2) 기독교 세계관에 기초한 기독교 철학의 정교화

기독교 세계관에 기초한 기독교 철학의 도구(tool)를 정교화하는 작업을 추구하여야 합니다. 기독교 교육의 이론과 실제에 세계관이 기초가 되고 특색을 부여하는 중요한 역할을 감당하지만, 세계관은 보다 더 심오한 이론적인 차원에서 사용할 수 있는 정교한 도구는 아닙니다. 세계관은 인간과 세계에 대한 하나의 총체적 관점이기 때문에 인간에 대해서 포괄적인 어떤 관점을 제공해 줄 수는 있어도 교육의 현상을 체계적이며 이론적으로 설명해 줄 수 있는 정교한 도구는 되지 못합니다. 지금까지 개발된 기독교 철학의 도구 중에서 우리가 기독교 교육의 영역에서 활용할 수 있는 가장 효과적인 도구는 아마도 도예벨트(Herman Dooyeweerd)와 같은 개혁주의 기독교 철학자들에 의해서 발전된 우주법 철학(Cosmonomic Idea)이라는 도구입니다. 이 이론적 도구는 하나님의 창조세계의 다양성과 통일성, 법칙성, 그리고 창조세계를 향한 하나님의 법령(규범성)을 가장 잘 설명해 주고 있습니다. 특별히 창조 실재를 설명하는 양상 이론(Modality Theory)은 교육목표의 구체적 설정과 교육 과정의 계획과 조직의 과정에서 아주 유용한 도구로 활용될 수 있는 장점을 갖고 있습니다.

(3) 일반 교육이론에 대한 비판과 대안 제시

개혁주의 기독교 교육은 기독교 세계관과 기독교 철학의 도구를 통하여 일반 교육의 이론들을 비판하고 한 걸음 더 나아가 대안을 제시하고 체계화하는 일에 관심을 가져야 합니다. 첫째, 개혁주의 기독교 교육은 어떤 특정의 교육이론과 실제가 인간(학습자)을 어떻게 보느냐의 관점에서 평가해야 합니다. 교육은 교육자와 피교육자가 인간적인 관계를 형성하는 맥락 안에서 형성적인 영향력(formative influence)을 행사하는 과정입니다. 그러므로 인간에 대한 관점은 교육의 이론과 실제를 평가하는 아주 중요한 준거가 됩니다. 둘째, 어떤 특정의 교육이론이 교육의 현상을 설명함에 있어서 환원주의적인 경향성이 나타나고 있지 않는지의 관점에서 평가할 수 있어야 합니다. 대부분의 교육 이론은 교육의 문제를 특정의 영역 또는 관점에서만 이해하려고 하면서 교육 현상의 복잡성을 특정의 영역과 방법으로 환원시켜 설명하려는 경향성을 보이고 있습니다. 셋째, 어떤 특정의 교육이론과 실제가 인간 삶의 규범성(normativity)의 문제를 어떻게 보고 있는지를 평가할 수 있어야 합니다. 다시 말하면 인간과 창조세계를 향한 하나님의 규범의 실체성을 인정하고 있는지 아니면 인간의 자율성만을 주창하는지를 평가할 수 있어야 합니다. 넷째, 교육의 과정에서 학습자의 책무성을 어떻게, 그리고 어느 정도로 인정하고 있느냐의 관점에서 평가할 수 있어야 합니다. 다섯째, 어떤 특정의 교육이론과 실제(방법)가 가지고 있는 장점과 약점을 구체적으로 열거해 보면서 평가해 보아야 합니다.

(4) 기독교 교육 과정, 교육 방법, 평가 방법 개발

개혁주의 기독교 교육은 독특하게 기독교적인 교육 과정(curriculum)의 개발과 기독교적 교육 방법, 그리고 기독교적인 평가 방법의 개발에 관심을 가져야 합니다. 오늘날 개혁주의 진영의 기독교 교육 연구는 그 기초가 되는 기독교 세계관과 기독교적 관점(Christian perspective), 그리고 기독교 철학에 대한 관심에서부터 시작하여, 보다 더 구체적으로 이러한 독특한 관점의 조명하에서 성경적 인간관, 성경적 지식관, 학교의 본질과 과업 등에 대한 이론적이며 역사적인 탐구는 물론, 기독교적 교육 과정의 개발과 교수-학습방법 및 평가 방법 등의 개발에 이르기까지 많은 연구가 진척되고 있습니다. 예컨데, CSI(Christian School International)의 연구 활동과 결과들을 살펴보면 기독교 학교의 성경을 구속사적 관점(Redemptive-Historical Perspective)에서 학습할 수 있는 성경교재의 개발은 물론 국어, 사회, 과학, 역사, 음악 등 거의 전 교과 영역을 기독교적 관점에서 가르칠 수 있는 교육 과정을 개발하여 사용하고 있습니다. 한 걸음 더 나아가 특수교육, 도덕교육에 대한 성경적 조망, 그리고 독특하게 기독교적인 교수 방법 및 평가 방법에 대한 연구에까지 관심을 기울이고 있습니다.

(5) 기독교 학교 설립 인도와 후원

개혁주의 기독교 교육은 오늘날 공교육의 독점(public school monopoly) 문제를 직시하면서, 기독교 학교 교육에 관심을 가져야 하고 기독교 학교의 설립 운동을 이론적이며 실제적인 차원에서 인도하고 후원할 수 있어야 합니다. 성경은 부모의 교육적 책임과 권리를 일차적으로 강조하고 있습니다. 이 권리와 책임은 일시적이거나 임의적인 것이 아니라 계속적이며 반드시 지켜야 할 명령입니다. 국가는 단지 특수한 상황에서만 교육에 관여하고 간섭하여야 합니다. 교육이란 결코 중립적이거나 탈 가치적인 행위일 수 없기 때문에 기독 신자 부모는 학교 교육의 종교적 방향이 신자 부모의 그것과 일치하고 있는지를 확인하고 감독해야 할 권리와 책임을 가지고 있습니다.

(6) 기독교 가정교육, 사회교육, 교회 교육의 재정립

개혁주의 기독교 교육은 기독교 가정교육과 사회교육, 특별히 교회 교육의 재정립에 관심을 가져야 합니다. 오늘날 가정교육에 대한 많은 논의는 가정의 본질을 올바로 인식하지 못하고 피상적인 차원에서 논의되고 있습니다. 그러므로 개혁주의 기독교 교육은 성경의 조망하에서 가정의 본질을 규명하고 가정교육의 중요성을 보여주어야 하며, 나아가 사회교육에 대해서도 기독교적 대안을 보여줄 수 있어야 합니다. 특별히 교회 교육의 영역에서 독특한 공헌을 할 수 있어야 합니다. 예를 들면, 개혁주의 신학과 사상이 교회 교육의 교육 과정(curriculum)에 독특하게 반영하는 작업은 기독교 교육에 종사하는 사람들에 의해서 이루어져야 합니다. 개혁주의 기독교 교육은 일반 교육에 기독교적 내용을 단순히 추가하는 교육이 아닙니다. 기독교적 첨가물이 교육을 기독교적인 교육으로 만들어 주는 보장책인 것처럼 생각하는 것은 순진한 생각입니다. 세속주의의 영향은 여우의 전략을 사용하여 현대교육의 장에 스며들고 있습니다. 그러므로 우리는 교육의 이론은 물론, 교육의 전체 과정(process)을 통하여 개혁주의 세계관에 기초한 내적 변혁(inner transformation)에 관심을 가져야 합니다. 그 이유는 교육을 포함한 인간의 모든 활동이 본질상 종교적이며 예배적인 행위이기 때문입니다.

종교와 교육에 대한 이러한 포괄적인 이해를 배경으로 우리는 계시, 인간, 실재, 지식에 대한 성경적 관점과 지식체계를 교육의 이론과 실제가 근거하는 기초로 삼아야 합니다. 개혁주의 기독교 교육은 이와 같은 성경적 조망하에서 기독교 교육의 원리를 도출하고 교육의 실제를 주도해 나가야 합니다. 한 걸음 더 나아가 개혁주의 기독교 교육은 기독교 철학의 정교한 도구를 가지고 교육의 제 이론을 구체적으로 비판하고 평가할 수 있어야 합니다. 이러한 작업은 개인적으로 수행될 수 있는 과제가 아니라 동일한 소망과 세계관, 그리고 동일한 대화의 세계를 가지고 공유하고 있는 사람들의 공동체적 작업이며 과제임을 인식하여야 합니다.

참고문헌

• 강용원 편집, 기독교 교육학 개론, 생명의 양식, 2022.

• 고용수 외 4인, 기독교 교육 개론, 상, 한국장로교출판사, 1991.

• 노르만 E. 하퍼, 제자훈련을 통한 현대 기독교 교육, 이승구 역, 엠마오, 1992.

• 도날드 L. 그릭스 외 1인, 소규모 교회의 기독교 교육, 김기영, 김희정 역, 성지출판사, 1997.

• 도날드 밀러, 기독교 교육 개론, 고용수, 장종철 역, 한국장로교출판사, 1988.

• 로베르터 헤스턴즈 외 2인, 동기를 부여하는 교회 교육, 이상일 역, 선교횃불, 2004.

• 마리아 해리스, 교육 목회 커리큘럼, 고용수 역, 한국장로교출판사, 1989.

• 박상진, 교회 교육 현장론, 장로회신학대학, 2015.

• 얀 워터링크, 기독교 교육 원론, 김성린, 김성수 역, 소망사, 1978.

• 양금희 외 5인, 기독교 교육 개론, 장로회신학대학교 기독교 교육연구원, 2013.

• 양금희, 종교개혁과 교육사상, 한국장로교출판사, 1999.

• 카렌 B. 타이, 기독교 교육의 기초, 조혜정 역, 그리스도인출판사, 2009.

• 케네쓰 O. 겐젤, 교회 교육에 대한 이해, 김국환 역, 무림출판사, 1991.

• 토마스 그룸, 기독교적 종교교육, 이기문 역, 대한예수교장로회 총회출판국, 1983.

• 한국기독교 교육학회 편, 기독교 교육, 대한기독교 교육협회, 1992.

• 한춘기, 교회 교육 코칭, 대한예수교장로회 총회, 2014.

2장 • 기독교 교육의 목적

목적이나 목표를 나타내는 용어는 그 종류가 다양합니다. 교육목적을 나타내는 말로는 교육이념, 교육목적, 교육목표, 일반적 목표, 구체적 목표, 단원 목표, 수업 목표 등을 비롯하여 많은 말들이 있으며 사용자에 따라서 그 뜻도 약간씩 차이가 있습니다. 또한 연관된 영어 단어들을 살펴보면, 우선 가장 많이 사용되는 것으로 objective purpose가 있으며, 그 외에도 goal, end, aim, mark, target 등의 단어가 있습니다.

1. 기독교 교육 목적의 정의

교육목적은 교육의 과정을 통해서 성취하고자 하는 바람직한 결과의 진술이라고 말할 수 있습니다. 이미 정범모는 교육목적을 학습 과정 혹은 학습경험을 통해서 학생에게 이루고자 하는 행동 변화라고 하였으며, 가네(R. M. Gagné)는 교육목적을 수행(performance)으로 정의할 것을 제안하였는데, 수행이란 "관찰 가능한 인간성취"(humanaccomplishment)입니다. 여기에서 성취는 행동의 결과(outcome)입니다. 폴 비스(Paul H. Vieth)는 목적을 "정해진

과정의 기대되는 성과로서 의식적으로 수용되는 결과의 진술"이라고 정의합니다. "교육목적은 교육의 과정을 통하여 달성하기를 바라는 성과의 진술이다. 그것의 기능은 사전에 기준을 정하는 것이다. 그것은 교육의 존재 이유를 위한 목표를 구성한다. 교육에 있어서 목적은 건축가의 설계도면과 같은 것이다. 목적을 바라보면서, 그 목적에 도달하기 위한 적절한 활동들과 각각의 활동의 적절한 순서가 선택된다. 그것의 성공 여부는 건물의 건축에서 성취된 결과의 기준에 따라 측정 된다".

이와같이 교육목적은 교육의 전 과정을 이끌어 가는 핵심적인 작용을 하기 때문에 교육에 관한 논의에서 목적은 다른 무엇보다도 중요하게 다루어져야 합니다. 이것은 기독교 교육에서도 예외가 아닙니다.

2. 기독교 교육의 목적에 대한 유비적 설명

여기서는 기독교 교육의 목적이 포함하고 있는 핵심적 요소를 세 가지 유비(anlalogy)를 통해서 생각해 보고자 합니다.

1) 설계도

집이나 건물을 지을 때 늘 설계도가 있기 마련입니다. 설계도는 완성될 건물의 청사진으로서, 모든 건축자들은 건물을 짓는 순간순간 설계도에 의지해서 임무를 수행합니다. 설계도는 건축의 기본방향을 제시해 줄 뿐만 아니라 그 건물의 규모, 건축의 절차를 알려줍니다. 그리고 건축 과정 중에서 생길 수 있는 문제를 바로잡을 수 있는 기준이 되며, 건물이 완성되었을 경우 그 건물의 완성도를 평가하는 척도가 됩니다. 설계도가 있기 때문에 모든 건축 과정은 정해진 궤도 안에서 순조롭게 진행될 수 있습니다.

기독교 교육에 있어서 목적은 건물의 설계도에 비유할 수 있습니다. 목적은 기독교 교육의 처음과 끝, 그리고 그 과정이 어떠해야 하는지를 말해주는 청사진의 역할을 합니다. 기독교 교육의 목적은 교육계획을 세울 때부터 무엇을 먼저 결정해야 할지를 말해주며, 교육의 과정 중에도 가르치고 배우는 상황을 반성하고 반추할 수 있는 근거를 마련해 줌으로써 그 교육의 흐름이 제 궤도를 벗어나지 않도록 도와줍니다. 아울러 교육을 마친 후에 그 교육의 성과를 평가하는 가장 중요한 척도를 제공합니다. 환언하면 기독교 교육의 목적은 교육의 전 과정의 기본 방향을 설정하고 교육의 요소들을 조직적으로 연관시키는 역할을 합니다. 그럼으로써 기독교 교육이 연속적인 흐름 속에서 진행될 수 있도록 하며, 교육의 행위자들(교사와 학습자)이 자신들의 행보를 늘 성찰할 수 있는 표준이 됩니다.

2) 여행

모든 여행에는 목적지가 있기 마련입니다. 여행을 무척 즐기는 사람도 목적지 없이 여행을 떠나는 일은 흔치 않습니다. 왜냐하면 목적지가 분명해야 그 여행의 규모를 예상하고 그에 적합한 준비를 갖출 수 있기 때문입니다. 모든 여행의 과정은 목적지가 어디인가에 따라 구체화할 수 있습니다. 하지만 여기서 잊지 말아야 할 대목이 있습니다. 여행의 목적을 여행목적지에 도착한 것과 동일시해서는 안 된다는 점입니다. 여행의 목적은 결코 여행목적지에 도착했다는 사실로 끝나지 않습니다. 여행지에 도착해서 동료들과 인증사진을 찍는 것으로 그의 여행이 완성되는 것은 결코 아닙니다. 여행자가 여행을 통해 궁극적으로 기대하는 것은 여행의 목적지에 도달함으로써 그 이전과 비교하여 좀 더 성장하고 변화된 자신의 모습, 즉 새로운 역량(능력)을 획득하는 것입니다. 예컨대 여행 중에 겪는 사건을 통해 문제해결의 경험을 했다든가, 새로운 인간관계와 정보를 통해 낯선 세계에 적응하는 지혜를 얻게 되었든가 하는 것입니다. 여행의 목적은 그 여행의 목적지에 도달하기까지 경험하는 모든 과정을 통해서 새로운 시야와 역량을 획득하는 데 있습니다.

여행의 관점을 기독교 교육의 목적 설정과 연계시킨다면, 기독교 교육의 모든 여정은 목적지를 전제로 합니다. 목적지 없이 교육의 여정을 떠난다는 것은 치밀한 준비 없이 교육을 수행하는 것과 다름없습니다. 하지만 여기서 한 가지 유념해야 할 사항이 있습니다. 아무리 치밀한 사전계획을 세웠다 하더라도, 교육계획표를 따라 모든 교육 내용을 다루고 전달했다는 것으로 기독교 교육의 목적을 달성했다고 보아서는 안 된다는 점입니다. 많은 교회학교 지도자들과 교사들이 오해하고 있는 부분이 이 점입니다. 주어진 교재의 내용을 계획에 착오 없이 가르친 것으로 교육이 추구하는 목적에 도착한 것으로 만족하는 경우가 많습니다. 교육의 여정은 목적지에 도달하기까지의 모든 경험을 통해 새로운 역량(능력)을 획득하는 것을 목적으로 합니다. 교육계획대로 모든 과정이 이루어졌다는 사실이 학습자들의 역량을 보장하지 못합니다. 따라서 기독교 교육을 계획함에 있어서 교사가 고려해야 할 것은 이 모든 교육의 여정을 통해 학습자들이 어떤 새로운 역량을 획득할 수 있을까 하는 점입니다.

3) 싸움의 기술?

이전에 상영된 한국 영화 중에 〈싸움의 기술〉(2005), 〈타짜〉(2006)란 영화들이 있었습니다. 영화 속에서 주인공은 싸움과 도박 기술을 연마하여 탁월한(?) 실력을 갖게 됩니다. 과연 이러한 기술의 연마를 교육이라고 할 수 있을까요? 그리고 기술을 우수하게 연마한 사람은 교육의 목적을 달성했다고 말할 수 있을까요? 아마도 대부분의 사람들이 이 물음에 부정적인 대답을 할 것입니다. 비록 소정의 과정을 통해서 사람이 변화되었고, 특정한 능력과 기술을 획득하였음에도 불구하고, 거기에는 아주 중요한 요소가 빠져있습니다. 바로 가치와 윤리의 문제입니다. 가치는 어떤 행동이 미치는 영향력에 대한 평가를 말합니다. 싸움과 도박은 결코 긍정적인 영향을 미칠 수 없는 기술에 속하기 때문입니다. 비스(P. Vieth)가 언급한 대로 교육의 목적이란 교육의 과정을 통해서 성취하고자 하는 바람직한 성과의 진술이기 때문입니다.

그렇다면 군인과 권투선수는 어떠할까요? 우리는 뛰어난 사격 실력을 갖춘 군인, 그리고 전쟁에서 뛰어난 전공을 세운 군인을 훌륭하다고 평하고 훈장을 수여합니다. 우리는 매 시합 마다 상대방을 K.O. 시키는 선수를 뛰어난 권투 실력을 갖춘 선수로 평가하고 메달을 수 여합니다. 과연 옳은 일일까요? 훌륭한 군인은 적을 살상하는 기술을 연마한 사람입니다. 훌륭한 권투선수는 상대방을 쓰러질 때까지 인 정사정없이 주먹질하는 사람입니다. 그럼에도 불구하고 사회가 이런 사람을 칭송하고 상을 수여하는 이유는 어디에 있을까요? 이들의 기 술연마를 교육으로, 그리고 이들을 교육의 목적을 달성한 사람들로 평가하는 이유는 무엇입니까? 싸움꾼과 도박꾼의 기술연마와 군인 과 권투선수의 기술연마 사이에는 어떤 차이가 있습니까? 여기에는 중요한 차이가 있습니다. 우리 사회는 군인과 권투선수에게 싸움과 주먹질을 극히 제한된 상황에서 허용하고 있습니다. 비록 그들이 탁 월한 사격 실력과 싸움 능력을 가지고 있다 해도 그것은 아주 특수한 상황(전쟁터와 링)에서만 허용되는 능력입니다. 그들이 그 특수한 상 황을 무시하고 일반적인 상황에서까지 그들의 능력을 사용할 경우, 그들의 행동은 범죄행위로 간주 됩니다.

기독교 교육의 목적 설정에 있어서 우리가 고려 해야 할 것은 가 치의 문제입니다. 아무리 탁월하게 기술을 가르치고 학습했다 하더 라도 그 기술이 사용되는 가치가 바람직하지 않을 경우 우리는 그것 을 교육이라고 말할 수 없습니다. 그런데 문제는 그 가치라고 하는 것이 참 모호하다는 것입니다. 오늘과 같이 복잡하고 다양한 시대에 서 보편적으로 통용될 수 있는 가치는 흔하지 않습니다. 그런 점에 서 가치와 연관해서 염두해야 할 것은 그 교육행위의 가치가 허용되 는 특수한 상황(Context)입니다. 예컨대 오늘날 많은 교회 지도자들이 탁월한 경영인들의 리더십에 관심을 기울이고 있습니다. 교회도 이제 하나의 조직체(organisation)라는 점에서 교회를 이끌어가는 리더가 경영인들의 리더십을 수용하고 활용하는 것은 바람직한 일입니다. 그러나 교회는 조직체임과 동시에 그리스도의 몸된 공동체(community/Gemeinde)입니다. 경영 리더십으로는 움직일 수 없는 전혀 다른 특성을 갖고 있습니다. 따라서 경영 리더십이 그 가치를 발휘할 수 있는 상황이 있는가 하면, 그렇지 못한 상황이 있습니다. 그리스도의 몸된 공동체로서 목회자는 기도와 성령의 힘에 의지해야 하겠지만, 때로는 조직체의 구성원들을 적재적소에 배치하고 조직적으로 이끌어 갈 수 있는 조직력을 필요로 합니다. 기독교 교육에서 하나의 가치가 모든 교육 과정을 지배할 수는 없습니다. 교육의 특수한 상황에 따라 목적이 지향하는 가치를 재해석함으로써 상황에 적절한 적용과 대응이 필요합니다.

　교육의 과정에 있어서 가장 우선적으로 이루어져야 할 것은 교육목적의 설정입니다. 교육목적을 설정하는 일은 교육의 과정에 있어서 첫 단계에 해당합니다. 교육의 과정이 결국 어떤 변화를 기대하면서 진행되는 것이라면, 어떠한 변화가 기대될 것인지를 결정하는 일은 모든 일에 우선되는 것이며, 이것이 없이는 다른 어떤 교육 과정의 계획과 운영도 불가능할 수밖에 없습니다. 다시 말하면 교육목적, 과정(내용, 방법 포함), 성과의 평가 간에 일관성을 유지하는 일이 필요하며, 이 일관성이 높을수록 교육행위의 전문적 수준은 높아진다고 말할 수 있습니다. 목적이 분명하게 진술되어야 하는 이유는 목적이 교육의 전 과정에서 다음과 같은 기능을 갖고 있기 때문입니다. 그것을 구체적으로 살펴보면 다음과 같습니다.

첫째, 목적은 교육적 과제의 방향을 설정합니다. 분명한 목적이 없다면 교육의 전 과정은 방황할 것입니다. 교육목적은 도달하고자 하는 목표점으로서 교육의 과정이 지향해 나갈 지점을 분명하게 제시해 줍니다. 둘째, 목적은 교육경험(내용)을 선정하는 기준이 됩니다. 목적은 학습자가 어떤 교육적 경험을 해야 할 것인지를 결정합니다. 셋째, 목적은 방법론을 결정합니다. 목적이 내용을 결정한다면, 목적은 역시 내용을 효과적으로 가르치는 방법을 결정합니다. 넷째, 목적은 평가를 위한 기준을 제공합니다. 목적은 따로 정해 놓았지만, 평가는 전혀 무관한 것을 행하는 경우가 많습니다. 분명하게 명시된 목적은 언제나 평가의 기준이 됩니다. 다섯째, 목적은 모든 교육 참여자들에게 구조적인 틀을 제공합니다. 기본적 목적은 전반적인 정책을 설정하고, 일반적 목표와 구체적 목표들은 보다 구체적인 지침을 제공합니다. 포괄적이고 만족스러운 목표의 설정은 모든 참가자들이 선택된 목표들을 달성하기 위해 협동적으로 일할 수 있는 구조의 틀을 보장해 줍니다.

3. 좋은 목표의 특징

• 정원식은 좋은 교육목표의 진술에 대해서 다음 여섯 가지를 제시하는데, 이를 부연 설명하고자 합니다.

첫째, 교육목표는 학습경험의 결정과 지도에 명확한 시사를 줄 수 있는 정도로 구체적이고 명료한 행동적 용어로 진술되어야 합니다.

추상적인 교육목표의 진술은 목표를 흐리게 하거나 목표를 무효화할 수 있습니다. 왜냐하면 교육목표는 전체 교육의 과정에서 일관성 있게 구체적인 지침의 역할을 해야 하는 것인데, 추상적인 목표의 진술은 사람에 따라서 다르게 해석될 수 있으므로 목표달성에 가장 적합한 학습경험을 찾아내기 어렵게 하기 때문입니다. 둘째, 교육목표는 넓은 행동특징의 변화를 충분히 포함할 수 있도록 포괄적이어야 합니다. 교육은 단순한 지식의 전수를 넘어서 응용력, 분석력, 종합력 등을 개발시켜야 합니다. 그러므로 교육목표는 지적, 정서적, 사회적 및 신체적 측면의 통합적인 발달을 추구합니다. 셋째, 설정된 교육목표들 사이에는 철학적 일관성이 있어야 합니다. 이것은 설정된 교육목표의 진술들 사이에 논리적인 모순이 있어서는 안 된다는 것입니다. 넷째, 교육목표는 실현 가능한 것이어야 합니다. 여기에는 두 가지 요소가 있습니다. 하나는 학습 심리적인 관점에서 보는 실현성으로서, 발달 심리적으로 실현될 수 없는 목표가 되어서는 안 됩니다. 다른 하나는 교육상황 속에서 바라보는 실현성입니다. 아무리 그럴 듯한 행동특성이라고 해도 모조리 다 교육목표로 내세울 수는 없는 것입니다. 시설, 학습자료, 기타 학습환경 혹은 여건에 비추어 보아야 합니다. 교육목표는 현실적 조건보다는 더 희망적일 수 있지만, 그러나 현실과의 거리가 멀수록 목표의 의미는 상실됩니다. 다섯째, 교육목표는 가르치는 사람의 교육행위 속에 내면화되어야 합니다. 가르치는 자에게 내면화되지 않은 교육목표는 하나의 공허한 교육목표로 남을 수밖에 없습니다. 설정 진술된 교육목표를 형식적 목표라고 한다면, 교사의 교육적 행위 속에 내재된 목표 지향성은 실질적인 목표라고 할 수 있습니다. 왜냐하면 학생의 학습경험에 직접 작용하는 것은 교사의 행동이지 문서상의 목표가 아니기 때문입니다. 여섯째, 교사의 협동적 집단사고를 통하여 설정되고 진술된 교육목표는 결코 완성된 것이 아니며, 그 타당성이 항상 평가 비판되고 필요에 따라서는 언제나 변경될 수 있어야 합니다. 교육목표는 한번 설정되었다고 해서 영원불변한 것이 될 수 없습니다. 설정된 교육목표를 달성하기 위해 내용을 선정하고 조직을 구상하는 과정에서 무리가 발견된다든지, 실제 학습지도에서 극복할 수 없는 난관에 부딪친다면 교육목표는 언제든지 재고될 수 있어야 합니다. 뿐만 아니라, 급격히 변화해 가는 오늘의 사회 정세 하에서 교육에 대한 기대가 달라지고, 사회 변동에 따라 학생들의 교육적 필요가 변화한다는 사실을 놓고 생각할 때 교육목표의 가변성은 인정하지 않을 수 없습니다.

4. 기독교 교육의 목적에 관한 논의

인간은 근본적으로 종교적인 존재로서 잃어버린 하나님과의 관계를 회복하여, 하나님께 영광을 돌리는 삶을 사는 것을 가장 기본적인 목적으로 삼아야 합니다. 그러므로 진정한 인간 회복을 목적으로 하는 기독교 교육의 목적에는 기본적으로 두 가지가 포함되어야 합니다. 하나는 회심의 차원이며, 다른 하나는 성화의 차원입니다. 게벨라인(Gaebelein)은 기독교 교육의 목적을 이 두 가지 차원에서 말합니다. "무엇보다도 먼저 학생들이 예수님께 인격적으로 위탁하도록 인도하는 것이요, 또한 동시에 그리스도께 위탁한 자들을 양육하는 것"

이라고 하였습니다. 이 두 가지 측면을 대표하는 말로 전도(evange-lism)와 양육(nurture)을 사용할 수 있습니다. 우리는 하나님과의 바른 관계 회복을 위한 회심과 성화의 기본적인 두 요소를 함께 고려해야 하며, 기독교 교육을 양육의 차원으로만 생각하여 교육을 전도와 분리 시키지 않아야 합니다. 또한 기독교 교육은 "전인으로서의 인간"에 관심을 갖고, 사람들로 하여금 하나님과 타인과 세계를 새로운 눈으로 보며, 새로운 의미를 가질 수 있게 하는 데 주력해야 합니다. 신앙이란 근본적으로 개인적인 속성을 가지고 있지만, 그것은 인간의 사회적 관계와 문화의 제반 활동으로 확산 되어야 합니다.

그라프(A. De Graaff)는 이렇게 말합니다. "우리는 예수 그리스도 안에서 새로워진 삶을 우리들의 모든 활동에서 증거 하는 것 이상의 다른 소명을 가지고 있지 않다. 우리 자신을 드리고, 마음과 정성을 모아 예배를 드리며, 우리를 어두움에서 놀라운 광명으로 부르신 그의 승리를 시위하는 것은 우리의 합리적인 봉사이다. 우리는 주님의 사역을 위한 합당한 도구가 되어야 한다. 교육자는 인간의 삶의 소명에 관한 이런 계시에 유념해야 한다. 모든 형식의 기독교 양육과 교훈의 최종적인 목적은 이런 소명에 관한 근본적인 지침의 제공 이상의 그 어느 것도 아니다. 어린이건, 어른이건, 그의 유일한 과업은 그의 주이시며 구속자에게 영광을 돌리고, 인류의 유익을 위해 하나님의 창조물을 개현 시키고 개발하면서 그의 법에 따라 하나님을 섬기는 것이다. 이러한 섬김을 위해 어린이들을 준비시키고, 어른에게는 이 소명에 관한 지침을 주는 것이 기독교 교육의 최종적 목적이 되어야 한다".

무엇보다도 기독교 교육은 인간이 관여하는 모든 관계에서의 회복을 추구합니다. 인간 회복의 역사는 근본적으로 하나님과의 관계의 회복을 의미하며, 하나님과의 관계 회복은 자신과의 관계, 타인과의 관계, 그리고 세상과의 관계에 영향을 미칩니다. 그리고 이 관계는 필연적으로 내적인 연관성을 지니게 됩니다. 월터스톨프(Wolterstorff)는 샬롬이라는 개념으로 이 관계들을 묶어주고 있습니다. 그는 샬롬을 근본적으로 하나님, 다른 사람들, 세상(환경), 그리고 자신과의 관계라는 네 가지 관계에서 올바르고 화목한 관계를 가지며, 그 관계 속에서 즐기는 삶을 의미한다고 말합니다. "샬롬(평화) 속에 거한다는 것은 하나님 앞에서 사는 것을 즐기는 것이며, 그의 물리적 환경 안에서 사는 것을 즐기며, 그의 동료들과의 삶을 즐기며, 그 자신과의 삶을 즐기는 것이다". 이 관계를 하나씩 살펴보자.

1) 하나님과의 관계

하나님과의 관계에서 티칭 목표는 영적 교통(Communion)입니다. 기독교는 종교가 아니라 관계라고 말합니다. 하나님에 대한 머릿속 지식이 아닌, 하나님과의 개인적이고 인격적인 사랑의 관계를 유지하고 살아가는 것이 우리가 살아가는 으뜸 되는 목표입니다. 교회학교 교사의 티칭에 가장 우선적이고 중요한 목표는 학생들이 하나님과의 그런 영적인 교통 속에서 사는 법을 가르쳐주는 것입니다. 하나님의 백성으로서 우리가 이 땅에 살아 있는 것은 하나님을 영화롭게 하기 위해서입니다. 하나님을 영화롭게 하기 위해 해야 할 첫 번째 일은 온 마음을 다해 하나님을 사랑하는 것입니다. 왜 그래야 할까요?

첫째, 하나님 때문입니다. 우리는 이 세상의 많은 신 가운데 하나로서 하나님을 섬기는 것이 아닙니다. 세상에는 오직 두 종류의 신이 있을 뿐입니다. 사람이 창조한 신들과 사람을 창조한 신 하나님은 이렇게 말씀하십니다. "나 외에 다른 신이 없나니 나는 공의를 행하며 구원을 베푸는 하나님이라 나 외에 다른 이가 없느니라 땅의 모든 끝이여 내게로 돌이켜 구원을 받으라 나는 하나님이라 다른 이가 없느니라"(사45:21~22). 오직 한 분이신 참 신 '하나님', 그분만이 참 하나님이시기 때문에 우리는 온 마음 다해 그분을 사랑해야 하는 것입니다. 성경은 우리에게 말합니다. "우리 하나님 여호와는 오직 유일한 여호와이시니 너는 마음을 다하고 뜻을 다하고 힘을 다하여 네 하나님 여호와를 사랑하라"(신6:4~5). 참되신 하나님을 온 마음 다해 사랑하는 것은 우리의 책임과 부담이 아니라 특권과 영광입니다. 하나님의 사람 다윗은 그 특권과 축복을 이렇게 노래하고 있습니다. "여호와여 위대하심과 권능과 영광과 승리와 위엄이 다 주께 속하였사오니 천지에 있는 것이 다 주의 것이로소이다 여호와여 주권도 주께 속하였사오니 주는 높으사 만물의 머리이심이니이다 부와 귀가 주께로 말미암고 또 주는 만물의 주재가 되사 손에 권세와 능력이 있사오니 모든 사람을 크게 하심과 강하게 하심이 주의 손에 있나이다 우리 하나님이여 이제 우리가 주께 감사하오며 주의 영화로운 이름을 찬양하나이다"(대상29:11~13).

하나님을 온 마음 다해 사랑해야 할 두 번째 이유는 우리 자신 때문입니다. 내가 매기는 하나님에 대한 가치가 나의 가치가 됩니다. 하나님이 말씀했습니다. "나를 존중히 여기는 자를 내가 존중히 여기고 나를 멸시하는 자를 내가 경멸하리라"(삼상2:30). 이 원리는 성경을 꿰뚫는 영적인 척추입니다. 하나님을 시시하게 여기면 시시한 사람이 되고, 시시한 사람이 되면 시시한 삶을 살게 됩니다. 하나님을 우리의 모든 것 앞에 모실 때 우리의 모든 삶은 비싼 삶으로 바뀌는 것입니다. 그 반대가 되면 우리의 삶은 별 볼일 없이 시들게 됩니다. 하나님이 존귀히 여기시는 인생을 살도록 우리가 우리의 제자들을 돕는 길은 하나님과 깊은 사랑의 교통 가운데 살도록 그들을 세워주는 것입니다. 그렇다면 그러한 영적 교통을 위해 가르쳐주어야 할 첫 번째 주제는 하나님을 아는 것입니다.

호세아는 바람난 아내와 같은 이스라엘에 호소합니다. "그러므로 우리가 여호와를 알자 힘써 여호와를 알자"(호6:3). 베드로는 유서나 다름없는 자신의 마지막 편지 마지막 장 마지막 절에서 우리에게 권고하고 있습니다. "오직 우리 주 곧 구주 예수 그리스도의 은혜와 그를 아는 지식에서 자라가라"(벧후3:18). 영적 교통을 위해 가르쳐주어야 할 두 번째 주제는 하나님을 사랑하는 것입니다. 예수님이 성경을 한 문장으로 요약해주셨습니다. 지상 최대의 명령은 하나님을 사랑하는 것이라고. "예수께서 이르시되 네 마음을 다하고 목숨을 다하고 뜻을 다하여 주 너의 하나님을 사랑하라 하셨으니 이것이 크고 첫째 되는 계명이요"(마22:37~38). 영적 교통을 위해 가르쳐주어야 할 세 번째 주제는 하나님의 사람으로 자라가는 것입니다. 사람은 나무와 같아서 자라가거나 죽어가거나 둘 중 하나입니다. 정지 상태란 없습니다. 위대한 교사로서 바울의 주된 관심과 티칭의 초점은 그의 학생들의 영적 성장에 맞추어져 있었습니다. "주께 합당하게 행하여 범사에 기쁘시게 하고 모든 선한 일에 열매를 맺게 하시며 하나님을 아는 것에 자라게 하시고"(골1:10). "우리가 다 하나님의 아들을 믿는 것과 아는 일에 하나가 되어 온전한 사람을 이루어 그리스도의 장성한 분량이 충만한 데까지 이르리니"(엡4:13).

2) 공동체와의 관계

공동체와의 관계에서 티칭 목표는 사랑으로 하나 됨을 이루는 것(Community)입니다. 하나님의 거룩은 한 개인에게서 세상으로 흘러가기 전에 먼저 공동체에서 풍성하게 실현되어야 합니다. 왜 하나님의 백성들은 사랑으로 하나 되는 공동체를 이루어야 합니까? 첫째, 앞에서 설명한 대로 영적인 이유 때문입니다. 이 땅의 공동체는 하늘의 공동체를 반사하는 거울입니다. 둘째, 서로를 보호해주는 실제적인 이유 때문입니다. 아프리카 초원의 초식 동물들이 스스로를 보호하는 유일한 방법은 떼를 지어 사는 것입니다. 포식자가 이들을 공격하는 한 가지 방법은 무리에서 개체를 분리시키는 것뿐입니다. 피터 버거(Peter Berger)는 말합니다. "자신의 입장과 정반대의 입장을 취하는 세상에 살면서 그것을 견지하는 것은 어려운 일이다. 우리 신학자들이 광야의 성인들처럼 굳건한 마음을 가지고 있지 않음에도 여러 외적인 압력으로 인해 붕괴 되지 않기 위해서는 오직 하나의 방법이 있을 뿐이다. 자신과 비슷한 생각을 하고 있는 사람들과 모여야 한다. 아주 긴밀한 유대를 가지고 모여야 한다. 아주 강력한 힘을 가진 공동체를 형성해야 살아남을 수 있다." 사랑으로 하나 됨을 이루는 목표를 위해 가르쳐주어야 할 첫 번째 주제는 가정생활에 관한 것입니다. 이 땅에는 많은 기관들이 있지만, 그 중에 하나님이 직접 지으신 기관은 세 가지 밖에 없습니다. 가정과 교회와 나라, 그리스도인의 가정은 하늘나라를 반사하기 위해 이 땅에 설치하신 하나님의 거울입니다. 여전히 작고 불완전하지만 그리스도인 가정은 이 땅에 개설된 하나님 나라의 대사관입니다.

　　남편과 아내의 관계는 그리스도와 성도와의 관계를 상징합니다. 진정으로 부부가 하나 됨을 이루기 원한다면, 남편과 아내가 하나님과 하나 됨을 이루어야 합니다. 바울은 그 신비를 이렇게 설명하고 있습니다. "아내들이여 자기 남편에게 복종하기를 주께 하듯 하라 이는 남편이 아내의 머리됨이 그리스도께서 교회의 머리됨과 같음이니 그가 바로 몸의 구주시니라 그러므로 교회가 그리스도에게 하듯 아내들도 범사에 자기 남편에게 복종할지니라 남편들아 아내 사랑하기를 그리스도께서 교회를 사랑하시고 그 교회를 위하여 자신을 주심 같이 하라 이는 곧 물로 씻어 말씀으로 깨끗하게 하사 거룩하게 하시고 자기 앞에 영광스러운 교회로 세우사 티나 주름 잡힌 것이나 이런 것들이 없이 거룩하고 흠이 없게 하려 하심이라"(엡5:22~27). 뿐만 아니라 가정은 하나님의 나라가 확장되는 가장 효과적인 선교 기관입니다. 선교는 지역 간 개념(transregional mission)으로만 이해해서는 안 됩니다. 세대 간 개념(transgenerational mission)으로도 이해해야 합니다. 한 세대의 믿음의 스토리가 다음 세대로 이어지는 가장 확실한 통로는 가정입니다. 이것은 하나님의 아이디어입니다. "내가 입을 열어 비유로 말하며 예로부터 감추어졌던 것을 드러내려 하니 이는 우리가 들어서 아는 바요 우리의 조상들이 우리에게 전한 바라 우리가 이를 그들의 자손에게 숨기지 아니하고 여호와의 영예와 그의 능력과 그가 행하신 기이한 사적을 후대에 전하리로다 여호와께서 증거를 야곱에게 세우시며 법도를 이스라엘에게 정하시고 우리 조상들에게 명령하사 그들의 자손에게 알리라 하셨으니 이는 그들로 후대 곧 태어날 자손에게 이를 알게 하고 그들은 일어나 그들의 자손에게 일러서 그들로 그들의 소망을 하나님께 두며 하나님께서 행하신 일을 잊지 아니하고 오직 그의 계명을 지켜서 그들의 조상들 곧 완고하고 패역하여 그들의 마음이 정직하지 못하며 그 심령이 하나님께 충성하지 아니하는 세대와 같이 되지 아니 하게하려 하심이로다"(시78:2~8). 사랑으로 하나 됨을 이루는 목표를 위해 가르쳐주어야 할 두 번째 주제는 교회 생활에 관한 것입니다. 하나님은 교회를 사랑하십니다. 교회를 기뻐하십니다.

교회를 통해 일하고 계십니다. 하나님도 우리가 그러기를 바라십니다. 하지만 그러기에는 교회에 문제가 너무 많다고 생각합니까? 그렇습니다. 교회는 성자들의 모임이 아닙니다. 생명은 건졌지만 회복을 기다리는 중환자들의 모임입니다. 나 자신이 불완전하고 문제가 많듯이, 모든 교회는 불완전하고 문제가 많습니다. 누군가 말했듯 문제가 없는 교회를 찾았다면 절대 그 교회에 가지 말라. 당신이 거기에 들어서는 순간 그 교회는 문제 있는 교회가 될테니 말입니다. 성경에 교회란 말이 111번 나오는데 그 중에 우주적인 교회, 보이지 않는 교회에 관해 말하는 것은 11번에 불과합니다. 나머지는 모두 예배와 양육, 돌봄과 교제 그리고 만남이 있는 불완전한 지역 교회에 대해 말하고 있습니다. 하나님이 이 불완전한 교회를 얼마나 귀히 여기고 기뻐하시는지 성도들이 안다면 교회는 얼마나 달라질까요. 교회를 소중히 여길 때 우리가 받을 축복은 얼마나 클까요. 부족하고 못나 세상이 경멸하지만 교회를 멸시하는 것은 하나님을 멸시하는 것이고, 교회를 공격하는 것은 교회의 아버지이신 하나님을 능멸하는 것과 같습니다. 하나님은 거룩한 분노를 느끼실 정도로 그분의 백성 공동체를 사랑합니다. "그날에 사람이 예루살렘에 이르기를 두려워하지 말라 시온아 네 손을 늘어뜨리지 말라 너의 하나님 여호와가 너의 가운데에 계시니 그는 구원을 베푸실 전능자시라 그가 너로 말미암아 기쁨을 이기지 못하시며 너를 잠잠히 사랑하시며 너로 말미암아 즐거이 부르며 기뻐하시리라 하리라"(습3:16~17).

예수님은 교회를 이렇게 사랑합니다. "남편들아 아내 사랑하기를 그리스도께서 교회를 사랑하시고 그 교회를 위하여 자신을 주심 같이 하라 이는 곧 물로 씻어 말씀으로 깨끗하게 하사 거룩하게 하시고 자기 앞에 영광스러운 교회로 세우사 티나 주름 잡힌 것이나 이런 것들이 없이 거룩하고 흠이 없게 하려 하심이라"(엡5:25~27). 바울은 교회를 하나님의 가정으로 설명합니다. 우리는 하나님이 질투하시는 하나님의 가족들입니다. "그러므로 이제부터 너희는 외인도 아니요 나그네도 아니요 오직 성도들과 동일한 시민이요 하나님의 권속이라"(엡2:19). 사랑으로 하나 됨을 이루는 목표를 위해 가르쳐주어야 할 세 번째 주제는 내가 심긴 작은 세상 속에서의 삶에 관한 것입니다. 우리는 거룩하신 성령이 우리 안에 거하시는 거룩한 사람들입니다. 우리의 거룩함은 우리 자신의 거룩한 생각이나 거룩한 행동에서 나오는 것이 아니라 우리 안에 계신 거룩하신 성령으로 말미암습니다. 대제사장이 일 년에 딱 한 차례 목숨 걸고 들어가 피를 뿌리던 그 지성소에 거하시던 거룩하신 하나님이 이제는 우리 안에 거합니다. 거룩하신 하나님과 관련되는 모든 것은 거룩하게 됩니다. 하나님이 모세에게 말씀합니다. "하나님이 이르시되 이리로 가까이 오지말라 네가 선 곳은 거룩한 땅이니 네 발에서 신을 벗으라"(출3:5). 왜 그곳이 거룩했습니까? 하나님이 거기 계시기 때문이었습니다. 하나님과 관련 되면 책도, 가구도, 집기도, 건물도, 직업도, 합창단도, 식사도, 사람도 그 의미가 달라집니다.

우리는 하나님과 관련된 것들을 이렇게 부릅니다. "성경, 성구, 성물, 성전, 성직, 성가대, 성찬, 성도…." 그렇다면 하나님의 거룩한 영을 모신 성도가 관련된 모든 삶과 장소도 거룩할 수밖에 없습니다. 하나님이 바로 그곳, 그 학교, 그 아파트, 그 직장, 그 회사, 그 기관, 그 조직에 심어놓으신 것은 우리로 하여금 거기에서 하나님의 거룩하심을 드러내게 하기 위해서입니다. 하나님의 긍휼하심, 하나님의 인자하심, 예수님의 희생, 예수님의 살아계심, 하늘의 소망… 이런 말은 모두 추상 명사입니다. 세상은 죽었다 깨어나도 그 말을 이해할 수 없습니다. 그래서 하나님은 우리를 세상 속에 넣으셨습니다. 세상이 우리를 통해 그 막연하고 추상적인 실체가 무엇인지 보고 듣고 경험하게 하기 위해서입니다. 내가 심긴 세상 공동체 속에서 섬김과 희생, 배려와 돌봄, 책임과 헌신을 통해 하나님의 추상 명사를 실체 명사로 번역해주어야 합니다. 주님이 제자 된 우리에게 말씀합니다. "너희는 세상의 소금이니 소금이 만일 그 맛을 잃으면 무엇으로 짜게 하리요 후에는 아무 쓸데 없어 다만 밖에 버려져 사람에게 밟힐 뿐이니라 너희는 세상의 빛이라 산 위에 있는 동네가 숨겨지지 못할 것이요 사람이 등불을 켜서 말 아래에 두지 아니하고 등경 위에 두나니 이러므로 집 안 모든 사람에게 비치느니라 이같이 너희 빛이 사람 앞에 비치게 하여 그들로 너희 착한 행실을 보고 하늘에 계신 너희 아버지께 영광을 돌리게 하라"(마5:13~16).

3) 세상과의 관계

세상과의 관계에 대한 티칭 목표는 하나님과 세상 사이의 다리(Commission) 노릇을 하는 것입니다. 하나님이 아브라함에게 주신 가나안은 네 개의 물로 경계가 이루어진 땅입니다. 북쪽으로는 갈릴리 바다, 서쪽으로는 지중해, 남쪽으로는 사해 동쪽으로는 요단강, 가나안은 비옥한 초승달 모양으로 생긴 땅의 한복판에 놓인 교차로와 같은 곳입니다. 메소포타미아 문명권과 이집트 문명권이 교류하고 충돌하는 사통오달 사거리 같은 땅입니다. 그래서 그 땅에는 전쟁과 피 흘림이 끝없이 이어졌습니다. 왜 하나님은 이런 땅으로 그들을 보내셨을까요? 유대인들이 하는 우스갯소리가 있습니다. 아브라함은 귀가 약간 어두웠답니다. 하나님이 아브라함에게 가라고 하신 곳은 가나안(Canan)이 아니고 캐나다(Canada)였는데, 아브라함이 귀가 어두워 캐나다를 가나안으로 들었다는 것입니다. 그때 캐나다로 갔으면 좋았을 텐데, 조상님의 잘못된 청력 때문에 자기들이 이렇게 죽을 고생을 하며 산다는 이야기입니다. 이 땅에 하나님이 그 백성을 두신 두 가지 이유가 있습니다. 첫째, 그들은 하나님의 백성으로서 하나님을 모르는 세계의 거센 외부적 영향으로부터 가장 잘 보호될 수 있는 지리적 특성을 가지고 있었기 때문이었습니다. 외부적인 영향을 비교적 적게 받음으로써 자기들의 민족공동체의 독특한 소명과 공동체의 조직문화를 보존하기에 아주 좋은 위치에 있었다는 것입니다.

둘째, 사통오달 사거리에서 그 땅을 지나는 모든 세상 사람들에게 살아계신 하나님을 증거 하기 위해서입니다. 소아시아 지방 사람들이 아라비아로 갈 때도, 메소포타미아 사람들이 애굽으로 갈 때도 반드시 통과해야 할 길목이 바로 가나안 땅입니다. 외부적인 요인으로부터 최소한의 영향을 받으면서 밖으로는 사통오달 교통의 중심지에 이 백성들을 놓으신 하나님의 지혜가 참으로 놀랍지 않습니까? 이스라엘 백성들은 살아 있는 여호와의 증거 공동체가 되기 위해서 선택받았습니다. 가나안을 반드시 통과해야 하는 당시 세계의 사람들은 이 공동체를 통해 여호와 하나님만이 참 하나님이시고, 그분에게 돌아오는 것만이 참 생명을 얻는 길이라는 사실을 깨닫기 원했습니다. 아브라함을 부르실 때 바로 그런 하나님의 증거 공동체가 하나님의 마음에 있으셨음을 창세기 12장 1~3절에서 말씀했습니다. "여호와께서 아브람에게 이르시되 너는 너의 고향과 친척과 아버지의 집을 떠나 내가 네게 보여 줄 땅으로 가라 내가 너로 큰 민족을 이루고 네게 복을 주어 네 이름을 창대하게 하리니 너는 복이 될지라 너를 축복하는 자에게는 내가 복을 내리고 너를 저주하는 자에게는 내가 저주하리니 땅의 모든 족속이 너로 말미암아 복을 얻을 것이라." 이 구절은 두 마디로 요약할 수 있습니다. 첫째, 축복의 대상, "너는 나의 복을 받고 살 사람이다."

둘째, 축복의 통로, "천하 만민이 너 때문에 복을 받게 될 것이다." 구약의 이스라엘 민족 공동체나 신약의 교회 공동체나 우리가 존재하는 네 번째 목표는 하늘의 축복을 이 땅에 연결하는 축복의 통로가 되는 것입니다. 하나님과 세상 사이의 다리 역할을 하는 목표를 위해 가르쳐주어야 할 첫 번째 주제는 하나님을 알지 못하는 우리의 미래 신자들에 관한 것입니다. 전도는 우리의 프로그램도, 행사도 아닙니다. 전도는 우리의 생존 이유입니다. 천국이 완전한 곳이고, 예수님을 믿는 우리에게 보장된 미래로 그곳이 확보되어 있음에도 우리가 이 땅에 남겨진 이유는 복음을 증거 하기 위해서입니다. 제자들을 향한 예수님의 첫 번째 명령은 전도였습니다. "나를 따라오라 내가 너희를 사람을 낚는 어부가 되게 하리라"(마4:19). 예수님의 마지막 명령도 전도였습니다. "너희는 온 천하에 다니며 만민에게 복음을 전파하라"(막16:15). 우리 안에 성령을 주신 이유도 전도입니다. "오직 성령이 너희에게 임하시면 너희가 권능을 받고 예루살렘과 온 유대와 사마리아와 땅끝까지 이르러 내 증인이 되리라"(행1:8). 주님의 최대의 관심사, 최대의 염려, 최대의 기쁨은 잃어버린 영혼이 돌아오는 것입니다. 바로 당신을 통해 "내가 너희에게 이르노니 이와 같이 죄인 한 사람이 회개하면 하늘에서는 회개할 것 없는 의인 아흔아홉으로 말미암아 기뻐하는 것보다 더하리라"(눅15:7). "지혜 있는 자는 궁창의 빛과 같이 빛날 것이요 많은 사람을 옳은 데로 돌아오게 한 자는 별과 같이 영원토록 빛나리라"(단12:3). 하나님과 세상 사이의 다리 역할을 하는 목표를 위해 가르쳐주어야 할 두 번째 주제는 우리가 속한 국가공동체에 관한 것입니다. 기독교에는 국경이 없지만 기독교 신자에게는 조국이 있다는 말이 있습니다. 우리는 이 땅 위에 살고 있지만 두 가지 국적을 가지고 있습니다. 하나는 천국 시민의 국적이고, 다른 하나는 대한민국의 국적입니다. 천국 시민으로서, 또한 대한민국 국민으로서 우리는 어떻게 살아야 합니까? 우리는 학생들에게 바른 국가관을 세워주어야 합니다. 국가를 어떻게 볼 것인가에 대해 바울은 이렇게 가르칩니다. "각 사람은 위에 있는 권세들에게 복종하라 권세는 하나님으로부터 나지 않음이 없나니 모든 권세는 다 하나님께서 정하신 바라 그러므로 권세를 거스르는 자는 하나님의 명을 거스름이니 거스르는 자들은 심판을 자취하리라 다스리는 자들은 선한 일에 대하여 두려움이 되지 않고 악한 일에 대하여 되나니 네가 권세를 두려워하지 아니하려느냐 선을 행하라 그리하면 그에게 칭찬을 받으리라 그는 하나님의 사역자가 되어 네게 선을 베푸는 자니라 그러나 네가 악을 행하거든 두려워하라 그가 공연히 칼을 가지지 아니하였으니 곧 하나님의 사역자가 되어 악을 행하는 자에게 진노하심을 따라 보응하는 자니라"(롬13:1~4).

국가는 하나님이 세우신 제도입니다. 국가의 권위를 하나님이 주셨다고 하는 사상은 이미 구약 성경에도 잘 나타나 있습니다. "지극히 높으신 이가 사람의 나라를 다스리시며 자기의 뜻대로 그것을 누구에게든지 주시며 또 지극히 천한 자를 그 위에 세우시는 줄을 사람들이 알게 하려 함이라"(단4:17). 그러므로 그리스도인은 나라가 있음에 감사하고, 나라를 소중히 여기며 사랑해야 합니다. 하나님이 그분의 주권 속에 세우신 통치자의 권위를 인정하고 존중해야 합니다. 국가의 법을 잘 지킬 뿐 아니라 국민으로서의 의무를 다해야 합니다. 하나님과 세상 사이의 다리 역할을 하는 목표를 위해 가르쳐주어야 할 세 번째 주제는 하나님이 지으신 창조 세계에 관한 것입니다. 에덴에서 우리 인간은 하나님이 지으신 모든 창조 세계의 관리자로 지음 받았습니다. 인간은 자연 만물에 이름을 붙여줌으로써 자연을 가치 있고 의미 있게 만들었습니다. 그러나 인간의 타락으로 자연 생태계가 황폐되었습니다. 하나님이 말씀하신 대로입니다. "땅이 네게 가시덤불과 엉겅퀴를 낼 것이라"(창3:18). 지금도 인간의 발길만 닿으면 자연은 더러워지고 훼손됩니다. 청지기이자 정원사였던 자연과의 관계는 착취자와 오염자로 변하고 말았습니다. 자연이 탄식하고 있습니다. "피조물이 다 이제까지 함께 탄식하며 함께 고통을 겪고 있는 것을 우리가 아느니라"(롬8:22). 예수 그리스도의 십자가 구속은 자연과의 관계 회복을 포함합니다. 우리는 창조주 하나님의 파트너로서 자연을 대해야 합니다. 자연의 청지기로서 사랑하고, 아끼며, 돌보고, 지켜야 합니다. 이런 하나님의 세상에 대한 청지기 의식을 심어 주어야 합니다.

4) 자신과의 관계

자신과의 관계에서 티칭의 목표는 거룩한 성품(Character)입니다. 식물이든 동물이든 모든 생명체는 같은 종류를 재생산합니다. 말은 말을 개는 개를 닮은 닭을 사람은 사람을 낳는 것입니다. 이것은 영적인 면에서도 마찬가지입니다. 하나님이 우리의 아버지시고, 우리가 그분의 자녀임이 틀림없다면 우리의 성품이 우리의 말이, 우리의 행동이 하나님을 닮아야 하는 것은 당연합니다. 믿지 않는 사람들을 향한 하나님의 소원이 있다면 "내게 오라"입니다. 그러나 믿는 자녀들을 향한 하나님의 소원은 "나를 닮은 사람으로 자라라"입니다. 교회학교 교사로서 우리의 목표는 우리 자신도 우리의 제자도 아버지를 닮아 자라는 것이어야 합니다. 하나님의 거룩함을 닮아 자란다는 의미는 막연한 것이 아닙니다.

감사하게도 하나님은 우리가 닮아갈 모델로 그 아들을 보내주셨습니다. 우리가 본받아 자라야 할 목표는 예수님입니다. 맞춤 옷집에 가면 옷본이 있습니다. 내가 고른 천위에 그 옷본을 놓고 분필로 그려 오린 후, 선을 따라 박으면 옷이 됩니다. 우리도 우리의 인격이라는 천위에 예수님을 올려놓고 그 본을 따라 동일하게 만들면 됩니다. 예수님은 우리의 완벽한 옷본(patterm)입니다. 바울은 말합니다. "우리 모두는 하나님의 아들을 믿고 아는 일에 하나가 되어, 그리스도를 닮은 온전한 사람으로서 성숙한 그리스도인이 될 것입니다"(엡4:13, 쉬운 성경). 하나님의 거룩하심을 닮아가는 것에 대해 이야기할 때 내게는 그 그림이 막연하지 않습니다. 나다니엘 호손(Nathaniel Hawthorme)의 〈큰 바위 얼굴〉이란 책의 줄거리는 대강 이렇습니다. "어느 산골 마을에 어네스트라고 하는 소년이 살고 있었다. 이 동네 뒷산에는 절묘한 풍화작용으로 만들어진 사람 얼굴 모양의 바위가 있었다. 그래서 사람들은 그 바위를 큰 바위 얼굴이라고 불렀다. 저녁 햇살이 빛날 때 붉은 태양이 그 바위를 비추면 그것은 진짜 살아 있는 사람의 얼굴처럼 보였다. 그 모습이 얼마나 인자하고 기품이 있었던지 사람들은 그 바위를 쳐다보며 즐거워했다. 언젠가부터 사람들은 그 바위와 똑같은 얼굴의 사람이 그 마을에서 태어나리라는 전설을 믿었다. 어머니로부터 그것을 들은 어린 어네스트는 그 사람이 마을에 나타나는 날 그를 만나러 달려가리라는 소망을 품고 자라난다. 그러면서 늘 이렇게 생각했다. 큰 바위 얼굴이라면 이럴 때 어떻게 할까. 그는 마음속에 강렬히 심겨진 큰 바위 얼굴을 흉내 내며 살았다. 그러나 세월이 지나도 그 사람은 나타나지 않았다. 그 마을 출신의 누군가가 부자나 장군, 또는 위대한 정치가가 되어 다시 돌아올 때마다 사람들은 그를 큰 바위 얼굴이라고 소란을 피웠지만, 어네스트의 정직한 눈은 속일 수가 없었다. 오랫동안 그 전설은 실현되지 않았다. 어느덧 어네스트도 바위틈만큼 얼굴에 깊은 주름이 생기고 백발이 성성한 할아버지가 되었다. 어느 날 어네스트가 서산으로 넘어가는 햇빛을 받으며 동네 사람들과 이야기를 나누고 있었다. 그런데 그 순간 사람들은 어네스트와 그의 뒤로 보이는 큰 바위 얼굴을 동시에 보게 되었다. 그리고 깨달았다. 큰 바위 얼굴이 바로 어네스트라는 사실을".

　이와 같이 우리도 날마다 예수님을 바라보고 따르면 그분의 성품을 닮게 됩니다. 이것이 교회학교 교사의 티칭의 두 번째 목표입니다. 그렇다면 예수님을 닮은 성품을 계발하기 위해 가르쳐주어야 할 것은 무엇일까요? 그 첫 번째 주제는 하나님의 백성으로서의 정체성을 확립하는 것입니다. 하나님은 그분의 백성들이 십계명을 받기 전에,

또한 그들이 보여야 할 거룩한 삶을 요구하시기 전에 그들의 거룩한 정체성을 확인시켜주셨습니다. 자신이 누구인지를 아는 사람만이 그 신분에 합당한 삶을 살 수 있기 때문입니다. 하나님은 말씀했습니다. "세계가 다 내게 속하였나니 너희가 내 말을 잘 듣고 내 언약을 지키면 너희는 모든 민족 중에서 내 소유가 되겠고 너희가 내게 대하여 제사장 나라가 되며 거룩한 백성이 되리라 너는 이 말을 이스라엘 자손에게 전할지니라"(출19:5~6). 예수님도 우리의 온전한 삶은 완전하신 하나님의 자녀 된 정체성을 확신하는 데서 시작된다는 것을 염두에 두시고 말씀했습니다. "그러므로 하늘에 계신 너희 아버지의 온전하심과 같이 너희도 온전하라"(마5:48). 우리도 그래야 합니다. 학생들의 행동이 바뀌기를 바란다면, 자신들의 정체성에 대한 그들의 생각을 바꿔주어야 합니다. 예수님을 닮은 성품을 계발하기 위해 가르쳐주어야 할 두 번째 주제는 하나님과 한 방향으로 정렬된 목표를 확립하는 것입니다. 예수님의 지상계명과 지상사명 속에 이 목표가 분명하게 요약되어 있습니다.

• 지상계명. "예수께서 이르시되 네 마음을 다하고 목숨을 다하고 뜻을 다하여 주 너의 하나님을 사랑하라 하셨으니 이것이 크고 첫째 되는 계명이요 둘째도 그와 같으니 네 이웃을 네 자신 같이 사랑하라 하셨으니 이 두 계명이 온 율법과 선지자의 강령이니라"(마 22:37~40).

• 지상사명. "그러므로 너희는 가서 모든 민족을 제자로 삼아 아버지와 아들과 성령의 이름으로 세례를 베풀고 내가 너희에게 분부한 모든 것을 가르쳐 지키게 하라 볼지어다 내가 세상 끝날까지 너희와

항상 함께 있으리라"(마28:19~20).

예수님을 닮은 성품을 계발하기 위해 가르쳐주어야 할 세 번째 주제는 하나님의 백성으로서 바른 삶의 원리를 확고하게 붙드는 것입니다. 속도가 아닌 방향이 중요합니다. 벽돌공에게 얼마나 많은 벽돌을 얼마나 빨리 쌓아 올리느냐 하는 것보다 중요한 것은 얼마나 수직 기준선인 다림줄에 일치되게 쌓느냐는 것입니다. 우리의 바른 사상과 바른 믿음과 바른 삶의 절대 기준은 오직 성경뿐입니다. 그러려면 성경적 사고방식을 훈련해야 하고, 성경적 가치 기준을 확립해야 합니다. 성경이 성경 자신의 이러한 절대적 기준성에 대해 말합니다. "모든 성경은 하나님의 감동으로 된 것으로 교훈과 책망과 바르게 함과 의로 교육하기에 유익하니 이는 하나님의 사람으로 온전하게 하며 모든 선한 일을 행할 능력을 갖추게 하려 함이라"(딤후3:16~17).

하나님과의 관계	자신과의 관계
하나님 사랑(Communion) • 하나님 알기 • 하나님 사랑하기 • 하나님의 사랑으로 자라기	자신 사랑(Character) • 하나님 백성으로서의 정체성 확립하기 • 하나님의 목표와 한 방향 정렬하기 • 하나님의 백성으로서 바른 삶의 원리 확립하기
세상과의 관계	공동체와의 관계
세상 사랑(Commission) • 내게 연결된 미래 신자들 사랑 • 내게 주신 국가공동체 사랑 • 하나님이 지으신 창조 세계 사랑	공동체 사랑 Community) • 가정 생활 • 교회 생활 • 내게 심긴 작은 세상 속에서의 삶

5. 교육목적 진술

1) 미국의 경우

(1) 1930년 목적

소위 1930년 목적은 폴 비스(Paul Vieth)에 의한 것으로 이것을 ICRE(The International Council of Religious Education)가 채택한 것입니다. 원래 일곱 가지로 되어 있었으나, 1940년에 가정에 대한 항목이 6번으로 추가되었습니다.

첫째, 기독교 종교교육은 성장하는 개인들 안에서 인간 경험의 실재로서의 하나님에 대한 인식과 그와의 인격적 관계의 느낌을 육성하는 것입니다. 둘째, 기독교 종교교육은 성장하는 개인들 안에서 예수님의 인격과 삶과 가르침에 대한 이해와 인식을 개발함으로 그를 구주와 주로 경험하게 하고 예수님과 그의 뜻에 충성하도록 이끌며, 그것을 매일의 삶과 행동에서 드러나게 하는 것입니다. 셋째, 기독교 종교교육은 성장하는 개인들 안에서 그리스도를 닮은 인격의 점진적이고도 계속적인 발전을 육성하는 것입니다. 넷째, 기독교 종교교육은 성장하는 개인들 안에서 하나님의 부성과 인류의 형제됨 이상을 구현하면서 세계 속에서 사회 질서를 세우는데 참여하고 건설적으로 공헌하는 능력과 성향을 개발하는 것입니다. 다섯째, 기독교 종교교육은 성장하는 개인들 안에서 기독교인들의 조직적인 사회인 교회에 참여하는 능력과 성향을 개발하는 것입니다. 여섯째, 기독교 종교교육은 성장하는 개인들 안에서 기독교 가정의 의미와 중요성에 대한 올바른 의미와 중요성에 대한 인식을 개발하며, 이 기본적인 사회집단의 삶에 참여하고 건설적으로 기여할 수 있는 능력과 성향을 발전시키는 것입니다. 일곱째, 기독교 종교교육은 성장하는 개인들 안에서 인생과 우주에 대한 기독교적인 해석으로 인도하고, 그 안에서 하나님의 목적과 계획을 볼 수 있는 능력을 가지며, 이러한 해석을 기초로 삶의 철학을 형성하게 하는 것입니다. 여덟째, 기독교 종교교육은 성장하는 개인들 안에서 현재의 경험에 대한 효과적인 안내자로서 성경에 기록된 인류의 최고의 종교적 경험과 동화하도록 영향을 주는 것입니다.

요약하면 첫째, 하나님에 대한 인식과 인격적 관계, 둘째, 예수님의 인격과 삶을 이해하고 가르침을 실천함, 셋째, 그리스도를 닮은 인격, 넷째, 사회 질서의 확립, 다섯째, 교회에 참여, 여섯째, 기독교 가정, 일곱째, 기독교적인 삶의 철학, 여덟째, 성경에 나타난 종교적 경험의 활용입니다. 이 목적 진술을 보면 그것의 배경으로 작용하고 있는 종교교육협의회의 신학적 경향을 알 수 있게 됩니다. 하나님-세상-교회의 구조를 드러내고 있으며, 성경은 제일 마지막에 위치하고 있습니다. 개인 구원보다는 사회 구원, 인격 형성 등에 보다 우선권을 두고 있습니다.

(2) 1958년 목적

비스의 목적 이후에 신정통주의 신학의 중흥과 함께 기독교 교육의 목적에 대한 심층적인 연구들이 촉구되었습니다. 1952년 미국 NCC(National Council of Churches)의 기독교 교육국(Division of Christian Education)은 교육목적의 설정을 위한 위원회를 구성 하였으며, 그 위원회는 책임자인 리틀(Lawrence C. Little)의 주도 아래 이루어진 5년의 연구결과를 1958년 목적으로 발표하였습니다. 1958년 목적은 전문과 5개의 작은 목표로 구성되어 있습니다. 그 내용은 다음과 같습니다. "기독교 교육의 최상의 목적은 개인들로 하여금 예수 그리스도 안에서 계시 찾아오시는 하나님의 사랑을 인식할 수 있도록 하고, 그 사랑에 믿음으로 응답하게 함으로 그들이 하나님의 자녀로 성장하고, 하나님의 뜻에 따라 살고, 기독교 공동체와의 생동적인 관계를 유지할 수 있도록 돕는 것이다". 이러한 목적을 성취하기 위하여 기독교 교육은 성령의 지도 아래서 다음과 같이 노력 한다.

• 발달의 매 단계에서 개인들이 하나님에 의해서 창조된 자로서 자기의 최고의 잠재력을 인식하고, 그리스도께 헌신하며, 기독교인으로서의 성숙을 향해 자라도록 돕는 것이다.

• 개인들로 하여금 사회 안에서 책임 있는 역할들을 감당하고, 모든 인간 안에서 하나님의 사랑의 대상을 보면서, 그들의 가족과 교회와 다른 개인들과 집단들과의 기독교적인 관계들을 수립하고 유지하는 것을 돕는 것이다.

• 개인들이 자연계를 하나님의 창조로 더 잘 이해하고 인식할 수 있도록 하고, 그 가치를 보존할 책임성을 받아들이며, 그것들을 하나님과 인류를 위한 섬김에 사용하도록 돕는 것이다.

• 개인들을 성경에 대한 점증적인 이해와 인식으로 이끌어 거기서 하나님의 말씀을 듣고 순종하게 하며, 역사적인 기독교 유산들 속에 나타난 다른 요소들을 인식하고 효과적으로 사용하도록 돕는 것이다".

• 개인들이 교회의 국내 선교와 세계선교에 신실하게 참여함으로 기독교적 친교 안에서 책임성 있는 역할들을 발견하고 성취할 수 있도록 하는 것이다".

이 목적은 전문에서 하나님과 인간의 만남을 강조하면서, 5개의 목표로, 첫째, 창조된 자아의 인식과 그리스도인으로서의 헌신과 성숙, 둘째, 책임 있는 사회적 관계의 수립, 셋째, 자연계에 대한 인식, 넷째, 성경과 기독교의 유산활용, 다섯째, 선교적 사명을 강조하고 있습니다. 이 목적의 진술에는 신정통주의적 경향이 잘 나타나고 있습니다. 같은 해에 "고등학교 학생을 위한 교육목적"(objective for senior high young people)이 다른 위원회에 의해서 발표되었습니다. 앞의 문서와의 차이는 하나님과 인간의 만남을 더욱 강조하면서, 그것이 인간의 삶에 가져오는 결과를 부각 시키고 있다는 점입니다. "기독교 교육의 목적은 사람들로 하여금 예수 그리스도 안에서 하나님의 자기를 나타내 보이심과 찾아오시는 사랑을 깨닫게 하고, 믿음과 사랑으로 응답하는 가운데 그들이 누구이며 그들이 처한 인간적 상황이 무엇을 의미하는지 알게 하며, 하나님의 자녀로서 그리스도인의 공동체에 뿌리를 박고 자라나며, 모든 관계에서 성령 안에서 생활하고, 이 세상에서 그들의 공동적 제자 성취하며 그리스도인의 소망 중에 거하도록 도와주는 것이다".

2) 한국의 경우

(1) 대한예수교장로회(합동) 교육 목적

"하나님의 부르심을 입은 그리스도인들로 하여금 정확 무오한 하나님의 말씀을 통해 삼위일체 하나님과 그의 행하신 일을 알게 하고, 개혁주의적인 기독교 세계관을 바로 정립하여, 그리스도 교회의 일꾼이 되게 하며, 세상의 모든 삶의 영역에서 하나님을 사랑하고 이웃을 사랑하는 성숙한 그리스도인의 삶을 살게 함으로 하나님께 영광을 돌리게 하는 것이다".

• 합동측의 교육목적은 성숙한 그리스도인의 양성인데, 이는 첫째, 하나님을 사랑하고 이웃을 사랑하는 사람이며, 둘째, 세상의 모든 삶의 영역에서 그리스도의 주되심을 나타내고, 셋째, 궁극적으로 하나님께 영광을 돌리는 사람입니다. 이 목적 진술은 특히 교육이 하나님의 말씀에 기초해야 한다는 점, 교육 사역이 삼위 하나님의 본질에 근거한 것이라는 점, 교육이 개혁주의적인 기독교 세계관에 그 토대를 두고 있다는 점, 교회를 다른 어떤 것보다 앞세우고 있다는 점을 강하게 천명함으로써 교단의 신학적 특성을 잘 나타내고 있습니다.

(2) 대한예수교장로회(통합) 교육 목적

"모든 세대들에게 하나님의 은혜로 예수 그리스도를 통해서 이룩하셨고 성령을 통해 지금도 계속 이루시는 구원의 복음을 신앙공동체 안에서 깨달아 알고 하나님의 말씀과 복음의 빛 안에서 가정과 교회, 이웃 사회와 자연 및 세계와 바른 관계를 이루어서, 예배와 선교의 사명을 지닌 하나님의 백성으로서 삶 속에서 하나님 나라와 그 의를 위해 헌신하도록 양육하고 훈련하는 것이다".

• 통합측의 교육목적은 첫째, 구원의 복음을 깨달아 알고, 둘째, 가정, 교회, 이웃, 자연, 및 세계와의 바른 관계를 정립하고, 셋째, 하나님의 나라의 구현을 위해 예배와 선교적 삶을 사는 일로 요약할 수 있습니다. 이 목적 진술에서는 구원을 이루시는 삼위일체 하나님이 잘 표현되어 있으며, 구원을 통한 하나님의 백성됨과 하나님의 백성으로서의 삶이 조화롭게 나타나고 있고, 평생 교육적 관점(모든 세대)도 잘 나타나고 있습니다. 교육의 기초로서의 말씀(복음), 교육의 지향점으로서의 하나님 나라, 교육의 장으로서의 신앙공동체가 잘 드러나고 있습니다. 그러나 하나님의 말씀과 복음의 빛의 구별, 이웃 사회, 자연과 세계는 어떻게 다르며, 어떤 관계에 있는 것인지 모호한 점이 있습니다.

(3) 대한예수교장로회(고신) 교육 목적

교육이념
"개혁주의 정신에 입각하여 웨스트민스터 표준서들을 따라 하나님을 사랑하고 이웃을 사랑하는 그리스도인을 양성한다".

교육목적

"성경을 가르쳐 첫째, 삼위일체 하나님을 알고 사랑하며 섬기고(예배적 인격), 둘째, 하나님의 형상인 사람을 이해하고 사랑하며 도우며 그리스도를 전하고(인화 협동적 인격), 셋째, 자기의 존재의의와 특수한 사명을 자각하여 자기가 선 자리에서 맡은 일에 충성하는 (문화적 인격) 그리스도인을 육성하여 신앙의 정통과 생활의 순결을 겸비케 한다".

• 고신교단의 교회 교육 목적의 핵심은 다음과 같이 요약될 수 있습니다. 첫째, 성경이 교회 교육의 기초가 됨을 강조하고 있습니다. 둘째, 관계의 회복으로서의 교육을 강조하고 있습니다. 이 목적이 추구하는 그리스도인은 하나님과의 관계, 사람들과의 관계, 자연과의 관계에서 온전한 변화를 추구하는 사람입니다. 셋째, 신앙의 정통과 생활의 순결을 강조합니다. 신행일치를 가르칩니다. 교육목적은 성경을 강조할 뿐만 아니라, "개혁주의 정신에 입각하여 웨스트민스터 표준서들"을 강조함으로써 정통적인 신앙을 강조하고 있습니다. 또한 이러한 신앙의 실천적 삶을 강조합니다.

(4) 한국기독교장로회 교육 목적

"교인들로 하여금 이미 예수 그리스도를 통해서 이룩하셨고 또 계속 성령을 통해서 이룩하고 계시는 하나님의 재창조의 역사를 깨달아 알게 하고 이에 믿음과 소망과 사랑으로 응답하게 도와 그리스도를 머리로 한 새 질서 창조의 전위대적인 백성이 되게 할 뿐 아니라 저희들에게 맡겨진 사명을 다할 수 있도록 육성하고 훈련하는 일이다".

• 기장의 교육목적은 교인들로 하여금 하나님의 재창조의 사역에 참여하는 전위대적인 공동체가 되도록 육성하고 훈련시키는 일입니다. 하나님의 재창조의 사역은 다시 "그리스도를 머리로 한 새 질서 창조"라고 부언합니다. 다른 교단의 교육목적에 비해 매우 능동적이며 적극적인 표현을 담고 있는 것이 특징입니다. 이 목적 진술에는 교회라는 표현이 없는데, 하나님-세계-교회로 나타나는 교단의 신학적 경향을 드러내고 있습니다.

(5) 기독교대한성결교회 교육 목적

"모든 사람으로 하여금 성서를 통하여 보여주신 하나님의 부르심에 응답하여 하나님을 알고, 예수 그리스도를 믿음으로 거듭나며, 성령의 도우심으로 성결한 그리스도인이 되어 사랑의 공동체인 교회를 섬김으로 하나님을 영화롭게 하며, 이 세상을 구원하시는 하나님의 역사에 동참하여 복음을 전하고, 이웃을 사랑하며, 영육을 강건케 하시는 성령과 함께 살면서 소망스러운 삶을 살도록 도와주려는 것이다".

• 성결교단의 교육목적은 거듭나며(중생), 성결한 그리스도인이 되

어(성결), 영육을 강건케 하시는 성령과 함께 살면서(신유), 소망스러운 삶(재림)을 사는 것으로 4중 복음이 그대로 반영되어 있습니다. 성경적 기초가 강조되고, 다른 교단과는 달리 부르심에 대한 믿음의 응답함으로 거듭남이 강조 되고 있습니다. 이정효는 "신앙의 지, 정, 의의 세차원을 모두 포함하고 있으며, 현재의 삶과 미래의 소망이 동시에 강조되며, 하나님과의 수직적 관계와 이웃과의 수평적 관계를 균형있게 강조하고 있다"고 평가합니다.

(6) 기독교대한감리회 교육 목적

"하나님의 모든 자녀들로 하여금 교회공동체 안에서 기독교 신앙의 본질과 감리교회의 유산을 바탕으로 올바른 그리스도인으로 성장하도록 도와줌으로써 하나님의 나라가 실현되기까지 세상에서 기독교적인 삶과 그 실천을 구현하는데 있다".

• 감리교단의 교육목적은 올바른 그리스도인의 양성이며, 구체적으로 말하면 하나님 나라의 실현을 위한 기독교적인 삶과 그 실천입니다. 이 목적 진술은 기독교 신앙의 본질과 감리교회의 유산을 강조하고 있습니다.

(7) 기독교한국침례회 교육 목적

"사람들로 하여금 성경에서, 또한 예수 그리스도를 통해 가장 완전하게 계시된 하나님을 알게 하고, 예수 그리스도를 자신의 구세주로 서 뿐만 아니라 주님으로 믿게 하며, 개인적인 신앙의 헌신으로 하나 님께 응답하도록 하고, 참된 의미의 제자로서 하나님의 뜻에 순종하 기를 애쓰며, 자기 자신을 하나님의 교회와 세상 안에서의 교회의 사 명과 효과로 결부시키고, 성령의 인도와 능력을 경험하며 생활함과 아울러 기독교인의 성숙을 향해 성장해 갈 수 있도록 돕는 것이다".

• 침례교단의 교육목적은 사람들을 예수 그리스도의 성숙한 제자 로 양육하는 것입니다. 그는 그리스도를 구세주로 믿으며, 교회와 세 상 속에서 효과적으로 헌신하면서 사명을 다하는 사람을 말합니다. 이 목적 진술은 예수 그리스도가 그 중심을 이루고 있으며, 세상 속 에서의 교회의 사명과 성령의 인도하심을 강조하고 있는 것이 특징 입니다.

(8) 기독교 대한 하나님의 성회 교육 목적

교육이념
"하나님의 말씀인 성경에 그 기초를 두고, 성령의 역사로 말미암아 하나님을 사랑하고 이웃을 사랑하는 그리스도인을 양성한다".

교육목적
성경을 가르쳐 첫째, 삼위일체 하나님을 바로 알고 사랑하며 섬기 고, 둘째, 하나님의 형상인 사람을 이해하고 사랑하고 도우며 그리스도를 전파하고, 셋째, 오순절 성령의 역사를 이 세대에 다시금 일으키고 성령의 역사로 말미암아 하나님의 의를 이 땅에 이룩하는 그리스도인을 양육하여 신앙의 정통과 생활의 순결을 겸비합니다.

• 구조적으로 기독교 하나님의 성회의 교육목적 진술은 고신교단의 구조를 따르고 있으며, 하나님을 사랑하고 이웃을 사랑하는 그리스도인의 양성에 그 초점을 맞추고 있습니다. 특히 교단의 신학적 경향을 반영하는 성령님의 존재와 사역을 강조하고 있는 것이 특징입니다.

참고문헌

• 강용원 편저, 기독교 교육학 개론, 생명의 양식, 2022.
• 양금희 외 5인, 기독교 교육 개론, 장로회신학대학교 기독교 교육연구원, 2013.
• 양승헌, 크리스천 티칭, 디모데, 2014.
• 이정현, 교사 베이직, 생명의 말씀사, 2018.
• 이현철 편저, 기독교 교육학 핸드북, 생명의 양식, 2024.
• 임계빈, 잠자는 목양교사를 깨운다, 하, 엘맨, 2024.
• 정원식, 교육의 과정, 배영사, 1973.
• 한춘기, 교사 마스터링, 생명의 양식, 2008.
• 현유광, 교회 교육 길라잡이, 생명의 양식, 2008.

3장 · 기독교 교육의 역사

이 세상에 존재하는 모든 것은 역사적 국면을 가지고 있습니다. 창조세계의 자연물뿐만 아니라 관념이나 제도를 포함한 인간의 문화적 산물도 시간의 흐름에 따라 변화합니다. 어떤 것을 안다는 것은 그것의 역사적 국면에 대한 지식을 포함합니다. 현재 우리가 실천하는 교육도 과거로부터 현재에 이르는 변화의 과정, 즉 역사적 국면을 가지고 있습니다. 기독교 신앙이 존재하는 곳에는 언제나 기독교 교육이 존재했으므로 기독교 교육의 역사는 기독교 신앙만큼 오래된 것입니다. 우리가 실천하는 기독교 교육을 제대로 알고 미래의 발전을 위해서는 기독교 교육이 어떤 과정을 거쳐 현재에 이르렀는지 그 역사에 대해 분명한 이해를 가져야 합니다.

사람들은 대체로 다음 두 가지 이유에서 교육사를 연구합니다. 하나는 과거를 이해하기 위해서이고, 다른 하나는 과거에 대한 지식을 기반으로 현재의 문제를 해결하기 위해서입니다. 전자가 교육사 연구를 통해 역사적 사건이 가지는 그 자체의 가치를 탐구하는 것을 목적을 둔다면, 후자는 현재 당면한 실제적인 교육 문제를 해결하는 데 필요한 지식과 참고할 만한 사례를 찾는 것에 목적을 둡니다.

이를 좀 더 자세하게 구분하여 정리하면 다음과 같습니다. 첫째,

역사를 연구하는 이유 중 하나는 과거를 복원하여 그 시대에 실제로 일어났던 사건을 이해하는 데 있습니다. 과거의 역사적 사건을 이해하기 위하여 역사연구자들은 그 사건의 원인과 진행 과정을 규명하고 그 사건이 가지는 의미를 밝히려고 노력합니다. 둘째, 교육의 역사를 연구하는 또 다른 목적은 현재 당면한 교육의 문제를 해결하고 개선하는 데 있습니다. 역사를 연구하면 현재의 교육 문제를 해결할 수 있는 지혜를 얻을 수 있습니다. 현재의 교육 문제는 역사적 배경과 맥락을 가지고 있습니다. 문제를 제대로 해결하기 위해서는 그 문제의 역사적 맥락을 이해하는 것이 필수적입니다. 셋째, 과거의 역사를 살펴보면 인간 삶이나 사회 안에서 비슷한 현상이나 문제가 반복적으로 되풀이되는 것을 발견합니다. 교육사 연구를 통해 역사 속에서 되풀이 되는 교육과 관련한 문제나 현상이 가지는 변화의 패턴을 알아낸다면 미래에 일어날 수 있는 일을 예측하고 변화를 통제할 수 있는 규범이나 전략을 발견할 수 있습니다. 역사연구는 인간 삶과 사회의 현상에서 볼 수 있는 변화의 패턴, 역사의 법칙을 찾아낼 수 있습니다. 이 법칙과 규범은 변화를 예측하거나 변화의 추세를 바람직한 방향으로 유도하는 데 유익하게 사용될 수 있습니다.

구약시대부터 현대에 이르기까지의 기독교 교육의 역사를 시대별로 간추려 살펴보려 합니다. 수천 년 기독교 교육의 역사를 한 장에서 모두 살펴보는 일은 거의 불가능한 일입니다. 따라서 이 장에서는 우리의 기독교 교육에 결정적 영향을 미치면서 개신교 기독교 교육의 뿌리와 같은 역할을 해 왔던 시대적 사건들을 즉 구약시대의 교육과 예수님의 교육, 중세의 교육, 종교개혁의 교육과 주일 학교운동을 중심으로 살펴보려고 합니다.

1. 구약시대의 교육

우선 구약시대를 교육의 관점에서 시대적으로 구분한다면 바벨론 포로를 기점으로 전기와 후기로 나누고 있습니다. 이러한 시대 구분은 기독교 교육학자 루이스 쉐릴의 영향이 큽니다. 그는 출애굽부터 다윗 왕국과 남북 분열 왕국 이후 바벨론에게 함락되고 유대인들이 포로로 끌려감으로써 예루살렘이 완전히 멸망한 BC 586년을 기점으로 그 이전을 히브리 민족의 교육기라 부릅니다. 그 이후부터 로마가 팔레스틴을 완전히 점령했던 A.D 70년까지를 유대인의 교육기로 명하였습니다. 전자는 가정을 중심으로 후자는 회당을 중심으로 각각 신앙 교육을 실시하였습니다.

1) 전기 이스라엘의 교육

전기 이스라엘의 시기는 이스라엘인들이 유목민으로 생활하던 시대와 정착 이후 농경생활에 종사하게 된 시대로 이 시기 교육은 형식적인 학교제도나 체계적인 교육의 형태는 아직 갖추어지지 않은 시대라고 할 수 있습니다. 이 시기는 종교와 교육과 삶이 서로 뗄 수 없이 연결 되어 있던 시기였습니다. 종교가 곧 삶이고, 삶 자체가 교육의 역할을 하였으며, 종교적 생활은 그 자체로 또한 교육활동이었기 때문입니다. 이 시기의 종교교육은 삶의 모든 현장에서 다양하게 이루어졌고, 이러한 교육을 통하여 히브리인들은 하나님의 백성으로서의 정체성을 형성하였습니다.

이 시기의 가장 핵심적 교육의 장은 무엇보다 가정이었습니다. 가정은 히브리인이 태어나 하나님을 경외하는 것을 배우는 신앙공동체요 교육공동체였습니다. 이스라엘 사람이 태어나 처음으로 배우게 되는 성경의 구절인 쉐마(신6:4~9)가 이를 잘 나타내어 줍니다. 쉐마에 나타난 것처럼 히브리인들은 자녀에게 여호와를 사랑할 것을 가르치는 것을 하나님의 명령으로 알았습니다. 그들은 자신들의 정체성 즉 하나님의 백성으로서의 정체성을 지키는 것은 교육을 통해서 일어나는 것임을 알았고, 따라서 그들은 여호와를 사랑하라는 명령과 그것을 자녀에게 가르치라는 교육의 명령은 언제나 함께 가는 것으로 이해했습니다. 가정은 바로 여호와를 사랑하는 것을 배우는 가장 중요한 교육의 장소였고, 부모는 하나님으로부터 자녀교육의 사명을 받은 일차적 교사였습니다. 이 시기 히브리인들의 가정에서는 부모가 자녀와 함께 절기를 지키고, 제사를 드리며, 다양한 삶의 현장에서 다양한 종교적 의식과 상징들을 통해서 종교적 생활에 대한 사회화가 이루어졌습니다.

• 가정에서의 교육의 방법들은 다음과 같습니다.

첫째, 이야기를 통한 교육입니다. 히브리인들은 자녀들에게 그들 조상들의 '이야기'를 전함으로써, 그들이 만난 여호와 하나님을 가르쳤습니다. 하나님은 그의 백성에게 놀라운 사건을 일으키신 후 언제나 후일에 네 자손들에게 이 일을 이야기하라고 명령했습니다(출13:14~16, 수4:21~24). 따라서 히브리인들은 자녀들에게 그 어떤 것보다 자신들의 조상들에게 일어났던 일, 하나님께서 함께 하셨던 일들을 이야기함으로써 민족적 정체성을 형성하였고, 여호와 하나님이 어떤 분인지를 가르쳤습니다.

둘째, 절기의식입니다. 히브리인들의 삼대 절기, 즉 유월절, 칠칠절, 초막절은 온 가족이 함께 지키는 절기로 자녀들이 이스라엘의 역사와 하나님 백성으로서의 정체성을 배우는 중요한 계기가 되었습니다. 이와 같은 삼대 절기 외에도 히브리인의 가정은 매 칠일마다 안식일을 지켰습니다.

셋째, 자녀가 태어나서 성인이 되기까지의 '통과의례'가 또한 중요한 교육의 방법으로서의 역할을 하였습니다. 히브리인은 남아 출생 후 8일 만에 생식기의 표피를 베는 할례를 행하였습니다. 이 예식은 아이가 계약의 자녀가 되어 신앙 공동체의 일원이 되었음을 의미하는 예식이었지만, 한 번의 예식으로서 그치는 것이 아니라 아이가 평생 동안 자신의 몸에 계약 백성의 표를 지니고 있다는 상징적 의미를 갖는 것으로 계약 백성으로서의 정체성 형성에 결정적인 영향을 주었습니다. 히브리인은 또한 아이가 13세가 되면 성전에서 바미즈바(Barmizwah)라고 하는 성인식을 행하였습니다. 이때부터 자녀에게는 성인으로서 율법준수의 책임이 주어지고, 모든 종교의식에 참여하는 의무가 주어집니다. 이처럼 히브리인은 생의 중요한 순간에 종교적 의식을 행하였고, 이러한 의식을 통하여 하나님이 그들의 삶의 주관자가 되신다는 사실을 확인하며, 그들은 선택된 백성이라고 하는 정체성을 형성하였습니다.

넷째, '상징'은 히브리 가정의 중요한 교육 방법 중 하나였습니다. 쉐마에서도 여호와의 말씀을 손목에 매어 기호를 삼으며 미간에 붙여 표를 삼고, 집 문설주와 바깥문에 기록하라고 하는 명령을 볼 수 있습니다. 이 명령을 지키기 위하여 히브리인들은 '테필린'이라고 하는 가죽 상자에 네 개의 성구를 넣어 하나는 미간에 다른 하나는 왼팔에 묶어 메고 다녔습니다. 또한 양피지 위에 두 성구(신 6:4~9, 11:13~21)를 써서 나무상자나 금속상자에 넣어 문설주에 달아놓았는데, 이를 '메주자'라고 합니다. 이러한 상징들은 이스라엘 사람들에게 그들의 정체성 형성과 율법준수의 의무를 일깨우는 교육적 기능을 하였습니다.

가정에서 부모가 교육의 사명을 감당했다면 이와 나란히 제사장과 예언자도 히브리인의 교육에 있어서 중요한 역할을 담당하였습니다. 제사장은 레위인의 혈통을 가진 사람으로 공적으로 '성전'에서 제사드리는 것과 주의 법도와 율법을 가르치는 기능을 주로 담당하였던 교사들이라고 할 수 있습니다. 레위 제사장들에 의한 교육은 레위기 10장 1~11절에서 처음으로 확인할 수 있습니다. 레위 제사장들의 교육적 역할은 12지파에 대한 모세의 유언에서도 볼 수 있습니다(신 33:8~10). 모세는 레위 제사장들의 제의적 사역보다도 율법 교육을 먼저 언급하였습니다. 레위 제사장들의 교육 전통은 포로 후기에도 고스란히 남아 있었습니다(스7:25, 느8:7~8). 제사장 신분의 에스라가 율법을 백성들에게 가르쳤고, 그와 함께한 레위 사람들은 율법을 해석하고 설명하는 일을 하였습니다. 레위 제사장들의 교육 전통은 말라기 2장 7~8절에서도 확인할 수 있습니다.

예언자는 성전과 같은 형식적인 장에서 보다는 백성의 '삶'과 '역사의 사건들' 한가운데서 하나님의 백성으로서의 갈 길을 깨우치던 교사였습니다. 그들은 하나님으로부터 직접 받은 신탁을 전하고, 종교적 갱신을 촉구하며 사회개혁을 부르짖는 일을 하였습니다. 제사장과 예언자는 서로 기능은 달랐지만, 하나님과 그의 백성 사이를 매개하는 역할을 하였고, 그런 의미에서 이들은 민족의 교사였다고 할 수 있습니다.

2) 후기 이스라엘의 교육

후기 이스라엘은 외세 지배하의 팔레스타인 시대 즉 유대주의 시대로 이 시기의 교육은 전기 이스라엘의 교육과 연속성 속에 있었으면서도 동시에 전기와는 다른 교육의 형태가 나타났습니다. 먼저 이 시기에는 이전에는 주로 구전으로 전해졌던 하나님의 말씀이 문서화되어 '성경'이 형성되었습니다. 또한 문서화된 성경과 나란히 '회당'이라는 기관이 출현하게 되었습니다. 회당은 포로기 이후 흩어졌던 이스라엘 사람들이 모여 안식일과 절기들을 지내며, 그들의 신앙적 정체성을 다지는 공동생활의 중심지로 자리 잡게 된 장소인데, '교육' 이야말로 회당의 가장 핵심적 기능 중 하나였다고 할 수 있습니다.

이스라엘 성전이 무너진 이후로 유대인들은 이전 같은 제사 행위를 더 이상 하지 못했고, 그 대신 회당에서 율법서를 읽고 그를 풀어서 해설해 주는 교육적 행위에 초점을 맞추었습니다. 사람들은 안식일뿐만 아니라 주중에도 2회 이상, 그리고 모든 절기와 금식일에 회당에서 모였는데, 이 모임은 1부 기도회와 2부의 교육으로 이루어졌습니다. 교육은 율법서와 예언서에서 택하여 읽고 이를 번역하며 해설해 주는 순서로 진행 되었습니다. 이러한 회당의 기능이 모체가 되어 유대주의 시대에는 공식적 교육제도인 학교가 출현하게 되었습니다.

이 시기의 학교로는 첫째, 벧 핫세퍼(Beth Hassepher : 성경의 집), 이것은 초등학교 과정인데 BC 75~64년에 생겼습니다. 남자 어린이 만 6세경부터 받았으며, 히브리 성경을 읽고 암송하는 것을 주로 가르쳤습니다. 당시 한 회당마다 한 '벧 핫세퍼'를 가져야 했습니다. 둘째, 벧 탈무드(Beth Talmud : 해석의 집), 오늘로 말하면 중등교육의 학교입니다. 가정이나 '벧 핫세퍼'에서 배운 율법에 정통하려는 사람을 위한 진보된 교육 기관입니다. 주로 율법에 대한 해석을 공부했는데 이 해석이 구전을 통해 AD 190년경까지 정확하게 전해 내려왔습니다. 셋째, 벧 함미드라쉬(Beth Hamidrash : 연구의 집), 오늘의 고등교육의 전문학교에 해당합니다. 보다 고등한 교육을 실시한 '벧 탈무드'의 연장으로 율법의 고등한 해석과 연구를 주로 해 나갔습니다. 여기서 연구된 율법 해석들을 이른바 '장로의 유전'이라고도 불렀습니다.

구약시대의 교육을 종합적으로 살펴볼 때, 교육의 장이나 방법, 그리고 교육을 담당하는 교사의 역할 등은 전기와 후기를 통해 다양하게 나타나지만, 하나님을 알고 사랑하도록 하는 것과, 하나님의 백성으로서의 정체성을 형성 유지하는 것이라는 교육의 목적은 전, 후기 전체를 통해 통일성 있게 나타나고 있는 것을 볼 수 있습니다. 이스라엘에게 있어서 교육은 종교적 정체성이나 민족적 정체성을 형성하는 중요한 통로 역할을 했습니다.

2. 신약시대의 교육

1) 예수님의 교육

(1) 복음서에 나타난 선생 예수

복음서의 기록들 중에서 교육은 예수의 사역 중에 가장 특징적인 활동으로 묘사되어 있습니다. 사복음서에는 선생이라는 용어의 헬라어 〈디다스칼로스〉가 48회 언급되어 있습니다. 이 중 42회는 보통 직접적이고 공식적인 칭호의 형태로서 예수를 지칭하는 데 사용되었습니다. 이처럼 예수께서 선생으로 자주 불리워진 사실에 비해 흠정역(KJV)에서는 이 용어가 때로 주님(master)으로 번역되었습니다. 루이스 J. 쉐릴(Lewis J. Sherill)은 "성경이 처음 번역되었을 때 주님은 〈교사〉(school master)를 의미하였으나, 요즈음 그 용어가 일상적인 말에서는 그런 의미를 상실하였고, 최근의 번역서들 중에는 〈디다스칼로스〉를 선생으로 번역 한다"라고 지적하였습니다.

예수의 제자들은 습관적으로 그를 선생이라 불렀습니다. 마가복음 4장 35~41절이 그 좋은 예입니다. 예수와 그의 제자들이 작은 배로 갈릴리 바다를 건너는 도중에 그들은 광풍을 만났습니다. 그들이 탄 작은 배는 거센 파도에 못 이겨 몹시 흔들렸고, 그들도 배 밑바닥으로 몰리기 시작했습니다. 격식을 차리거나 예의를 갖추어 예수를 부를 만큼 여유 있는 상황이 아니었습니다. 때때로 사람들은 이와 같은 상황에 처해졌을 때 평상시에 가졌던 개념을 나타내는 용어를 사용하는 경향이 있습니다. 이 경우, 제자들은 예수를 향하여 "선생님이여(디다스칼레) 우리의 죽게 된 것을 돌아보지 아니하시나이까?"라고 외쳤습니다.

그러나 선생 예수에 대한 인식은 예수를 따르던 무리가 아닌 다른 사람들에게서도 발견됩니다. 예를 들면, 니고데모는 예수께 "랍비여, 우리가 당신은 하나님께로서 오신 선생(디다스칼로스) 인줄 아나이다"(요3:2)라고 말하였고, 심지어는 예수님을 반대했던 서기관과 바리새인들(마8:19,12:38), 헤롯당의 제자들과 사두개인들(마22:16,24,36)까지도 예수님을 '선생님'으로 호칭했습니다. 야이로의 하인들(막5:35,3:2) 그리고 군중 가운데 있던 익명의 사람들 모두가 그를 선생으로 불렀습니다.

키텔은 신약성경에 선생(디다스카로스)이라는 명칭이 58번 사용되었고 복음서에만 48번 사용되었으며 그중에 41번은 예수님께 붙여진 명칭이라고 분류했습니다. 무엇보다도 의미 있는 사실은 예수께서 자신을 묘사하기 위하여 〈디다스칼로스〉란 용어를 사용한 점입니다. 복음서에서는 예수께서 5회에 걸쳐서 자신을 선생으로 불렀습니다(마 23:8,막14:14,눅22:11,요1:13~14). 그 중의 한 경우를 보면, 예수께서는 그의 제자들 중에서 둘을 택하여 후세대의 그리스도인들이 최후의 만찬이라고 지칭하는 마지막 잔치를 준비하도록 예루살렘으로 보내면서 "선생님의 말씀이 내가 내 제자들과 함께 유월절을 먹을 나의 객실이 어디 있느뇨"(막14:14)라고 말하도록 부탁했습니다.

(2) 교육 - 예수의 일차적 사역

복음서에 기록된 용어 중에서 동사 〈디다스케인〉(가르치다)은 계속해서 예수의 활동을 묘사해 주고 있습니다. 누가는 예수께서 갈릴리 회당에서 가르치는 일로부터 그의 공적인 사역을 시작하였다고 기록하고 있습니다(눅4:14~15, 참고, 마4:23,9:35,13:54,막1:21). 그 당시 회당은 중요한 교육 기관이었습니다. 예배 활동 즉 기도, 간구, 그리고 찬송이 매주 예배 시간에 포함되어 있었으나 회당 집회의 가장 중요한 요소는 교육이었습니다. 회당에서의 교육은 구약성서 특히 율법(모세오경)과 예언서의 낭독에 기초하였습니다. 낭독이 끝난 다음에는 강론이 있었는데 그 내용은 주로 교훈적인 것이었습니다. 회당예배에 대한 누가의 기록(4:16~27)은 회당에서의 예배순서를 명백하게 비추어 주고 있습니다. 이 경우에 있어서 비전통적인 것은 예수의 놀라운 교육 내용이었습니다(4:22,28). 이비(Eavey)는 "예수님은 복음서 전체에서 회당에서 가르치는 사역을 하셨음을 말하고 있으며, 예수님이 계시는 곳에는 언제나 가르치는 활동이 전개되었고, 심지어는 걸어가면서도 가르쳤다"라고 교사의 활동을 강조했습니다.

복음서의 기자들은 첫 출발부터 교육활동을 전개하시는 교사로서의 예수님의 모습을 기록하고 있습니다. 더욱 명확한 증거는 산상보훈에서 발견됩니다. 이 산상보훈에 대해서 여러 학자들이 그 중요성을 말해 주고 있는데, "12사도의 임명 설교", "그리스도교의 대강요", "하나님 나라의 대헌장", "왕의 선언문"이라고 각각 말해지고 있습니다. 그런데 우리가 중요하게 생각하는 것은 마태복음 5:1~2절의 말씀입니다. "예수님께서 무리를 보시고 산에 올라가 앉으시니 제자들이 나온지라 입을 열어 가르쳐 가라사대." 그렇게도 중요한 교훈이며 예수님의 전교훈의 요약이요 핵심인 산상교훈을 전파하는 방법이 바로 이 1, 2절에서 제시되고 있습니다. 2절에서 예수님이 앉으셔서 가르치기를 시작했다고 마태는 말하고 있으며, 유대 랍비들은 가르칠 때에 언제나 앉아서 가르쳤다고 합니다. "가르치다"의 헬라어는 (에디다스콘)으로 표현되었는데, 이것은 (디다스코)의 미완료형입니다. 헬라어에서 미완료형의 시제는 과거의 반복적이고 계속적이며 습관적인 행동을 나타내는 시제입니다.

그러므로 이 구절의 정확한 번역을 "이것은 예수님께서 그들에게 종종 가르치곤 하시던 말씀이다"라고 바클레이는 주장하고 있습니다. 이러한 마태의 표현은 예수님께서 교사로서 활동하고 있음을 확실히 지지한다고 볼 수밖에 없습니다. 풀핏 주석(Pulpit commentary)은 마태복음 5장을 설명하면서, 하늘의 지혜와 하늘의 교훈과 능력을 가지고 백성들을 가르친 위대한 교사라고 지적하고 있습니다. 복음서에는 교육이 예수께서 공생애 기간 동안 행하신 사역 속에서 종합적인 요소로 기록되어 있습니다. 물론 그의 사역에는 다른 기능들도 포함됩니다. 예를 들어, 마태는 "예수께서 온 갈릴리에 두루 다니사 저희 회당에서 가르치시며 천국 복음을 전파하시며 백성 중에 모든 병과 모든 약한 것을 고치시니"(마4:23)라고 기록하였습니다. 그러나 그의 신분을 결정한 것은 그의 교육활동이었습니다. 복음서에 예수께서 설교가(케룩스)로 묘사된 곳은 없지만, 예수께서 천국 복음을 전파하셨을 때나, 병자를 고치셨을 때에 그것을 본 사람들은 그를 선생이라고 불렀습니다. 예수의 설교를 생각해 볼 때, 이 설교라는 용어로 말미암아 쉽게 상상 되어지는 강단 설교에 대한 관념은 배제되어야 합니다.

예수께서 산 위에서 무리를 향하여 설교하시던 모습을 그려보는 사람들은 마태의 기록(5:1~2,7:28~29)을 자세히 살펴보지 않았다고 할 수 있습니다. 우선적으로 마태복음 7장 28~29절을 근거로 하여 결국 예수께서는 무리를 피할 수 없었다고 하는 논의가 가능하다고 할지라도 그 진술은 예수께서 무리를 피하기 위하여 산으로 올라가셨다는 사실을 강하게 암시해 주고 있습니다(5:1). 더 나아가 예수께서 산에 올라가 앉으셨고, "제자들이 그에게 나아왔다"(5절). 이 시점에서 우리가 보는 것은 회중 앞에 서 있는 연설가가 아니라 제자들과 더불어 친밀한 대화를 나누는 설교가입니다.

마지막으로 본문에는 "입을 열어 가르쳐(에디다스켄) 가라사대"(5:2)라고 기록되어 있습니다. 이 구절에는 예수께서 산 위에서 하신 일을 묘사하기 위하여 명사 〈디다케〉와 함께 동일한 동사 〈에디다스켄〉이 사용되었습니다. "우리들이 그 가르치심에 놀래니 이는 그가 권세 있는 자와 같이 그들을 가르쳤기 때문이었다"(7:28~29).

예수의 사역에서 교육과 설교는 서로 쌍벽을 이루고 있습니다. 복음서의 기록 중에서 가장 특징적인 교육에 대한 진술은 예수께서 대중을 향하여 선포하신 복음의 직접적인 결과였습니다. 마태복음 13장이 그 좋은 예입니다. 본 장의 서두에 묘사된 모임은 회중과 흡사했습니다. 예수께서는 무리들을 향하여 〈천국〉에 대하여 비유로 말씀했습니다(11절) 이처럼 예수께서는 〈천국〉을 공적으로 선포하신 후에 제자들에게 개별적으로 비유의 의미를 가르치셨습니다(10~52절). 설교와 마찬가지로 예수의 치유의 사역은 선생으로서의 그의 역할이 계속적으로 연결되었습니다. 이것은 가버나움 회당에서 일어난 사건(막1:21~28) 속에 잘 나타나 있습니다. 예수께서는 회당에 들어가 놀라운 권세를 가지고 가르치셨습니다. 그 때 더러운 귀신들린 자가 예수께 도전해 오자, 예수는 그 더러운 귀신을 내어 쫓았고, 그것을 목격한 사람들은 놀라움을 금치 못했습니다. 이 기사에서 사람들이 예수의 〈가르침〉에 대하여 놀라움을 표하면서 〈귀신추방〉에 반응을 나타낸 것은 특이할 만한 것입니다. 그들은 방금 더러운 귀신으로부터 해방된 자를 바라보면서 "이는 어쩜이뇨? 새 교훈이로다"(27절)라고 외치며 감탄하였습니다. 이처럼 치유 활동은 예수의 가르침이 참된 것임을 입증해 주었습니다.

예수의 공생애가 거의 끝나갈 때에, 그는 교육에 더 많은 사역의 비중을 두었습니다. 공관복음서에서는 베드로가 가이사랴 빌립보에서 신앙고백(마16:13~16)을 하기 전에 예수께서는 선생으로서 단지 4회 언급되었으나, 그 후 십자가의 죽음을 맞기 위하여 예루살렘으로 발길을 돌렸을 때부터는 22회 언급되었습니다. 예수의 죽음이 점점 가까와짐에 따라 그의 사명과 말씀을 이해하는 것이 제자들에게 긴급히 요청되었습니다. 따라서 이 시기야말로 예수의 사역 중에서 교육이 더 많은 의미를 내포하는 시기였습니다.

2) 초대 교회의 교육

(1) 교육하는 공동체

기독교 교육 학자 이비(C.B. Eavey)는 초대 교회의 교육을 사도 시대(apostolicage)의 교육으로부터 AD 401년에 있었던 칼타고 종교회의(cartago religious comfevence)까지 연장 시켜 초기 기독교 교육으로 구분하고 있습니다. 기독교의 초기시대인 초대교회가 지니고 있던 가장 두드러진 특징은 종말론적인 성격이었습니다. 그러기에 초대교회의 기본적 성격은 케리그마, 즉 선포하는 교회였습니다. 그럼에도 불구하고 초대교회를 교육공동체라고 부르는 데는 그만한 이유가 있습니다. 그것은 그리스도의 보혈에 의해 하나님의 거룩한 새 백성이 되었다는 확신과, 그리고 하나님의 공동체에 속하는 자는 그것에 알맞는 자로 인간 형성이 되어야 한다는 확신을 지니고 있었기 때문이었습니다.

그런데 이같은 초대교회의 교육에 대한 자각은 급격히 이루어진 것이 아니라 점진적인 과정을 거쳐 형성되었는데 직접적이고 구체적인 계기는 다음과 같습니다. 첫째, 교회가 성장함에 따라 기독교로 개종해 온 이방인들이 증가하게 되었기 때문에 교회는 이방인 개종자들에게 기독교의 진리를 가르쳐야만 했습니다. 이 교육을 받은 자만이 교회의 성례에 참여할 수 있었습니다. 그들이 유대인들과는 문화유형과 습관이 판이하게 달라서 신앙을 얻은 후에도 도덕 생활이 순결치 못했으므로 교회는 이들을 특별히 교육하지 않으면 안 되었습니다. 둘째, 교회의 신자들의 자녀들이 태어나 성장함으로 이들에게 기독교의 진리를 가르쳐야 했습니다. 예수님을 직접 대했거나 그 생생한 삶을 소개 받았던 제1세들과는 달리 2세 3세들이 신앙은 약할 수밖에 없었습니다. 여기서 초대교회는 2세들에게 기독교의 핵심적 진리를 가르쳐야 한다는 새로운 교육적 책임을 자각케 되었습니다.

(2) 교육의 장

초대교회의 이같은 교육에 대한 자각은 구체적으로 교육의 장(場)을 형성하게 되었습니다. 그것은 공동체로서의 '교회'와 신자들의 '가정'이었습니다. 먼저 '교회' 자체가 기독교 교육의 주체였을 뿐 아니라 그 장소였는데, 이것은 회당을 중심한 후기 유대교의 영향을 그대로 받을 수밖에 없었던 초대교회로서는 교육의 장을 교회로 정한 것은 당연한 일이었습니다. 초대교회의 또 하나의 교육의 장은 '가정'으로서, 신약성경 후기시대부터 차츰 신도들의 가정이 교육하는 공동체로서 되어 갔습니다. 신약성경 중에서 고린도전서의 말씀 (7:14)은 초대교회의 교육공동체인 가정에 대한 문제 제기라고 할 수 있습니다.

(3) 교육의 내용

초대교회 초기시대부터 후기시대에 거쳐서 발전되어 온 기독교 교육의 주요 내용은 다음과 같이 세 가지로 요약될 수 있다고 기독교 교육 학자 쉐릴(L. Sherrill)은 밝히고 있습니다.

① 케리그마와 디다케

초대교회 초기의 교회 내용은 〈케리그마〉와 〈디다케〉로 압축됩니다. 케리그마(kerygma-말씀)와 디다케(didache-가르침)라는 개념을 구별한다면 그것은 단지 전도와 교육의 내용에 있어서 교리적인 성격을 띤 것과 도덕 교훈적인 성격을 지닌 것이라 말할 수 있습니다.

② 카테키시스 교육

초대교회가 후기 시대로 접어들어 '가르치는 교회'가 되면서 교육의 중심적인 내용은 차츰 〈카테키시스(catechisis)〉로 자리 잡혔습니다. '카테키시스'라는 말은 구전(oral tradition)을 통해서 입문적 기초지식을 전달하는 행위를 말했습니다. 이 말은 일반적으로 문답 교육, 입문자 교육, 교리 문답 교육 등으로 번역되는데 기원 2세기 이후로 차츰 명확한 형태를 잡기 시작한 교회의 신앙 지도 교육을 가리킵니다. 본격적인 카테키시스 교육이 조직된 것은 2세기 말엽부터였는데, 4세기에 가서 그것이 절정에 이르렀다가 6세기부터 쇠퇴하였습니다.

③ 이교 문화에 대한 도전

초대교회가 말기에 이르러서는 그 교육의 주요과제를 "그리스도와 로마 문화에 대한 도전"으로 삼았습니다. 그것은 유아세례의 문제였습니다. 당시는 그리스와 로마의 문화 영향 속에서 도덕적인 퇴폐풍

조가 만연되어 성적 문란의 결과 사생아가 속출했으며 낙태를 위시해서 영아살해와 기아 등 비윤리적인 행위가 비일비재했습니다. 위험에 처한 어린 생명들을 하나님의 이름으로 지켜주고 삶에의 소망을 준 것이 바로 유아세례였으니 단순한 종교의식보다 당시의 그리스, 로마 문화가 지닌 왜곡된 인간 존엄 사상에 대한 재판이요 도전이었다고 말할 수 있습니다.

3. 중세기의 기독교 교육

우리가 기독교 교육의 한 뿌리를 유럽에서 찾는다면, 그것은 중세기의 유럽으로부터 시작된다고 할 수 있습니다. 초기 기독교회가 로마의 큰 핍박을 신앙으로 견디어 내어 313년에 로마의 콘스탄틴 대제에 의해 마침내 국교로 받아 드려 지게 되었습니다. 그동안 지하의 교회가 마침내 지상의 교회가 된 것입니다. 이제 기독교 교육의 양상은 큰 변화를 겪게 되었습니다. 국민 모두가 자동적으로 기독교인이 되는 것이기에 전 국민교육에 교회가 힘을 모아야 했습니다.

1) 중세 전기 세례 준비교육

중세 유럽의 기독교 교육은 기독교가 확산되면서 기독교로 개종하는 사람들을 대상으로 하는 세례 준비교육으로부터 시작 되었습니다. 다시 말해서 기독교는 개종자들이 기독교인으로서 갖추어야 할 교리적 지식이나 태도 및 행동 등을 훈련 시키고 준비시키는 것으로부터 기독교 교육을 실천하였는데, 이 과정을 '카테큐메나테'(cate-cumanate) 즉 세례 준비 교육이라고 칭하였습니다.

중세 초기에 성인을 대상으로 하는 세례교육, 즉 카테큐메나테는 크게 세 단계로 이루어졌습니다. 첫째 단계는 개인 교수(private in-struction)를 받는 단계로, 이 단계는 아직 교회 공동체에 속하면서 함께 예배를 드리거나 공동의 활동에로 입문이 허락되지 않은 단계의 초신자가 속하는 단계입니다. 이 단계를 통과하게 되면 이제 2단계인 '듣는 자'(hearer)의 자격을 획득하게 됩니다. 듣는 자는 공동의 예배에 참여하고 또한 세례문답이나 교리 교육을 들을 수 있게 된다고 하여 듣는 자라고 칭해졌습니다. 이 단계에서 신앙적으로나 도덕적으로 순결하여 세례를 받기에 합당하다고 판단되는 사람들은 그 다음 단계인 세례를 받을 자격이 있는 자라는 의미의 '콤페텐테스'(competentes) 단계로 넘어가게 되고, 이 단계 마지막에 세례를 받게 됩니다.

초기에는 삼 단계로 이루어졌던 카테큐메나테는 후에 다섯 단계로 발전됩니다. 첫 번째 단계는 '준비' 단계(preliminaries)이고, 두 번째 단계는 '듣는 자'의 단계인데, 이 단계에서 듣는 자는 2~3년간을 머물면서 세례 준비생들을 위한 '미사 카테큐메노룸'에 참여하고, 교리 및 교훈을 듣습니다. 세 번째 단계는 '폼페텐테스'의 단계로 이 단계에서는 세례를 받기 위한 집중적이고 특별한 가르침과 준비가 이루어졌는데, 초창기에는 이들을 감독이 직접 가르치고 심사하였습니다. 넷째 단계는 부활절 전날 이루어졌던 특별한 형식의 예배인데, 이때 세례 준비생들은 사탄을 포기하는 행동으로 두 손을 들고, 손을 마주치면서 의식을 시작하였고, 그리스도께 대한 복종의 뜻으로 손과 눈을 하늘을 향하여 들고 그리스도 앞에 신앙을 맹세하였습니다. 다섯째 단계는 드디어 신앙고백과 함께 세례를 받는 단계였습니다.

2) 중세 후기 학교 교육

중세 후기는 이미 중세 초반기부터 서서히 이루어지기 시작하였던 형식적이고 제도적 교육제도가 정착되었던 시기였습니다. 그러면서 성직자를 양성하기 위한 학교가 세워지게 되었는데, 주로 교회와 수도원이 세운 학교들이 생겨나기 시작하였습니다. 당시 학교의 형태는 이미 그 이름들, 즉 '수도원학교'(Kloster schule)나 '대성당 학교'(Dom schule), '대주교 학교'(Kathedrale Schule)에서 나타나는 바와 같이 교회나 성당, 혹은 교구가 학교를 세우고 관할하고 있었으며, 이 학교들의 일차적 존립 목적은 성직자를 양성하는데 있었습니다. 수도원 학교가 좀 더 폐쇄된 환경 가운데에서 수도사를 양성하는 것에 목적을 두었다면, 대성당 학교(Dom schule) 혹은 대주교 학교(Kathedrale Schule)는 성직자뿐만 아니라 일반인을 수용하던 학교였습니다.

그러나 교회가 주체가 되는 학교들만으로는 중세 말의 활발한 도시발달로 인해 커져가는 시민들의 교육에 대한 욕구를 다 채울 수가 없게 되었고, 급기야 그와 같은 수요에 부응하기 위하여 도시들이 학교를 세우기 시작하였습니다. 이렇게 해서 출현하게 된 세속적 학교가 라틴어 학교(Latein-schule)와 문법 학교(Gramma-schule), 그리고 독일어 학교 (Deutsche-schule)입니다. 라틴어 학교와 문법학교에서는 수도원학교나 대성당 학교와 큰 차이 없이, 라틴어와 성경, 그리고 소위 칠 자유과(septemartis liberalis)를 중심으로 하는 교육 내용이 가르쳐 졌고, 독일어 학교는 라틴어 학교의 하위 단계, 즉 오늘날로 하면 초등교육 수준의 학교로서 모국어의 읽기 쓰기 등이 가르쳐 졌습니다.

중세의 교육제도에서 주목해야 할 또 하나의 학교형태는 중세 말기, 즉 13세기에 최초로 출현한 대학(Universitat)입니다. 대학의 출현은 '학교의 주체'라고 하는 측면에서 볼 때, 새로운 사건이었다고 할 수 있습니다. 대학은 교회나 국가(도시)가 주축이 된 것이 아닌, 교사, 혹은 학생이 모인 조합(길드)의 형태로 시작되었기 때문입니다. 대학이 출현하여 유럽 전역으로 확산되고, 중세 초기에 수도원학교나 대성당 학교에서 했던 고등교육의 기능이 대학으로 이양되면서, 수도원학교는 쇠태의 길로 들어서게 되거나, 대학이라는 고등교육으로 가기 위한 준비기관으로서의 성격을 띠게 되었습니다.

중세 교육에 나타난 핵심적 특징은 기독교 교육의 '형식화' 혹은 '제도화'라고 할 수 있습니다. 전기의 카테큐메나테, 즉 세례 준비교육이나, 후기의 다양한 학교들은 모두 제도화된 교육의 형태를 보여주고 있기 때문입니다. 그러나 이와 아울러 우리가 내용적으로 주목해야 할 것은 중세 기독교 교육이 주로 성직자들만을 대상으로 하는 교육으로 중심이 옮겨졌다는 것입니다. 초기의 엄격하게 실시되었던 세례교육은 약화 되었고, 평신도 교육적으로 양육하고 성숙시키는 교회나 학교의 노력들은 크게 이루어지지 않았습니다. 이와 같은 상황에서 나타난 종교개혁은 기독교 교육에 하나의 패러다임 전환을 가져오는 것이었습니다.

4. 종교개혁의 기독교 교육

개신교 기독교 교육의 또 하나의 뿌리는 종교개혁이라고 할 수 있습니다. 종교개혁은 단순히 구교와 구별되는 또 하나의 교회 즉 개신교회(protestant church)가 생기게 된 사건으로서만이 아니라, 기독교 교육에 새로운 방향을 제시하고, 기독교 교육 자체의 의미와 중요성이 새롭게 인식된 계기로서의 의미를 갖는 사건이었습니다. 그래서 종교 개혁기는 오늘날의 기독교 교육에 뿌리가 되는 새로운 변화들이 일어났습니다.

13세기에 절정기에 있었던 로마 카톨릭은 그 이후 점점 쇠퇴하기 시작하여 로마 카톨릭의 통치에 반대하는 많은 사람들이 나타났고, 교회는 갈수록 영적 수준이 저하되고 부채가 격증 되었습니다. 로마 카톨릭 교회는 반대자들을 이단으로 규정하고 모든 수단을 동원하며 박해 하였습니다. 종교개혁(reformation)이 많은 사람, 멜랑톤(Meelanchton), 쯔빙글리(Zwingil), 존 낙스(J. Knox) 등을 포함하여 이들의 노력으로 이루어지고 유지되었지만, 기독교 교육에 영향을 미친 개혁은 주로 두 명의 사상과 비전에서 살펴볼 수 있습니다.

마틴 루터(M. Luther)는 기독교의 역사에서 뿐 아니라 기독교 교육에 있어서도 획기적인 사건이었습니다. 루터는 중세교회에 환멸을 느끼고 1517년 10월 31일에 그가 신학교수로 일하고 있던 비텐베

르그(witenberg)교회 정문에 95개조의 항의문을 내건 것을 도화선으로 종교개혁의 봉화를 올리게 되었습니다. 그의 주요한 슬로건은 3가지로 집약할 수 있는데 그것은 오직 믿음으로만(sola fide), 오직 성경으로만(sola scriptura), 그리고 만인 제사직(universal priesthood of all believers)이었습니다. 루터의 "의인은 믿음으로 말미암는다"(justification by faith)는 구호는 만인 제사직의 기초가 되며, 따라서 평신도가 하나님과의 관계를 보다 적극적으로 개발해야 한다는 교육적 가능성을 보았습니다. 그리하여 그는 평신도도 성경을 직접 읽을 수 있도록 독일어 성서 번역 사업을 완성했고, 성경을 읽고 배울 수 있는 종교교육의 장(場)을 위해 민중학교(volkschule)를 세워 종교개혁의 뜻을 국민 속에 심어 나아갔습니다.

중세기의 학교는 대부분 교회에 예속되었으나 루터는 모든 학교가 교회에서 벗어나 국가에서 책임 있게 관리해야 한다고 주장함으로써 국가로 하여금 당시 독일의 교육을 통제하도록 하는데 크게 기여 하였습니다. 루터에게 있어서 교육이란 한편으로 종교교육(religious education)이며 다른 한편으로 도덕교육(moral education)을 의미했습니다. 종교교육은 하나님을 경외하고 하나님을 아는 지식에 이르게 하는 것으로 그것을 위한 교재로 교리문답서(katechismus)에 포함된 십계명, 사도신경, 주기도문이었습니다. 그리고 도덕교육이란 어린이들을 성숙한 기독교인으로 양육하는 교육을 의미했습니다. 루터의 교회는 항상 교육이란 어린이들을 성숙한 기독교인으로서 양육하는 교육을 의미했습니다. 루터의 교회는 항상 교육하는 교회였습니다. 루터는 당시 외면되었던 민중의 교육 기회 균등화 작업,

공교육 제도의 실시, 그리고 성경을 '교회의 독점'에서 '학교와 민중의 성경'으로 바꿔 놓았고, 의무교육과 국가의 책임을 촉구한 일 등은 현대교육에 미친 위대한 영향이라고 볼 수 있습니다.

또한 존 칼빈(J. Calvin)도 위대한 종교개혁자이며 동시에 종교교육가였습니다. 칼빈은 당시 중세기의 전통적 교육 방법으로 전승된 '침묵의 복종'(obedience of silence)을 저항하고 복종 그 자체가 목적이 아니라 신자 각자가 철저한 자각을 가지고 하나님 앞에(coramdeo) 자기의 삶을 책임 있게 결단 한다는 입장에서 책임 있는 주체자를 교육하는데 그의 교육적 역점이 있으며 동시에 이를 위한 교회 규칙과 법도를 철저히 지켜야 한다고 강조했습니다. 칼빈은 그의 개혁 사상을 구현시키기 위해 제네바를 중심으로 신정정치를 실시했고, 교회의 구조를 '교육'(didache)과 '봉사'(diakonia)의 기능으로 구분하였으며, 구체적으로 '제네바 아카데미'(geneva academy)를 만들어 거기에 '스콜라 프리비타'(schola privita)라는 초급반 '스콜라 퍼브리카'(schola publica)라는 고급반을 두어 공교육을 실시하였습니다. 이런 칼빈의 교육론에 대하여 기독교 교육학자 이비(C.B. Eavey)는 "칼빈은 인문교육(人文敎育)을 강조한 것이 특징이며 또한 처음부터 국제성을 띄고 있다는 점이 특이하다"고 평했습니다.

5. 개혁 다음 시기의 기독교 교육

16세기 이래로, 일반 교육과 특히 기독교 교육은 이론으로는 르네상스의 확장이었으며 실천 상으로는 종교개혁의 확장이었습니다. 그러므로 20세기 교육역사학자들이 요한 아모스 코메니우스(Johann Amos Comenius, 1592~1626)를 현대교육의 아버지로 여기는 것이 그다지 놀라울 만한 것은 아닙니다. 코메니우스는 하이델베르크 대학에서 루터파 신학 교육을 받았습니다. 그는 자기 고향 모라비아에 돌아갔는데 후스파(Hussite) 회중의 목회자가 되기에는 너무 젊었습니다. 결국 그는 학교 선생님으로 초빙되었습니다. 이것은 과학적 진보가 이루어지는 시기 동안에 교육 방법으로 돌봄과 교육 사역을 혼합하는 평생 교육의 과정이 세워지는 계기가 되었습니다. 코메니우스는 그가 살던 시대를 정말로 앞서간 것은 아니었습니다. 오히려 역사의 계몽과 개혁기에 그가 행한 것이 뛰어났을 뿐이었습니다.

코메니우스의 교육 이론뿐만 아니라 존 로크(John Locke, 1632~1704)의 교육이론은 인간의 이성을 높이 사며 흥미로운 교육적 발상들이 많이 나오는 시대에 확실한 기독교적 유산으로 기독교 교육의 동기부여와 관점을 제공하였습니다. 불행하게도, 종교개혁 이후 두 세기는 성경의 권위와 신학적 통합을 전체적으로 혹은 일부 거부한 사람들에 의해 상당한 양의 교육 이론이 만들어진 시기로 특징지어집니다.

현대의 세속 교육의 뿌리인 르네상스는 철학사상과 교육적 경향 안에서 싹을 틔우고 인간의 이성을 기독교적 유산 위에 올려놓았습니다. 기독교 교육과 세속 발달주의 이론 간의 최고의 작업은 쟝쟈크 루소(Jean Jacques Rousseau. 1712~1778)에게서 나왔습니다. 프랑스의 칼빈주의 가족에 태어나 스위스로 간 루소는 어린 시절에 어려움을 겪었으며 신중하지 못한 젊은 시절을 보냈습니다. 그러나 그는 저자로서 뛰어났으며 "에밀"(Emile)이라는 훌륭한 교육 소설을 저술했습니다. 유아기부터 성인 초기까지의 이상적인 교육에 대한 묘사는 20세기 교육철학과 교육심리학에 가장 중요한 영향력을 미친 것 중의 하나로 여겨집니다.

6. 주일학교 교육 운동

1) 창시자와 사회 배경

인쇄업자 레익스(Robert Raikes)에 의해 영국에서 처음으로 시작된 주일학교는 오늘날에는 교회학교라는 이름으로 명칭이 변경된 교회 교육의 중요한 기관입니다. 그러나 주일학교가 처음으로 시작된 당시에는 영국의 산업혁명으로 말미암아 소외된 수많은 청소년들이 빈곤과 무식과 게으름에 빠져 있어 이들을 무식(ignorance)과 게으름(idleness)을 기독교의 지식과 신앙적 훈련을 통해 변화시켜 보려고 한 인물의 소박한 사회 구현의 꿈이 깃들어 있었습니다. 1780년 초 레익스는 용무가 있어 글로스터 시외에 산재한 빈민가를 지나가게 되었습니다. 이 근처 사람들은 대부분 생산 공장에 고용된 노동자들이었습니다. 그런데 이 거리에 몰려 놀고 있는 어린이들은 매우 난폭했습니다. 일요일에는 그 비참과 난폭의 양상이 일층 격화한다는 사실을 알게 된 레익스는 격심한 충격을 받았습니다. 이 우연한 사건이 즉각 그가 주일학교를 만들게 된 동기라고 볼 수 있습니다.

2) 최초의 주일학교

이렇게 하여 레익스는 1780년 7월 그로스터의 세인트 캐터린즈 거리(saint catharines street)에 역사적인 주일학교를 세웠습니다. 그리고 계속해서 같은 해에 시내에 세 개의 주일학교를 개설했습니다. 이 처음의 주일학교들은 모두가 남자 어린이를 위한 학교였으며 그로부터 2년 후에 비로소 여자 어린이를 위한 학교가 개설되었습니다. 초기의 주일학교에는 6세부터 14세까지의 어린이들이 모였습니다. 학교는 주일 아침 10시에 시작되어 12시까지 했고, 점심을 위해 집에 돌려보냈다가 오후 1시 다시 계속해서 5시반까지 공부했습니다. 그 사이에 예배를 드리기 위해 어린이들을 교회에 데리고 갔습니다. 교육의 내용은 주로 읽기와 쓰기, 산수 그리고 카테키즘(신앙 요리문답서) 교육이었습니다.

이렇듯 초기의 주일학교는 오히려 국민 초등교육의 기관이라 할 수 있었습니다. 이렇게 시작된 초기의 주일학교는 3년 후, 1783년 11월 3일 레익스는 자기가 경영하는 '글로서터 저널' 신문에 그동안의 교육 경과를 세상에 밝히자 모든 사람의 주의를 끌어 마침내 런던 신문에 개제 되었고 이 운동에 대한 전국적인 반응을 불러 일으켰습니다. 그리하여 영국 각지에서 주일학교가 생겨났고 1785년에는 윌리엄 폭스(Willian Fox)가 주동이 되어 주일 학교 협회(sunday school society)까지 만들어졌습니다. 그 협회는 "범죄를 막고 근면의 미덕을 가르치며 무지의 암흑을 추방하여 지식의 빛 아래서 살게 하려는 것"이라고 목적을 분명히 밝혔습니다. 그 후부터 주일학교는 눈부시게 발전하였습니다. 영국 교회의 캔터베리 대주교는 이 주일학교 운동을 제거하기 위해 주교들을 소집하여 탄압하도록 했으나 주일학교 운동은 활화산처럼 영국에 번져 갔고, 1787년에는 영국 전역에 걸쳐 약 25만명의 주일학교 학생을 헤아리기에 이르렀습니다.

3) 미국의 주일학교 운동

최초의 미국 주일학교 운동은 1780년 보다 훨씬 이전에 뉴잉글랜드 여러 주에서 초기 청교도들의 손에 의하여 현대 주일학교와 비슷한 학교가 설립되었습니다. 1669년 미사추세츠 주 플리머스에 미국 최초의 주일학교가 설립되었습니다. 레익스의 주일학교 운동이 불길처럼 번져 꽃을 만발하게 피게 된 곳은 미국이었습니다. 대부분의 유럽국가들은 당시 공교육 기관 안에 종교교육이 포함되어 있었기 때문에 주일학교를 통하지 않고도 기초교육과 기독교 교육을 실시할 수 있었습니다. 그러나 미국의 경우는 달랐습니다. 식민지 시대 이후 미국에서도 유럽의 영향으로 모든 학교 안에 종교 수업이 실시 되었지만 권리장전(1791년)의 통과 후 '종교의 자유' 조항이 헌법으로 제정되면서 공교육 기관 안에서의 종교 수업이 불가능해졌습니다. 미국으로서는 기존의 기독교 교육을 연계할 수 있는 통로로 학교가 아닌 다른 장소가 필요했고 마침 미국에 확산 되기 시작한 주일학교는 최적의 기관이었습니다.

미국의 주일학교가 처음 시작된 것은 1785년 동부지방에서입니다. 이 때 윌리암 엘리오트는 자기 집에서 주일 오후 마다 백인 소년

소녀들을 모아 성경을 가르쳤습니다. 주일학교를 최초로 교육기관의 하나로 승인한 교회는 감리교회였습니다. 1790년 남캐롤라이나주 찰스턴(Charleston)에서 모였던 연회에서 정식 승인하였을 뿐만 아니라 교회에 반드시 주일학교를 설치하도록 결정하였습니다. 주일 아침 6~10시까지, 오후 2~6시까지 2회씩 의무적으로 가르치도록 하였습니다.

18세기 마지막 10년 동안 미국 내의 많은 도시에서 대부분 교회와 관계된 많은 주일학교가 세워졌습니다. 레익스의 비전을 따라 주일날 가르치는 읽기와 쓰기를 위한 학교의 개념이 기독교인의 교육을 목적으로 교회에서 채택되고 인정된 "주일학교"(Sunday School)와 구별이 시작된 것은 이 짧은 기간 동안이었습니다. 이 새로운 기독교 교육에 대한 접근은 주일학교가 단지 가난하고 무지한 어린이들을 돕기 위한 임시방편이 아니라 교회 생활에 특별하고 중요한 새 기능을 부여하는 영원한 기관임을 의미하는 것이었습니다. 또한 1827년에는 필라델피아에서 유아 주일학교가 시작되었습니다. 1820년대의 미국 주일학교 교육의 목적은 대체로 영국과는 다른 양상으로 발전되어 갔습니다. 이 시기 주일학교의 특징은 어린이의 회심을 준비시켜 신앙을 갖게 하는 일과 성경을 가르치는 일이었습니다. 주일학교는 그 이후 발전에 발전을 거듭하여 기독교 교육의 가장 중심적이고 대표적인 장으로 성장하게 되었습니다. 연합활동도 활발하여 1790년 이미 필라델피아에서 주일학교 협회가 조직되었고, 1824년 주일학교 연합회(Sunday School Union)가 조직되어 통일된 기구로서 활동하였습니다. 주일학교 연합회는 점차 국제적 기구로 확대

되어 1889년에는 런던에서 제 1차 세계 주일학교 대회가 열리게 되었고 1907년 제 5차 대회에는 영국, 미국, 유럽 대표들이 참가하여 세계주일학교 협의회(World's Sunday School Association)를 탄생시켰습니다. 주일학교 운동은 특히 19세기 미국의 복음주의 운동과 맞물려서 미국 내 어린이와 청소년 복음화에 일조하였으며, 영국에서 처음 시작될 때처럼 읽기와 쓰기와 셈하기 같은 일반 교육의 영역은 약화되고 본격적으로 복음화 교육과 성경 교육 등 기독교 교육에 강조점을 두게 되었습니다.

4) 한국의 주일학교 운동

1885년 3월 5일 일본에서 장로교의 언더우드(H. G. Underwood) 선교사와 북감리교회의 아펜젤러(H. G. Appenzeller), 스크랜톤(M. F. Scranton) 선교사 등이 모여서 제 1회 선교사 회의를 개최하고 한국선교에 대하여 논의한 것이 계기가 되어서 1885년 4월 5일 부활절 아침에는 미국 장로교 소속의 언더우드(H. H. Underwood)와 감리교 소속의 아펜젤러(H. G, Appenzeller) 부부가 인천항에 입국함으로 기독교가 전파되게 됩니다. 그 후 두 선교사를 중심으로 학교를 세우는 일과 교회를 세우는 일을 병행하였고 사랑방 교육으로 발전시켰습니다. 한국에 있어서 교회 교육의 역사는 크게 네 가지 기간으로 구분할 수 있습니다.

(1) 첫 번째 기간은 1888년에서 1905년 사이로 비공식적 주일학

교 운동기라고 부를 수 있습니다. 1888년 1월 15일 서울 정동 이화학당 안에서 어린이 12명과 부인 3명, 여선교사 4명이 모여 성경 공부를 시작한 것이 최초의 주일학교입니다. 그리고 1900년에는 노블 부인(Mrs. W. A. Noble)이 평양 남산현교회 안에 사범반을 설치하고 교사를 양성한 이후 유년주일학교를 설립하였습니다. 또한 1903년에는 5세부터 15세 사이의 아동을 별도로 모아 "유년주일학교"라는 이름으로 성경 공부를 지도했는데 이것이 전국에 퍼져 서울에서도 1909년부터 실시되었습니다. 1909년에는 존스부인(Mrs. M. B. Jones)에 의해 정동교회 유년주일 학교가 설립되기도 했으며, 서울과 지방 주일학교를 확산하는 계기가 되었습니다. 이러한 계기는 교회가 교육적 사명을 외면한 자리에 외국 선교사들의 헌신에 의해 주일학교가 교회 교육의 명맥을 이어 가기 위한 출발점이 되었습니다.

(2) 한국 주일학교의 두 번째 기간은 1905년으로부터 1930년까지로 이 기간에 주일학교는 공식적인 계기를 맞이하였습니다. 1905년에는 주일학교 연합기구가 탄생하게 됩니다. 한국에 있었던 여러 교단 선교사들이 연합하여 1905년 개신교 복음주의 선교 공의회(The General Council of Protestant Evangelical Missions)가 결성되는데, 이 때 주일학교위원회가 그 안에 설치되었습니다. 이 주일학교위원회는 1911년에 주일학교 사역을 보다 체계적으로 실시하기 위하여 세계주일학교 연합회 특파원으로 내한한 브라운(F. H. Brown)과 협의하여 2월에 서울에서 선교연합공의회와 한국교회 및 예수교서회 대표자 13인을 중심으로 조선주일학교연합회 운영위원회를

발족시켰습니다. 이 기구는 1911년 세계주일학교연합회의 재정적 도움을 받아 세계주일학교 통일공과를 직접 출판하여 보급하였고, 1919년에는 계단공과까지 출판하게 됩니다. 1913년 4월에는 경복궁 뜰에서 1만 5천여명이 모여 제1회 조선주일학교 대회를 개최하였습니다. 1921년의 전국대회는 한국 주일학교 운동에 박차를 가하는 계기가 되었습니다. 그 결과 1922년에는 기존의 13인으로 된 실행위원회를 대체하여 보다 체계적으로 전국 규모의 조선주일학교연합회로 개편하게 됩니다. 또한 1923년에는 하기아동성경학교(훗날에 "여름성경학교"로 불리게 된다)가 정동제일교회에서 한국 최초로 열렸으며 이것은 1922년 선천에서 미국 북 장로교 선교사인 마포삼열 목사의 부인이 복음전도의 한 방법으로 한국 교사 4~5명을 데리고 시작한 것이 아동성경학교 시초입니다.

(3) 세 번째 기간은 1930년부터 1945년 사이입니다. 이 시기 일제는 세계를 재패하려는 야욕으로 신사참배와 황국신민 교육을 강요하였습니다. 1938년 이후 지교회 주일학교 교육은 거의 마비 상태가 되었습니다. 그 이유는 먼저 일제가 주일학교 지도자의 활동을 항일투쟁으로 여기고 제재를 가하여 주일학교 지도자들의 활동이 제한을 받게 되었기 때문입니다. 둘째, 공과책의 인쇄가 중단되어 교재를 구할 수가 없게 되었습니다. 셋째 주일학교 교사들이 징용이나 징병에 끌려감으로 가르칠 교사가 없었습니다. 넷째 한 면(面)당 1교회로 강제 병합시켜 주일학교와 교회가 멀어 제대로 운영할 수가 없었습니다. 교회는 조선기독교단으로 강제통합을 당하고, 1938년에는 조선

주일학교연합회가 강제로 해체 되었습니다.

(4) 마지막으로 1945년으로부터 오늘까지를 포괄합니다. 이 기간은 한 마디로 격동기라 할 수 있습니다. 1945년 해방을 맞이하고 3년의 미 군정을 거치게 됩니다. 1950년 6.25 한국전쟁 이후 혼란 속에서 산업화와 전 세계가 부러워하는 경제도약을 이룹니다. 민주화의 물결이 있었습니다. 한국장로교회는 자유주의 신학, 신사참배자 처리, 에큐메니칼 가입 여부로 분열의 아픔을 겪었습니다. 개 교파 주의로 인하여 교회 연합사역이 이루어지지 않는 현상을 보이고 있습니다. 개 교회로부터 목회와 교육의 이원화로 인한 무관심한 상황에 처하여 있습니다. 하지만 시련의 위기 상황 가운데에서도 한국의 주일학교는 1948년 3월 23일에 모였던 조선예수교장로회 총회에서"조선주일학교"라는 과거 명칭을 "대한기독교 교육협회"로 개칭하는 일에서 시작되었습니다. 주일학교의 제한된 교육보다 폭넓은 교육으로 이해하기 위해 "기독교 교육"으로 이름을 바꾸었습니다. 뿐만 아니라 폭넓은 시간을 포용하기 위해 '주일학교'에서 '교회학교'로 명칭을 바꾸었습니다. 1960년대에 들어서면서 소위 기독교 교육 학자들이 교육의 전문화를 내세웠습니다.

또한 신학대학 내의 기독교 교육 연구소를 만들어 각종의 연구조사, 실험교육, 출판서적 등으로 기독교 교육의 전문화 과정에 자료를 제공해 오고 있습니다. 이 때 세워진 기관으로는 1962년 한신대학에 기독교 교육 문제연구소, 1964년 합동측은 한국기독교 교육 연구회, 1968년 감신대에는 기독교 교육 연구소, 1986년 서울신학대학에 기독교 교육연구소를 설립하였습니다. 이러한 일련의 변화와 더불어 새로운 종교교육의 프로그램들을 창안해 내었습니다. 주일학교 실태 조사, 경인지역의 교회를 대상으로 실험교육, 교사양성 통신강좌 시리즈 출간, 계단 공과 제작, 〈기독교 교육〉〈교사의 벗〉 등의 월간지 간행 등입니다. 이것들이 오늘날의 교회 교육의 모습을 결정짓는 계기가 되었습니다.

5) 주일학교의 공헌

• 초기의 영국 주일학교 교육이 가지는 의미는 무엇입니까?

첫째, 당시에 팽대했던 사회문제의 해결을 위해 교육이라는 효과적인 수단을 발견했을 뿐 아니라 자신의 신앙과 정열과 용기로 이것을 혼자서 추진해 나갔다는 점이 평가되어야 합니다. 둘째, 당시의 주일학교 운동은 세속화 세계에 대한 교회의 교육적인 관여에 대해서 하나의 새로운 방향을 제시해 주었습니다. 셋째, 이 운동이 당시의 평신도 중심으로 시작된 것이었고, 부흥 운동과 연결되어 영국 국민들에게 새로운 삶의 방향과 구체적인 생활의 모습을 제시할 수 있었다는 점이 주목됩니다. 특히 후에 외국 교회 선교의 대상에서는 이 주일학교가 전도적인 교육으로서 교회의 기능을 다하게 되었고 더구나 오늘날까지 교회 교육으로서 후세들을 그리스도인으로 양성하는 교육적 사명에 없어서는 안될 교회의 교육기관으로 튼튼히 자리 잡았다는 데서 그 의의가 빛날 것입니다.

7. 19세기의 기독교 교육

요한 페스탈로치(Johann Pestalozzi, 1746~1827)는 루소의 철학을 사용하여 19세기가 동틀 무렵에 학습이론에 대한 현대 심리학적 접근을 정리하였습니다. 페스탈로치의 교육 방법론은 스위스에 있는 그의 학교를 조사하러 온 교육자들에 의해 유럽과 미국 전역에 전달되었습니다. 그는 교육의 세계가 삶에 대한 거대한 질문들에 대답하기 위하여 하나님보다는 사람에게 의존하는 식으로 변화하는 데 역할을 합니다. 페스탈로치는 가난한 사람들의 빈곤과 무지, 질병, 두려움, 비행을 방지하기 위한 교육의 힘에 큰 믿음을 가지고 있었습니다. 그는 선구자적인 교육적 사회복지사였으며 다음의 것들을 믿었습니다.

첫째, 사회를 개선하기 위해서는 개혁이 개인에게서 시작되어야 합니다. 둘째, 개인은 스스로 돕기 위하여 가르침을 받아야 합니다. 셋째, 교육은 자신과 사회를 개선하기 위하여 개인의 내적 힘을 발달시킬 수 있습니다. 아마도 순수하게 페스탈로치와 요한 허버트(Johann Herbart, 1776~1841)와 리드리히 빌헬름 어거스트 프뢰벨(1782~1852)은 인류를 금단의 열매를 인간의 이성으로 바라보고 '계시된' 지혜보다 '얻은 지혜'에 따라 행동하기를 선택한 것으로 표현했습니다. 그리고 에덴동산에서 창조된 세계가 제공하는 모든 것들에 그들의 눈이 열렸지만, 그들과 지혜의 참 근원 사이에 존재하는 소통에는 문이 닫히는 어떤 '계몽'이 일어났을 때(창3:8~24)에도 마찬가지입니다. 이들은 하나님의 말씀을 제외하고 교육을 심리학화하므로써 교육을 예술적 형태로 상승시켰습니다.

그러나 서양의 교육사에 내려오는 어둠에 한줄기의 등불이 비추었습니다. 한나 볼(Hannah Ball)이나 로버트 레익스(Robert Raikes) 중의 한 명의 업적으로 지금은 주일학교로 알려진 한 형태의 교육이 영국에서 시작되었는데, 그것은 빈곤한 어린이들에게 도덕교육을 제공하는 특정한 목적을 위해 만들어졌습니다. 주일학교는 교육의 세속화로 남겨진 공간을 채웠습니다. 겸허하게 시작한 주일학교는 인본주의적인 세속교육의 세련됨에 정반대로 조직화된 평신도 운동이 되었습니다. 100여 년 동안 주일학교는 우세했으며, 개신교 어린이와 젊은이의 기독교 교육에서 가정을 제외하고 거의 독보적인 단체였습니다. 잠깐 YMCA(Young Men's Christian Association)와 YWCA(Young Women's Christian Association)와 같은 초교파적 기관이 주일학교와 같은 성공을 한 것처럼 보였습니다. 그러나 예수 그리스도의 복음에 대한 그들의 영향은 이따금씩만 주목할 만한 것이었습니다.

그러나 주일학교 운동은 막 시작된 자연주의의 조류를 막을 수 없었습니다. 19세기 중 후반기 동안 마치 사기꾼의 주인이 세운 참된 과정인 양, 세속교육 이론이 윤리적 목적과 계시된 진리와 맞지 않는 우수한 교육(행동 목표)에 관심을 가지고 등장했습니다. 윌리엄 제임스(William James, 1842~1910)의 상대론적인 철학 심리학의 사상에 기초하여, 존 듀이(John Dewey, 1859~1952)는 유신론적 가정을 – 먼저는 이상주의를 그다음은 순전한 실용주의를 선호하여 – 의도적으로 버렸습니다. 그것은 마치 르네상스 시대에 수면 상태에서

깬 그리스 철학이 현대 시대에 성년이 된 것 같았습니다. 교육의 시작점은 이제 창조주의 주권보다는 창조된 사람의 생생한 경험이었습니다. 진리는 하나님의 말씀보다는 과학에서 발견되는 것입니다.

8. 20세기 기독교 교육

갱겔(Gangel)과 벤슨(Benson)은 20세기의 본질을 잘 포착한 간단한 일화를 들려줍니다. "웨인 루드(Wayne Rood)는 듀이가 콜럼비아대학교 교사대학을 졸업하기 전해에 시카고에서 있었던 한 모임의 이야기를 한다. 그 모임의 목적은 아마도 세속교육을 풍성하게 하려고 새로운 전문가 연합을 형성하는 것이었다. 적어도 그것은 그 그룹의 적은 부류의 희망이고, 그들의 지도자는 인기 있는 시카고대학교 교육학 교수인 존 듀이였다". 그러나 다른 쪽의 회원들은 종교교육의 발전이 특히 새로운 세기로 들어서는 때에 강하게 등장하고 있는 자유주의적인 패턴 안에서 신학과 과학을 연결해 보려고 시도하는 것을 염려하였습니다. 루드는 "그들의 대변인은 북서대학교의 종교철학과의 조지 코우(George Coc)라는 젊은 교수였다. '교육에 의한 구원'에 관한 그의 연설은 그 회의에서 큰 지지를 받았다. 그 모임은 종교교육협회가 되었고 존 듀이는 거기에서 탈퇴하였다"라고 했습니다.

20세기에 그 시점부터 성경적 기독교 교육에 우선적으로 관심이 있는 세 개의 단체가 존재했습니다. 첫째, 세속 철학의 목적을 지지하며 과학적이며 실용적인 방법론에 의존하는 순수한 세속교육, 둘째, 신학적으로 자유 사회적인 목적을 지지하며 과학적이며 실용적인 방법론에 의존하는 종교교육, 셋째, 성경의 권위에 기초한 교육 목적을 지지하지만, 과학적이며 실용적인 방법론이 사용될 수 있다는 점과 씨름하는 복음주의 기독교 교육입니다. 20세기의 세속교육에서는 학습과 발달 심리학의 영향력이 우세하였습니다. 인본주의(때로는 인도주의)적 목적에 부합하는 진화론적 가정들에 기초를 두고 있었지만, 교수 방법 실천과 관련된 많은 교육학 연구와 이론 연구들이 복음적 기독교 교육에 가치를 둔 지식 체계를 가져왔습니다. 인간과 인간의 행동(개인의 혹은 그룹의)에 관한 과학적 연구는 성장과 학습이 어떻게 일어나는지에 관심이 있는 일반계시를 내놓았습니다. 적절히 평가된 이러한 연구의 결과는 복음적 기독교 교육의 실천에서 정확성과 효율성을 강화할 수 있습니다. 복음주의 기독교 교육에 주목할 만한 영향을 준 연구와 이론은 여러 학자에 의해 이루어졌습니다. 예를 들면, 앨버트 밴듀라(Albert Bandura, 학습이론), 벤자민 블룸(Benjamin Bloom, 학습이론), 제롬 브루너(Jerome Bruner, 학습이론), 에드거 데일(Edgar Dale, 교육 방법론), 로버트 하비허스트(Robert Havighurst. 평생 발달), 로렌스 콜버그(Lawrence Kohlberg, 도덕발달), 로버트 마거(Robert Mager, 행동 목표), 에릭 에릭슨(Erik Erikson. 사회 심리적 발달), 쟝 피아제(Jean Piaget, 인지발달) 등입니다.

종교교육 운동 때문에 나온 연구와 이론은 복음주의 기독교 교육보다 절충적 가치를 추구하였습니다. 종교교육협회(REA)는 조직되었을 때부터 일반적으로 대부분의 복음주의자에 비해 급진적이었으며, 신학적으로 자유주의와 신정통주의를 따르는 교육자들로 특징지어졌습니다. 자유주의의 특징은 전통 교리 용어들을 끊임없이 재정의하고 성경 말씀과 그리스도인의 경험을 재해석하는 것입니다. 결과적으로 종교 교육이 칭찬받을 만한 열성과 정확함을 가지고 교회 교육의 문제들에 대항했지만, 이 운동이 유익을 주는 공헌을 했는지는 의문점이 있습니다. 상급 수준의 학생들과 종교교육협회의 경험 있는 교육자들은 종교교육협회뿐만 아니라 종교교육 교수연구자 협회(Association of Professors and Researchers in Religious Education)에 참여함으로써 혜택을 입었습니다.

그러나 이 협회는 복음주의 기독교 교육을 실행하는 데에는 그 효과에 제한점이 있었습니다. 몇 명의 종교교육 학자의 저술은 특히 유익한 정보를 줍니다. 조지 앨버트 코우(George Albert Coe), 아이리스 V. 컬리(Iris V. Cully), 제임스 마이클 리(James Michael Lee), 토마스 그룸(Thomas Groome), 사라 리틀(Sara Little), 랜돌프 C. 밀러(Randolph C. Miller), 메리 C. 보이즈(Mary C. Boys), C. 엘리스 넬슨(C. Ellis Nelson), 제임스 스마트(James Smart), 존 웨스터호프(John Westerhoff)가 이에 포함됩니다. D. 캠벨 와이코프(D. Campbell Wyckoff)는 특히 교육 과정이론에서 종교교육과 복음주의 기독교 교육 모두에 중요한 공헌을 하였습니다. 복음주의 기독교 교육이 발달한 것은 최근의 일입니다. 대부분의 20세기 동안, 내용 중심의 교육 과정과 적절하지 못한 교수 방법으로 특징지어지는 주일학교는 교회에서 기독교 교육을 정규적으로 계획하여 수행하는 단 하나의 수단이었습니다.

개별 교회들은 교회 안에 어린이들을 위한 방학 성경학교를, 청년 모임과 어떤 경우에는 성인들을 위한 성경 교육 시간을 조직하였습니다. 그러나 주일학교만이 지속하는 - 데이비드 쿡(David C. Cook), 복음의 빛(Gospel Light), 침례교 간행물(Baptist Publications), 성경 공보(Scripture Press), 표준출판(Standard)과 같은 독립적인 교육 과정 출판사들에 의해 지원받는 - 교육 기관이었습니다. 20세기에는 성경대학, 신학교, 기독교 대학과 종합대학 그리고 기독교 주간 학교들이 특히 성장하였습니다. 미국 역사에서 대부분의 청교도 시대 동안 초등, 중등, 고등 공립학교와 사립학교 모두 특별히 기독교 학교였습니다. 그러나 이 기관들의 교리적 통합성과 기독교적 특성이 처음에는 세속주의에 따라 그 다음에는 현대주의에 따라 약화 되었습니다.

1800년대 후반까지 어떤 수준의 학교에서든지 복음적인 것이 관여하는 일이 미미해졌습니다. 소수의 성경대학들이(나약선교사대학[Nyack Missionary College]. 무디성경연구소[Moody Bible Institute], 고든대학[Gordon College]와 같은) 세기가 넘어갈 무렵 세워졌지만 이들의 영향력은 천천히 일어났습니다. 이러한 환경은 근본주의-현대주의 논쟁(1910~1930 즈음) 기간 내내 지속하였습니다. 그러나 20세기 후반기에는 복음주의 기독교가 학교 교육에 사실상 폭발적으로 관여를 했습니다. 소규모의 성경대학들은 수천 명의 학생이 등록하는 기독교 대학과 종합대학으로 성장했습니다. 신학교들은 제공하는 교육 과정을 확장했으며, 학위과정 프로그램들은 여러 형태의 대학원과 사역훈련을 포함했습니다. 초교파 기관들과 출판사들은 기술을 발달시킬 기회를 폭넓게 제공하는 기독교 교육 훈련 프로그램을 세웠습니다. 복음주의 기독교 교육에 중요한 공헌을 한 사람들은 클래런스 벤슨(Clarence Benson), 게네쓰 갱글(Kenneth Gangel), 헨리에타 미어즈(Henrietta Mears), 하워드 헨드릭스(Howard Hendricks), 로이스 르바(Lois LeBar), 래리 리처즈(Larry Richards), 핀리 엣지 (Finley Edge), 테드 워드(Ted Ward)와 도날드 조이(Donald Joy)입니다.

최근에 기독교 교육 기관이 두 개로 확장된 것은 복음주의 기독교 교육의 성숙을 보여주는 것입니다. 기독교 교육 감독자 국가협회(The National Association of Directors of Christian Education)는 이 협회에 속한 전 세계의 수많은 기독교 교육자 회원들이 다양한 국민임을 더 적절하게 반영하기 위하여 최근에 기독교 교육 전문가협회(The Professional Association of Christian Educators)가 되었습니다. 더 나아가, 북미 기독교 교육 교수회(the North American Professors of Christian Education)는 최근에 복음주의 상급 교육 기관에 수천 명의 기독교 교육 학생들을 대표하는 연례 모임에 200명 이상의 교수들이 참석하였습니다. 21세기의 도전은 성숙한 복음주의 기독교 교육이 성경 말씀의 권위에 진실하게 남는 것입니다. 심리학적으로 교정되고 방법론적으로 세련되려는 유혹은 하나님 말씀의 가치에 헌신함으로 균형을 이루어야 합니다. 세속 교육학자뿐만 아니라 종교 교육학자들에게서 배울 수 있는 것들이 많이 있으며 그것은 복음주의 기독교 교육학자들에게 유익이 될 것입니다. 그러나 지혜의 근원의 뜻에 서는 주의가 필요합니다. 교회 성장에 관한 과학적 연구의 교육학적 의미는 성경적 학습 목표와 부합되는 방법이 보장되는지를 평가하는 데 있어야 합니다. 교육학적 가정과 발달에 대한 이론적 차이가 주의 깊게 검증되지 않은 도덕발달이론이 교육 기법들에 영향을 주도록 허용되어서는 안 됩니다. 신앙 발달 연구에 관한 관심은 조사연구의 초점이 실제로 성경적 신앙이라는 것이 판단될 때까지 절제되어야 합니다. 마지막으로, 복음주의 기독교 교육은 그 유산을 충실히 유지할 때 계속 성장하고 번영할 것입니다. 복음주의 기독교 교육은 예수 그리스도의 지상 대명령(마 28:18~20)의 중심에 자리 잡고 있을 때만 복음적으로 남을 것입니다. 복음주의 기독교 교육은 교육 사역에서 생명의 근원-약속된 성령(행 1:8)에 의해 유지될 때만 효과적으로 남을 것입니다.

참고문헌

• C. B. 이비, 기독교 교육사, 김근수 역, 한국기독교 교육연구원, 1980.

• 강희천 편저, 기독교 교육사, 교육 목회, 1992.

• 루시언 E. 콜만 II세, 교육하는 교회, 박영철 역, 1987.

• 마이클 J. 앤서니 편저, 기독교 교육 개론, 정은심, 최창국 역, CLC, 2022.

• 서울신학대학교 기독교 교육연구소 편, 기독교 교육 개론, 기성출판부, 1994.

• 양금희 외 5인, 기독교 교육 개론, 장로회신학대학교 기독교 교육연구원, 2013.

• 오인탁 외 10인, 기독교 교육사, 한국기독교 교육학회, 2008.

• 이현철 편저, 기독교 교육학 핸드북, 생명의 양식, 2024.

• 임계빈, 다음세대를 살리는 목양교사, 엘맨, 2017.

• 임계빈, 잠자는 목양교사를 깨운다, 상권, 엘맨, 2024.

• 장원철, 기독교 교육사, 대한예수교장로회 총회, 1999.

• 정정숙, 기독교 교육사, 베다니, 1999.

• 케니스 O. 갠글, 워렌 S. 벤슨, 기독교 교육사, 유재덕 역, 1992.

• 한국기독교 교육학회 편, 한국 교단의 기독교 교육사, 한국장로교출판사, 1999.

• 한춘기, 교회 교육의 이해, 한국로고스연구원, 1996.

• 한춘기, 한국교회 교육사, 대한예수교장로회 총회, 2004.

4장 · 기독교 교육의 교육 과정

1. 기독교 교육 과정 개념(Concept)

　기독교 교육 과정은 무엇입니까? 혹은 기독교 교육 과정의 개념은 무엇인가에 대한 논의는 시대나 학문의 변천에 따라 각기 다양하게 진행되어 왔습니다. 시대나 학문의 변천에 따라서 교육 과정의 연구영역이나 연구방법, 그리고 연구대상이 변화되어 왔기 때문입니다. 파즈미뇨(Robert W. Pazmino)는 기독교 교육 과정의 개념이 변천되어 온 것을 다음과 같이 다섯 가지로 정리하였습니다. 첫째, 교육 과정은 학습자들이 사용할 수 있는 내용입니다(Huebner,휴브너). 둘째, 교육 과정은 학습자의 계획되고 인도된 학습경험입니다(Dewey,듀이). 셋째, 교육 과정은 학습자나 학습 참여자의 실제적인 경험입니다(Miere,마이어). 넷째, 일반적으로 교육 과정은 교육자료와 학습경험 둘 다를 포함합니다. 좀 더 구체적으로 교육 과정은 기독교 교육에 사용될 기록된 과목을 일컫습니다(Cully,컬리). 다섯째, 교육 과정은 학습자의 행동의 변화를 목적으로 교사에 의해 인도된 학습 행위의 조직입니다(LeBar,르바). 이상의 교육 과정 개념의 변천에서 볼 수 있는 것은 교육 과정의 논쟁은 '내용'과 '경험'을 중심으로 이루어진다는 사실입니다. 기독교 교육은 내용(성경 지식, 교리)과 경험(성경에 기초한 학습자의 인도된 경험)이 잘 조화를 이룰 때 가능합니다. 르바(LeBar)는 기독교 경험이 없는 내용은 텅 빈 것이며, 기독교 내용이 없는 경험은 장님과 같다고 하였습니다. 시대와 학문의 변천에 따라 위의 두 가지 개념에서 어떤 것을 더 강조하느냐에 따라 교육 과정의 유형이 달라졌습니다.

김희자는 '내용'과 '경험'을 주장하는 것에 따라 역사적으로 다음과 같이 정리하였습니다. '내용', 즉 지식 중심의 교육 과정은 지식의 체계를 교과라 하고 교과에 따라 교육 내용을 편성하여 구성합니다. 이러한 교과 중심의 교육 과정은 가장 오랫동안 사용하여 온 방법입니다. 1780년 레익스(Robert Raikes)가 주일학교 운동을 시작한 이래 계속된 교육 과정은 성경의 내용이나 성경을 기초한 교리에 관한 교재였습니다. 1785년에서 1815년을 요리문답기라 부르는데 그 이유는 하이델베르크, 웨스트민스터 요리 문답이나 칼빈과 루터의 요리 문답이 기독교 교육의 중요한 교재였기 때문입니다. 1800년대 초기의 웨슬레안 부흥으로 교육 과정의 내용이 요리 문답에서 성경으로 전환하였습니다. 1815년부터 1835년까지를 성구발췌기라고 부르는데 그 이유는 성경에서 중요한 구절을 발췌하여 암송토록 한데 있습니다.

이러한 요리 문답과 성경 구절 암송 위주의 교재가 계속되어 오다가 1900년초 '경험'이 교육 과정의 핵심 개념으로 등장하였습니다. 듀이(John Dewey)의 경험주의 교육이론이 등장하면서 기독교 교육계에도 학습자의 연령이나 능력 그리고 경험의 차이를 고려하여야 한다는 자각에 따라, 학습자의 삶의 상황과 경험을 고려하여 교육 과정의 내용을 선정하게끔 된 것입니다. 따라서 지식으로서의 내용보다, 지도하의 경험으로의 교육 과정의 개념이 등장하였습니다. 이러한 관심 하에 1908년 이후 생활 중심적이고, 경험 중심적인, 그리고 학습자 위주의 계단 공과가 탄생하여 현재까지 교육 과정의 기본적인 틀을 이루고 있습니다. 이러한 구분과는 달리하여, 해치(Hatch)는 교육 과정(curriculum), 교육 과정 자료(curriculum resources), 그리고 인쇄된 교육 과정 자료(printed curriculum resources)로 그 정의를 세분화하여 교육 과정의 개념을 정리하고 있습니다. "교육 과정은 교사와 학습자가 교실에 들어 온 후 교실을 떠날 때까지 일어나는 모든 것을 의미하고… 교육 과정 자료는 교사와 학생 사이에 일어나는 구체적인 경험을 포함하고... 인쇄된 교육 과정은 보통 교과라고 부르는 것으로 교사와 학생이 사용하는 책을 일컫는다." 원래 교육 과정이라고 해석할 수 있는 영어의 커리큘럼(curriculum)은 라틴어의 'currere'에서 온 말로, 그 의미는 말(馬)이 달려야 되는 코스를 일컫습니다. 다시 말해서 커리큘럼이란 학습하는 방향이나 진로를 일컫습니다. 이와 같은 정의에 따라 포드(Ford)는 "교육 과정은 진정한 학습경험이 일어나는 곳에 존재한다"고 하면서 콜슨(Colson)과 릭던(Rigdon)의 교육 과정의 개념에 동의하고 있습니다. 콜슨(Colson)과 릭던(Rigdon)은 "교육 과정은 성취하려는 목적을 향해 교육 과정의 계획에 따라 발생하는 모든 학습경험의 총체이다"라고 말하고 있습니다.

이상에서 살펴본 바와 같이 교육 과정의 개념이 기독교 교리의 내용 중심의 교과과정으로부터 학습자 중심의 경험학습의 교육 과정으로 변천하고 있습니다. 그러나 여전히 중요한 관심사는 내용과 경험의 조화에 있습니다. 파즈미뇨(Pazmino)는 이 문제에 대해 다음과 같이 말하고 있습니다. "정통주의(올바른 믿음)의 내용만을 강조하는 것은 기독교 경험의 본질적인 차원을 무시하는 것이며, 경험이 없는 기독교 교육은 텅 빈 것이다. 또한 정통 실천주의(올바른 실천)의 경험만을 강조하는 것은 기독교 내용의 본질적인 차원을 무시하는 것으로써, 기독교 내용이 없이는 기독교 교육은 장님이다. 가장 효과적인 교육 과정은 기독교 내용과 경험이 서로 통합하여 삶의 개혁이 일어나야 한다." 파즈미뇨(Pazmino)의 이와 같은 통합적 접근은 르바(LeBar)에 기반을 두고 있습니다. 내용과 경험의 조화로운 통합은 마치 진리와 사랑의 만남과 같이 역동적으로 살아 있는 교육 과정을 발생시킵니다.

기독교 교육은 일반 교육과는 달리 하나님과의 인격적인 만남을 통하여 발생하는 개인적인 경험이 있어야 하며 이러한 만남을 위해서는 성경 말씀에 기초한 하나님에 대한 지식이 있어야 합니다. 와이코프(Wyckoff)는 이러한 교육 과정을 복음 중심의 교육 과정이라고 하였으며, 이러한 복음 중심 교육 과정의 학습의 과제를 다음과 같이 요약하였습니다. 첫째, 복음에 대하여 세심하게 귀를 기울이며 믿음과 사랑 안에서 응답하는 것, 둘째, 복음에 비추어(삶의) 전체 관련 분야를 실험하는 것, 셋째, 복음에 비추어 관련 분야 안에 있는 의미와 가치를 발견하는 것, 넷째, 그 의미와 가치를 개인적으로 조정하는 것, 다섯째, 복음에 비추어 개인 및 사회적인 책임을 담당하는 것입니다.

2. 기독교 교육 과정 기초(Foundations)

기독교 교육 과정은 기독교 교육을 수행하는 과정이며 내용입니다. 기독교 교육 과정에는 하나님, 인간, 세계에 대한 내용, 이들 간의 상호관계와 그 경험의 실제에 대한 역사를 담고 있어야 합니다. 따라서 하나님과 인간, 인간과 인간, 그리고 인간과 세계의 관계에 내용과 방향이 학습 되어져야 하며, 궁극에는 개인적인 구원의 경험이 고백 되어져야 합니다. 기독교 교육 과정은 두 가지 기초 위에 세워져야 합니다. 가장 중요한 것은, 신학적 기초로써 하나님, 인간, 세계, 그리고 역사에 대한 내용을 성경에 근거하여 해석하여 주고 성경에 대한 인간의 경험을 보다 객관적이며 구체적으로 진술하여 주어야 합니다. 두 번째로는, 교육적 기초로써 이미 객관적으로 진술된 내용을 학습자가 알게 하고, 깨닫게 하며, 그 깨달은 것을 그의 삶을 통해서 고백할 수 있도록 가르쳐야 합니다. 이러한 교육적인 기능을 직접 담당하는 자는 교사이지만, 기독교 교육에서는 교육의 주체자는 성령 하나님입니다. 그가 학습자의 정신과 마음을 조명하시며, 기록된 말씀인 성경과 해석된 신학적 진술이 학습자 개인에게 의미 있게 되도록 인도합니다.

1) 신학적 기초(Theological Foundation)

기독교 교육 과정에서 성경은 가르침의 근원이 되고, 규범이 되며, 가르쳐야 할 최고의 도구입니다. 콜슨(Colson)과 릭던(Rigdon)이

지적하기를, "기독교 교육은 신적으로 '주어진'(given) 성경과 더불어 시작한다. 성경은 모든 교육 과정의 근본이며, 성경이 없는 기독교적 가르침이 있을 수 없다"고 합니다. 하나님의 계시된 말씀인 성경을 해석하고, 그 말씀에 대한 인간의 경험을 객관적인 언어로써 진술하는 것이 신학의 기능입니다. 신학은 기독교 신앙의 명료한 지적 논쟁을 모든 세대와 모든 민족에게 전달하고 공급하는 일을 합니다. 물론 이러한 신학적 과제는 각기 다른 시대와 서로 다른 민족과 문화에 끊임없이 제기되는 삶의 문제를 항상 새롭고 적절한 방법으로 성경적 원리를 제시하여 주는 것입니다. 예를 들면 '개혁주의 신학은 계속 개혁해 나가야 한다'(Reformed Theology always reforming)는 모토가 이러한 신학적 과제를 제시하여 주고 있습니다. 신학은 하나님, 인간, 그리고 세계에 대한 성경적인 내용을 제시하여 줄 뿐 아니라, 이러한 신학적인 개념이 이들 서로 간의 관계를 통하여 경험되어진 실제에 대한 역사를 가르치는데 도움을 주어야 합니다. 가르쳐야 할 구체적인 내용은 다음과 같습니다.

(1) 하나님 : 삼위일체의 하나님으로서 성부, 성자, 성령으로서의 하나님, 창조주, 구속주, 그리고 진리의 영으로서의 하나님은 성경을 통하여 나타나시며 교회 안에서 하나님의 백성을 통하여 역사합니다.

(2) 인간 : 하나님의 형상대로 창조 되었지만 전적으로 타락한 죄인이며, 구원을 절대적으로 필요로 하는 존재입니다. 인간은 원래 교육

불가능한 존재이나, 하나님의 전적인 은총으로 말미암아 교육이 가능한 존재가 되며, 구원을 받은 후에는 새로운 피조물로서 거듭난 존재가 되고, 하나님께 응답하는 책임적인 존재가 됩니다.

(3) 세계 : 하나님이 인간에게 살 수 있고 번성할 수 있도록 창조하신 환경입니다. 그러나 소유자로서가 아니라 관리자로서 관계가 인간과 세계 간의 관계입니다.

(4) 역사 : 하나님의 활동과 인간의 삶의 지속적인 범위입니다. 역사의 주관자는 하나님으로서 창조, 섭리, 계시, 구속을 주관하시고 계시는 영역입니다.

2) 교육학적 기초(Educational Foundation)

기독교 교육은 제시된 신학적인 내용을 가지고 누가, 언제, 어디서, 무엇을, 어떻게, 왜 가르치고 배우는가에 관심을 가져야 합니다.

(1) 누가?

① 교사 : 기독교 교육에서의 궁극적인 교사는 하나님입니다. 하나님은 자기 백성에게 개인적으로 말씀하시는 살아 계신 하나님입니다. 그는 인간의 창조주로서 인간의 삶의 배경과 근원과 필요함을 가장 잘 아시는 분이며, 구속주로서의 예수님으로 인간의 구원을 완성

하신 분이며, 진리의 영으로서 항상 '현재'의 인간을 진리 가운데 인도하시며 가르치시는 분입니다. 이러한 궁극적인 교사의 인도 아래 인간인 교사가 가르침의 책임을 담당하고 있습니다. 교사는 지식의 전수자로서만 아니라 인도자로서의 역할을 담당합니다.

② 학습자 : 모든 인간들이 교육의 대상입니다. 좀 더 구체적으로 교회 내의 하나님의 백성과 교회의 선교적 사역을 통한 세상 모든 사람이 교육의 대상입니다. 학습자의 성장에 따른 나이, 능력, 흥미 등 실제 삶에 관심을 가져야 합니다.

(2) 언제?

하나님과 인간의 만남이 이루어지는 때, 즉 하나님과 교사의 인격적인 만남과 하나님과 학습자의 인격적인 만남 이후에 교사와 학습자의 인격적인 만남이 일어날 때 교수-학습은 이루어집니다. 교수-학습의 시간은 항상 지속적으로 일어납니다.

(3) 어디서?

먼저 가정에서 부모를 통하여 이루어지고, 교회와 하나님의 나라에서 이루어집니다. 모든 하나님의 나라가 기독교 교육이 이루어지는 영역입니다.

(4) 무엇을?

하나님의 계시된 말씀인 성경과 기독교적인 생활로써, 예배, 봉사, 성숙한 신앙으로써 삶이 가르침의 내용입니다. 신학에서 제시되는 공식적인 언어를 통한 객관적인 개념은 '관계의 언어'(Buber, 부버)를 통하여 비언어적인 방법으로 경험한 것을 가르칩니다.

(5) 왜?

모든 인간들이 성경과 그리스도 안에서 자기를 계시하시는 하나님의 실재를 알게 하고 예수 그리스도 안에서 구원을 받고 그 구원의 사랑을 경험하게 하며, 그 구원의 선물에 예배와 순종, 봉사로써 응답하며 그리스도를 닮은 인격으로 성장함으로써 그의 몸된 교회를 세우며, 선교와 증거의 사명을 감당하는 가운데 하나님 나라 건설을 확장해 나가는 것입니다.

(6) 어떻게?

하나님의 전적인 은총을 통하여 교수-학습은 일어납니다. 성경 말씀의 사역, 성례 및 기도, 그리고 복음을 순종하는데서 학습은 일어납니다. 기독교 교육은 성육신 사건(요1:14)의 원리를 요구합니다. 즉, 교사가 먼저 성육신의 삶을 사는 것으로 성육신의 사건을 가르치는 것입니다.

3. 기독교 교육 과정 구성의 원리(Principle of Design)

구성이란 기독교 교육의 과정을 이행할 학습상황을 건설하는 문제이며, 구성을 통하여 교육 과정이 하나의 통일적인 유기체로 형성되게 됩니다. 넓은 의미로써 구성은 교육 과정의 전체적인 테두리를 정하는 일입니다. 즉, 가르칠 내용이라든지, 학습경험의 계속적인 축적을 위한 순서 또는 교과목 상호 간의 관계를 정하는 일입니다. 좁은 의미로써의 구성은 한 과목 내에서도 가르칠 내용을 그 난이도나 복잡성에 따라 순서를 정하여 수업계획을 짜는 일입니다.

1) 구성의 기본요소

교육 과정 구성에 있어 필요한 요소는 종합성, 균형, 연속성으로 이루어집니다.

(1) 종합성(comprehensiveness)

나이에 따라서 가르쳐야 될 모든 기독교의 영역에 관심을 가집니다. 각 나이의 공통적인 경험에 맞게 가정, 지역사회, 학교, 직업, 여가선용 등에 관심을 가집니다. 그러므로 각 나이에 맞는 기독교 교육의 목적 진술, 성경 내용의 수직적 배열에 관심을 가집니다. 미국 교회 연합회 교육 과정위원회는 기독교 교육 과정에서 가르쳐야 할 영역을 다음과 같이 제시하고 있습니다.

① 성경 : 기원, 구약, 신약, 교수법, 예배의 사용.

② 신앙 혹은 믿음 : 하나님, 예수 그리스도, 인간, 교회의 의미, 신앙의 근거로써 성경, 기독교와 세계의 철학, 우주에 대한 기독교적 의미.

③ 기독교적 삶 : 예배, 건강, 청지기직, 전도, 여가 선용, 직업, 친구, 교육적 문화적 개발.

④ 기독교 가정 : 성(性), 결혼, 가정, 부모 역할, 이웃과의 관계.

⑤ 교회 생활과 전도 : 교회의 역사, 교회의 본질과 교회의 프로그램, 교인됨, 교회의 봉사, 선교.

⑥ 사회문제 : 오락, 주초 문제, 범죄, 다른 민족이나 다른 신앙과의 관계, 사회, 경제, 정책, 정부, 교육, 시민, 세계에 대한 기독교적 원리.

⑦ 세계 관계 : 기회, 세계 선교, 세계 시민, 초교파 운동.

⑧ 기독교적 지도력과 봉사 : 기회, 준비, 원리, 목적, 방법과 기술.

(2) 균형(balance)

가르쳐야 할 내용의 수평적인 관계로써 나이에 따라 중요성과 시간 분포에 관심을 가집니다. 즉 내용이 중요할수록 시간을 많이 할애합니다. 예를 들면, 여가 선용보다는 예수 그리스도의 생애와 가르침에 더 많은 시간을 할애합니다. 균형에서 중요한 관심사는 기독교적 인성 발달과 기독교 신앙의 발달입니다.

(3) 연속성 (sequence)

같은 내용을 단순히 반복하는 것보다는 이미 배운 내용을 기초로 더 넓고 깊게 내용을 확대 시키는 일입니다. 학습자의 인지 발달 단계에 따라 가르칠 내용의 순서가 달라져야 합니다. 여기서는 과목과 단원을 연결하고 전체적인 주제와 관련하여 조직합니다. 또한, 교회의 월력에 따른 교회의 절기에 맞게 내용을 배열하는 것이 효과적입니다(예: 부활절, 성탄절). 그리고 해마다 혹은 분기마다 중요한 개념은 반복하여 그 학습의 중요성을 강조하는 것이 좋습니다.

(4) 통합성(integration)

지식의 폭발과 전문화에 의해서 야기되는 과목의 세분화와 다양화를 어떻게 어떤 수준에서 통합시키느냐에 관심을 기울입니다. 예를 들면 기독교 교육에서도 기독교 교육사, 교육신학, 교육철학, 교육 과정, 교육 방법 등의 일련의 다른 과목도 전체적인 연관 관계에서 부합될 수만 있다면 학습의 효과를 더욱 높일 수 있다는 원리입니다. 벤쟈민 블룸(Benjamin Bloom)에 의하면 통합이란 일견 서로 관련성이 없는 듯한 여러 경험이나 지식을 자신의 내부에서 재조직하여 자신에게 의미를 제공하는 내부적인 재구성을 의미한다고 했습니다. 기독교 교육에서 가르치는 모든 과목들이 하나님과 인간, 인간과 인간, 인간과 세계에서의 경험의 일부분은 다르나, 이런 과목을 통하여 하나님께서 원래 인간에게 의도하신 삶의 총체적인 이해를 위한 통합이 어떻게 이루어져야 하느냐가 주된 영역이 됩니다.

2) 구성의 기본원리

교육 과정 구성의 기본원리는 목적, 내용(학습경험), 그리고 평가로 이루어집니다.

(1) 교육 과정의 목적

교육 과정의 목적은 넓은 의미로는 학습의 결과와는 직접적으로 관련이 없는 삶 전체와 관련된 것으로 보는 것이고, 좁은 의미로는 교회의 교육 프로그램이나 과목의 목표나 지침으로 봅니다. 예를 들면, 교육 과정의 목적이 '그리스도를 닮은 성숙한 인간'이라면, 교육 프로그램의 목표는 '말씀의 생활화'라고 할 수 있고, 과목의 지침은 '경건한 예배'나 '이웃에의 봉사'라고 할 수 있습니다. 교육 과정을 선정하는 일은 교육 과정을 구성 하는데 있어서 첫번째 중요한 단계일 뿐 아니라, 교육 과정의 실질적인 내용을 이루는 학습경험이나, 그 학습경험을 조정하는 일, 그리고 평가하는 일을 결정하는 데 있어서 중심을 이룹니다.

먼저 시대별로 교육 과정의 목적에 대한 견해는 다음과 같습니다. 비스(Vieth)는 교육 과정의 목적을, "기독교 교육의 과정에서 성취하기를 원하는 결과의 진술이다. 목적의 기능은 미리 목표점을 정하는 것이다. 목적은 건축가에게는 설계도와 같은 것이다. 건축의 성공 여부는 건물이 완성된 후에 측정할 수 있다"라고 보았습니다. 이와 같은 비스(Vieth)의 견해는 1970년대까지 미국의 교육 과정에 중요한 학문적 견해였습니다. 랄프 테일러(Ralph Tyler)는 "내용(학습 과정)은 정해진 교육 과정의 목적을 달성하기 위한 하나의 수단으로 보고 있다. 따라서 목적은 수단에 우선하는 것이고, 수단은 목적을 달성하기 위한 하나의 도구라는 소위 목적-수단의 방법이 교육의 장에 그대로 적용될 수 있다고 보았다". 그러나 1980년대의 엘리엇 아이스너(Elliot Eisner)에 이르러 교육 과정에 있어서의 목적은, 목적이 수단에 우선하는 것이기 보다는 교육의 과정을 통하여 목적이 선정된다고 보았습니다. 엘리엇 아이스너(Elliot Eisner)에 의하면 교육의 외적인 요소, 사회, 지식 그리고 인간에 대한 분석을 토대로 하여 설정된 교육 과정의 목적은 과학적이기보다는 하나의 예술적인 과정이라고 볼 수 있는 것으로써 교육의 장에서는 그대로 적용될 수 없다는 것입니다. 따라서 교육의 장에서는 목적이 수단에 우선할 수 없고, 목적은 그 교육의 과정상에서 부단히 수정되고 보완된다고 봄으로써 패러다임적 변동을 가져왔습니다.

이상과 같은 다양한 견해에도 불구하고 목적 설정은 교육 과정의 구성 단위에 있어서 중요한 요인입니다. 왜냐하면 교육 과정의 목적이 교육의 방향을 결정짓도록 돕기 때문이고, 가르치는 동안 그 목적이 교육의 과정에서 방향을 이탈하지 않도록 도와주며 그리고 평가할 때, 교육에 있어서 성공과 실패의 여부를 결정하도록 도와줍니다.

• 구체적으로 교육 과정의 목적을 설정할 때 고려해야 할 요소는

다음과 같습니다. 첫째, 성경에 대한 연구, 교육 신학 및 기독교 교육 철학에 대한 연구가 필요합니다. 어떤 내용을 가르칠 것인가에 대한 교과에 대한 연구가 필요합니다(종합성 참조). 둘째, 학습자(인간)에 대한 연구가 필요합니다. 학습자의 나이에 따른 능력, 흥미, 환경을 조사하여 그들이 필요로 하는 것이 무엇인가를 찾아내어, 그 필요를 충족시킬 수 있도록 교육 과정의 목적이 설정되어야 합니다. 셋째, 교육이 시행되는 상황인 교육의 장(맥락)을 분석하여 교육 과정의 목적을 설정합니다.

(2) 교육 과정의 내용(학습의 경험)

교육 과정의 내용으로는 교사의 입장에서 무엇을 가르칠 것인가의 문제이고 학습자의 입장에서는 무엇을 배울 것인가의 문제입니다. 기독교 교육에서 이 문제는 단순히 지식-내용만을 말한 것은 아닙니다. 왜냐하면, 아무리 교사가 강의나 다른 방법을 통하여 교육의 내용을 전달하려고 해도, 학습자의 경험, 흥미, 그리고 능력에 따라서 전혀 다른 경험을 할 수 있기 때문입니다. 오늘날 대부분의 교육학자들은 내용이라는 말 대신에 학습 경험이라는 표현을 쓰는 것도 이 때문입니다.

• 내용(학습경험)을 선정하는 기준은 구체적으로 다음과 같습니다.
첫째, 기독교에서 가장 기본적이고 핵심적인 지식이 학습되어야 합니다. 물론 성경의 지식이 기독교 교육의 가장 핵심이 됩니다. 그러나 성경의 지식이란 단순한 사실의 기록이나 암기에 의한 축적에서 이루어지는 것이 아니라, 하나님과의 만남, 인간과의 만남, 세계와의 만남을 통해 쌓아 가는 것으로써 깊은 통찰력과 지혜에서 얻어지는 것입니다. 사도 바울은 골로새서 1장 9절에 교육의 내용을 "신령한 지혜와 총명에 하나님의 뜻을 아는 것으로"하라고 가르칩니다. 둘째, 학습자의 성장이나 특성이 학습경험의 선정에서 고려되어야 합니다. 특히, 학습자의 흥미(interest)는 교육에 있어서 목적이요 수단입니다. 인간의 성장은 흥미 유발에서 시작되어 무한히 성장 발달할 수 있기 때문입니다. 학습자들이 학습 행위를 하는 동안 만족(영적, 지적, 정서적)을 느낄 수 있는 학습 경험이 되도록 하여야 하며 학생들의 수준이나 기질에 적합한 학습 경험이어야 합니다. 셋째, 현실적으로 효율성이 있으며, 변화에 적응할 수 있는 능력을 심어줄 수 있는 것이어야 합니다. 여기서 효율성이라는 것은 인간 생활, 기독교인의 생활에 있어서 얼마나 유효한가를 묻는 것입니다. 우리가 살고 있는 세계에 적응할 수 있을 뿐아니라, 끊임없이 변화하는 삶의 형태에 적극적으로 대처할 수 있는 기독교 가치관 형성을 할 수 있어야 합니다(선교적인 차원의 복음전파와 기독교인으로서의 책임과 봉사)

위와 같이 학습 내용을 선정한 후에는 위의 세 가지 기준이 통합될 수 있는 학습 경험이 필요합니다. 이러한 통합은 교사의 성경 연구에 대한 열성과 열정이 성숙, 창의적인 교수 방법 및 학습자에 대한 깊은 사랑과 관심, 그리고 학습자의 열성적인 응답이 있을 때 만 가능 합니다.

(3) 교육 과정의 평가

교육 과정 구성에서 마지막으로 중요한 요인은 교육 과정에 대한 평가입니다. 교육 과정의 평가는 의도된 교육 과정이 교실에서 어떻게 실현되었으며, 실현된 교육 과정을 통하여 학습자들은 어떠한 변화를 가져왔는지를 알기 위한 노력입니다. 따라서 교육 과정의 평가는 수업 프로그램의 평가 및 학습자의 평가를 포함합니다. 또한 교육 과정의 평가는 다시 새로운 교육 과정을 계획할 때 중요한 자료로 사용되기 때문에 사실상 평가는 교육 과정의 구성에 있어서 마지막 단계가 아니고 항상 계속성을 지니게 됩니다. 타일러(Ralph Tyler)는 교육의 목적이 행동의 변화라고 규정하고, 평가는 이미 설정된 목적에 근거해서 어느 정도의 변화가 있는가를 측정하는 것이라고 보았습니다. 타일러(Tyler)의 평가 방법은 교육 과정이 모두 끝난 후 학생들의 학습의 결과를 측정할 뿐, 교육 과정이 얼마나 효율적이었나, 학습자의 요구를 충족시키기에 그 교육 과정이 얼마나 적절한가, 교육 과정의 진행 과정은 어떠하였는가에 대한 평가에는 별로 관심이 없습니다.

• 여기에 대한 보완으로 스터플빔(Stufflebeam)은 교육 과정에 대한 4가지 평가를 제시하고 있습니다.

① 상황평가(Context Evaluation) : 현재의 교육 현황을 밝힌 다음 무엇이 문제이며 충족되어야 할 사항은 무엇인지를 평가합니다.

② 투입평가(Input Evaluation) : 교육 과정의 절차, 경비, 시간,

자원 등에 대한 의사 결정에 도움을 주기 위하여 평가합니다.

③ 과정평가(Process Evaluation) : 교육 과정의 적절성과 효율성을 평가하기 위한 것으로, 교육 과정이 잘 진행되지 않았을 때 문제점이 무엇인지를 밝혀내고 교육 과정에 관한 의사 결정을 하기 위한 자료를 제공합니다.

④ 산출평가(Product Evaluation) : 교육 과정의 성취 결과를 측정하여 그 교육 과정을 계속 시킬 것인가, 개선할 것인가, 또는 종식할 것인가에 대해 판단을 하는데 필요한 자료를 제공합니다.

• 한편 도날드 밀러(Donald Miller)는 기독교 교육 과정의 평가에서 고려하여야 할 요소를 다음과 같이 소개하고 있습니다.

① 신학적인 견해는 무엇인가? 소개하고 있는 신학이 그 전제, 이야기, 혹은 관계성에 관심을 기울이고 있는가?

② 성경의 해석이 과거 성경이 쓰여진 시대의 반영과 오늘날의 적용에 어떻게 관심을 기울이고 있는가?

③ 기독교인의 신앙과 전통이 그들의 역사적 상황을 고려한 것인가?

④ 예배, 신앙 공동체의 삶, 그리고 교육이 어떻게 연관되어 있는가? 신앙에 대한 공식적인 것이 언급되어 있는가?

⑤ 인격적 성장이 성장 발달의 단계를 고려한 것인가?

⑥ 복음과 전도, 그리고 현 사회의 불의가 어떻게 연결되어 있는가? 신앙에 대한 사회적인 언급되어 있는가?

⑦ 문화적으로 소외된 사람들의 이야기가 언급되어 있는가? 사용

된 언어가 남성 중심적 혹은 여성 중심적인가?

⑧ 갈등이 독창적으로 언급 되어 왔는가?

⑨ 어떤 이론이 전제되어 있는가? 그 학습이론이 활발한 사회 참여와 실천에서 나온 것인가? 아니면 기본적으로 인지적인가?

⑩ 학습자를 대화로 유도하며, 그들 스스로 의미를 탐구하도록 되어있는가? 아니면 정답을 유도하는 것인가?

이외에도 지역 교회의 교육상황을 고려하여 우리는 더욱 다양한 평가를 할 수 있습니다. 평가의 과정이 없이는 교육 과정의 수행은 끝나지 않습니다.

4. 기독교 교육 과정의 지향점

일반 교육 과정과 기독교 교육 과정은 어떤 차이가 있습니까? 두 가지 교육 과정 모두 교사, 학생, 교재, 그리고 환경의 상호작용을 다룬다는 점에서 공통점을 지니지만, 기독교 교육 과정은 하나님의 존재와 성령의 역사 등 초월적인 영역을 인정하고 그 영향 속에서 기독교 교육이 이루어진다고 보는 점에서 분명한 차이가 있습니다. 즉, 기독교 교육 과정에는 신적 차원과 인간적 차원이 동시에 들어 있습니다. 신적 차원이 없으면 일반 교육 과정으로 전락해 버리고, 인간적 차원이 없으면 더 이상 교육일 수 없을 것입니다. 그리고 무엇보다 기독교 교육 과정은 단지 지식(knowledge)이나 신념(belief)을 변화시키는 것만이 아니라 신앙(faith)의 변화를 추구한다는 점에서 일반 교육 과정과 확연히 구분됩니다. 뿐만 아니라 기독교 교육 과정은 하나님의 계시의 말씀인 성경을 중시한다는 점에서도 일반 교육 과정과 분명히 구별됩니다. 이런 점에서 기독교 교육 과정은 일반 교육 과정과 공통점을 지니면서 동시에 확실한 차이점을 지닙니다. 일반 교육 과정을 이해하고 이를 활용하되 기독교 교육 과정이 지니는 독특성을 인식하고 기독교적 교육 과정이 될 수 있도록 구별화하는 노력을 동시에 기울여야 합니다.

기독교 교육 과정의 의미를 분명히 하기 위해서 크게 네 가지 유형으로 분류하여 생각하는 것이 도움이 될 것입니다. 기독교 교육 과정은 기독교와 교육 과정의 합성어로 되어 있는데, 이 각각을 어떻게 강조하느냐에 따라 다른 교육 과정의 모습이 나타날 수 있습니다. 첫째, '기독교' 교육 과정으로서 '기독교'만을 강조하고 교육 과정의 전문성에는 관심이 없는 유형입니다. 예컨대 기독교적인 초월성을 강조하고 교육 과정에 있어서 하나님의 은혜, 성령의 역사, 기도의 능력 등을 강조하는데, 교육 과정의 변화에까지 이르지 못하는 경우입니다. 둘째, 기독교 '교육 과정'으로서 교육 과정의 전문성에만 지나치게 의존하는 유형입니다. 일반 교육 과정에 익숙하고 이에 대한 전문성을 지니고 있기에 새로운 교육 과정 이론이 소개되면 이를 바로 도입하고 적용하는 데는 빠를 수 있지만 기독교적 성격이 약하기 때문에 결국은 올바른 기독교 교육 과정이 되지 못하는 유형입니다. 셋째, '기독교' '교육 과정'으로서 기독교적 특성도 강조하고 교육 과정에도 전문성을 지니는데 이 두 가지가 분리되어 존재하는 유형입니다. 신학적인 지식도 있고 기독교적 초월성에 대해서도 잘 알고 있으며 동시에 교육 과정의 새로운 동향이나 이론에 대한 전문성이 있지만, 이 두 영역을 제대로 통합하지 못하는 경우입니다. 넷째, '기독교 교육 과정'으로서 기독교적 관점이 교육 과정에 스며들어 있어서 기독교적 교육 과정의 독특성이 살아 있고, 그러면서 교육 과정의 전문성을 갖추어 기독교 교육현장에서 능력 있는 교육 과정으로 나타날 수 있는 유형입니다. 이것이 진정한 의미에서 기독교 교육 과정이며, 이러한 관점에서 '무엇을 가르칠 것인가'를 탐구할 때 올바른 기독교 교육 내용이 모색될 수 있는 것입니다. 이런 점에서 기독교 교육 과정은 신학과 교육학의 결정체라고 할 수 있습니다. 기독교 교육 과정은 신학과 뗄 수 없는 관계에 있는데, 왜냐하면 신학은 기독교 교육 과정이 올바른 기독교적 정체성을 지닐 수 있도록 그 방향을 제시해 주기 때문입니다. 동시에 기독교 교육 과정은 교육학과도 뗄 수 없는 관계를 지니는데 교육 과정의 전문성에 큰 유익을 주기 때문입니다.

• 교회 교육 과정은 그 성격에 따라 크게 세 가지로 분류할 수 있습니다. 이 분류는 엘리엇 아이스너(Elliot Eisner)에 의한 분류를 적용한 것인데 매우 유용합니다.

(1) 형식적 교육 과정(formal curriculum)

형식적 교육 과정은 공식적 교육 과정, 또는 명시적 교육 과정으로 불리는데, 공적으로 천명된 교육 과정으로 교단에서 공식적으로 출간된 교육 커리큘럼이나 교재들을 일컫습니다. 또한 각 교회에서 연

말이나 연초에 작성, 발표되는 교육 계획서도 이러한 형식적 교육 과정에 속한다고 볼 수 있습니다. 학교의 경우에는 국어, 영어, 수학, 과학, 음악, 미술 등과 같은 교과목 편성이 여기에 해당되며, 대학교에서도 교양과목, 전공 필수, 선택 등 해당 학교에서 공식적으로 가르치는 교육 내용을 의미합니다. 그러나 교육에는 이렇게 의도하고 계획된 공식적인 내용만 가르치는 것은 아닙니다. 형식적 교육 과정은 당위성은 지닐지 몰라도 실제적으로 가르치는 것과 동일시할 수는 없습니다.

(2) 잠재적 교육 과정(hidden curriculum)

잠재적 교육 과정은 형식적 교육 과정과는 달리 의도하지 않았지만 가르쳐지는 부분을 의미합니다. 이는 숨겨진 교육 과정 또는 비명시적 교육 과정으로도 불리는데, 실제적으로 학생들에게 일어나는 변화 중 상당 부분은 교회나 학교가 의도하거나 계획한 것과는 다른 것일 수 있습니다. 형식적 교육 과정은 교육하는 사람 중심의 교육 과정이라면 잠재적 교육 과정은 교육받는 사람 중심이라고 할 수 있습니다. 교수(teaching) 하지 않았지만 학습(learning)이 일어난 부분을 일컫는 것입니다. 교회나 학교, 가정에서 공식적으로 의도하지 않았어도 인간관계나 공동체 생활을 통해서 다양한 가치나 태도가 형성될 수 있습니다. 교회 학교에서도 분반 공부 이외에도 교사와 학생의 관계, 학생과 학생의 상호관계, 그리고 교회의 분위기나 풍토에 따라서 여러 가지 변화가 일어날 수 있는데 이런 것들이 잠재적 교육 과정에 속한다고 볼 수 있습니다.

(3) 영 교육 과정(null curriculum)

영 교육 과정은 말 그대로 가르쳐지지 않은 교육 과정을 의미합니다. 즉, 형식적 교육 과정을 통해서 교육되지 않을 뿐만 아니라 잠재적 교육 과정을 통해서도 가르쳐지지 않은 영역을 일컫는 것입니다. 교육 과정은 모든 지식이나 경험을 다 가르치는 것이 아닙니다. 어떤 지식이나 경험들이 선택되어 가르쳐지게 되는 것입니다. 또한 의도적으로 가르침에서 제외되는 내용도 있습니다. 이렇듯 가르침에서 제외되어 가르쳐지지 않는 부분을 영 교육 과정이라고 부르는데, 이를 인식하고 왜 그 부분을 가르치지 않는지를 질문하는 것은 교육 과정을 성찰하는 데 큰 유익을 줍니다. 그리고 그 영 교육 과정 가운데 형식적 교육 과정이나 잠재적 교육 과정으로 포함해야 할 부분을 발견할 수도 있습니다.

앞서 살펴본 바대로 일반 교육 과정이나 기독교 교육 과정이나 공통된 요소들을 가지고 있음을 알 수 있습니다. 또한 두 가지 교육 과정 가운데는 뚜렷한 차이점이 있음을 알 수 있습니다. 기독교 교육 과정을 한 문장으로 정의하면 "기독교 교육 과정이란 학생들에게 사용할 수 있는 내용과 교사에 의해 실제적으로 지도되는 학습의 경험들이다"라고 할 수 있습니다. 이는 일반 교육과 달리 "기독교 교육 과정은 교사의 가르침을 강조"하는 것으로 교사가 가르침의 계획, 실행, 평가에 있어서 내용과 경험에 책임을 지도록 해야 합니다. 그리고 학생들의 경험에 의해 결과가 나타나는 것이 아니라 교사가 학생의 참여를 권유함으로써 체험하도록 돕고 학생은 체험을 통해 학습과 함께 변화된 삶을 살게 해야 합니다. 따라서 기독교 교육 과정에 구성에 있어 교사는 학습자의 정신과 삶이 하나님의 진리에 의해 영향을 받거나 변화되도록 최선을 다해야 합니다. 또한 효과적인 교육 과정을 위해 기독교의 내용과 경험을 결합시켜 잠재적으로 삶을 변화시킬 수 있도록 노력해야 합니다. 이를 위해서 교회학교 교사는 전통주의 방식의 교과 내용의 구체적인 계획과 함께 개념-경험주의 방식의 학생들의 다양한 경험을 이해하고 재개념주의 방식의 사회적 문제까지도 기독교 세계관에 입각하여 어떻게 다루어야 할지를 알아야 합니다.

이를 위해서 교사는 기독교 교육 과정으로 수업을 준비할 때 기독교 세계관에 기초한 진리와 학생을 향한 사랑, 그리고 기독교 가치에 관한 민감성을 가지고 있어야 합니다. 즉 사랑과 진리의 균형이 필요합니다. 자칫 교사가 진리에 방점을 두면 무정(無情)하게 되고 사랑에 방점을 두면 방종하기 쉽습니다. 따라서 균형 잡힌 기독교 교육 과정이 필요합니다. 이를 위해 파즈미뇨는 기독교 교육 과정을 세우기 전에 일곱 가지 기본적 질문에 관한 구체적인 대답이 있어야 함을 강조합니다. 첫째, 학생에게 특별하게 가르쳐야 할 것은 무엇인가? 학생에게 가르칠 성경적 지식, 이해, 가치관, 태도, 기술에 관한 분명한 지식이 있어야 합니다. 둘째, 이 분야들을 가르쳐야 할 이유는 무엇인가? 학생의 필요에 대한 주의 깊은 분석을 통해 교육에 필요한 구체적인 목표를 세워야 합니다. 셋째, 어디에서 학습이 이루어지는가?

학생의 문화적, 사회적, 경제적, 관계 등 다양한 요소들을 고려해야 합니다. 넷째, 어떻게 학습이 이루어져야 하는가? 학생에게 가장 적당한 학습이 이루어질 수 있는 다양한 교수 방법을 고려해야 합니다. 다섯째, 다양한 분야들을 언제 가르쳐야 하는가? 학생이 기독교 신앙의 다양한 분야를 배울 준비(연령, 영적 성숙도)가 되었는지를 고려해야 합니다. 여섯째, 누구를 가르쳐야 하고 누가 가르쳐야 하는가? 학생의 삶과 함께 교사 자신의 은사, 장단점까지도 이해하고 좋은 상호관계를 유지해야 합니다. 일곱째, 이 모든 것을 상호 유지하기 위한 체계적인 원리는 무엇인가? 기독교 교육에 있어 성경적인 답, 기독교 세계관이 체계적인 원리가 되어야 합니다.

결론적으로 기독교 교육 과정을 세움에 있어 지향해야 할 점은 앞에서 살펴본 대로 전통주의 관점에서의 교과 내용인 성경 교육에 관한 구체적 계획과 개념-경험주의 관점에서의 교사와 학생의 말씀에 기초한 삶의 경험과 재개념의 관점에서의 부조리한 사회 가운데 기독교 세계관으로 세상을 바라보는 바른 눈을 가지도록 만드는 것입니다. 즉 기독교 교육 과정의 계획과 수행에 있어 성경에 기초한 말씀과 기독교 세계관을 통해 기독교 가치관이 들어날 수 있도록 해야 합니다. 이를 통해 성경 지식 전달 수준으로서의 교육을 넘어 성경적 삶으로 나아가게 하고 일방적인 지식 전달이 아닌 신앙적 대화가 이루어지고 교육의 내용과 함께 교육적 활동이 반드시 제시되어야 할 것입니다.

5. 통합적인 교회 교육 과정

타일러의 교육 과정 이론은 교육 전반을 체계화시키고 과학적으로 교육 과정을 작성하고 평가할 수 있다는 점에서 그 공헌이 크다고 할 수 있습니다. 와이코프(D. C. Wyckoff)의 Theory and Design of Christian Education Curriculum을 비롯한 대부분의 기독교 교육 과정이 이 타일러의 이론의 영향을 받았습니다. 그러나 이 과학적이고 합리적인 커리큘럼 이론은 몇 가지 문제점을 지니고 있습니다. 첫째, 근본적으로 학교 체제(schooling system)를 따르는 교육 과정 이론이라는 점입니다. 그것이 교회라고 하는 공동체(community)에 그대로 적용될 수 있는가에 의문이 제기 되고 있는 것입니다. 둘째, 교육목표를 분류하는 것이 교육의 내용이 된다고 하는 '교육목표 분류학'으로 이어지는 교육 과정 이론이 지니는 문제점입니다. 과연 목표를 잘 쪼개는 것이 그리고 분류된 교육 목표를 성취 시키는 것이 교육이며, 또 교육 목표가 그렇게 분류될 수 있는 것이냐의 문제입니다. 셋째, 이 커리큘럼은 근본적으로 학습자가 아닌 교사를 위해 설계되었다는 점과 교육의 과정들이 학습자 밖에서 권위적으로 주어지는 성격을 띤다는 점입니다. 넷째, 타일러의 모형은 너무 폐쇄되어 있어서 성령의 개입이라든지 예기치 않은 일들에 대한 고려가 되어 있지 않고, 기계적으로 움직이는 일련의 과정이라는 점입니다.

그러나 해리스가 제시하는 대안도 여전히 문제점을 지니고 있습니다. 교회 교육의 관심을 공동체의 교제(koinonia), 예배와 기도(lei-turgia), 말씀 선포(kerygma), 봉사(diakonia), 가르침(didache)으로 확장 시켰지만, 그것은 오히려 교육을 모호하게 만드는 경향을 갖고 있습니다. 또 그가 말하는 예술가로서의 교육 과정은 너무 추상적이고 관념적이어서 실제 교회 교육 커리큘럼을 작성하는 지침이 되기에는 미흡할 수밖에 없습니다. 어차피 교육이 변화의 극대화를 추구하는 것이고, 계획적인 의도성을 갖는 것이라면 어느 정도 체계적일 필요가 있는 것입니다. 이런 점에서 타일러의 커리큘럼 이론과 해리스의 커리큘럼 이론이 서로를 상호 보완할 때 통합적인 기독교 교육 과정이 될 수 있습니다. 즉, 교회의 공동체성을 강조하고, 교회의 전 영역을 교육의 범주로 하며, 성령과 계시에 개방된 교육을 지향하면서도 체계성을 상실하지 아니하고, 합리적인 교육계획을 통해 계획적으로 또 효과적으로 교회 교육을 이루어 나갈 수 있는 커리큘럼의 형태입니다. 이것을 박상진이 "통합적 교회 교육 과정"이라고 칭하는 것은 타일러의 이론과 해리스의 이론의 통합이라는 관점 외에 다음 몇 가지 갈등적인 측면들을 통합하는 교육 과정이 되어야 함을 의미합니다.

1) 학교 체제(schooling system)와 공동체(community)의 통합

교회 교육이 지니는 근본적인 문제점으로, 지나치게 학교 체제를 따르고 있다는 점을 지적할 수 있습니다. 사실 학교 체제는 수천 년 동안 발전해 온 교육의 한 형태로서 여러 가지 장점을 갖고 있습니다. 그러나 그것은 지식의 전달에 효과적이며 교사 1인의 통제를 용이 하게 해주고 질서와 규율에 대한 복종을 가르치기에는 유용하지만 기독교적 신앙을 심어 주고 양육하는 데에는 과연 효과적인가 하는 질문이 제기될 수 있습니다. 리처즈(L. O. Richards)가 언급했듯이 교회는 그리스도를 머리로 한 몸이며, 기독교 교육은 그 몸의 각 부분이 상호 사역을 통해 몸을 더욱 강화해 나가는 것으로 보았습니다. 넬슨이나 웨스터호프도 교회를 공동체로 보았고, 기독교 교육은 이 공동체에로의 사회화(socialization) 또는 문화화(enculturation) 되는 과정으로 보았습니다. 이런 맥락에서 교회 교육 과정은 공동체성을 강조하고 교회 전체활동을 교육의 장으로 삼아야 합니다. 그러나 그렇다고 해서 학교 체제를 완전히 무시할 수는 없습니다. 일반 교육이 학교 체제를 지속하는 한 교회 교육이 그런 방식을 취하는 것이 우선 편리하며, 효과적이고 체계적인 교육을 행할 수 있기 때문입니다. 그러므로 이 두 가지가 적절히 통합된 기독교 교육 과정이 구성되는 것이 바람직합니다.

2) 이성(reason)과 영성(spirituality)의 통합

교육은 인간이 인간을 변화시키는 과정이기에 인간이 이해할 수 있는 지식과 정보를 그 매체로 합니다. 교회 교육도 예외가 아닙니다. 지식의 전달 없이는 교회 교육이 이루어질 수 없습니다. "예수는 하나님의 아들이다", "예수가 날 위해 십자가에 못 박히셨다", "예수를 믿으면 구원을 받는다"는 지식을 분명하고 효과적으로 전달하는 것은 중요합니다. 이러한 의사소통(communication)은 이성을 통한 것이며, 보다 논리적이며 확실하게 의사소통할 때 교육의 효과는 그

만큼 크다고 할 수 있습니다. 교회 교육 과정이 합리적이고 체계적이어야 할 필요가 여기에 있습니다. 그러나 그러한 지식의 전달은 교회 교육의 필요조건이기는 하지만 필요충분조건은 아닙니다. 왜냐하면 교회 교육에서는 인간 간의 수평적인 상호작용만이 아니라 수직적인 성령의 개입을 전제하기 때문입니다. 분명히 우리의 지성적인 사고만이 아닌 영적 영역(spiritualdomain)이 있음을 인정하지 않을 수 없습니다. 이것이 일반 교육과는 다른 교회 교육의 특수성일 것입니다. 그렇기 때문에 교회 교육 과정은 영성(spirituality)을 중요한 요소로 다루어야 합니다. 그러면서도 이성적인 합리적 과정을 소홀히 해서는 안 되기에 통합성을 가져야 할 것입니다.

3) 개인 구원과 사회 참여의 통합

이것은 신학적으로 보수주의와 진보주의의 통합이라고 할 수 있습니다. 기존의 기독교 교육 과정은 어느 한 측면만을 지나치게 강조하는 문제점을 지니고 있습니다. 복음적인 전통의 교회들은 개인의 구원과 전도, 교회 성장만을 강조하고 급진적인 교회들은 개인의 영혼 구원을 외면한 채 사회 정의와 사회 운동을 교육 과정의 중심 주제로 삼아왔습니다. 그러나 이 두 가지는 구별되거나 분리될 수 없는 것입니다. 개인의 신앙 성숙은 바로 이웃을 섬기고 사회를 봉사하는 데로 나아가는 것을 의미하고, 사회를 변혁시키더라도 각 개인의 변화 없이는 기독교적 의미가 상실됨을 인정해야 할 것입니다. 특히 교회 교육에서 이 통합이 이루어지지 않는다면 편협한 그리스도인을 양성하는 교육이 되고 말 것입니다. 그러므로 교회 교육 과정 안에는 개인 구원과 사회 참여가 통합되어야 합니다.

6. 커리큘럼의 선별과 채택, 그리고 사용

1) 커리큘럼 선별

교회의 일년간의 과정에서 많은 목회자들과 교육 지도자들은 다음의 상황들을 하나, 혹은 그 이상 경험할 것입니다. 이들 모두는 커리큘럼 평가 선택, 그리고 사용과 관계된 직설적인(indicative) 이슈들입니다.

• 어떤 교사들은 그들이 학급에서 사용하기 위해 선택된 인쇄된 자료들로 인해 불행합니다.

• 교사들은 그들이 커리큘럼을 이해하지 못하므로 혹은 그들이 커리큘럼을 사용하기 위한 계획을 하기에 충분한 시간을 보내지 않았으므로 커리큘럼을 효과적으로 사용하지 못합니다.

• "보다 더 많은 성경"(more Bible)을 사용하는 커리큘럼을 원하는 교사들이 있습니다. (그들이 보통 의미하는 바는 그들은 성경이 현재의 커리큘럼 속에서 보여지는 것과는 다르게 나타나기를 원한다는 것입니다)

• 어떤 교사들은 가까운 기독교 서점을 방문하여 자신들의 학생들이 사용할 자료들을 구입 하였습니다.

• 목회자는 다음의 새로운 구성원들의 학급을 위해 계획하고 있

으며, 계획된 4시간 동안 다룰 주제들과 관심들을 결정하였습니다.

• 대표적인 커리큘럼은 판매되며 다른 사용이 가능한 것들보다 커리큘럼이야말로 교회의 교육적 문제들을 더 많이 해결할 수 있습니다.

• 기독교 교육 위원회, 혹은 교사는 사순절 동안 연구모임을 위해 추천받은 자료들에 관해 탐구합니다.

이와 같은 관심들에 응답하기 위해 필요한 것은 기독교 교육을 위한 방향감각 기본적인 목적의 확고함 그리고 커리큘럼은 교사들을 위한 주문한 자료보다 더 많은 것들을 포함한다는 인식입니다. 기독교 신앙과 삶이 알려지고, 받아드려 지고 살게 하기 위해 교회의 교육 목회에서 교회에 의해 사용되어 온 커뮤니케이션을 주의 깊게 고안한 방법들을 개발하기 위해 원하는 결과들을 산출하게 될 과정 안에서 만나는 것이 필요합니다. 과정은 단순할 수도 복잡할 수도 있습니다. 중요한 문제는 교회가 자신의 커리큘럼 전략을 고안하는 과정이 계획 되어지고 체계화 되었다는 것입니다. 아래의 개략적인 과정은 다양한 상황과 요구와 목적들을 섬기도록 채택 되어질 수 있습니다.

• 단계 1 : 목회자 교회 직원들 그리고 교육 지도자들은 제일 먼저 교회의 교육 목회를 위한 어떤 목적(goals)을 세우고 전략을 발전시키는 것이 중요하다는 것을 확신해야만 합니다.

• 단계 2 : 교육 지도자들의 대표적인 과제 그룹(task group)은 3명에서 6명 정도 과제를 성취할 만큼 많은 시간을 만나야 할 것입니

다. 각 교회에서 과제 그룹은 그들만의 정체성(identity)을 가집니다. 최소한 목회자는 정기적으로 그룹들과 만나지는 않더라도 무엇이 일어나고 있는지 충분히 알 만큼은 참여해야만 합니다. 한 교회의 교육 책임자와 교육 위원회 구성원은 구성원들이 되어야 합니다. 아마도 경험이 풍부한 교회학교 교사 한 두명과 부모들 한 두명이 참여한다면 더 유익할 것입니다.

• 단계 3 : 첫 번째 몇몇의 모임을 위한 안건은 다음의 항목들을 포함합니다.

① 일반적으로 기독교 교육에 지식과 관점을 얻기 위해 구성원들이 읽은 책들과 소고들을 주의 깊게 선택하기 위한 토의

② 교단의 목적, 확인, 혹은 기독교 교육의 목적으로 간주 된 다른 선언들을 토의

③ 교수의 중요성에 관점을 제공하는 성경 구절의 연구와 성찰

④ 교회에서 기독교 교육이 현재 일어나고 있는 것을 읽은 것들과 토의된 것들의 관점에서 평가

⑤ 기독교 교육을 위한 특별한 목적들을 서로 관련짓는 일

⑥ 기도와 개인적인 요구들과 관심을 나누는 시간

이러한 모든 토의들은 과제 그룹들이 합의에 이르기 위해 잔뜩 머리를 짜게 하는 것입니다. 그러므로 그들은 교육 목회에서 교육 목회를 통해서 이루기 원하는 것들에 의해 보다 전문화될 수 있습니다.

• 단계 4 : 기독교 교육을 위한 목적들을 규정한 후에 과제 그룹들은 보다 전문적인 기준들을 준비하여 제공할 프로그램과 선택하고 사용할 커리큘럼 자료들을 결정하여 사용할 수 있습니다(어린이들

을 위한 기독교 교육의 목적과 기준들을 아래 예들을 통해서 보라).

• 단계 5 : 확인 되어진 기준 근거에서 과제 그룹은 그들이 정한 기준으로 자료들을 선택하는 데 적용할 수 있도록 준비합니다. 그들은 추천받거나 자신들이 발견한 다른 것들과 마찬가지로 현재 사용하고 있는 자료를 평가할 수 있습니다.

• 단계 6 : 다음의 단계는 교회의 기독교 교육 프로그램을 위해 가장 적절한 것으로 사용될 자료들을 선택하고 추천하는 것입니다.

• 단계 7 : 마지막 단계는 사용할 사람들에게 선택될 자료들의 결정을 설명하고 동의를 얻는 것입니다.

과제 그룹의 작업 과정에서 이들이 기독교 교육의 목적을 언급할 때, 그들은 다음과 같은 윤곽을 사용하기를 원할 것입니다. 전문성을 위해 어린이에게 초점을 두지만 청소년과 혹은 성인에게도 동일한 기준들이 적용될 수 있습니다.

• 예를 들면 과제 그룹은 어린이를 위한 기독교 교육을 위한 교회의 일반적인 목적을 다음과 같이 말할 수 있습니다.

① 어린이들은 예수 그리스도의 복음에 관해 배우고, 나눌 수 있을 것입니다.

② 어린이들은 회중의 일상의 삶과 예배에 참석하게 됩니다.

③ 어린이들은 기도에 관해 배울 것이고, 기도할 수 있는 능력을 발전시킬 수 있습니다.

④ 어린이들은 성경을 읽고 공부하고 사용할 수 있는 기술을 개발

하게 되며, 성경에 대한 그들의 이해가 자라나게 됩니다.

⑤ 어린이들은 교회의 유산에 대한 이해를 성장시키며, 교회에 소속감을 갖게 됩니다.

⑥ 어린이들은 예수 그리스도의 목회에 대한 이해와 헌신을 증진하며, 예수 그리스도의 제자로서의 삶을 살게 됩니다.

저자는 이들 여섯 가지의 목적들이 추구할 만한 가치가 있다고 생각하지만 이러한 목적들의 타당성에 동의하는 사람들은 매우 적을 것입니다. 그러나 이들 목적들은 매우 일반적인 것들이며, 자료들을 평가하고 선택하는 그룹에게 유용하게 하기 위해 더욱 구체화 시켜야만 합니다.

2) 커리큘럼 채택

교회는 스스로 자신들의 기독교 교육에 대한 목적과 기대들을 식별하게 되면 새로운 커리큘럼을 선택하고, 구입하는 것이 필요하지 않다고 결정할 수 있으며, 제한된 자금 때문에 새로운 커리큘럼을 살 여유가 없다고 결정할 수가 있습니다. 이러 저러한 이유들 때문에 가장 현명한 접근은 새로운 커리큘럼을 조사하는 대신에 주어진 커리큘럼을 채택하게 되는 것입니다. 커리큘럼을 채택하는 최소한의 네 가지 방법이 있습니다.

(1) 우선은 구입한 자료들을 재활용하라.

커리큘럼은 학기당 혹은 일년을 기준으로 출판되고 있습니다. 이전에 구입한 것과 사용하던 것이 남아 있다면 이 자료들은 재활용될 가능성이 있습니다. 보통 자료들을 재활용하는 문제는 그 날짜가 지나서라기보다는 학생들의 활동책(workbook 학생용 공과를 가리킨다고 하겠다)과 다른 자료들이 충분하지 않은 데 있습니다. 그러한 문제를 해결하는 한 방법은 교사들이 학생들을 위해 독창적인 자료들을 만들거나 복사나 마스터를 떠서 사용하는 것입니다. 교사들이 준비한 자료들은 대량으로 만들어진 자료들보다 효과적인 경우가 있는데 이는 교사들이 준비한 자료가 학생들의 그룹에 특별하게 관련되어 있기 때문입니다(교사들이 학생들 개개인과 접촉하므로 그들의 요구와 상황. 문제 등을 파악할 수 있고 그들 간의 특별한 관계성을 지닌다는 말입니다).

(2) 자료들을 오랜 기간 동안 사용할 수 있게 늘려라.

대부분의 커리큘라(curricula)는 사용할 수 있는 기간 내에서 성취할 수 있는 것보다 각각의 학기 계획을 위한 더 많은 가능성들을 제공할 수 있습니다. 13학기를 위해 준비된 커리큘럼은 20개 이상의 학기를 위해 확장될 수 있습니다. 이러한 문제들은 모든 학기들을 통틀어 어떻게 학기들을 늘릴 수 있는지를 결정하는 데에 시간을 보내는 것입니다. 그러나 조사하는 시간들은 매우 가치가 있습니다. 학생들에게 다음의 학기로 넘어가기 전에 활동 마무리를 위한 충분한 시간이 없다면 배우는 주제들을 수업 시간마다 서둘러서 다루게 되기 때문입니다.

(3) 교사들과 지도자들에게 주어진 능력들 관심들 그리고 자원들을 활용하라.

모든 교회의 상황에는 자신들의 경험과 자원들을 제공할 많은 사람들이 있습니다. 우선적으로 마음에 정한 목적을 생각하면서 이들은 기꺼이 그들 스스로 커리큘럼을 개발하기 위한 주제와 성경 말씀, 혹은 성경의 구절들을 가지고 시작할 수 있습니다. 이러한 은사를 가진 사람들이라고 해서 항상 그러한 큰일을 할 수 있는 시간과 에너지를 가진 것만은 아닙니다. 두 사람, 혹은 그 이상의 사람들은 특수한 상황을 위한 커리큘럼을 만들어 내도록 함께 일하도록 위촉할 수 있는데 이들에게는 준비를 위한 넉넉한 시간이 주어져야 하며, 감독과 안내를 받아야만 합니다. 그들의 해야 할 절차는 개발된 어떤 모양의 기준이든지 이를 사용하여 지금까지 있었던 다른 자료들을 평가하여야만 합니다.

(4) 본질적인 요소들을 간단히 하고 강조하도록 하라.

모든 양질의 커리큘럼은 대부분의 교사들이 전형적인 수업 계획 시간의 틀 안에서 운영할 수 있는 것보다 더 많은 자료들을 제시합니다. 때로 교사들은 계획에 포함된 가능성들이 주는 제안들에 의해 압도 됩니다. 많은 방법들 중에 시간의 시험을 극복하는 좀 더 기초적이고 간단한 활동들이 여전히 최상임을 교사들이 깨닫는 것이 중요합니다. 이야기에 관심 있는 교사가 살아있는 대화와 이야기를 잘하는 것은 더 조화롭고 복잡한 교수 활동보다도 학습에 더 많은 기억과 기여를 하게 합니다. 토의와 대화를 안내하기 위해 잘 준비된 질문들은 교회학교 수업의 성공적이며 자극을 주는 창조력 있는 긴 과정이 될 것입니다. 잡지에서 잘라낸 사진들을 모은 것을 사용하는 것은 오늘의 세계에서 상황들과 요구들을 반성하는 데 기초로 쓰여 질 수 있습니다. 다른 이들과 나누기를 즐기는 교사들, 자신들이 가르치는 자들을 깊이 돌아보는 교사들, 그리고 관계성을 세우고 신앙을 양육하는 것의 중요성을 인식한 이들은 교사로서 효과적으로 봉사하기 위해 필요한 많은 것들을 쉽게 사용할 수 있습니다.

3) 커리큘럼의 사용

한편, 출판된 것 중에서 가장 좋은 커리큘럼은 반 정도만이 쓰여질 뿐입니다. 이 출판된 자료는 전국 교회용으로 쓰여진 것이지 특별한 한 학급만을 의식하여 쓰여진 것은 아닙니다. 작은 학급과 큰 학급을 위해 쓰여 졌습니다. 또한 그 커리큘럼은 경험이 적은 교사들과 경험이 풍부한 이들을 위해 쓰여진 것입니다. 잘 준비된 교실과 준비가 빈약한 교실을 위해 쓰여 졌습니다. 이것은 특별한 장소에서 특별한 학생들의 모임과 특별한 교사들을 위해 쓰여진 것이 아닙니다. 그러한 커리큘럼이 특별한 상황에서도 유용성을 가지기 위해서 그 상황에 적절하게 적용되어야만 합니다. 교사들이 계획하고 채택하는 과정은 그 커리큘럼을 상황에 적용 시키는 것입니다. 출판된 것을 사용하던지, 혹은 특별한 요구들에 의해 만들어진 것이든지 간에 커리큘럼을 효과적으로 사용하기 위해 취해야 할 여섯 가지의 단계들이 있습니다.

(1) 관점과 개관의 감각을 얻는다. 모든 수업의 목적들을 명확하게 하라. 교사용 안내서 전체를 읽어라.

교회학교 학급에서 명확하게, 그리고 설득력 있게 대화할 수 있기 위해 교사들은 한 학기 동안 공부할 전 코스의 감각을 갖는 것이 중요합니다. 그러면 교사들은 한 수업과 다른 수업들 간의 관계를 전망할 수 있게 되며, 미래의 수업을 위한 준비와 특별한 자료들을 위한 필요들을 예상할 수 있게 됩니다. 성경 구절들에 대한 지식, 해석, 신학적 개념들을 나누기 위해 교사들은 그들에게 배경과 조망을 제공해주는 다른 자료들을 읽도록 하라. 성경의 전체적인 단락, 혹은 문구들을 모두 읽어야만 합니다. 만일 교사들이 가르칠 주제들에 대해 자신이 믿는 바에 대한 감각이 없다면 그들은 성경적이고 신학적인 자료들을 가르치는 데 자신감을 가지기 어려울 것입니다.

(2) 주어진 요소들을 고려하고 쉽게 변화시킬 수 없습니다.

인쇄된 커리큘럼이 사용되고 교사들이 거의 조절하지 않고 받아들여진 방법에 영향을 끼치는 몇 가지 중요한 요소들이 있습니다. 만일

한 교사가 4명의 학생들을 가르친다면 두 명의 교사들이 12명의 학생들을 가르칠 때와 상황이 매우 다르게 커리큘럼이 사용 되어질 것입니다. 교사가 효과적으로 계획하기 위해서 현재 참석하고 있는, 그들 자신의 독특한 요구들, 관심들, 그리고 능력들에 따른 교수 계획이 있는 학생들을 고려하는 것은 중요합니다. 교사들은 참석하는 학생들의 숫자가 넘는 것에 약간의 조절을 하고, 주어진 상황에 맞는 커리큘럼을 조정해야만 합니다. 일반적인 수업 시간은 주어집니다. 그리고 교사들이 계획한 시간에 주의를 기울여야만 합니다. 대부분의 커리큘럼은 한 시간에 다루어질 수 있는 것보다 더 많은 자료들을 제공합니다. 그러므로 교사들은 특수한 상황에서 최선으로 봉사할 수 있는 일련의 활동들을 선택해야만 합니다. 공간, 가구들, 그리고 자료들은 교사들과 학생들이 사용할 수 있는 것들로 커리큘럼의 사용에 영향을 끼칩니다. 그리고 교사들은 사용할 수 있는 범위 안에서 교수 활동을 계획해야만 하지 커리큘럼이 사용할 수 있다고 가정한 것에 맞추어 계획해서는 안 됩니다.

(3) 학생들과 대화하기 원하는 것과 그들에게 성취시키기 원하는 것을 가능한 명확하게 결정하라.

모든 교사용 개관 가운데 수업 계획은 각 수업의 초점과 목적, 그리고 성취하여야 할 목표들의 윤곽을 드러냅니다. 그러나 주제, 목적들, 그리고 목표들은 저자의 말 속에 모두 있습니다. 그리고 교사들이 그들에게 표현하기 원하는 방법들로써 표현 되어질 수 없습니다. 교사들이 한 수업에서 대화하기를 원하는 것들을 통해서 생각하는 것과 그들 자신의 말로 중요한 이념들을 표현하는 것은 매우 중대한 것입니다. 교사들이 학생들과 함께 이야기하는 것은 결과적으로 개인적이며, 타당하고 의미 있는 것으로 보여지기 때문입니다.

(4) 계획을 개발하라.

비록 교사들이 그들의 계획을 만들 때까지 누군가의 계획이 항상 준비되어 있어야 합니다. 교사들이 자신의 것으로 계획을 확정하는 방법은 세 가지입니다. 첫째, 제한 되어진 활동들과 자료들 가운데서 선택합니다. 둘째, 교사들 자신의 자료들에 어떤 생각들 설명들, 혹은 활동들을 추가합니다. 셋째, 교사들의 경험과 학생들의 요구들, 그리고 환경에서 보여진 요소의 상황에 맞는 일련의 활동들을 채택하고 재정렬합니다.

(5) 필요한 자료들을 모으라.

만일 교사들이 학생들이 수업 활동에 참여하기를 바란다면 교사들과 학생들이 그 수업의 주제들을 탐구하고, 그들의 생각과 감정들. 그리고 신념들을 표현할 수 있는 것들을 사용하는 자료들이 필요합니다. 자료들이란 다음과 같은 것들이 포함됩니다. 성경, 종이, 연필, 책, 사진, 성경 공부 도구, 카세트 테잎 그리고 그들의 연구주제들을 탐구하고 표현하게 하는 활동들 속에서 교사들과 학생들이 사용할 수 있는 다른 것 등등이 있는데 그 다른 것들에는 다음과 같은 것들이 있습니다. 교사의 질문, 초대된 손님, 지역신문의 논설, 그리고 비슷한 항목들 보통 교사들은 필요한 자료들과 수업에 사용될 것이 무엇인지를 아는 오직 한 사람입니다. 그리고 성공적인 수업을 만들도록 돕는 데 필요한 것들을 모으는 것은 교사의 책임입니다.

(6) 계획을 제공하라.

모든 준비물들은 참석한 사람들과 중요한 주제들을 나누기 위한 것입니다. 교사들이 사람을 가르치는 것이지 교훈을 가르치는 것이 아니라는 사실을 깨달아야만 합니다. 하나의 활동에서 다른 활동으로 옮기는데 계획은 매우 도움이 됩니다. 그러나 참석자들의 요구들과 관심들 그리고 흥미들은 교사들이 사용하도록 계획한 특별한 활동들과 자료들보다 훨씬 더 중요한 것들입니다. 수업을 위해 계획하는 데 시간을 보낸 교사들은 가르치는 몇 달의 과정에서 반드시 발생하는 기대치 않는 일들에 좀 더 융통성 있고 편안하게 대처할 수 있을 것입니다. 옛말에 이런 말이 있습니다. "어디로 가야 할지 모른다면 길이 목적지에 데려다 줄 것이다". 다행스럽게도 교사들은 자신들이 어디로 가는지를 압니다. 왜냐하면 그들은 커리큘럼을 읽었고, 그들은 그들의 상황의 독특한 환경들을 고려해 왔고, 그들은 학생들과 특별히 나누기 원하는 것에 초점을 두어왔으며, 그들은 계획을 개발해 왔기 때문입니다. 커리큘럼은 교회에서 기독교 교육을 위한 전체적인 전략일 뿐만 아니라 교사들이 가르치는 학급에서 매주마다 제공하는 특별한 계획이기도 합니다. 커리큘럼은 교사들로 하여금 교회 안의 소녀와 소년들, 그리고 여자들과 남자들을 기독교인의 배움과 양육에 중요한 헌신을 하게 하는 매우 효과적인 도구가 될 수 있습니다.

참고문헌

• D. C. 와이코프, 기독교 교육 과정의 이론과 실제, 김국환 역, 성광문화사, 1988.
• 고용수, 교회의 기독교 교육 과정, 한국 기독교 교육학회, 2005.
• 김태원, 교회 교육 커리큘럼, 종로서적, 1986
• 도날드 L. 그릭스 외 1인, 소규모 교회의 기독교 교육, 김기영/김희정 공역, 성지 출판사, 1997.
• 로버트 W. 파즈미뇨, 기독교 교육의 기초, 박경순 역, 디모데출판사, 2002.
• 박상진, 교회 교육 현장론, 장로회신학대학교 출판부, 2015.
• 박상진, 기독교 교육 과정 탐구, 장로회신학대학교 출판부, 2004.
• 서울신학대학교 기독교 교육 연구소 편, 기독교 교육 개론, 기성출판사, 1994.
• 아이리스 V. 컬리, 커리큘럼의 계획과 선택, 고용수 역, 한국장로교 출판사, 1983.
• 이성호, 교육 과정과 평가, 양서원, 1999.
• 하워드 P. 콜슨 외 1인, 교회 커리큘럼의 이해, 김희자 역, 대한예수교장로회 총 회, 2002.

5장 • 기독교 교육의 교육 방법

1. 교육 방법의 정의와 중요성

교육은 '무엇을 어떻게 가르치느냐'와 관련되어 있습니다. 교육의 내용인 '무엇을' 가르칠 것인가에 해당하는 것이 교육 과정이라면 그 내용을 '어떻게' 가르칠 것인가에 해당하는 것이 교육 방법입니다. 교육 방법은 광의적으로 교육 내용을 가르치기 위한 모든 수단적 방법적 조건을 통칭하며 협의적으로는 가르치는 방식으로 정의할 수 있습니다. 교육 과정과 교육 방법은 서로 밀접하게 관련되어 있는데 교육의 내용을 정확하게 전달하기 위해서는 교육 방법이 효과적이어야 하기 때문입니다. 즉 아무리 좋은 교육 내용이라고 할지라도 그것을 전달하는 방식이 적절하지 않으면 긍정적인 교육의 효과는 기대할 수 없으며 반대로 교육 방법이 아무리 좋아도 교육 내용이 좋지 못하면 교육을 통한 변화와 성장은 기대하기 어렵습니다. 이점에서 교육 과정과 교육 방법은 상호 밀접한 관계가 있으며 교수설계 시에 이 두 사항을 잘 고려해야 합니다. 교육 방법은 기독교 교육에서도 매우 중요한 위치를 갖습니다. 기독교 교육의 기본적인 교육 내용은 성경입니다. 성경은 기독교 교육 과정의 핵심으로 인간의 구원과 신앙인의 삶의 원리를 다루고 있습니다. 성경은 인간이 태어나서 무덤에 이를 때까지 나이에 상관없이 평생동안 배워야 하는 교육 내용입니다. 그러나 성경을 가르치고 배우는 방식은 학습 대상의 연령, 학습의 강점, 교육적 상황, 교육문화 등에 따라 달라집니다. 특히 인간발달의 핵심적 특징에 따라 성경 교수 방법은 달라야 합니다. 윌리엄 프랑케나(William Frankena)는 교육의 실천이 효과적으로 이루어지기 위해서는 교육의 궁극적인 목적과 더불어 학습자의 삶과 문화적 맥락에 대한 이해가 전제되어야 한다고 보았습니다. 같은 맥락에서 로버트 파즈미뇨(Pazmirio)도 기독교 교육 과정을 효과적으로 설계하기 위해서는 성경과 신학과 같은 초문화적인 요소와 학습자의 발달심리나 문화와 같은 문화적인 요소를 고려해야 한다고 보았습니다. 이러한 개념을 종합하면 교육 방법이라고 하는 교육 실천을 효과적으로 하기 위해서는 교육 과정인 성경에 대한 이해와 더불어 학습자의 발달 심리적인 특징과 문화적인 특수성 등을 동시에 고려해야 한다는 사실을 알게 됩니다. 이처럼 교육 방법은 교육의 목표를 달성하는 중요한 영역임에 틀림이 없습니다.

2. 기독교 교육 방법 선정 기준

좋은 교육 방법은 왜 필요합니까? 좋은 교육 방법의 필요성은 교수자와 학습자가 효율적이고 효과적이며 안전하게 교수-학습 활동을 한다면 학습자가 지적 영역의 학습에 필요한 시간을 최대한 줄일 수 있다는 가설을 바탕으로 하고 있습니다. 훌륭한 교사라면 좋은 교육 방법을 선정할 때 주먹구구식으로 선정하지는 않을 것입니다. 교사 나름대로의 개인의 특성과 경험에 의하여 가장 적절한 교육 방법을 선정할 것입니다. 교육 방법을 선정할 때 다음의 몇 가지 기준을 고려해야 할 것입니다.

1) 교육 내용

① 교육 내용의 성격이 지식(인지적 영역), 운동기능(신체적 영역), 태도(정의적 영역) 중 어느 것인지를 고려해야 합니다.

② 교육 내용이 정확한 답을 요구하는 것인지, 아니면 논쟁의 여지가 있는지 혹은 교육의 목적이 기준을 명확히 잡는 것인지, 아니면 보다 나은 해결책을 찾는 것인지를 고려해야 합니다.

③ 교육 내용이 일반적인 수준의 학습만 하면 되는 것인지, 아니면 자세히 학습해야 하는 것인지를 고려해야 합니다.

2) 교육 대상으로서 학습자

① 개인차로서의 학습자의 학습 스타일이 적극적인지 논리적인지 고려해야 합니다.

② 교육 내용에 대한 학습자의 학습 경험이 어느 정도인지 또는 학습자의 수준(연령, 학년, 학업 성취도 등)은 어느 정도인지 고려해야 합니다.

③ 학습자의 수와 학습자의 위치를 고려해야 합니다.

④ 교육이 계속적으로 필요한지를 고려해야 합니다.

⑤ 학습자가 학습으로부터 얻고자 하는 기대의 정도를 고려해야 합니다.

3) 교육자원 및 환경

① 교육 기술과 경험을 갖춘 사람을 교수자로 요청할 수 있는지 고려해야 합니다.

② 교과서를 비롯하여 오디오, 비디오, 신문, 멀티미디어 등 다양하고도 유용한 교육 보조 자료를 사용할 수 있는지 고려해야 합니다.

③ 교육을 위하여 활용할 수 있는 교수 매체의 종류에는 어떤 것이 있는지 고려해야 합니다.

④ 교육을 실시할 장소가 있는지, 있다면 어디인지, 어떤 교육 기자재를 갖추고 있는지, 몇 명의 학습자를 수용할 수 있는지 등 기본적인 교육 환경적인 요인을 고려해야 합니다.

⑤ 교육에 필요한 시간 중 어떤 제약이 있는지, 교육 시간이 오전, 오후, 아니면 저녁인지 고려해야 합니다.

물론 위의 세 가지 선정 기준이 교육 방법 선정에 있어서 다른 모든 고려 사항에 우선하는 절대적인 기준의 근거는 아닙니다. 교수자의 교육적 신념이나 교수-학습 관점, 또는 교육 방법에 대한 경험과 지식에 바탕을 두고 선호하는 교육 방법이나 교수 매체에 따라서도 교육 방법 선정의 고려 사항이 달라질 수 있습니다.

<표1> 교수자 중심과 학습자 중심 교육 방법의 차이

	교수자 중심	학습자 중심
가르침의 목적	• 학습자에게 지식과 기능 전수 • 교수자가 설정한 목표의 변화	• 학습자의 생활과 학습 스타일 중시 • 학습자의 자아개발 및 질적향상
특징	• 학습목표 설정 및 결과 중시 • 교수자가 학습자의 인지 구조 정리	• 사례를 통한 중심의 문제해결 능력 • 사고력, 지식의 통합 강조
교수 접근 방법	• 목표 성취 지향적인 관계 • 실체적 지식, 태도, 가능 강조	• 교수자와 학습자 간의 인간관계 형성 중시
장점	• 행정적으로 편리 • 시간과 시설의 효율적 운영	• 학습자 스스로 효과적인 학습능력 배양 • 학습자의 개인차 고려한 학습의 진도
단점	• 교수자의 능력에 지나치게 의존 • 개인차 인정치 않고 수동적 학습	• 예산과 학습에 소요되는 시간의 과다 • 다양하고 주제에 적당한 학습자료 준비 • 교사의 역할 변화에 대한 인식의 전환
교육 방법 사례	강의법, 이야기법, 시범	협동학습, 신문활용교육, 자기주도학습, Journaling 그룹토론, 액션러닝 등

3. 기독교 교육 방법 개발의 원리

기독교 교육에서 어떤 교육 방법을 어떻게 활용할 것인지는 매우 중요합니다. 특히 성경을 가르치는 교육적 상황에서 어떠한 교수법을 선택하고 교수 학습 과정을 어떻게 진행할 것인지를 결정하는 것은 기독교 교육자의 중요한 임무 중 하나입니다. 일반적으로 수업 개발이론에 의하면 분석, 설계, 제작, 평가의 단계로 수업 개발이 이루어집니다. 즉 수업 개발은 학습자 및 교육 현장에 대한 분석을 기초로 수업 전체를 어떻게 진행할 것인지 설계하는 것으로부터 출발하며 이를 기반으로 수업 활동에 필요한 실제적인 교육자료 및 교육 방법을 제작하고 수업을 진행한 후에 그 수업 및 교육자료와 방법에 대한 평가를 실시합니다. 이와 관련하여 하인리히와 그의 동료들(Heinich, Molenda, Russel, Smaldino)은 효과적인 교수 매체 활용을 위한 수업 설계 모형인 ASSURE 모형을 제시하였습니다. 이들이 제시한 ASSURE 모형은 학습자 분석(Analysis learmers), 목표 진술(State objectives), 방법, 매체, 자료의 선정(Select method, media and materials), 매체와 자료의 활용(Utilizemedia and materials), 학습자 참여 유도(Require learner participation), 평가와 수정(Evaluate and revise materials)으로 구성되어 있습니다. 이 모형은 수업 매체를 어떻게 사용할 것인지에 대한 시사점을 주는 모형으로 기독교 교육 방법을 개발하는 데 있어서도 중요한 참고사항이 될 수 있습니다.

첫째, 학습자 분석입니다. 기독교 교육에서 적절한 교수 매체 및 교수 방법을 활용하기 위해서는 학습자의 나이, 인지발달 수준, 사회문화적 배경, 신앙 발달 단계, 교회의 문화 등을 고려해야 합니다. 또한 학습자가 가진 학습의 강점인 학습 형태(learning styles)도 고려해야 합니다. 아무리 좋은 교육 방법이라고 할지라도 그 교육 방법이 교수자가 현재 특정한 곳에서 가르치는 학습자에게도 보편적으로 적용될 수 있을 것이라고 생각해서는 안 됩니다. 왜냐하면 모든 학습자는 학습과 관련하여 개별적인 특수성을 가지고 있으며 교육 동기, 교육몰입, 교육결과 등에 있어서 독특성을 가지고 있기 때문입니다. 그러므로 신앙 교육에서 교수 매체와 교수법을 선택할 때 학습자의 연령과 그에 따른 인간 발달의 상태를 고려해야 합니다. 또한 학습자가 처해 있는 문화적인 상황도 고려해야 합니다. 무엇보다 기독교 교육에서는 교회의 문화도 고려해야 합니다. 한편 학습자 분석에서 중요한 부분 중 하나가 바로 학습형태(learning styles)에 대한 분석입니다. 개별 학습자는 하나님께서 부여하신 독특한 학습의 강점을 가지고 있습니다. 그리고 그 학습의 강점에 따라 학습 동기와 몰입도, 그리고 학습 결과가 달라집니다. 따라서 학습자의 학습 형태를 면밀히 조사하여 어떤 교수 매체와 방법을 신앙 교육에 사용할 것인지를 선정해야 합니다.

둘째, 목표 진술입니다. 목표 진술이란 이 학습을 통하여 학습자가 성취해야 할 요소가 무엇인지를 분명히 하는 것입니다. 일반적으로 전인교육을 지향하는 기독교 교육은 지,정,의에 해당하는 교육목표를 설정합니다. 즉 학습을 통하여 학습자에게 인지적으로, 정서적으로, 행동적으로 어떠한 변화를 가져올 것인가에 대한 사항입니다. 중요한 것은 학습 목표에 따라 사용되는 교수 매체와 교수 방법이 달라질 수 있습니다. 가령 짧은 시간에 대규모 학습자를 대상으로 성경에 대한 인지적 지식 전달과 이해를 목표로 한다면 교수자 중심의 교육 방법이 효과적입니다. 반면에 소집단 학습을 통하여 신앙에 대한 열정을 불러일으키고 신앙적 행동을 촉발하기 위해서는 학습자 중심의 참여 교육 방법이 보다 효과적입니다. 기독교 교육의 경우 학습자의 전인적 성숙을 목표로 하기 때문에 교수자 중심과 학습자 중심의 교육 방법을 적절하게 혼용할 필요가 있습니다. 즉 교수자가 강의나 설명을 통해 기독교의 핵심 진리를 학습자에게 전달하고 프로젝트와 같은 학습자 참여 방식의 교육을 통해 깨달은 진리를 내면화하고 실천할 수 있도록 해야 합니다.

셋째, 교육 방법, 교육 매체, 교육자료의 선정입니다. 앞서 학습자에 대한 분석과 교육 목표에 대한 설정이 이루어졌다면 이 단계는 실제로 어떤 교육 매체 및 교수법을 활용할 것인지를 결정하는 단계입니다. 기독교 교육에서도 이 부분은 실질적으로 중요한 부분입니다. 교수자는 기존에 사용하던 자료를 사용할 것인지 혹은 성경 내용에 해당하는 새로운 교육자료를 제작할 것인지를 결정해야 합니다. 특히 우리나라 교회 교육의 경우 대부분 각 총회에서 발간한 교육 과정을 사용하거나 또는 문서선교단체가 만든 성경 공부 교재를 사용하는 경우가 많습니다. 이처럼 이미 제작된 성경 교육 과정의 경우 대부분 교재 내에 교육활동과 관련된 자료들이 첨부되어 있어서 새롭게 제작하지 않고 사용하는 경우가 많습니다. 그러나 이 경우라고 할지라도 학습자의 개별적인 특성 및 교회의 교육문화를 고려하여 추가적으로 교육 매체나 교육자료를 제작할 필요가 있고 특히 교수법은 사용하는 교육 매체와 자료에 따라 혁신적으로 바꾸어 사용할 필요가 있습니다. 한편 기존에 출판된 성경 공부 교재가 아닌 자체 제작하는 교재를 활용할 경우 교육 방법, 매체, 교수법 등은 심도 있게 고민하여 개발해야 합니다. 즉 해당 성경 본문과 가장 적합한 교육 매체, 자료가 무엇인지 고민하여 개발해야 하고 그 내용을 가르치기 위하여 사용하는 교수 방법을 교수자 중심으로 할 것인지 학습자 중심으로 할 것인지를 고려하여 선택해야 합니다.

넷째, 매체와 자료의 활용입니다. 기독교 교육에서 매체와 자료를 적절하게 사용하는 것은 매우 중요합니다. 왜냐하면 한국교회 교육의 현실을 고려할 때 성경 공부가 진행되는 공간과 시간의 문제가 중요한 이슈이기 때문입니다. 즉 성경 공부 진행 시간이 20분 남짓이며 교육 공간 역시 소집단에 적합한 공간이 아닌 예배실에서 다중그룹이 동시적으로 성경 공부를 진행하기 때문에 매체와 자료의 활용은 매우 신중하게 고민해야 합니다. 매체와 자료를 적절히 사용하기 위해서 교수자는 자신이 진행할 성경 교수의 내용과 흐름을 충분히 숙지해야 합니다. 그리고 성경 공부가 진행되는 각 단계에서 활용할 교수 매체, 자료, 교수법 등을 미리 익혀 놓아야 합니다. 또한 학습자들에게도 성경 공부가 진행되는 각 단계에서 어떤 교수 방법을 사용할 것인지에 대하여 충분히 설명할 필요가 있고 필요하다면 매체 및 자료 사용법 자체를 교육할 필요가 있습니다.

다섯째, 학습자 참여 유도입니다. 성경을 가르칠 때 교수자가 아무리 좋은 교육 매체와 자료를 선정하고 탁월한 교수법을 익혀서 수업을 진행했다고 할지라도 그에 맞는 학습자의 참여가 없다면 신앙 교육은 기대한 효과를 얻을 수 없습니다. 일반적으로 학습자가 교육에 적극적으로 참여할 경우 학업 성취도가 높습니다. 신앙 교육도 마찬가지입니다. 예배와 성경 공부에 적극적으로 참여한 학습자들이 신앙의 성숙도가 높습니다. 한편 성경 공부에 학습자의 적극적인 참여를 유도하는 좋은 방법은 피드백입니다. 즉 교수 매체와 자료 등을 활용하여 성경 공부를 진행한 후에 교수자가 그 교육적 경험에 대한 개별적 피드백을 주면 학습자의 적극적인 교육 참여를 유도할 수 있습니다. 따라서 교수자는 학습 참여도가 낮은 학생이나 학습 성취도가 낮은 학생들에게 보다 더 적극적으로 피드백을 주어 학습 동기 및 교육 성취도를 높여줄 필요가 있습니다.

여섯째, 평가와 수정입니다. 사실 기독교 교육 영역에서 평가는 적극적으로 이루어지고 있지 않습니다. 그러나 교수 학습 과정에 대한 적절한 평가가 있어야 보다 개선된 교육활동을 수행할 수 있습니다. 교수자는 교수 매체와 교육자료를 활용한 이후에 이것이 신앙 교육의 목적에 부합하였는지를 평가해 보아야 합니다. 또한 교수자가 진행한 성경 교수법이 학습자의 신앙 발달과 성장에 어떠한 영향을 주었는지를 점검해야 합니다. 이를 통해 보다 적실성 있고 발전된 교수 매체, 자료, 교수법을 적용할 수 있게 됩니다.

4. 기독교 교육 방법의 종류

〈표2〉 교수-학습방법 유형에 따른 분류

교수-학습 유형	교수 방법
고전적(설명적) 방법	강의법/질문법

토의 방법	단기적 토의(버즈학습, 브레인스토밍, 질문상자법)/토의(원탁식, 배심, 공개 심포지움 대화식)
창의력 개발을 위한 방법	문제해결학습/구안학습/발견학습(탐구학습)
리더십 함양을 위한 방법	상호학습법/협의회의 방법/세미나/사례연구
사회성 및 인성발달을 위한 방법	팀티칭/협동학습법/분단학습/역할연극/모의학습
현장 경험을 통한 방법	견학학습/현장학습/개인 경험나누기

1) 전통적 기독교 교육 방법

웨인 루드(Wayne R. Rood)는 전통적 기독교 교육 방법들을 다음과 같이 제시하고 있습니다.

(1) 강의법 (Lecturing)

강의법은 한 사람의 목소리만으로 교수-학습에 대화를 가능케 하는 방법입니다. 교사에게서 학생에게로 고정적으로 지식이 흘러 들어가는 것이 특징입니다. 의사소통이 즉각적으로 일어나지는 않지만 교수(teaching)에 있어서 확실한 근거를 가진 하나의 교수법입니다. 모든 목사나 교사가 거의 이 방법을 사용하고 있는데, 이 방법은 장·단점이 분명해서 효과적으로 사용되기 위해서는 다음과 같은 조건들이 필수적으로 뒤따르게 됩니다. ① 강의법은 많은 지식을 짧은 시간

내에 체계적으로 전달하는데 가장 효율적인 방법이기 때문에 반드시 강의 내용이 중요한 것이어야 합니다. ② 학습이 효과적으로 되기 위해서 충분한 준비가 있어야 합니다. 듣기, 필기, 분석, 기억하기 등을 위한 수단이 필요합니다. ③ 교사가 적어도 공중 연설(speaking)에 요구되는 기술을 소유하고 있어야 합니다.

강의법의 장점은 많은 지식을 제한된 시간에 가장 체계적으로 제공할 수 있는 점입니다. 또 언제, 어디서나, 학습자의 수가 많은 경우에라도, 또 별로 큰 설비가 없어도 학습이 자유롭게 이루어질 수 있다는 점입니다. 단점을 제거하고 장점을 증진시키기 위해서는 무엇보다도 강사에 대한 요청이 해결되어야 할 것입니다. 강사는 좋은 강의 효과를 달성할 수 있게 하는 모든 것을 의식적으로 배워 숙달해야 합니다. 학습자 마음에 초점을 맞추는 일과 강의가 독백이 되지 않도록 하는 일에 특히 유의해야 할 것이며, 강의가 너무 단조롭고 지루한 단점을 보완하기 위한 시청각 자료나 질문법 등을 겸하여 사용하는 것이 보다 효과적입니다.

• 패널(panel), 공개 토론회(forum), 토론(debate) 등에서 대화형식의 강의법이 사용되고 있습니다.

(2) 이야기법(Story Telling)

이것은 한 목소리를 가지고 대화형식으로 변형시킨 방법입니다. 옛부터 히브리인들은 자녀교육에 이 이야기법을 많이 사용해 왔습니다. 예수님도 비유나 상징을 내포한 이야기들을 그의 교육 방법으로 사용했던 것을 알 수 있습니다. 신화, 전설, 민담 등도 이야기 형태라고 볼 수 있습니다. 이야기법이 효과적으로 사용되기 위해서는 연사(story teller)의 재능 여부가 문제 됩니다. 또한 이 방법이 원리와 기술 면에서 효과적이 되려면 다음과 같은 점에 유의해야 합니다. ① 학습자의 흥미와 이해 능력에 맞추어서 이야기를 선택해야 됩니다. ② 이야기의 내용이 교육하려는 주제와 관련이 있는 것으로 선택해야 합니다. ③ 연사인 교사는 말로만 아닌, 전 인격을 통해서 표현해야 합니다.

이야기법의 장점은 흥미로워서 주의 집중 시키는데 보다 효과적이며 시간과 장소를 초월해서 사용할 수 있으며, 또 현재의 관습과 전통적 개념들의 장벽이 있다고 할지라도 이야기의 내용 취급에서 별로 제한을 받지 않고 사용할 수 있는 점입니다. 단점으로는 이 방법이 실제 경험에 대용되기 쉽고, 너무 지나치게 사용할 경우 지식 아닌, 단지 이야기만으로 그쳐 버리는 위험성이 있는 점입니다. 더욱 효과적인 사용이 되기 위해서는 보조자료를 사용하는 것이 바람직하며 그림, 융판, 인형들을 알맞게 곁들여 사용하면 상상력이 풍부한 아동 시기에 있는 학습자들에게 아주 좋은 교수법이 될 수 있습니다.

(3) 시청각 교재(Audio and Visual Tools)를 사용하는 방법

시청각 기구들을 사용하여 학습의 능률을 구체적으로 더욱 높이려는 교육 방법입니다. 지도, 도표, 연대표, 포스터, 게시판 등과 같

이 그림을 이용 하는 경우도 있고, 텔레비젼, 영화, 녹음기, 레코드, 슬라이드, 비디오 등 프로젝트 기구들을 사용함으로써 학습자의 감각기관에 호소하여 학습 내용을 보다 효과적으로 가르칠 수 있는 것입니다.

이 시청각 방법의 장점은 언어로 경험되는 것 그 이상의 경험을 시청각적으로 더욱 깊게 느낄 수 있다는 점입니다. 기독교 교육에서 보다 중요하게 생각하는 경험 교육을 위해 큰 효과를 기대할 수 있을 것이며, 또한 개인적 깨달음과 자기 표현의 확장을 위해서도 매우 귀중한 방법이 될 수 있습니다. 그러나 이 방법의 위험성은 이 방법 자체에 대한 흥미 위주가 있어, 가르쳐야 할 주제가 상실되어 버린 경우가 있는 점입니다. 또 학습과 기구 사용에 대한 교육적 평가 없이 사용될 경우, 오히려 비효과적이 될 수도 있습니다. 다른 방법들과 잘 조화해서 사용하되 너무 자주 사용하지 않도록 하는 것이 바람직합니다.

(4) 토의법(Discussion Method)

강의법과 이야기법이 학습자의 참여와 의견교환이 없는 다만 일방적인 지식의 전달만을 위한 교수법이라는 비판을 고려하여 새롭게 시도된 방법입니다. 토의법은 대화, 회화 등의 언어적 형태를 사용하여 어떤 관심 된 주제를 놓고 학습자들이 자유롭게 의견을 표현할 수 있도록 하는 방법입니다. 참여와 표현의 과정 속에서 주제에 대한 여러 가지 지식을 터득케 하는 것입니다. 토의의 구조는 첫째 문제들이 제기되고 그 다음 문제에 대한 충분한 분석을 위한 의견이 교환되고 해결점들이 제시된 다음 최종적으로 해결점을 다수에 의해서 결정하는 형태입니다. 토의법 사용에 특히 유의할 점은 주제 설정에 있어서 생생하고 구체적인 상황과 문제성이 전제되어야 하며, 익숙한 리더와 토의를 위한 자료와 데이타가 준비되어 있어야 하는 점입니다. 또한 토의 과정에서 적절한 시간 배정이 이루어져야 하며, 리더나 교사는 토의 방향을 교육 목표로 이끌어 가야 하며 모든 학습자가 토의에 참석할 수 있도록 기술적으로 잘 유도해야만 합니다. 토의법은 기독교 교육의 본질이라 할 수 있는 만남에의 대화가 실제로 이루어짐으로써 배우게 된다는 장점을 가지고 있어 매우 좋은 교수법 중의 하나라고 말할 수 있습니다. 이 방법의 단점은 교사나 리더들이 너무 단일적으로 결정적 전략에 의해서 학습이 빨리 진행될 우려가 있으며, 반면 논쟁만을 계속하게 되어 오히려 더 복잡하게 될 가능성도 크다는 점입니다.

• 그룹 토의(Group Discussion), 패널(Panel), 버즈 그룹 토의(BuzzGroups), 작품 감상 토의, 공개토론 등은 토의법에 속할 수 있는 방법들입니다.

(5) 그룹 활동법 (Group Activities)

그룹 활동을 통해 교수-학습목적을 달성하고자 하는 것으로 학습 내용보다는 우선 그룹회원들에게 초점을 두고 있고, 학습 결과보다는 학습 과정에서 그 학습효과를 찾고자 하는 방법입니다. 리더와 학습 회원들은 다같이 교사인 동시에 학습자입니다. 학습활동에 공동으로 또 능동적으로 참여하고 상호 교류하려는 노력이 필요합니다. 그룹 리더는 학습 분위기 조성에 힘써야 할 것이며, 또 어떻게 학습 자를 도와주어야 할 것인가를 분명히 알고 있어야 합니다. 그렇지 않고는 회원들로부터의 반응을 기대할 수가 없는 것입니다. 그룹회원 들도 각자 개인적으로 져야 할 학습책임을 잘 깨닫고 행하여야 합니다. 따라서 이 방법을 사용함에 있어서는 어느 방법보다도 더욱 숙련된 리더가 있어야 합니다. 리더는 상황에 따라서 안내자 및 촉진자의 역할까지 담당해야 합니다.

그룹 활동 방법이 최선의 방법이 되기 위해서 우선 학습을 계획하는 일과 목표를 설정하는 학습 시작부터 가능한 한 그룹회원 전체가 리더와 함께 공동으로 참여함으로써 학습 과정이 진행되어야 할 것입니다. 가장 좋은 방법을 선택한다는 것은 쉬운 일이 아닙니다. 따라서 앎, 깨달음, 행함을 통한 바람직한 변화를 위해 그 방법 선정에서 주의를 기울여야 합니다. 이 방법의 효과를 더욱 높이기 위해서는 그룹의 크기, 장소의 크기, 분위기, 수업시간의 배정, 필요한 시설과 자료에 대한 문제가 구체적으로 미리 연구 검토되어야 합니다. 이 방법이 지니고 있는 위험성은 교사가 교육적 가치보다 활동 자체에 지나친 강조점을 둘 가능성이 있습니다. 목적과는 무관하게 다만 나쁘기만 한 작업으로 그쳐 버릴 위험이 크며, 또 그룹에다 초점을 맞추다 보면 학습자 개개인이 너무 도외시 될 단점도 있는 것입니다. 또한 가지 이 방법에 너무 치중하다가 보면 인생의 모든 문제가 마치 이 방법에 의해서 해결될 수 있다는 착각에 빠질 우려도 있는 것입니다. 이러한 약점들을 잘 인식하고 진행해 나간다면 산 교육을 기대할 수 있는 방법입니다.

(6) 연극법 (Dramatics)

연극 형태를 통해서 창의적 대화를 가능케 하는 방법입니다. 학습 내용을 극화시킴으로써 그 내용을 더 깊게 경험하는 접근 방법입니다. 이야기의 의미를 더 잘 이해하고 기억하게 하기 위해서 또 그 이야기에 나오는 상황이나 인물에 대한 인상을 학습자가 잘 파악할 수 있도록 하기 위해서 학습자 자신을 등장인물에 동일화시킴으로써 보다 넓은 세계관과 인생관을 체험토록 하는 방법입니다. 교육적 형태로서 즉흥극과 역할극이 기독교 교육에서 많이 사용되고 있는 방법입니다. 즉흥극은 이야기에 나오는 어떤 특정한 상황을 극화해서 표현케 하는 방법입니다. 학습자 자신들이 즉흥적으로 계획하고 준비하는 것으로서 공동작업이라는 점에 의미가 더욱 큽니다. 역할극 (Role Playing)은 이야기 속에 나오는 특정한 인물이 느끼고 행할 것을 상상으로 연기해 냄으로써 그 상황을 보다 더 잘 이해할 수 있도록 하는 방법입니다. 역할극이 특히 강조하는 것은 인간관계인데 사람들로 하여금 자아 반성을 하도록 마음을 유도할 수 있고, 또 타인의 견해와 감정을 이해할 수 있는 능력을 부여하는 방법입니다. 이 역할극은 상황에 대한 반응을 파악하고 문제 해결을 위한 능력을 연마하기 위한 방법으로도 기대될 수 있습니다. 학습자의 상호 이해의 증진과 문제해결을 위한 심리적 치료요법으로 이 역할극은 효과적이기 때문에 오늘날 도덕 가치교육에서 매우 중요시하는 방법입니다.

이러한 연극법은 사건의 능동적 재현과 상상을 강조하는 방법으로서 의미를 지니며 더 나아가서 하나님과 인간 사이에 말씀- 응답이라는 관계를 나타낼 수 있다는 의미에서도 이 방법은 기독교 교육에서 중요한 위치를 차지한다고 말하지 않을 수 없습니다. 이 연극법의 단점으로는 학습보다 유흥적 수단이 되기 쉽고 교육목적에서 벗어날 우려가 큽니다. 또한 기술적 면에 치중하다 보면 문제 자체 취급이 소홀해질 경우도 생깁니다.

• 연극법에는 무언극(pantomime), 이야기 연극(story playing), 인형극(puppet), 포즈 취하기(xtatue posing) 등 여러 가지 형태가 있습니다.

(7) 예배 (Worship)

예배는 깨달음으로 이끄는 하나님-인간 사이에 하나의 대화이며, 또한 그리스도인 삶에서 핵심적 부분이라고 할 수 있습니다. 예배를 통해서 하나님의 실재와 만나는 체험을 갖게 되고, 하나님께 감사하며 자기를 반성하고 결단하는 반응을 일으키게 합니다. 예배는 하나의 학습방법이라기 보다 학습 그 자체라고 말할 수 있습니다. 어떤 마음으로 예배를 드릴 것인가 하는 문제와 어떻게 예배를 드려야 할 것인가 하는 문제에 대한 관심은 서로 분리할 수 없을 정도로 밀착된 관심입니다. 예배는 말씀 (words), 상징(symbols), 행동(acts)의 결합을 생성해내며 음악, 조각, 그림 등의 풍부한 예술적 산물을 만들어 낼 수 있는 계기를 마련해 줍니다. 예배는 교육적 의미에서 다음과 같은 원리를 고려하지 않으면 안 됩니다. ① 예배는 다만 프로그램 진행 형식의 하나가 아니라 하나님을 섬기는 일인 것입니다. ② 예배는 하나님께 대한 경외함이 깃들어 있어야 합니다. 진지하고 자연스러울 때 경외감이 생길 것입니다. ③ 예배는 회원들 모두가 참여함으로써 이루어져야 합니다. 순서를 맡은 사람만의 예배는 아닌 것입니다. ④ 예배는 순서 모두가 드려지는 것이므로 어느 한 부분도 소홀히 취급해서는 안 되며, 마음 준비는 물론 순서마다 필요한 준비가 충분히 되어 있어야 합니다. ⑤ 예배는 언제나 고정적일 필요는 없습니다. 각 연령층의 발달과 특징을 잘 고려해서 변화 있게 행하여질 때 더욱 효과적이 됩니다. 학습 과정에서의 예배경험은 자발적, 의식적, 개인적으로 나타나게 되므로 교사는 예배가 현존 행위 속에서 구체화 될 수 있도록 책임을 다해야 할 것입니다. 또한 신앙의 내용과 하나님과의 만남에 대한 이해를 평소에 명확하게 설명해 주어서 학습자 스스로 마음을 열고 받아들이도록, 또 진지한 예배 의식이 되도록 노력해야 합니다.

2) 다음 세대를 위한 미래 기독교 교육 방법

기독교 교육의 목표는 변화하는 시대에 변하지 않는 하나님의 말씀을 학습자에게 가르쳐 예수 그리스도를 닮은 성숙한 신앙인을 만드는 것입니다. 여기에서 교육 과정은 변하지 않는 하나님의 말씀입니다. 반면에 교육 방법은 변화하는 시대와 관련되어 있으며 변화하는 시대의 문화 및 교육 트렌드를 반영해야 합니다. 이점에서 기독교 교육 방법 역시 변화하는 미래사회 문화와 그 사회에서 요구하는 핵심적인 역량을 반영하여 실행해야 합니다. 미래 시대의 키워드를 기술, 역량, 체험, 소통, 반추, 본질이라는 6가지로 규정하고 그에 맞는 미래 기독교 교육 방법을 제시하고자 합니다.

(1) 에듀테크 활용 스마트 신앙학습

미래 기독교 교육은 첨단 과학기술의 발달에 따른 다양한 학습도구를 활용하는 에듀테크(EduTech)를 적극적으로 이용할 필요가 있습니다. 에듀테크란 말 그대로 교육을 뜻하는 '에듀'(Education)와 기술을 뜻하는 '테'(Technology)가 결합된 합성어입니다. 이는 인공지능, 사물인터넷, 빅데이터 등 다양한 기술을 교육에 활용하는 것입니다. 이미 일반 교육의 영역에서는 에듀테크가 본격적으로 활용되고 있습니다. 특히 인공지능을 활용하여 '단계별 맞춤형 학습을 가능하게 하는 지능형 튜터링 시스템, 맞춤형 대화를 통해 교육하는 대화형 튜터링 시스템, 탐구과제를 중심으로 시스템 학습을 하는 탐구학습 시스템, 업로드 평가 방식의 에세이 자동 피드백과 채점, 학교 차원의 교육체계인 지능형 튜터링 시스템' 등을 실시하고 있습니다. 뿐만 아니라 빅데이터를 기반으로 학습자 분석, 수준별 교육, 개인 맞춤형 튜터링 등 학습자 지원과 교수자 지원을 위한 다양한 미래형 교육 방법을 활용하고 있습니다.

기독교 교육의 영역에서도 이러한 에듀테크 방법을 활용하여 신앙교육을 더욱 활성화할 필요가 있습니다. 특히 미래형 교육을 가능하게 하는 기초기술인 인공지능, 사물인터넷, 빅데이터, 미래형 교육을 구현하는 기구인 스마트 기기, 로봇, 미래형 플랫폼 및 응용기술인 클라우드 컴퓨팅, 블록체인 및 NFT 기술, 메타버스, XR 확장 현실 등을 활용하여 기독교 교육을 더욱 다양하게 실행할 수 있습니다. 구체적으로 미래 기독교 교육의 활성화를 위해 "가상현실을 활용한 올스페이스 교육, 사물인터넷을 활용한 마을공동체 연계교육, 빅데이터를 활용한 개인맞춤형 신앙 교육, 인공지능을 활용한 신앙 프로젝트 기반학습(PBL), 원스톱 공유플랫폼을 활용한 크리스천 프로슈머 교육" 등을 도입할 필요가 있습니다. 가령 메타버스를 활용하여 주일에 배운 신앙 교육의 내용을 주중에 실천해 보는 방법, 사물인터넷을 활용하여 지역 사회 노인을 돕거나 마을과 연결하여 봉사활동을 하는 방법, 빅데이터를 활용하여 개인의 신앙 활동을 분석하고 신앙 성장을 위한 신앙 교육활동 제안하는 방법, Chat GPT를 활용하여 프로젝트 기반 학습에 필요한 지식과 정보를 습득하는 방법 등 다양한 교육활동을 전개해 볼 수 있습니다.

(2) 창의적 신앙 문제 해결 학습

미래 기독교 교육은 문제 풀이 방식에서 문제해결 역량을 길러주는 방식으로 전환되어야 합니다. 전통적으로 기독교 교육은 성경 지식과 내용을 습득하고 이해하는 것에 초점이 맞추어져 왔습니다. 실제로 많은 성경 공부 교재가 '정답 맞추기 방식'으로 구성되어 있습니다. 그러나 미래 기독교 교육은 정답을 맞추는 인지적인 이해 측면을 넘어 그 지식을 기반으로 실제 삶에서 벌어지는 다양한 신앙적 문제를 창의적으로 해결하는 역량 중심교육(Competencecentered learning)이 이루어져야 합니다. 그리고 그것을 구현하는 구체적인 교육 방법으로 문제 중심의 학습법(Problem-based learning), 프로젝트 기반 학습(Project-based learning)을 활용할 필요가 있습니다. 문제 중심의 학습법이란 "문제를 활용하여 학습자 중심으로 학습을 진행하는 교수학습 방법"입니다. 즉 실제 현실에서 일어날 수 있는 문제를 시나리오 형식으로 학습자에게 제시하고 그것을 학습자들이 대화와 토론을 통해 문제를 해결해 가는 방식의 교육 방법입니다. 이는 전통적으로 교수자가 중심이 되어 '정답'을 가르치는 방식과 대조를 이루는 것으로 이론적 지식이 적용 가능한 지식으로 전이될 수 있다는 장점이 있습니다.

창의적 신앙 문제 해결 학습의 또 다른 예로 프로젝트 기반 학습을 꼽을 수 있습니다. 프로젝트 기반학습은 소집단이 함께 모여 주어진 문제를 해결하면서 구체적인 결과물을 만들어 내는 교육 방법입니다. 가령 선교에 대한 주제로 설교와 성공 공부를 하였다면 그에 대한 프로젝트로 '선교비 마련을 위한 발표회'를 기획하고 '일일 바자회'나 '미션 발표회'를 통해 모금 활동을 하여 선교지로 보내는 프로젝트를 실시할 수 있습니다. 창의적 신앙 문제 해결 방법의 핵심은 정답 맞추기 방식의 성경 공부 방법을 탈피하고 학습자에게 주어진 해결해야 할 실제 문제를 해결해 가면서 신앙이 성장하도록 돕는 데 있습니다.

<표3> PBL 수행을 위한 단계 및 활동 요약

단계	PBL 수행을 위한 활동	학습 특징
[1단계] PBL활동을 위한 환경구성	– 교회학교 교사의 학습목표 설명 – 교회학교 교사의 학습자 역할 설명 　(교회학교 교사의 역할 설명 포함)	집단 전체
[2단계] 교사가 해결할 문제제시	– 제시될 문제에 대한 책임 있는 자세 강조 – 문제 제시	집단 전체
[3단계] 제시된 문제에 대한 해결방법 추정	– 조별 역할을 분담 – 조별 내 아이디어 적극 수용 – 제시된 문제에 대한 기본적인 해결방안 정리 – 학습을 위한 자료 선택	개인 및 조별
[4단계] 개인(자율)학습	– 개인 자율 과제 수행 – 개인적 자료 수집 및 탐색	개인
[5단계] 동료 토론	–조별 토론(동료) – 동료 학생의 조사사항 및 개별 차이 확인 　(협동학습)	조별
[6단계] 토론 결과발표 및 공유	– 조별 조사 항목 발표 및 공유	집단 전체
[7단계] 교사의 정리 및 평가	– 일반 교육 시 평가 – 자기성찰과정 시도	집단 전체 및 개인

(3) 능동적 참여와 경험학습

미래 기독교 교육 방법은 수동적인 학습에서 학습자의 능동적인 학습 참여를 촉진하는 것이어야 합니다. 전통적으로 기독교 교육의 주요한 교수 방법은 교수자 중심의 방법이었습니다. 즉 성경과 신앙 생활에 대한 고급 지식과 정보를 더 많이 알고 있는 교사가 학습자에게 강의방식이나 스토리텔링의 방식을 통해 일방향으로 전달하는 형식이었습니다. 그러나 미래 기독교 교육은 학습자들의 능동적인 참여가 이루어지는 방식으로 전환되어야 합니다. 에드가 데일(Edgar Dale)은 학습의 원뿔에서 상징적 경험(언어적 상징, 시각적 상징), 시청각적 경험(녹음, 라디오, 사진, 영화, 텔레비전, 전시, 견학, 시범), 행동적 경험(극화 경험, 고안된 경험, 직접 경험) 등 다양한 방식의 학습 방법을 제시하였습니다. 이 분류기준에 따르면 그동안 한국 기독교 교육에서 활용된 교수 방법은 대부분 상징적 경험과 일부 시청각적 경험이라고 할 수 있습니다.

그리고 그 상당수는 비교적 수동적인 교수 방법으로 학습자의 능동적 참여보다는 교수자 중심의 교육이라고 할 수 있습니다. 따라서 미래 기독교 교육 방법은 그동안 상대적으로 덜 활용되었던 행동적 경험에 속하는 교육 방법을 적극적으로 활용할 필요가 있습니다. 물론 기독교 교육의 목표를 달성하기 위해서는 교수자 중심과 학습자 중심의 방법을 모두 사용해야 하며 이 점에서 상징적 경험, 시청각적 경험, 행동적 경험 등 다양한 교육 방법을 활용해야 하는 것이 맞습니다. 다만 그동안 상대적으로 도외시 되어 왔던 경험과 참여 방식의 학습 방법을 보다 적극적으로 사용할 필요가 있습니다.

〈표4〉 에드가 데일의 경험의 원뿔

경험의 삼각추	경험의 원추	
언어적 상징	11	〈상징화〉 추상적
시각적 상징	10	
라디오 · 사진 · 레코드	9	
영화 / 전시 / 견학여행 / 연시 / 극화경험 / 구성된 경험 / 직접적 · 목적적 경험	영화 / TV 7 8 / 전시 6 / 견학여행 5 / 연시 4 / 극화경험 3 / 구성된 경험 2 / 직접적 · 목적적 경험 1	〈관찰의 영역〉 위로 올라갈수록 역시 구체성이 강해진다. 〈행동〉 점차 구체성이 강해진다.

기독교 교육에서 이러한 교육 방법을 구현하는 방법으로 액션러닝이 있습니다. 액션러닝은 "조직 내에서 발생하는 실제적인 문제를 소집단에 속한 팀원들이 개인적이고 집단적인 성찰을 통해 주어진 문제를 현실적으로 해결하도록 돕는 교육 방법"으로 실재성, 현실성, 참여성, 경험성, 문제해결 지향성 등을 기반으로 하는 교육 방법입니다. 즉 단순히 강의를 듣는 방식이 아닌 학습자의 직접적인 경험을 기반으로 문제를 해결해 가는 교육 방법이라 할 수 있습니다. 이러한 액션러닝의 방법을 기독교 교육에서 적극 활용할 필요가 있습니다. 즉 학습자들에게 소집단을 구성해 주고 학습자들이 현재 겪고 있는 해결해야 할 과업을 부여하여 활동적이고 참여적으로 그 문제를 해결하도록 교육활동의 장을 마련해 줄 필요가 있습니다.

<표5> 전통적 교육과 액션러닝 비교

구분	전통적 교육	액션러닝
패러다임	공급자 중심의 교수 (교사의 상대적 우월성)	수요자 중심의 학습 (학습활동의 중요성)
철학	문제 상황에 대한 전문적 지식을 가지고 있는 소수의 외부전문가	문제 상황에 직면하고 있는 내부 구성원 모두가 전문가
이론과 실천의 관계	이론과 실천의 분리	이론과 실천의 통합
교수-학습 전략	주입식	참여식
학생의 역할	수동적 지식의 흡수자	적극적 참여자
강조점	현장과 관련성이 적은 전통적인 교육 내용 중시	현장중시의 비구조적 문제 또는 기회의 해결 및 발견

(4) 소통 공동체적 소통과 협력 학습

미래 기독교 교육 방법은 신앙공동체 내에서 협력 학습(Collabo-rativelearning)이 이루어지도록 설계해야 합니다. 신앙은 개인적인 것이면서 동시에 공동체적인 특성을 갖습니다. 또한 신앙 교육도 개인적인 활동을 통해서 성취될 수도 있지만 공동체적인 협력 학습을 통해서도 성취됩니다. 그동안 한국교회에서 신앙 교육이 주로 개인으로 예배와 교육에 참여하는 차원이었다면 공동체가 함께 소통하며 협력하는 방식으로 진행해야 할 필요가 있습니다. 특히 성경 교수 방법과 관련하여 협동 학습(Cooperative learning)과 같은 교육 방법을 적극적으로 활용할 필요가 있습니다. 협동 학습은 "협력적 배움을 촉진하는 원리와 구조화된 기법"으로 정의할 수 있습니다. 협동 학습은 학습을 위해 모인 소집단이 상호의존적 자세와 개별적 책무성을 갖고 서로 소통하며 학습해 가는 교육의 과정을 중요시합니다. 소집단은 실질적인 성향을 가진 학습자들로 구성하여 상대방으로부터 다양한 관점을 배울 수 있도록 하는 것이 좋습니다.

　기독교 교육에서도 이러한 방법을 적극적으로 활용할 필요가 있습니다. 현재 기독교 교육 현장에서 활용되고 있는 교육 방법은 주로 개인 중심의 문제 풀이 방식입니다. 신앙 교육이 주로 이루어지는 교회와 가정 모두에서 개인적 차원의 교육 방법이 활용되고 있습니다. 그러나 협력 학습을 통해 개인이 바라보지 못하는 새로운 시각을 배울 수 있고 책임성을 가지고 다른 사람을 가르쳐 볼 수 있는 기회도 얻을 수 있습니다. 이를 통해 공동체적인 학습이 활성화되어 건강한 배움의 신앙공동체 형성에 기여할 수 있습니다.

〈표6〉 협동학습, 경쟁학습, 개별학습 비교

구분	협동학습	경쟁학습	개별학습
교수활동 형태	문제해결학습, 확산적 사고, 창조적 사고 등으로 학습해야 할 내용은 명료화, 의사결정, 탐구 등으로 다소 융통성이 있음.	기술, 단순 지식, 기억, 복습 등으로 학습해야 할 내용은 분명하며 경쟁 규칙이 분명히 제시됨	특별한 기능이나 지식으로 혼동이나 별다른 도움이 필요 없도록 과제가 분명하며 해야 할 행동도 세분화함

목표의 중요성 인식	목표는 각 학생들이 중요한 것으로 받아들이며, 각 학생은 집단이 그 목표를 달성할 것으로 기대함.	목표는 학생들이 중요하게 받아들이지 않으며, 단지 성공과 실패로 받아들임	목표는 학생들이 매우 중요하게 받아들이며, 언젠가는 자신의 목표가 달성되기를 기대함
학생의 기대	각 학생은 다른 학생과 긍정적 상호작용을 하며 아이디어와 자료를 공유하고, 공동책임, 집단에 기여, 과제 분담, 구성원의 다양성을 이용함	각 학생은 승리할 수 있는 기회를 균등히 가지며, 경쟁자의 진보 상태를 평가하며, 능력, 기술, 지식 등을 비교함	각 학생은 다른 학생에 의해 간섭받지 않으며, 과제 완성에 대해 자신이 책임자이며, 자신이 노력과 과제 수행의 질을 평가함
도움의 원천	다른 학생들이 도움, 지지, 강화의 원천임	교사가 도움, 지지, 강화의 원천임	교사가 도움, 지지, 강화의 원천임

〈표7〉 반다이크(John Van Dyk)가 제안하는

협동학습의 기독교 교육적 활용

단계	주요내용
[1단계] 분위기 조성	- 생각 이끌어내기 - 수업에 대한 기대 - 교사와 학생들간의 의견 교환 - 전체 수업을 위한 분위기 조성
[2단계] 모둠 형성	- 교사의 그룹 구성 제안(학생 선택도 가능) - 성별에 따른 그룹 구성 혹은 학습 수준에 따른 그룹 구성 등 다양하게 적용 가능
[3단계] 역할 결정	- 기본적인 역할로서 리더 서기, 발표자 역할 필요 - 역할 결정은 그룹의 수행과제 성격에 따라 다양하게 설정될 수 있음 - 역할은 특정 학생에게 고정되지 않고 모든 학생이 역할을 순환하여 배정

[4단계] 과제 설명과 상호의존성	- 교사는 1회의 과제 설명 - 과제에 대한 반복설명과 상세화는 학생들의 그룹 안에서 서로 명료화를 거침
[5단계] 모둠 활동 조성	- 교사는 협동학습 중 학생들과 함께 있어야 함 - 모둠을 돌면서 학생들의 역할수행 관찰 - 학생들 스스로가 모둠 안에서 문제를 해결할 수 있도록 수행
[6단계] 마무리	- 협동학습 결과를 모둠별로 발표 - 새로운 아이디어 도출
[7단계] 정보처리	- 마무리 단계를 거친 후 협동학습 활동을 성찰 및 평가

(5) 신앙적 반추를 위한 자기 주도 학습

미래 기독교 교육 방법으로 자신의 신앙을 깊이 반추할 수 있는 자기 주도 학습(Self-directed learning)을 적용할 필요가 있습니다. 자기 주도 학습이란 "타인의 도움 없이 스스로 자기 주도적으로 학습 목표를 설정하고, 효율적인 학습전략을 사용하여 학습결과를 자기 스스로 평가하는 일련의 과정"으로 정의합니다. 즉 자기 주도 학습은 학습자 스스로가 학습 목표 설정, 학습전략 수립, 학습결과 평가 등을 하는 교육의 방법이라 하겠습니다. 이 방법은 학습자가 스스로 학습에 대한 동기가 명확해야 하며 자기조절능력과 학습 습관 형성 능력이 있어야 효과를 발휘할 수 있습니다.

한국 기독교 교육은 그동안 집단을 대상으로 하는 교육에 초점을 맞추어 왔습니다. 교회에서 드리는 예배와 반별로 진행되는 성경 공부 역시 집단을 대상으로 교수자가 중심이 되어 교육을 인도하는 방식이 대세였습니다. 그러나 집단교육을 통해서 배운 신앙 교육의 내용을 개인이 스스로 내면화 하는 기회를 갖지 않으면 신앙 성장은 제한적이 될 수밖에 없습니다. 이점에서 학습자가 자신의 신앙을 스스로 반추할 수 있는 기회를 제공해 주어야 합니다. 그 중 하나가 신앙습관을 형성하도록(Spiritual formation & Character formation) 돕는 방법입니다. 가령 주기적 성경 읽기, 저널링, 개인기도, 말씀 묵상, 개인 큐티, 신앙 서적 읽기 등을 통해 자신의 신앙생활을 자발적으로 반추할 수 있는 기회를 갖도록 할 필요가 있습니다. 이를 통해 타인에 의해 주도되는 신앙이 아닌 자기 스스로 성찰과 반성을 통해 신앙이 성장할 수 있도록 해야 합니다.

〈표8〉 교사 주도학습과 자기 주도학습 비교

학습자 조건	교사주도학습	자기주도학습
학습자의 의존성 및 자기 주도성	학습자는 본질적으로 의존적인 존재다. 따라서 교사는 학습자가 배워야 할 내용과 방법을 결정할 책임이 있다.	학습자는 성숙을 통해 자기 주도성을 개발할 수 있으며, 이를 위한 교육이 필요하다.
학습자의 경험	학습자의 경험은 학습자원으로 가치가 적다. 교사는 전문가들의 자원을 전달할 책임이 있다.	학습자의 경험은 전문가의 자원과 더불어 개발되어야 하는 풍부한 자원이다.
학습자의 준비도	성숙수준이 같은 학습자는 동일한 내용을 학습할 준비가 되어 있다.	성인 학습자는 자신의 생활 과업이나 생활문제에 적절히 대처하기 위해 학습할 준비가 되어 있다.

		교과 중심적 학습 성향은
학습 성향	학습자는 교과 중심적 학습 성향을 가지므로 학습 경험은 단원의 내용에 따라 조직 되어야 한다.	학습자의 과거의 학교 경험을 통해 조건화된 결과이다. 학습 경험은 과제 중심적 문제 중심적으로 조직 되어야 한다.
학습 동기유발	학습자는 점수학위 등 외적 보상 또는 실패나 처벌에 대한 두려움으로 인해 학습 동기가 유발 된다.	학습자는 내적 자극에 의해 학습 동기가 유발 된다.

(6) 신앙의 본질을 세워주는 기초 신앙학습

미래 기독교 교육 방법은 신앙의 본질을 세워주는 기초 신앙학습에 충실해야 합니다. 기독교 교육은 신앙의 형성(formation)과 성장(transformation)을 목표로 합니다. 그런데 신앙이 형성되고 성장하기 위해서는 반드시 기본적인 신앙 교육이 전제되어야 합니다. 기초 신앙 교육이란 성경, 기독교 교리, 기독교 세계관 등을 알고 이해하는 것입니다. 성경은 인간의 모든 생각과 행동의 기준을 제시합니다. 기독교 교리는 성경의 내용을 논리적으로 요약해 놓은 것으로서 정통 기독교 사상이 무엇인지 알게 하며 각종 이단 사상으로부터 대응할 수 있는 힘을 길러줍니다. 기독교 세계관은 학습자의 삶에서 벌어지는 다양한 현상들을 해석하는 틀을 제공해 줍니다. 바로 이러한 기초 신앙 교육을 위하여 전통적으로 강조해왔던 교육 방법인 암송, 문답, 강의 방식을 활용한 신앙 교육이 이루어져야 합니다. 이러한 교육 방법은 기독교 교육 역사에서 가장 전통적으로 활용되던 방식입니다. 그러나 기초적인 신앙 교육을 위해 현대 기독교 학습자들에게도 이와 같은 방법을 활용하여 교육해야 합니다. 다만 같은 암송, 문답, 강의 방식이라도 교육적 환경이 과거와 다르기 때문에 이러한 문화적 변수를 고려하여 효과적으로 방법을 활용해야 합니다. 가령 스마트 기기를 활용한 성경 암송, 일정한 시간을 주기로 정기적으로 말씀 카드를 보내는 방식으로 하는 성경 암송, 하브루타 방식을 활용한 교리문답 등의 창의적인 방법으로 기초 신앙 학습을 할 수 있습니다.

5. 인공지능과 기독교 교육

교회와 가정, 학교라는 교육의 중심 주체들이 함께 뜻을 모아 인공지능에 대한 기독교 교육의 대응 방안, 활용 방안, 평가 및 성찰 등에 관한 다방면적이고 다각적인 논의와 연구가 매우 필요한 시점입니다. 기독교 교육의 관점에서 인공지능을 바르게 활용하기 위한 기본적인 몇 가지 지침들을 소개하고자 합니다.

먼저 인공지능이라는 기술을 만들어 준 개발자와 과학자에 대해 감사하는 마음을 가지고 겸손한 태도로 접근해야 합니다. 인공지능을 하나님의 창조의 부산물로 이해하고 하나님의 지혜와 선하심, 섭리에 대해 감사하는 마음을 가져야 합니다. 동시에 인공지능이라는 기술을 올바르게 활용하면서 성경적 원리와 가치에 부합한 지를 끊임없이 질문하고 성찰해야 합니다. 이는 곧 인공지능이 인간이 가지고 있는 고유의 정체성, 가치, 존엄성을 훼손하고 있지는 않은지, 사회의 유익과 공공의 선을 위해 봉사하고 있는지, 거대 기업이나 자본의 논리와 이득에만 오용되고 있지는 않은지 비판적으로 물어야 합니다. 또한 개인정보의 보호, 데이터 편향 문제, 저작권 문제 등과 관련된 다양한 윤리적 주제와 담론들을 기독교 교육적 관점에서 평가 및 연구해야 합니다. 인공지능의 활용에 지혜롭게 다루는 기술을 익히되 동시에 그 위험성에 대해 지속적으로 모니터링(Monitoring)하는 역할이 필요한 시점입니다.

인공지능을 교사로서 가르칠 때에는 학습자에게 먼저 성경적 세계관을 충분히 교육한 이후에 인공지능의 본질, 목적, 활용 및 평가를 종합적이고 통합적으로 교육할 필요가 있습니다. 현 시점에서는 인공지능 기술을 무비판적으로 무분별하게 받아들여 기독교 교육에 활용하려는 측면이 훨씬 강합니다. 이 과정에서 본래의 목적이 전도되어 기독교 교육의 가치와 목적, 내용이 훼손될 가능성 또한 농후합니다. 인공지능이 가진 한계를 분명하게 인식하고 장점과 단점을 이해하여 인공지능에 대한 성경적 시각을 가져야 한다는 말입니다. 인공지능이 가지고 있는 오염된 데이터 즉, 잘못된 정보나 가짜 뉴스 등이 포함되어 있는지를 성경적이고 올바르게 분별할 수 있는 교육이 필요합니다. 인공지능이 성경의 해석을 스스로 대신하거나, 교회의 역할을 자처하거나, 혹은 교사의 역할을 전적으로 대신하는 것은 매우 위험한 발상입니다.

무엇보다 인공지능 기술의 발전에 지나치게 의존하여 기술의 중독에 빠지지 않도록 경계해야 합니다. 인공지능 기업들의 중요한 목적은 이윤을 창출하는 것이고 그 이윤은 학습자가 보다 많은 시간을 인공지능 기술에 머무르도록 하는 것입니다. 소셜 네트워크 서비스에서 몇 가지 이미지 혹은 동영상을 클릭했을 때 사용자의 관심과 호기심을 즉각적으로 파악하여 비슷한 내용을 추천하는 알고리즘 기술이 대표적 예라고 할 수 있습니다. 다시 말해 기독교적 관점에서 디지털 리터러시 교육은 학습자에게 매우 필요하며 모든 교회와 가정에서는 기독교적 리터러시 교육을 실시하고 실천해야 합니다.

마지막으로 인공지능 활용 및 평가에 관해서 기독교적 상상력과 방향성, 삶의 의미와 목적을 성경적으로 명확하고 바르게 제시하는 일이 필요합니다. 기술은 끊임없이 발전할 것이나 하나님의 진리는 시대와 역사를 초월하여 변하지 않습니다. 사회적 문화와 환경은 변화하겠지만 하나님의 말씀과 진리만이 오직 우리의 삶에 참된 의미와 목적을 제시해 줄 수 있습니다. 그러므로 인공지능의 활용과 평가는 모두 다 하나님의 나라의 영광과 그의 기쁘신 뜻 가운데 행해져야 합니다.

6. 기독교 교육 방법 마무리

기독교 교육에서 방법에 관한 문제는 목적이나 내용보다는 이차적인 문제입니다. 그럼에도 불구하고 매우 중요한 것은 교육 방법이 그 교육의 효과와 직결되어 있기 때문입니다. 기독교 교육에서 사용되는 방법들이 매우 다양하고 복합적이라는 것을 알 수 있습니다. 현대사회의 수많은 미디어들은 인간들의 경험영역과 의사소통의 매개 범위를 무한히 넓혀 놓았습니다. 그러나 모든 방법들이 언제, 어디서, 어떤 상황에서나 동일하게 좋은 방법은 될 수 없습니다. 최선의 방법이 되기 위해서 교육 목표는 물론, 상황적 요인들이 잘 평가

되어야 할 것입니다.

평가는 필수적인데 교육구조, 교육 과정, 교육결과와 교사에 대한 소명의식, 교수 능력, 교수자질, 훈련 등을 평가하게 됩니다. 구체적으로 교육 목표, 교육 내용, 원칙, 방법, 참여도, 관계, 장소와 시간 등에 대해서도 평가해야 합니다. 구체적이고 솔직한 평가만이 교수-학습 과정에서 사용된 방법은 물론 학습 전반에 걸쳐 보다 나은 개선과 발전을 기대할 수 있습니다. 이런 의미에서 평가는 교육 발전을 위해서 없어서는 안될 일입니다. 또한 교사들 자신의 성장을 위해서 또 가르치는 일을 더 잘하기 위해서 이 평가의 문제는 중요하게 받아들여야 것입니다. 평가의 결과 위에서 선택된 각 방법들이 지니고 있는 특징 및 장단점을 세밀히 고려하여 융통성을 가지고 사용되어야 할 것이며, 두 가지 이상의 방법들이 함께 사용되는 것도 효과적입니다.

전통적이든 현대적이든 선택된 방법은 예수 그리스도와의 인격적 만남을 통한 삶의 변화라는 목적과 부합되어야 할 것입니다. 한국 기독교 교육은 미래 세대를 위하여 기독교 교육 방법을 다양화하고 정교화할 필요가 있습니다. 기독교 교육의 핵심이 무엇을, 어떻게 배울 것인가에 있기 때문에 '무엇'에 해당하는 성경 교육을 더욱 강화해야 하고 '어떻게'에 해당하는 교육 방법을 현시대에 맞게 고안하고 활용해야 합니다. 이렇게 다양화되고 적실성 있는 기독교 교육 방법을 통해 우리의 다음 세대가 믿음의 세대로 건강하게 세워지기를 기대합니다.

참고문헌

• 강용원, 유능한 교사의 성경교수법, 생명의 양식, 2018.

• 권성호, 교수 매체 이론과 방법, 대한예수교장로회 총회, 2005.

• 김난예 외 2인, 세대적 교사들의 교수–학습방법, 한국장로교출판사, 1994.

• 김영호, 교회 교육 방법론, 종로서적, 1991.

• 김희자, 창의적인 기독교 교육 방법, 대한예수교장로회 총회, 2004.

• 로렌스 리차드, 창조적인 성서 교수법, 권혁봉 역, 생명의 말씀사, 1990.

• 마르타 M. 레이폴트, 그룹활동을 통한 40가지 교수–학습 방법, 권용근 외 3인 역, 한국장로교출판사, 1995.

• 웨인 홈즈 외 2인, 인공지능 시대의 미래교육, 정제영,이선복 역, 박영스토리, 2020.

• 웨인루드, 기독교 교육론, 김태원 역, 기독교 대한감리회 교육국, 1987.

• 이성호, 교수 방법론, 학지사, 2004.

• 이정현, 양윤정, 알기 쉬운 성경 교수법, 지민, 2006.

• 이현철, 교회학교 교사 어떻게 가르칠 것인가?, 생명의 양식, 2018.

• 케네스 O. 갱글 외 7인, 교수법 베이직, 유명복, 홍미경 역, 디모데, 1999.

• 케네스 갱글, 교회학교 가르침의 효과를 높여주는 24가지 방법, 박민희 역, 드림북, 2012.

• 헤르만 호온, 예수님의 교육 방법론, 박영호 역, CLC. 1983.

• 홍정민, 에듀테크의 미래, 책밥, 2021.

6장 • 기독교 교육의 교수-학습

1. 기독교 교육 교수 학습 접근

기독교 교육에서 교수-학습이론과 방법론에 대한 논의는 다음 2가지 사항을 주의 깊게 고려해야 할 것입니다. 먼저, 최근 일반 교육학에서의 교수-학습이론에 대한 연구에서 두드러지고 있는 초점의 변화를 고려해야 합니다. 그것은 다음과 같은 4가지로 요약할 수 있습니다. 첫째, 교수-학습의 중심이 교사에서 학습자로 바뀌고 있습니다. 과거에는 교수-학습의 무게 중심이 교사 쪽으로 많이 쏠려 있었으나 최근에 들어와서는 그 중심이 학습자 쪽으로 많이 옮겨지고 있습니다. 그리하여 대부분의 교수-학습이론들이 교사의 일방적 전달에서 학습자의 자기 주도적인(self-directed) 방향으로 나아가고 있는 추세입니다. 둘째, 교수-학습의 커뮤니케이션이 단일한 형태의 미디어에서 멀티미디어로 변화되고 있습니다. 디지털시대의 도래와 함께 교수-학습의 커뮤니케이션에 사용되는 미디어도 단일한 형태에서 복합적인 형태로 변하고 있습니다. 다중지능과 같은 인지이론의 등장과 함께 인간의 지능을 수리논리와 같은 단일한 하나의 지능이 아닌 다양한 복수의 지능으로 인식함으로써 언어위주로 이루어져

왔던 교수-학습 방법론이 다양한 지능에 기초한 다양한 방법론으로 변화되고 있습니다. 셋째, 교수-학습의 과정이 개인적이고 고립적인 성격에서 협동적인 성격으로 변화되고 있습니다. 이는 학습자들이 전통적인 교실에서 경험하는 경쟁심으로 인한 소외감과 적대감을 극복하고, 다함께 공동의 목표를 향하여 협력하는 태도와 능력을 향상 시키려는 것으로, 최근의 교수-학습은 이러한 학습자들 간의 협동을 중요시하는 방향으로 나아가고 있습니다. 넷째, 오프라인 위주의 교수-학습에서 온라인과 오프라인을 결합한 혼합적 형태의 교수-학습(blended teachinglearning)으로 바뀌고 있습니다. 전통적으로 교수-학습은 오프라인의 대면 상황에서 이루어져 왔으며, 사이버 공간의 등장과 함께 온라인으로 그 무게가 옮겨져 갔습니다. 그러나 최근에는 양자의 장점을 동시에 살리는 혼합 형태로 바뀌고 있습니다.

다음으로, 기독교 교육에서의 교수-학습이론과 방법론에 대한 논의는 교육학적 또는 사회과학적인 차원 뿐만 아니라 기독교적인 차원을 본질적으로 심각하게 고려해야 합니다. 위에서 언급한 최근 교수-학습 초점의 변화들이 일반 교육학적 또는 사회과학적 측면이라고 한다면, 이것은 기독교적 차원 또는 신앙적 차원입니다. 기독교 교육에 있어서 교수-학습이론과 방법론을 다룰 때, 양자를 창조적으로 결합시켜 나가는 작업이 필요합니다. 기독교적 측면에서 볼 때 교수-학습은 과학적인 차원만을 가지고서는 신앙 교육을 위한 교수-학습에 부족한 점이 너무 많습니다. 신앙이란 다양한 차원을 가지고 있기 때문에 교육학적 또는 사회과학적 측면만을 고려할 때 온전한 신앙 교육이 이루어질 수가 없는 것입니다. 예를 들어, 신앙이 지닌 신념적 차원에 대한 교수 학습은 어느 정도 교육학적 또는 사회과학적 차원에서 이루어질 수 있으나 신앙의 신비적 또는 초월적 차원과 같은 것은 때로 교수-학습의 차원을 넘어서기도 합니다.

2. 교수-학습이론에 대한 정의와 대표적인 접근들

1) 교수-학습이론이란 무엇인가?

교수-학습이론이 무엇인지를 알아보기 위하여 먼저 "교수"와 "학습"이라는 개념을 정의하는 것이 중요합니다. 전통적인 의미에서 '교수'란 간단하게 말하자면 어떠한 내용을 가르쳐주는 것으로, 교사가 특정한 교육의 목표를 달성하기 위하여 취하는 행위입니다. 코리(Corey)는 이것을 보다 더 자세히 정의합니다. 교수란 개인으로 하여금 특정한 조건하에서 또는 특정한 사태에 대한 반응으로서 특정한 행동을 나타내도록 학습하게 하거나 또는 그 특정 행동에 참여할 수 있도록 개인을 둘러싼 환경을 계획적으로 조작하는 과정입니다. 즉, 교수는 2가지 차원을 가지고 있습니다. 첫 번째는 학습자가 특정 행동을 학습하게 하는 측면, 두 번째는 그 특정 행동에 참여할 수 있도록 학습자의 환경을 계획적으로 조작하는 과정의 측면입니다. 전자가 학습자 자신에 초점을 맞춘다면, 후자는 학습자를 둘러싼 환경에 주의를 기울이는 것입니다. 반면에 '학습'은 학습자가 교수의 결과로 얻게 되는 새로운 행동의 변화입니다. 바우어와 힐가드(Bower와 Hilgard)에 의하면 학습은 주어진 환경 속에서 계속적인 경험으로 일어나는 행동의 변화를 말합니다. 여기에서 우리는 학습도 교수와 마찬가지로 환경의 조성과 행동의 변화를 지향하는 것이라는 사실을 알 수 있습니다.

그렇다면 교수 이론과 학습이론은 각각 무엇을 뜻합니까? 이에 대하여 여러 가지로 다양하게 정의할 수 있겠으나 조금 단순하게 정의하면 다음과 같습니다. 교수 이론(instructional theory)이란 교수방법에 초점을 맞추고 교사가 행하는 것에 관심을 가지는 것인 반면에, 학습이론(learning theory)은 학습의 과정에 초점을 맞추고 학습자에게 일어나는 여러 가지 일들에 관심을 가지는 것입니다. 제롬 브루너(Jerome Brunner)에 의하면, 전자는 학습이론을 교육의 실제 현장에 적용하는 것에 의미를 둔다는 측면에서 볼 때, 일반적으로 처방적이고 규범적이라고 보았으며, 후자는 서술적이고 간접적인 것이라고 보았습니다. 이러한 전통적인 정의를 통해서 알 수 있는 것은 지금까지 많은 경우에 교수와 학습을 의식적, 무의식적으로 분리된 과정으로 보아왔다는 사실입니다.

그러나 교육의 현장에서는 양자를 구별할 수는 있으나 엄격하게 분리하기가 어려우며, 양자를 일방적인 관계로만 볼 수 없는 것이 사실입니다. 교수-학습에 대한 초점의 변화로 인하여 교수-학습 과정은 점점 더 상호적인 작용으로 인식되고 있습니다. 비록 양자를 구별하여 설명할 수는 있으나 양자는 서로를 전제로 하고 있으며, 상호의존적인 측면이 계속 더 많이 강조되고 있습니다. 이는 초기의 교사 중심적 사고에 대한 반성의 결과라고 할 수 있습니다. 교수-학습에 대한 초기의 연구는 대체로 교사 중심적 사고에 기초하여 교수 행위나 교수 양식에 초점 맞추었습니다. 그러나 오늘날에는 양자의 중요성이 함께 강조되고 있습니다. 따라서 교수-학습이론은 "학습자가 교사를 포함한 다양한 자원들과의 상호작용을 통하여 지식 또는 주제를 탐구하고 의미를 재구성해 나가는 과정에 대한 이론적 연구"라고 정의될 수 있습니다.

2) 교수-학습이론에 대한 대표적인 접근들

(1) 행동주의적 접근

교수-학습에 대한 행동주의적 접근은 로크(J. Locke)와 같은 경험주의 철학자 그리고 파블로프(Pablow), 톤다이크(Thorndike), 스키너(Skinner) 등의 행동주의 심리학의 영향을 많이 받은 접근법입니다. 파블로프의 조건 형성이론, 톤다이크의 도구적 조건 형성이론, 스키너의 조작적 조건 형성이론 등이 행동주의적 교수-학습이론의 토대를 마련해 주었습니다. 행동주의적 접근에서는 학습을 '조성된 환경에 의하여 발생 되는 학습자의 행동 변화'로 정의함으로써 학습자의 외적 환경이 바로 학습을 발생시키는 조건이라고 봅니다.

(2) 인지주의적 접근

브루너(Bruner)와 오수벨(Ausubel) 등에 의하여 대표되는 인지주의적 접근은 정보가 감각기관을 통하여 두뇌에 수용되고, 조직되고, 기억장치에 저장되고, 인출되어 사용되는 정보처리 과정에 기초한 교수-학습이론입니다. 따라서 인지주의적 접근은 형태주의 심리학(Gestalt psychology)과 정보처리이론의 영향을 강하게 받았다고 볼 수 있습니다. 이러한 인지주의적 접근은 조건과 행동 그 자체에만 주의를 기울이고, 그러한 행동이 일어나는 이유에 대해서는 관심을 가지지 않는 행동주의에 대한 비판에서 시작되었습니다. 그리하여 인지주의자들은 외부적인 행동의 통제가 아니라 학습자의 내부에서 일어나는 인지 과정 즉, 학습자가 정보를 수용하고, 해석하고, 생각하며, 문제를 해결하는 방식에 대하여 관심을 가집니다.

(3) 구성주의적 접근

피아제(Piaget), 비고스키(Vygotsky) 등에 의하여 대표되는 구성주의적 접근에서는 지식이 개인의 인지적 행위와 사회 참여라고 하는 두 가지 조건의 상호 작용에 의하여 형성된다는 것을 전제합니다. 이러한 배경에서 구성주의적 접근에서는 학습자 개개인의 사회적, 문화적 배경을 중시하며 이를 바탕으로 학습자 스스로가 지식을 형성하고 습득해야 하는 존재로 인식합니다. 따라서 객관주의적 접근처럼 미리 구체적 목표를 설정하여 그 내용을 구조화 연계화된 상황에서 완전한 학습이 이루어진다고 보지 않습니다. 이와는 대조적으로 구성주의적 접근에서는 수업을 복잡한 변인이 얽혀 있는 상태 그대로의 과제를 가지고 교사가 아니라 학습자 스스로 자신의 지식수준, 흥미에 따라서 학습 목표를 설정하고 이에 따라서 문제를 설정하고 해결하는 과정으로 봅니다.

　지금까지 살펴본 3가지 접근을 간단하게 요약하면 다음과 같습니다.

〈표1〉 행동주의, 인지주의, 구성주의 비교

비교항목/ 심리학적 조류	행동주의 (행동과학)	인지주의 (전통적 인지과학)	구성주의 (구성적 인지과학)
대표적 교수-학습이론	Sinner 이론	Bruner 이론 Ausubol 이론	Piaget 이론 Vygotsky 이론
철학적 배경 패러다임 초점	객관주의 교수 (teaching/in- struction)	객관주의 교수-학습	구성주의(주관 주의) 학습(learning)
학습의 정의 (수업 목적/ 교사 역할)	외현적 행동의 변화 (바람직한 행동 변 화 유도, 정보제 시자)	인지구조의 변화 (새로운 정보의 기 존 인지구조의 연결 활동 촉진)	주관적 경험에 근 거한 개인적 의미 창출 (학습 환경 조성자)
학습자관	수동적 인간 (환경적 자극에 반응)	적극적 인간 (외현적 정보를 내 재적으로 처리하여 인지구조를 변화시 키는 적극적인 학 습자관)	적극적 인간 (주관적 내부세계 를 구성)
학습의 생성	자극과 반응의 연결 및 강화	정보의 입수, 조직, 저장 및 인출 활동 강조	개인 경험에 근거 한 세계에 대한 새 로운 의미 창조
학습의 역할 요인	외현적 자극 및 반 응의 체계적 배열	정보처리 활동을 촉 진 시킬 수 있는 학 습자의 정신적 활 동 강조	상황적 맥락, 학습 주체인 인간의 학 습활동과 학습대 상인 지식의 역동 적 상호작용

전이	일반화의 결과	정보의 유의미한 조직	학습과제의 맥락화
효과적인 학습형태	변별 사실의 기억, 개념의 획득 및 일반화, 적용	문제해결, 추론	복잡하고 비구조화된 학습과제 및 문제영역
교수-학습전략	외형적 교수전략	학습자 내적 사고 전략, 교수자의 부호화 전략, 정보처리 전략	학습환경의 조성 및 상황적 맥락과 실제 과제 제공

3. 교사가 해야 할 열 가지 결정

수업을 진행하기 위해서는 교회학교 교사가 해야 할 여러 가지 일들이 있습니다. 그런데, 효과적인 수업을 위해서는 꼭 고려해야 할 것들이 있습니다. 도널드 그릭은 교사가 최소한 다음의 열 가지 사항을 염두에 두어야 한다고 말합니다.

1) 무엇을 가르칠까?
① 공과에는 가르쳐야 할 내용이 너무나 많습니다. 가르침에 초점을 맞추기 위해서는 기본 개념을 선택해야 합니다.
② 개념이란 남에게 전달하기 위한 경험, 사고, 물체 등을 내포하는 용어입니다.
③ 개념을 학생들의 일상생활에 관계 맺도록 하는 것이 중요합니다.

2) 학생들이 무엇을 배울 것인가?

① 학습안과 가르침이 구체적인 목표를 향해 가도록 교사는 항상 구체적인 목표를 염두에 두어야 합니다.

② 목표는 수업 시간 동안에 학생이 성취해야 할 교사의 의도를 말합니다.

③ 목표는 학생의 구체적인 행동으로 진술 되어져야 합니다.

④ 목표는 수업의 결과를 평가할 때에도 기준이 됩니다.

3) 학습 시간을 위해 어떤 가르치는 활동들을 계획할까?

① 모든 학생들이 수업 활동에 참여할 수 있도록 계획해야 합니다.

② 가르치는 활동들은 학생들의 관심과 능력 정도에 따라 잘 맞추어져야 합니다.

4) 수업 시간에 어떤 자료를 사용할까?

① 학생의 흥미를 유발할 수 있는 학습 자료를 사용합니다.

② 학습 자료는 학생들의 참여를 유발하는 방법입니다.

③ 하나의 자료만이 아니라 다양한 자료를 사용합니다.

5) 어떻게 학생들의 동기를 유발할까?

① 학생들의 주의를 집중시킬 수 있는 것을 제시합니다.

② 동기를 유발할 수 있는 전략을 세워야 합니다.

③ 이 전략은 도입, 제시, 탐구, 창의적 활동 끝맺음 등 다섯 가지 단계가 포함됩니다.

6) 교실 환경을 어떻게 조성할 것인가?

① 교육 환경이나 책상, 의자의 배치 등이 학생들에게 영향을 미칩니다.

② 수업 목표에 맞게 효율적으로 배치되어야 합니다.

③ 조명이나 전시물, 자리 배치를 통해 집중력을 높여야 합니다.

7) 어떤 질문을 사용할 것인가?

① 중요한 질문들을 미리 작성해야 합니다.

② 사실과 정보를 묻는 질문 분석과 해석을 묻는 질문, 개인의 느낌과 경험 적용을 묻는 질문 등을 준비해야 합니다.

8) 수업 시간 동안 학생들이 선택할 것은 무엇인가?

① 학생들로 하여금 선택할 수 있도록 하는 것은 학습의 동기를 높입니다.

② 학습안 작성의 각 단계에서 학생이 선택할 것을 고려해야 합니다.

9) 내가 해야 할 지시나 설명은 무엇인가?

① 학생의 참여는 교사의 지시나 설명에 의해 지도됩니다.

② 지시는 말뿐이 아니라 볼 수 있어야 합니다.

③ 지시와 설명은 여러 단계들로 주어져야 합니다.

10) 어떻게 학생들을 격려할 것인가?

① 학생에 대한 교사의 격려는 학생의 참여를 증진시킵니다.

② 학생들은 교사의 반응이나 피드백을 필요로 합니다.

③ 말만이 아닌 여러 가지 격려의 방법을 생각할 수 있습니다.

4. 학생의 학습 스타일

신앙 교육을 통한 아름다운 변화는 학생과 교사 간의 건강한 지식의 소통, 상호 간의 인격적인 신뢰, 그리고 이해를 통한 동의가 이루어질 때 가능합니다. 이중 학생에 대한 교사의 이해 측면은 더욱더 중요하게 인식되고 있으며, 특별히 학생들의 학습 스타일까지도 고려한다면 더욱 효과적으로 교육적 효과와 변화를 이끌어 낼 수 있습니다. 여기에서 우리는 학생들의 학습 스타일에 대하여 집중해 볼 필요가 있습니다. 교사들이 학생들을 지도할 때 학습의 대상이 되는 그들의 학습 스타일의 다양함을 이해하고, 그것에 맞는 전략과 접근들을 수행해 나아가야 합니다. 학생들의 학습 스타일은 특정한 학생이 구체적인 학습 과정 속에서 어떻게 수행하는 것을 선호하고 좋아하는가와 관련 있는 내용입니다.

우리 모두 자신만의 스타일로 옷을 입고, 음식을 먹고, 취미생활을 하듯이 학습도 마찬가지입니다. 즉, 학생들은 학습 내용을 받아들일 때 그것에 대한 인식, 해석, 조직 등을 수행할 때 자신이 좋아하는 방식과 스타일로 진행해 나아갑니다. 어떤 학생은 경험함을 통해서 학습하는 것을 좋아하고, 어떤 학생은 읽는 것을 통해서 학습하는 것을 좋아하고, 어떤 학생은 교사로부터 들으면서 학습 하는 것을 좋아한다는 의미입니다. 이렇듯이 교회학교 교사가 섬기고 있는 학생들의 학습 스타일을 파악한다면 좋아하는 학습 스타일이 유사한 학생들끼리 반을 편성할 수도 있고, 학습 스타일이 다른 학생들은 구분하여 그에 따라 특정한 교육 방법과 전략을 배분하여 수업을 진행할 수도 있을 것입니다. 이러한 모든 접근은 학생들의 학습 스타일을 고려하여 만들어 낼 수 있는 다양한 접근법들 중 일부입니다.

학생의 학습 스타일에 대한 연구는 콜브(Kolb), 옥스퍼드(Oxford) 등을 통해서 기본적인 의미와 내용을 확인할 수 있는데 학생들의 학습 스타일을 이해하고 적용하는 데 흥미로운 자료들을 제공하고 있습니다. 우선 콜브(Kolb)는 4가지 기본적인 학습방식을 바탕으로 4가지 학습 스타일을 제시하고 있는데, 먼저 그가 제시하는 기본적인 학습의 방식에는 첫째, 구체적 경험을 통한 학습방식, 둘째, 반성적 관찰을 통한 학습방식, 셋째, 추상적 개념화를 통한 학습방식, 넷째, 활동적 실험을 통한 학습방식 등이 있습니다.

〈표2〉 학습방식과 그 의미

학습방식	특성	내용과 특징
구체적 경험 (Concrete Experience)	느낌 (Feeling)	- 직접경험하고 깨닫는 일을 통해 학습하는 경향 - 학습상황에서 느낌 중심적임 - 인간관계를 중시 - 사회성이 뛰어남
반성적 관찰 (Reflective Observation)	주시 (Observe)	- 사실과 상황에 있어 주시하는 경향이 뚜렷함 - 판단에 앞서 주의깊게 관찰함 - 타인보다 자신의 사고와 느낌을 중시함 - 여러 관점에서 사물을 조망하여 아이디어 창출 - 인내심이 강하고 객관적임

추상적 개념화 (Abstract Conceptual- ization)	사고 (Think)	– 사고에 의존하는 경향 – 체계적인 계획 수립, 이론의 개발 – 논리와 아이디어를 사용하여 학습함 – 문제해결 접근 시도 – 사회성이 부족함
활동적 실험 (Active Experimen- tation)	행동 (Doing)	– 행동을 선호 – 문제에 대한 실제적 접근과 실험 시도 – 기술적 과제 선호 – 자신의 영향이 결과에 드러나는 것에 가치를 둠

학습자들은 학습을 수행할 때 구체적 경험을 통해 학습하고, 반성적 관찰을 통해 학습하고, 추상적 개념화를 통해 학습하고 활동적 실험을 통해 학습을 한다는 것입니다. 그리고 전술한 4가지 기본적인 학습방식을 바탕으로 구분한 세부적인 학습 스타일은 첫째, 수렴적 사고형, 둘째, 확산적 사고형, 셋째, 동화형, 넷째, 조절형 등의 학습 스타일로 분류하고 있습니다. 세부적인 내용은 아래와 같습니다.

• 수렴적 사고형 : 수렴적 사고형은 추상적 개념화와 실제적인 실험에 의존하여 확실한 답을 찾고자 하는 스타일이며, 문제의 해답을 얻기 위하여 빠르게 움직입니다. 이 유형의 학습자는 문제를 정의하고 결론을 내리는 데 익숙한 집단입니다.
• 확산적 사고형 : 확산적 사고형은 구체적인 경험과 반성적 관찰을 이용해 많은 아이디어를 도출해 내는 스타일이며, 브레인스토밍과 대안을 생각해 내는 것이 뛰어난 집단입니다.
• 동화형 : 추상적 개념화와 반성적 관찰에 의존하는데 이 유형은 광범위한 정보를 이해하고 그것을 간결한 이론으로 바꾸는 것을 좋

아합니다. 또한 계획하여 이론을 발전시키고 모델을 만들어 내는 데 능숙합니다.

• 조절형 : 구체적인 경험과 적극적 실험에 가장 뛰어난 집단입니다. 이 유형은 문제해결을 위해 위험을 무릅쓰고 적극 뛰어들기 때문에 시행착오를 겪기도 합니다.

또한 옥스퍼드(Oxford)는 학습자가 선호하는 신체적인 감각, 대인관계에 나타나는 성격 가능성에 대한 대처 방식, 문제해결을 위한 접근방식, 아이디어를 발전시키는 방식 등의 5가지 영역으로 학습자들의 학습 스타일을 분류하고 있습니다.

• 신체적 감각 : 시각형, 청각형, 조작형
• 대인관계 : 외향형, 내향형
• 가능성에 대한 대처 방식 : 직관형, 구상형
• 문제해결 접근방식 : 폐쇄형, 개방형
• 아이디어 발전 방식 : 종합형, 분석형

대표적인 학자들에 따른 학생들의 학습 스타일과 유형을 살펴보았듯이 수업의 현장에서 만나는 학생들은 자신들이 선호하는 학습 스타일이 있으며, 그에 따라 교육의 효과성도 달라질 수 있음을 예상할수 있습니다. 이러한 맥락에서 교회학교의 수업 장면 속에서 학생들에게 수업의 내용을 전달하기 위하여 얼마나 학생들의 학습 스타일과 그들의 입장을 고려하여 진행하고 있는가를 고민해 볼 필요가 있습니다. 이와 관련하여 함영주는 학습 스타일을 측정하는 간략한 자료를 제공해 주고 있어 흥미롭습니다. 아래의 경우 기본적으로 학습의 스타일을 측정하는 간략한 도구로서 학생들이 가진 학습의 성향을 파악하는 데 유익합니다. 우선 주어진 10가지 항목의 문장을 읽고 자신에게 가장 적합하거나 자신을 가장 잘 표현한 문장이나 단어에는 4점, 그 다음의 수준에는 3점, 또 다음의 수준에는 2점, 자신과 가장 거리가 먼 표현이나 문장에는 1점을 체크 하면 됩니다. 주어진 항목에 모두 점수를 부여해야 하며, 각 항목의 점수를 합산하여 a. b. c. d 각 영역 별로 최종 점수를 부여합니다. 최종 점수를 부여한 것 중 가장 높은 점수를 받은 항목이 자신의 학습 스타일입니다.

〈표3〉 학습 스타일 측정 문항

1. 나는 성경 공부를 하는 동안_____ a. 내 마음이 뜨거워지는 경험을 자주한다. ( ) b. 교사의 가르침에 대해 자주 매우 흥미를 느낀다. ( ) c. 내가 무엇을 할 수 있을까를 자주 고민한다. ( ) d. 나의 특수한 상황에 배운 것을 직접 적용해 보려고 노력한다. ( )
2. 나를 가장 잘 표현하는_____ 단어이다. a. 열정 ( ) b. 논리 정연함 ( ) c. 문제해결 ( ) d. 행동 ( )
3. 나는 성경 공부할 때_____ a. 새로운 방법론을 잘 받아들인다. ( ) b. 다른 사람의 말을 잘 듣는다. ( ) c. 실제적인 적용에 관심이 많다. ( ) d. 구체적으로 직접 실천해야 만족한다. ( )

4. 다른 친구들은 나를_____ 으로 생각한다.
a. 친절한 사람 ( )
b. 똑똑한 사람 ( )
c. 현실적인 사람 ( )
d. 창의적인 사람 ( )

5. 성경 공부할 때, 나는_____ 좋아한다.
a. 깊이 참여하는 것을 ( )
b. 나서지 않고 다른 사람들의 의견을 듣는 것을 ( )
c. 문제를 해결하는 것을 ( )
d. 실제적인 결과물을 도출해 내는 것을 ( )

6. 나는 학습환경이_____을 좋아한다.
a. 알록달록하고 화려한 것 ( )
b. 책상과 의자가 잘 정렬되어 있는 것 ( )
c. 조용하고 생각하기 좋은 구조로 되어 있는 것 ( )
d. 여러 가지 교육활동을 참여하기에 좋은 구조로 되어 있는 것 ( )

7. 나는 성경 공부할 때_____을 중요시 한다.
a. 내 직감이나 감정 ( )
b. 본문에 대해 연구하는 것 ( )
c. 성경 공부를 통해 일반적이고 구체적인 원리를 찾아내는 것 ( )
d. 다양한 삶의 상황에 적용하는 것 ( )

8. 나는 그룹 성경 공부를 할 때,_____
a. 다른 사람의 견해를 대체로 수용하는 편이다. ( )
b. 다른 사람의 의견을 조용히 듣는 편이다. ( )
c. 다른 사람에게 손에 잡히는 원리를 이야기하기 좋아하는 편이다. ( )
d. 구체적인 적용 방법을 나누는 것을 좋아하는 편이다. ( )

9. 나는_____ 많이 배운다.
a. 사람들과의 친밀한 관계를 맺을 때( )
b. 분석적으로 본문을 연구할 때 ( )
c. 손에 잡히는 행동지침을 얻었을 때 ( )
d. 직접 경험해 보았을 때 ( )

10. 나는 성경 공부할 때_____을 좋아한다.
a. 협동학습을 통해 다른 사람과 어울려 참여하는 것 ( )
b. 교사로부터 직접 정보나 사실을 듣는 것 ( )
c. 내가 해야 할 일을 구체적으로 적어 보는 것 ( )
d. 내 삶을 변화시킬 교육활동을 직접 해보는 것 ( )

각 항목의 a b. c. d 각각의 영역별로 점수를 합산합니다. a, b. c. d 영역 중 가장 높은 점수를 받은 영역이 자신의 학습 스타일입니다. 아래는 a, b, c. d 유형에 대한 구체적인 특징들입니다. 이는 콜브(Kolb)의 개념에 기초하여 함영주가 구성 하였습니다.

〈표4〉 a,b,c,d 영역에 따른 학습 스타일과 주요 특징

학습 스타일	정의	이상적인 교육상황	효과적인 교육 방법	교사의 역할
창조적 학습자	- 구체적인 경험을 통해 정보를 습득하며 공부할 때 깊은 사고를 통해 배운 것을 내면화하는 스타일 - 감수성이 풍부하고 자신의 감정을 표현하는 것을 즐김	- 다른 사람과 함께 공부할 때 - 자신의 생각을 다른 사람과 나눌 수 있을 때 - 상상력을 발휘할 수 있을 때 - 다른 사람이 나를 인정해 줄 때	- 대화법 - 이야기와 생각 나눔 - 개인의 사색적인 활동 - 시뮬레이션 - 관계적 대화 - 대화를 유도하는 질문	- 동기 부여자 - 친구
분석적 학습자.	- 추상적 개념을 통해 정보를 습득하고, 깊은 사고를 통해 배운 것을 내면화하는 스타일 - 내용을 분석하고 체계적으로 정리하는 것을 즐김	- 논리적으로 납득될 때 - 학습 관련 정보를 정확히 이해할 때 - 이성적으로 분석이 가능할 때 - 합리적인 대화가 가능할 때	- 분석적 연구 - 탐구 방법 - 정보전달을 위한 강의 - 요약, 명료화, 구조화 - 프레젠테이션 - 주제를 정해서 하는 팀 토론	- 지식과 정보의 전달자 - 분석가

체험적 학습자	- 추상적 개념을 통해 지식을 받아들이고 활동적인 실험을 통해 배운 것을 실천하는 스타일 - 이성적이고 합리적인 판단을 즐김	- 알고 있는 것을 실천할 수 있을 때 - 손에 잡히는 구체적인 방안이 주어질 때 - 실제적으로 원하는 결과를 손에 넣을 때 - 문제가 실제로 해결될 때	- 묘사 - 적용 가능한 실천방법 - 몸으로 체험하는 교육활동 - 역할극 - 다양한 게임 - 관찰	- 코치 - 가이드
역동적 학습자	- 구체적 경험을 통해 정보를 받아들이며, 활동적인 실험을 하면서 정보를 처리한다. - 새로운 가능성과 도전을 즐김	- 새로운 아이디어를 내고 실행할 때 - 창조성을 발휘할 수 있을 때 - 임기응변적 상황에 잘 대처할 때 - 호기심이 다양한 방식으로 충족될 때	- 역동적인 교육활동 - 자유로운 상상 - 창의적이고 미래지향적인 사고 - 현장 활동 - 상황 적용 - 보고서 - 평가와 나눔	- 지지적 평가자 - 격려자

5. 교수-학습 과정

사람은 몸과 영혼으로 구성되어 있습니다. 몸과 영혼을 포함한 전인(The whole person)이 하나님의 형상으로 지음을 받았으며, 하나님의 피조물의 영광인 것입니다. 또한 아담의 타락 안에서 부패하고 예수 그리스도를 통하여 구속되는 또한 하나님의 완전한 형상에로 회복되며 영원에 거하는 것도 모두 이 전인(全人)입니다. 그러므로 교수-학습 과정도 이 전인에 초점을 맞추어야 합니다.

지성과 같은 학생들의 한 국면도 그의 감정이나 신체적 기능, 그리고 사회적 관계와 관련 없이 개발될 수는 없기 때문입니다. 그러므로 우리는 계속하여 현재 삶의 상황 중에 있는 학생의 전인격에 관심을 가져야만 하는 것입니다. 그러나 이 기능들 중에서 하나님의 형상으로서의 사람에게 독특한 몇 개의 요소를 구별해 내고, 그 교육적 의미를 생각하는 것은 전인의 기능을 바로 이해하는 데 도움을 줄 것입니다.

1) 측량할 수 없는 가능성

하나님의 형상인 사람은 자연보다 뛰어난 위치를 차지하고 따라서 인간의 분석으로써는 완전히 측량할 수 없는 가능성을 가지고 있습니다. 우리는 학생의 몸무게와 키를 잴 수는 있으나 그와 같이 알고, 이해하고, 감상하고, 성취할 수 있는 학생들의 능력을 정확히 측정할 수는 없습니다. 따라서 학생들의 인격의 측면을 측정하려고 고안된 모든 측정에 너무 큰 신뢰를 두어서는 안 됩니다. 우리는 지금 맡은 학생의 전 모습을 다 알 수 있는가? 만일 그렇지 않다면, 좀 더 나은 가르침을 찾아내는 것만이 문제인가? 만일 우리가 성경적 인간관을 가진 사람들이라면, 그것에 대해서는 부정적인 대답을 해야 할 것입니다. 부모나 교사나 모두 학생들을 그 틀에 맞도록 규정할 절대적인 기준은 전혀 없다는 것을 상기해야만 합니다.

비록 때때로 학생은 그들의 은사를 바로 볼 수 있도록 격려되어야 하지만, 그에게 능력 주시는 예수 그리스도를 통하여(빌4:13) 하나님께서 그에게 하도록 원하시는 바는 무엇이든지 할 수 있다는 확신 가운데서 자신들의 학업을 수행하도록 도전 받기도 해야 하는 것입니다.

2) 합리성

하나님의 형상인 사람을 동물과 구별하는 가장 현저한 특질은 생각할 수 있는 능력과 그 생각에 근거해서 행동할 수 있다는 점입니다. 바빙크는 이 사실을 다음과 같이 말하고 있습니다. "적어도 고등동물이라면, 동물도 사람과 같은 감각기관을 가지고 있어서 사물을 감각할 수 있다(즉 듣고, 보고, 냄새 맡고, 맛보며, 느낄 수 있다). 그들도 형상과 모양을 머리 속으로 그릴 수 있고, 이 심상들을 서로 연관시킬 수 있다. 그러나 동물들은 이성을 가지고 있지 않기에 심상을 특정하고 구체적인 사물과 떼어 낼 수 없는 것이다.

그들은 이 심상들에서 개념을 추상해 낼 수 없으며 개념을 서로 연결 시킬 수 없으며, 따라서 판단을 하고 판단으로부터 추리를 하거나 결단에 이를 수 없고, 그 결단을 의지의 행동으로 수행할 수 없는 것이다". 한 사람에게서 다른 사람에게로 또는 한 세대에서 다른 세대로 지식을 전달한다는 것은 이미 하나님께서 세상을 합리적으로 구성하셨으며, 사람은 하나님께서 만드신 세상을 이해할 수 있다는 것을 전제하는 것입니다. 또 사람이 생각할 수 있는 능력을 가졌다는 것, 그리고 그의 이성이 우주를 조성하신 창조주의 이성과 같다는 것만이 언어와 과학의 발전, 그리고 결국은 인류 문화의 발전에 대한 유일한 설명이 되는 것입니다. 그러나 불행히도, 학생들의 합리적 성격이 언제나 고려되고 있지 않습니다.

너무나도 자주, 이해보다는 기계적인 학습이 강조되고 있는 것입니다. 대개 학생들은 상당한 어려움을 겪고 나서야 사고를 요구하는 학문적인 분위기에 적응할 수 있으리만큼 단순한 사실의 암기에 조건화되어 있습니다. 사려 깊은 교회학교 교사들이 더 큰 관심을 가지는 것은 학생들이 기계적인 학습에 조건화되었을 때는 삶의 여러 상황 중에서도 같은 방식으로 반응하려 한다는 점입니다.

그러나 여기에서 성경이 아닌 어떤 것의 암기를 질책하려고 하는 것은 아닙니다. 시편 기자의 말씀 "내가 주께 범죄치 아니하려 하여 주의 말씀을 내 마음에 두었나이다"(시119:11)라는 성구 암송을 지지하는 구절로 종종 인용되곤 합니다. 그러나 성경 구절을 외우도록 하기 전에 먼저 그것이 뜻하는 바를 가르쳐야만 합니다. 그것이 시편 기자의 기도와도 상통하는 것입니다. "나로 깨닫게 하소서 내가 주의 법을 준행하며 전심으로 지키리이다"(시119:34).

3) 책임

종교적인 존재인 인간은 모든 행동과 사상, 행위에 대하여 하나님께 책임이 있습니다. 삶의 전 영역에서 하나님의 주장에 의식적으로 반응할 수 있는 인간의 능력은 '사람이 된다는 것이 무엇인가' 하는 것의 본질적인 요소입니다. 사람을 사람으로 규정짓는 것은 무엇보다도 의지와 자기 결정의 능력인 것입니다. 그는 단순한 기계나 동물 이상입니다. 정당하게 행동했을 때는 마땅히 칭찬받아야 하고, 잘못했을 때는 책망받을 수 있는 존재인 것입니다. 이런 점에서 칼빈(Calvin)은 이렇게 말했습니다. "사람은 의지를 박탈당한 것이 아니고 건전한 의지를 박탈 당했다. … 그러므로 단순히 의도하는 것은(to will) 사람의 일이고 악하게 의도하는 것은 부패한 본성의 일이며 선하게 의도하는 것은 은혜의 일이다".

참으로 인간이 책임 있는 존재라면, 이것이 학습에서는 어떻게 적용될 수 있겠는가? 무엇보다도 교수와 학생 모두가 자신들이 교수학습과정에 참여하는 방식에 대해 하나님께 책임이 있음을 인정해야만 합니다. 그리스도의 가르침을 신중하게 취급하는 교사는 하나님 앞에서 책임 있는 자답게 수업을 준비하고 자신의 과업을 수행할 것입니다. 그래서 만일 학생들이 학습을 잘하지 못하면, 그는 무엇보다 먼저 자신의 방법을 검토해 보려고 할 것입니다. 즉 스스로 다음과 같이 질문하게 될 것입니다. 나는 이 과정의 목적을 명백히 했는가? 나는 이 과정의 목표를 위해 교수 방법과 평가 방법을 사용했는가? 나는 학생들에 대해 너무 지나친 기대를 하지는 않았었는가? 물론 학생들도 자신이 배우는가, 배우지 않는가에 대해 책임이 있는 것입니다. 그런데도 많은 현대 교육자들은 이것을 인정하려 하지 않습니다. 만일 학생이 배우지 않는다면 그것은 교사가 가르치지 않는다는 것입니다. 학생들도 책임 있는 존재로서 자신의 학문적 과업을 수행함에서 청지기 노릇을 다해야 합니다. 마땅히 공부하기를 선택해야 하는 것입니다. 그러나 이것은 교사에 의해 동기화 되기 전에 자동적으로 되어지는 것은 아닌 것입니다.

4) '충분한 동기유발'의 능력

일반 교육 심리학자는 자연주의적인 인간 이해에서 개인 안에 어떤 신체적, 감정적 필요(need)에서 생긴 긴장이 있으면, 그 개인은 내면적으로 평형(aquilibrium)을 이루기 위해 노력한다는 것입니다. 이는 결핍 있는 동기 유발(deficit motivation)입니다. 대개 인간의 학습이 필요를 느끼는 데서 출발하고, 교사는 배워야 할 자료를 그런 필요와 연관시켜야만 한다는 것에는 의문의 여지가 없습니다. 문제는 사람 안에 이러한 개인적 필요의 만족 이상의 동기 유발의 근거가 있는가 없는가. 만일 있다면 그것은 교회학교 교사가 학생들을 동기 유발시킬 때 어떤 차이를 가져다 주는가 하는 것입니다. 성경적 관점에서 사람은 자기 이해를 초월할 능력을 가지고 있습니다.

그러므로 학습 과정에 관련된 과업을 포함하여 모든 과업은 예수 그리스도께 대한 순종이라는 관점에서 자의식적으로 수행 되어야 하는 것입니다. 이런 사건에서는 다른 모든 동기는 기본적 동기에 종속해야 하고, 기본적 동기와 일치해야만 하는 것이기 때문입니다. 그렇다면 교사는 어떻게 다른 모든 것이 그리스도께 종속되어야 한다는 것을 제시하며, 동시에 학생들의 선천적인 요구를 무시하지 않을 수 있겠는가?

간단히 그 대답을 한다면, 첫째, 교사는 계속해서 교훈과 모범을 통해 어떤 활동이고 간에 그 궁극적 동인은 그 활동이 그리스도를 높이며 그의 목적을 이루는 것이라는 것을 아는 데 있다는 것을 분명히 해야 합니다. 물론 자신을 그리스도의 제자들로 인정하고 그런 식으로 동기화되는 사람들은 오직 믿는 자들 뿐입니다. 그러나 믿는 자들 뿐만 아니라 믿지 않는 자들도 자신을 이런 요구 앞에 두어야 할 필요가 있는 것입니다. 둘째, 교사는 이전에 말한 모든 동기들은 다 부차적인 것이라는 성경적인 관점을 꾸준히 지켜야 합니다. 바울이 데살로니가의 회중에게 "누구든지 일하기 싫어하거든 먹지도 말게 하라"(살후 3:10)고 가르칠 때 그는 바로 이런 일을 한 것입니다.

이 자극은 분명하고도 단순하게 진술되어 있습니다. 그것은 지나친 것이 아닙니다. 따라서 만일 바울의 이 명령이 강조되면 신자나 불신자를 막론하고 대부분의 사람은 매일의 일을 근면히 하는데 상당한 동기유발을 받게 될 것입니다. 그러나 바울은 신체적 요구를 충족시키는 것이 인생의 주된 목적이라고는 하지 않는 것입니다. 만일 교사가 결핍 있는 동기유발(deficit motivation)을 충분한 동기유발(non-deficit motivation) - 즉 그리스도에 대한 사랑에서 행동하려는 내면적 충동에 대한 보조물이나 수단으로 사용한다면 신앙여부를 막론하고 개인의 필요가 가장 효과적으로 충족될 수 있을 것이고 하나님께서 영광을 받으실 것입니다.

5) 교제할 수 있는 능력

이제까지 우리가 주로 취급해 온 요소인 개인의 인격의 가치와 함께, 우리는 사람의 사회성을 생각해 보아야 합니다. 하나님께서는 사람을 사회적 존재로 만드셨습니다(창2:18). 학생의 사회성은 교사가 학생을 그가 참여하는 다양한 사회 관계에서 이해하도록 하는 것이 중요함을 지적합니다. 또한 기독교 교육프로그램은 학생들로 하여금 가정과 교회, 학교, 그리고 국가 내에서 그리스도의 주권(Londship) 아래서 살도록 훈련 시킬 필요가 있음도 함축합니다. 이와 관련해서 가정에서도 교육에 대한 광범한 관심이 있음을 잊어서는 안 됩니다.

학생의 사회성의 또 다른 교육적 함의는 학습 과정에서의 상호관계 (interpersonal relationships)의 효과입니다. 한 학급 내에서의 일정 기간 동안의 교제의 질은 곧 학습의 질을 좌우하는 것입니다. 따라서 교육이론에서는 이 요소가 중요한 위치를 차지 합니다. 이렇게 모든 교육자들은 교육적 성취에 있어서의 상호관계의 영향력은 인정하지만, 그들 모두가 교수-학습 과정에서의 교제의 성질과 위치에 대해 의견이 일치하고 있지는 않습니다. 인간의 기원과 제도의 발달에 관한 성경 기록에 근거해서는 모든 사람이란 상호 교제의 필요를 느끼게끔 창조되었다고 결론지을 수 있습니다. 그러나 타락한 사람은 인간 중심적 인생관에서 교제에 대한 이 요구를 순전히 수평적인 교제에서만 충족시켜 보려고 합니다. 즉 죄인인 인간의 공통된 관심에 근거하여 세워진 교제를 통해서만 말입니다.

오늘날에는 자연적인 인간관계가 삶의 의미를 발견하는 출발점이라는 신념이 범람하고 있습니다. 더구나 이런 개념이 교회 생활에도 파고 들어와서 설교나 성경을 가르치는 것을 덜 강조하기에 이르도록 하고 있습니다. 현대의 이런 추세에 관련해서 루터교 교육자, 야스만(Allan Hart Jahsman)은 이렇게 결론 내리고 있습니다. "상호관계와 집단관계는 (그것이 교회 내적인 것이든 외적인 것이든 간에) 복음 전달의 수단이 될 때에만 성령께서 역사하시는 것이 된다". 물론 우리는 교수-학습 과정에서 상호 관계의 중요성을 무시해서는 안 됩니다. 오히려 우리는 첫째, 학습의 상황과 내용 간에 어떤 구분이 필요함을 인정해야만 하고 둘째, 기독교적 양육의 가장 중요한 환경은 예수 그리스도 안에 뿌리를 가지고 그에게서 하나가 되며 그의 지지를 받는 교제라는 것을 인정해야만 합니다. 환언하면 우리의 교제는 무엇보다도 수직적으로 형성되고 유지 되어져야 할 필요가 있는 것입니다. 웨스트민스터 신앙고백은 성경의 아름다운 구절들을 인용하면서 그리스도인의 교제를 다음과 같이 묘사합니다. "성령과 신앙으로 그들의 머리 되시는 예수 그리스도와 연합한 모든 성도들은 그의 은혜와 고통, 죽으심과 부활, 그리고 영광에서 그와 교제한다. 그리고 사랑 가운데서 서로 연합하여 서로의 은사와 은혜들을 나누고 내외적 사람의 상호 선(善)을 도모하기 위해 사적으로 공적으로 노력할 책임이 있다".

6) 지배권을 행사할 수 있는 능력

하나님께서는 사람을 만드셨을 때 그에게 땅을 정복하고 그 안에 있는 모든 것을 다스리라는 과업을 부여하셨습니다(창1:28,시 8:6~8). 사람은 이 문화 명령을 완수하기 위해서 전능하신 하나님께서 인간을 하나님의 형상으로 만드신 것은 모든 예술과 학문의 전 영역에서 충실한 청지기로서, 순종하는 대리자로서 그를 섬기게 하시려고 하신 일임을 결론지을 수 있습니다. 그러나 타락한 결과로 사람은 이 영광스런 지위를 상실하였습니다. 더 이상 원의(原義, original righteousness)를 가지지 못한 것입니다. 그러나 하나님의 일반 은총(Common Grace)으로 사람은 여전히 곡식을 가꾸고 성을 쌓으며, 달에 사람을 보내는 등의 놀라운 일을 해 낼 수가 있습니다. 그러나 그와 동시에 그는 환경을 오염시키며 자연 자료들을 낭비하고 문화의 모든 영역의 부패를 초래하는 것입니다.

그러나 그리스도 안에서 사람은 아담 안에서 잃은 것을 회복할 뿐만 아니라, 영원한 영광의 상태에로까지 높여질 수 있는 것입니다. 예수 그리스도의 새롭게 하시는 피로 구속받고 성령의 은혜로 변화되어서 문화명령을 수행할 수 있도록 하는 하나님의 지혜와 사랑과 능력을 가지게 됩니다. 땅을 정복하고 그 안에 있는 모든 피조물들을 지배할 수 있는 인간의 능력과 책임을 생각하면 기독교 교육에 대한 많은 시사점을 발견합니다. 그러나 여기서는 그 중 하나만을 논의하기로 하겠습니다. 문화 명령의 근본적인 함의는 교회와 학교가 사람이 배워야만 하는 다양한 것들을 재조직해야 하는 것입니다. 교육은 단순히 실천적이어야 할 뿐 아니라 이론적이기도 해야 하는 것입니다. 성경은 그리스도의 신실한 종들은 인류가 집적한 유산을 비판적으로 연구하고 반성할 필요가 있음을 가르칩니다. 그래야만 우리는 정신적으로 자신의 환경을 초월할 수 있고 환경을 지배할 수 있는 것입니다. 마치 자신도 하나님의 주권적 의지 아래 있듯이 말입니다.

6. 교수-학습 과정 실행

교수-학습의 과정은 계획단계, 실행단계 평가단계 크게 3가지로 구분 할 수 있습니다. 먼저, 계획단계에는 수업의 초점 맞추기, 교육 목적 및 교수 목표 설정, 내용의 분석, 그리고 학습자의 특성진단, 교수 방법 결정, 평가계획 수립 등이 포함되며, 실행단계는 수업의 실행, 교수 기술 등으로 구성됩니다. 마지막으로 평가단계로 연결됩니다.

1) 계획단계

(1) 수업의 초점 맞추기 : 기본 개념 정하기

기본 개념 정하기는 교사가 첫 번째 결정해야 할 과제, '내가 무엇을 가르칠까'에 해당하는 과제입니다. 대부분의 교사들은 "가르칠 것이 너무 많아요", "이 시간에 어떻게 이것들을 다 가르칠 수 있나요?"라고 말합니다. 물론 가르쳐야 할 것은 너무나 많습니다. 그러나 이 모든 것을 한꺼번에 가르치려고 하면 아무것도 못 가르칩니다. 욕심을 버려야 합니다. 그리고 초점을 맞추어야 합니다. 한 시간에는 한 가지 기본 개념으로 충분합니다.

• 기본 개념을 정할 때에는 다음 몇 가지 원칙을 고려해야 합니다.
① 학생들의 입장에서 생각하라. '하나님은 사랑이시다', '성경은 하나님의 말씀이다'라는 개념들이 교사에게는 익숙할 수 있지만 학생들에게는 너무나 막연하고 어려운 개념들입니다. 학생들이 이해할 수 있는 말로 번역되어야 합니다.
② 학생들의 경험과 연결 시켜라. 학생들이 이미 경험하고 배운 내용과 연결된 개념인지 확인할 필요가 있습니다. 학습은 학생들이 이미 경험한 내용에 근거를 두고, 한 단계 더 나아가도록 하는 것입니다.

③ 비교와 반복을 통해 초점을 강화하라. 기본 개념을 확실히 이해시키기 위해 비슷한 예를 제시하고, 반복을 통해 익숙하게 함으로써 목표를 완전히 달성할 수 있도록 해야 합니다.

④ 한 시간에 한 개의 개념이면 충분합니다. 여러 가지 개념들을 나열하지 말고. 하나의 개념에 집중해야 합니다.

(2) 교육 목적 및 교수 목표 설정

교수-학습 과정을 계획함에 있어서 먼저 해야 할 것은 학습자들의 요구와 분석을 통하여 교육 목적과 교수 목표를 설정하는 것입니다. 교육 목적이 교육체제가 포용하는 보다 광의의 목표와 가치라면 교수 목표는 특정한 교수 절차를 통해서 학습자들이 달성하는 성취 행동(performance)을 뜻합니다. 구체적인 교수목표가 설정될 때 주어진 시간에 무엇을 가르쳐야 할지가 분명해지고, 시간을 절감할 수 있습니다. 그리고 학습자가 교수 목표를 잘 알게 되면, 학습자 스스로 자기의 수업계획을 세우게 되어 학습의 효과를 높일 수 있습니다. 또한 구체적이고 세분화된 교수 목표는 학습평가의 타당도와 신뢰도를 높일 수 있습니다.

• 도널드 그릭은 목표를 목적과 구분하면서, 구체적이고 선명한 교육 목표를 수립할 것을 강조하고 있습니다.

① 목표란 무엇인가?

- 목표란 활동을 통해 도달해야 할 점(point)입니다.

- 목표란 교사의 의도적이면서 동시에 학생들이 수업 후 무엇을 할 수 있는가를 서술하는 것입니다.

② 목표와 목적의 차이

- 목적 : 전 생애를 통해 추구할 만큼 큰 것

• 추상적인 것

• 전체적인 방향 제시

• 여러 요인에 의해 영향을 받을 수 있음

• 평가하기 곤란함

- 목표 : 단기적인 것

• 구체적인 것

• 목적을 이루어 나가는 수단들, 즉 작은 단계들

• 분명한 초점을 지님

• 교사가 직접적인 영향을 줄 수 있음

• 평가가 가능함

- 예 : 하나님의 사랑을 이웃과 나눈다(목적).

- 수업이 끝난 후 노인들을 방문해 선물을 드린다(목표).

③ 교육 목표 작성 진술의 기준

- 학생들에게 기대되는 변화를 목표로 진술합니다.

- 관찰할 수 있는 문장으로 진술해야 합니다.

- 명확하고 구체적이어야 합니다.

- 행동적인 진술이어야 합니다.

- 전후 목표와 관련을 맺고 있어야 합니다.

④ 교육 목표는 '내용'과 '행동'의 두 가지 요소를 지닌다.

- 무엇(내용)을 어떻게 하기(행동)

예 : 주기도문(내용) 암송하기(행동)

⑤ 교육 목표 진술의 표현

- 이 수업이 끝난 후 학생들은 (   )을 할 수 있을 것입니다.

⑥ 추상적인 진술을 피하라.

- 목표 진술에 있어서 추상적인 동사를 사용하는 것은 너무나 막연하기 때문에 피하는 것이 좋습니다.

예 : 이해한다. 안다. 믿는다. 깨닫는다. 감상한다. 느낀다. 인정한다 등.

⑦ 구체적인 동사를 사용하라.

예 : 암송한다. 예시한다. 열거한다. 요약한다. 쓴다. 보여준다. 작성한다 등.

(3) 내용의 분석

교과 내용의 분석은 가르쳐야 할 모든 종류의 지식이나 기능을 분석하는 과정을 뜻합니다. 교과 내용을 분석하는 과제분석은 학습이 이루어진 후 학습자들이 습득하게 되는 수행 능력이 어떠한 유형에 해당 되는지를 분류하고, 이를 달성하기 위한 학습의 내용을 계열화하여 그 절차를 정하는 것을 말합니다. 그리고 학습의 영역은 대체적으로 인지적, 정의적, 심리적 영역 등으로 구분할 수 있습니다.

(4) 학습자의 특성진단

효과적인 교수-학습이 이루어지기 위해서는 학습자에 대한 올바른 이해가 선행 되어야 합니다. 즉, 학습자가 가진 서로 다른 특성과 능력을 파악하는 단계가 바로 여기에 해당합니다. 지금까지 학습에 영향을 주는 개인적인 변인은 주로 지적 능력(전통적인 의미의 IQ)이라고 생각해왔으나, 최근의 연구는 그 밖의 다른 요소들이 더욱 더 큰 영향을 끼친다는 사실을 지적하고 있습니다. 즉, 지적 능력은 학습에 있어서 약 25%만 영향을 끼치며, 나머지 75%는 동기, 건강, 사회적 기술, 교수의 질, 선수 학습의 정도, 정서적 상태, 가족의 지원 등과 같은 사회적인 적성에 의하여 영향을 받는다는 것입니다.

그리고 지능에 대한 전통적인 논리-언어 위주의 접근을 비판하고 지능의 다양한 측면을 제시하는 다중지능이론(Multiple Intelligence theory)은 학습자의 특성을 진단하는 데 유용하게 사용될 수 있습니다. 즉, 학습자의 특성을 진단할 때 다중지능의 형태에 따라서 언어적 학습자, 논리 수학적 학습자, 공간적 학습자, 음악적 학습자, 신체 운동적 학습자, 대인관계 학습자, 자기 이해 학습자, 자연 탐구적 학습자 등으로 다양하게 학습자가 구분될 수 있습니다.

(5) 교수 방법 결정

교수-학습의 목표를 충분히 달성하기 위해서는 최선의 교수 방법을 선택해야 할 것입니다. 이를 위하여 다음과 같은 질문을 잘 고려하는 것이 필요합니다. 교사 중심의 설명식 수업을 할 것인가? 학습자 중심의 수업을 할 것인가? 개별 학습을 할 것인가? 협동 학습을 할 것인가? 어떠한 교수 매체를 사용할 것인가? 그리고 어떠한 물리적인 학습환경이 필요한가?

(6) 평가계획 수립

평가는 교수 목표에 대한 성취 정도를 확인하기 위한 것입니다. 평가계획을 미리 세우는 이유는 수업의 내용과 방법이 평가의 내용과 일치되게 하기 위함이고, 동시에 이를 통하여 평가의 타당성을 높일 수 있기 때문입니다. 평가계획은 뒤에서도 다시 언급하겠지만, 총괄 평가, 수행 평가와 같은 다양한 방법들을 고려하면서 언제, 어디에서, 어떻게 활용할 것인지를 미리 계획하는 것이 중요합니다.

2) 실행단계

(1) 수업의 실행

여기에서는 가네와 브릭스(Gagne & Briggs)에 의한 9가지 단계를 도입, 전개, 정착, 학습을 위한 전이 등으로 나누어서 간략하게 소개하려고 합니다.

첫째, 학습을 위한 준비단계인 도입 단계에서는 주의 집중, 수업 목표의 제시, 선수학습의 재생 자극 등을 포함 합니다. 교사는 학습자들에게 다양한 방식으로 흥미 있게 주의를 집중시키고, 수업의 분명한 목표를 제시해야 합니다. 그리고 새로운 학습을 소개하기 전에 이 학습된 내용을 재생시켜서 새로운 학습과 연결 할 수 있는 준비를 시켜야 합니다.

둘째, 지식 획득과 실행을 위한 전개 단계는 자극자료의 제시, 학습 안내의 제공, 성취 행동 유발, 올바른 성취 행동에 대한 피드백 주기 등을 포함합니다. 이 단계에서는 적절한 매체를 통하여 학습자들에게 자극자료가 제공되어야 하며, 수업에서의 사고와 탐구를 촉진시키는 질문, 단서, 암시, 제시 등과 같은 학습안내도 적절하게 제공되어야 합니다. 학습자들이 학습을 잘 성취해 나갈 때는 적절한 성취 행동을 할 수 있도록 해주어야 합니다. 그리고 교사는 그러한 성취 행동에 대한 즉각적인 피드백을 주어야 합니다. 셋째, 정착은 성취 행동에 대한 평가의 단계입니다. 이것은 교사가 학습자의 성취 행동이 올바로 이루어졌는지를 평가하는 단계입니다. 평가는 앞에서도 언급한 것처럼 미리 작성된 평가계획을 활용할 때 효율적인 평가가 될 수 있습니다.

마지막은 학습을 위한 전이 단계입니다. 이것은 성취된 학습이 새로운 학습이나 다른 상황으로 일반화 되거나 적용될 수 있는 경험을 제공하는 것입니다. 여기에서 한 가지 더 고려해야 할 사항은 교수-학습이 이루어지는 장 또는 공간에 관한 것입니다. 파커 파머(Parker Palmer)에 의하면 교수-학습의 장이란 복합적인 것으로 교실의 물리적인 배치와 느낌, 교사, 학습자가 탐구하는 주제를 둘러싼 개념적인 틀, 교사가 촉진하기를 원하는 정서적인 풍토, 교실에서 일어나는 탐구를 인도하는 기본 규칙 등을 모두 포함합니다.

(2) 교수기술

수업을 효과적으로 이끌어나가기 위한 교수 기술은 교사의 성품, 의사소통의 능력, 수업의 조직화, 질문하기의 여러 요소들을 포함합니다. 교사의 성품과 연관된 것은 교사의 수업에 대한 효능감(teaching efficiency), 학습자들에 대한 열정과 기대감 등입니다. 의사 소통 능력은 교사가 학습자들에게 효과적이고 정확한 의사소통 매체를 통하여 내용을 전달할 수 있는 능력을 뜻합니다. 그리고 교사는 수업을 목표에 따라서 잘 진행해 나가며, 다양한 매체를 동원하고 관심을 불러일으키는 능력이 있어야 합니다.

교사는 또한 학생들과의 적절한 상호작용을 위하여 질문을 잘 활용하여야 합니다. 질문을 할 때는 질문의 수, 종류, 공평한 분배, 기다리는 시간, 단서 제공 등을 잘 고려해야 합니다.

3) 평가단계

이것은 학습 목표에 비추어 볼 때, 학습자가 어느 정도의 성취를 이루었는가를 평가하는 단계입니다. 평가에는 형성평가(formative evaluation), 총괄평가(summative evaluation), 수행 평가(performance assessment) 등 3가지가 있습니다.

먼저, 형성평가는 수업이 진행되는 동안 얼마나 학습 내용이 잘 이해되었는가를 평가하는 방법입니다. 이것은 다음 수업을 위한 일종의 피드백 자료로 많이 활용됩니다. 다음으로, 총괄평가는 모든 교수-학습이 끝나고 성취 결과를 총괄적으로 평가하는 것입니다. 이를 통하여 학습자의 성취 정도를 평가하고 교수 목표 달성 여부를 확인합니다. 마지막으로 수행 평가는 정보의 탐색, 수집, 분석, 비판, 종합, 창의력, 그리고 자기 주도적 학습 능력을 강조하는 평가방식입니다. 즉, 교사가 학습자들의 과제를 수행하는 과정이나 결과를 다양한 방식으로 직접 관찰하고 그 결과를 통하여 학습자의 능력을 전문적으로 판단하는 평가방식입니다. 이러한 평가 단계는 평가계획의 수립 단계와의 밀접한 관계 속에서 계획적으로 이루어져야 합니다.

<표5> 교수-학습 과정

단계/과정	교수-학습 과정
계획단계	교육 목적 및 교수 목표 설정 내용의 분석 학습자의 특성진단 교수 방법 결정 평가계획 수립 : 형성, 총괄 수행평가
실행단계	수업의 실행 도입, 전개, 평가단계 교수 기술
평가단계	평가

참고문헌

• 강용원, 유능한 교사의 성경교수법, 생명의 양식, 2016.

• 노르만 E. 하퍼, 제자훈련을 통한 현대 기독교 교육, 이승구 역, 엠마오, 1992.

• 도날드 그릭스, 교사훈련을 위한 지침서, 김광률 역, 한국장로교출판사, 1978.

• 로베르터 헤스턴즈 외 2인, 동기를 부여하는 교회 교육, 이상일 역, 2004.

• 박상진, 교회 교육 현장론, 장로회신학대학교, 2015.

• 박영수, 교회 교육 핸드북, SFC, 2010.

• 양금희 외 5인, 기독교 교육 개론, 장로회신학대학교 기독교 교육연구원, 2013.

• 이현철, 교회학교 교사 어떻게 가르칠 것인가? 생명의 양식, 2018.

• 이화여자대학교 교육공학과, 21세기 교육 방법 및 교육공학, 교육과학사, 2001.

• 임영택, 교회 교육 교수 학습론, 종로서적, 1991.

• 케네스 갱글 외 7인, 교수법 베이직, 유명복, 홍미경 역, 디모데, 1999.

• 한춘기, 교사 마스터링, 생명의 양식, 2008.

• 현유광, 교회 교육 길라잡이, 생명의 양식, 2008.

7장 • 기독교 교육의 학생 이해

교육에 있어서 가장 중요한 요소 중 하나는 피교육자인 학생을 이해하는 것입니다. 교육의 3요소는 교사·학생·교재인데, 교육자가 교육 내용을 이해하는 것 못지않게 중요한 것이 학생을 이해하는 것입니다. 왜냐하면 아무리 좋은 교육 내용이라 할지라도 학생이 이해할 수 없는 방식으로 가르치면 소용없기 때문입니다. 학생을 이해하지 않고는 그 학생의 변화를 기대할 수 없습니다. 교사가 학생을 그리고 부모가 자녀를 잘 알고 있다고 생각하지만 사실은 그들을 충분히 이해하고 있지 못한 경우를 많이 보게 됩니다. 학생을 이해할 때 발달의 관점에서 어떻게 성장하는가를 살펴보는 것이 중요합니다.

1. 발달의 일반적 원리

하나님께서 인간을 창조하시되, 나이에 따라 점점 발달해가는 존재로 창조했습니다. 학생을 제대로 이해하기 위해서는 각 나이에 따른 발달의 특징을 파악해야 하고, 그 발달에 맞는 교육을 실천해야 합니다. 발달 심리학에서는 발달을 '개인이 삶의 과정을 통해 나타내는 체계적이며 연속적인 변화'로 정의합니다. 이러한 발달은 유전적 요인과 환경적 요인이 상호작용하는 것으로 이해되며, 생물학적 성숙과 학습의 영향을 반영하고 있다고 봅니다. 인간의 발달은 종족이나 지역, 성별과 관습, 환경에 따라서 다르게 나타나지만 공통적으로 발견되는 원리가 있습니다. 이러한 발달의 원리를 먼저 이해하는 것이 중요한데, 이는 다음의 열 가지로 요약할 수 있습니다. ① 발달에는 일정한 유형이 있습니다. ② 발달은 일반적 반응에서 특수한 반응으로 진행합니다. ③ 발달은 계속적입니다. ④ 발달은 속도에 있어서 개인차가 존재합니다. ⑤ 발달은 신체의 부분에 따라 각각 다른 속도로 일어납니다. ⑥ 발달에 있어서 대부분의 특성은 서로 관련되어 있습니다. ⑦ 발달은 예측할 수 있습니다. ⑧ 발달의 각 측면은 각기 고유한 특성을 가집니다. ⑨ 소위 문제행동의 많은 형태는 그 연령에 있어서 정상적인 행동입니다. ⑩ 모든 개인은 발달의 각 중요 단계를 정상적으로 경험합니다. 인간이 이 세상을 살면서 자라나는 데에는 다양한 측면의 발달이 있습니다. 신체적인 면, 지적인 면, 심리·사회적인 면, 그리고 신앙적인 면에서 그들은 날마다 자라납니다. 이 모든 발달의 측면들은 어느 것 하나 소홀히 할 수 없는 중요한 것들입니다. 그러나 이 모든 성장은 하나님과의 관계 속에서 바르게 자라나는 것이어야 합니다.

2. 발달심리학적 이해

인간은 태어나면서부터 지적으로 성숙해가게 되는데, 각 발달 단계에 따른 지적 발달의 특성을 이해하고, 이에 맞는 교육을 실천하는 것이 중요합니다. 인간이 지적으로 어떻게 발달해 가는지를 잘 설명해 주는 발달심리학자는 스위스의 심리학자 피아제(Jean Piaget)일 것입니다. 그는 인간이 어떻게 지식을 습득하며, 세상에 대한 의미를 만들어 가는지를 인지발달론을 통해 설명하고 있습니다. 그는 인지발달을 동화(assimilation)와 조절(accommodation) 그리고 평형(equilibrium)의 개념으로 설명하는데, 지적 발달을 도식(schema)의 분화로 이해합니다. 이 각각을 간단히 설명하면 다음과 같습니다.

1) 도식(schema)

도식은 인지적 구조(cognitive structure)입니다. 이 도식을 통해 환경을 인식하게 되고, 또 환경과의 상호작용을 통해 도식을 변화시켜나가게 됩니다. 도식은 쉽게 색인철(index file)에 비유할 수 있는데, 색인철의 카드 하나하나는 제각기 하나씩의 도식을 의미합니다. 처음에는 몇 개의 카드만을 가지고 있지만, 점점 분화되어 많은 카드를 갖게 되는 것으로 지적 발달을 설명할 수 있습니다. 예컨대, 갓 태어났을 때에 영아가 지니는 도식은 반사적인 특성을 지니고 있습니다. 빨기 도식, 잡기 도식 등이 반사 운동적 도식의 대표적인 예입니다. 빨기 도식만을 지닌 영아는 처음에는 무엇이든지 빨기만 하지만 곧 분화(differentiation)가 이루어져 빨지 말아야 될 것에 대해서는 거부하게 됩니다. 이는 지적 발달의 한 현상입니다.

2) 동화(assimilation)

동화는 새로운 지각물을 이미 가지고 있던 도식에 젖어 들게 하는 인지 과정입니다. 다시 말해 동화는 개인이 환경에 적응하고 조직해 나가는 인지 과정의 일부분으로서 기존의 도식으로 환경을 파악하고 이해하려고 하는 노력이라고 할 수 있습니다. 그러나 이는 도식 자체를 변화시키는 것은 아닌데, 피아제는 도식의 발달을 조절로써 설명합니다.

3) 조절(accommodation)

조절이란 새로운 도식을 만들거나 낡은 도식을 알맞게 고치는 일입니다. 아동이 새로운 자극을 만나게 될 때 가지고 있는 도식에 동화시키려고 하지만 알맞은 도식이 없을 경우에 조절을 통해 인지구조 즉 도식의 변화를 가져오는 과정입니다. 예컨대, '개'라는 도식을 가지고 있는 아이가 '소'를 보게 되면 처음에는 자기가 가지고 있던 도식으로 설명하며 '큰 개'로 이해하려고 하지만(동화), 결국은 그 도식에서 분화되어 '소'라는 도식을 만듦으로써 지적 발달이 한 단계 성숙하는 것입니다.

(4) 평형(equilibrium)

평형은 동화로 말미암은 인지적 균형 상태를 의미합니다. 자극을 성공리에 동화하지 못했을 때는 도식을 자극에 맞게 고치거나 새로운 도식을 만드는 조절을 합니다. 그래서 조절이 성공적으로 이루어지면 새롭게 형성된 도식으로 환경을 이해하게 되는 평형상태가 되며, 지적 만족감(성취감)을 누리게 됩니다.

• 이러한 지적 발달은 각각 상이한 특성을 지니는 감각운동기, 전조작기, 구체적 조작기, 형식적 조작기 등 네 단계로 이루어집니다.

(1) 감각운동기

출생 시의 영아는 반사 활동만을 행하는데, 그 후 빨기 반사를 거쳐 직접적인 사물에 대한 원시적인 분화를 하게 되며, 4~8개월 사이에는 보기와 만지기의 협응이 처음 나타나게 됩니다. 만 1년이 될 무렵에는 사물의 영구성이 확립되며, 언어가 발달하면서 감각 운동적 영역이 아닌 개념 상징적 영역의 지적 발달이 이루어지게 됩니다.

(2) 전조작기

대개 2~7세 사이에 이 단계를 지나는데, 언어를 사용할 수 있게 되면서 사고가 가능하게 됩니다. 이때에는 주로 직관적 사고가 중심이고 조작적 사고는 불가능합니다. 이 기간의 사고는 보존 문제를 해결할 수 없으며, 자기 중심성(egocentrism)을 갖습니다. 자기 중심성은 자기와 외부 세계 간의 미분화에서 오는 것으로, 이 단계의 특징 중 하나인 물활론(animism)의 원인이 됩니다. 모든 물건은 살아 있다고 생각하며 의인화시키는 논리 이전의 단계입니다.

(3) 구체적 조작기

구체적 조작기는 일반적으로 6~8세경에 시작되는데, 이때의 아동은 전조작기의 아동과는 달리 숫자를 셀 수 있으며, 이전 시기와는 달리 자기중심주의에서 벗어나 탈 중심화 되어 보다 객관적이고 논리적인 사고가 가능하게 됩니다. 전조작기의 아동은 물체의 한 측면만을 보기 때문에 정확한 양을 비교할 수 없는데, 구체적 조작기의 아동은 여러 가지 요소들을 동시에 고려할 수 있도록 지능이 발달합니다. 이는 특히 보존개념의 형성으로 나타납니다. 예를 들면, 같은 양의 물을 폭이 넓은 컵에 넣고 또한 길고 가느다란 컵에 넣어도 넓이와 높이를 동시에 고려할 수 있기에 동일한 양임을 인식하게 됩니다.

(4) 형식적 조작기

피아제에 의하면 인지발달은 이 단계에서 완성됩니다. 이 단계에 이르면 형식적 사고, 가설·연역적 사고에 이르게 되고, 논리적으로 설명할 수 없는 것은 받아들이지 않는 경향을 갖습니다. 구체적 사실에 한정되던 전 단계와는 달리 추상적 구조나 일반화된 관념을 틀로 해서 사고할 수 있게 됩니다. 그리고 은유와 가설, 검증 등을 비로소 이해할 수 있게 됩니다. 피아제에 의하면 지적 발달은 환경과 유기체의 상호 작용에 의해 이루어지기 때문에 새로운 환경과 교육적인 동기를 부여할 수 있는 환경을 제공하는 것이 매우 중요합니다. 이는 다르게 표현하면 자녀들이 질문을 가질 수 있는 환경을 제공하고, 지적인 호기심을 자극함으로써 스스로 그 답을 찾아 나가도록 하는 것을 의미합니다. 부모가 일방적으로 지식을 주입하기보다는 대화를 통해 지적 성숙이 이루어지도록 도와야 합니다.

3. 심리 사회적 발달 특성

1) 유아기

에릭 에릭슨(Erik Erikson)의 심리 사회적 발달 이론은 인생의 발달 과정을 8단계로 분류합니다. 그 첫 번째 단계가 '신뢰감 대 불신감'(Basic trust vs. Mistrust)의 단계로 0세에서 1세에 해당 됩니다. 이 시기에는 영아와 양육자인 어머니와의 관계가 매우 중요한데, 어머니의 관심과 돌봄, 사랑을 통해 자녀는 생애에 있어서 신뢰감을 형성하게 됩니다. 어머니가 지속적으로 영아의 신체적, 심리적 욕구와 필요를 충족시켜 주면 영아는 어머니(또는 양육자)를 신뢰하게 되는 것입니다. 그러나 양육자가 영아에게 안정감을 주지 못할 때, 자녀는 불신감을 경험하게 됩니다. 에릭슨은 이 시기를 성공적으로 지나게 될 때 희망(hope)이라는 덕목이 생성된다고 보았습니다. 두 번째 단계는 '자율성 대 의심'(autonomy vs shame anddoubt)의 단계이며, 2세에서 3세에 해당 됩니다. 이 단계는 자율성(autonomy)이 형성 되거나 수치심 또는 의심(shame and doubt)이 형성되는 시기입니다. 일반적으로 이 시기의 아이들은 걷기, 달음질 등과 같은 이행 능력이 향상되고 식사 등의 자조 기술들(self-help skills)이 늘고 배변 통제 능력도 생겨서 이전에 비하면 상당히 자율적인 존재가 됩니다. 그런데 이때 사회적 기대에 적합한 행동을 원활하게 수행하지 못하면 수치심과 의심을 갖게 됩니다. 에릭슨은 이 시기를 성공적으로 지나게 될 때 의지(will)라는 덕목이 생성된다고 보았습니다.

2) 아동기

초기 아동기(3~6세)는 에릭슨에 의하면 '자발성 대 죄책감'(Initiative vs Guilt Feeling)의 단계로써, 이 시기의 아동은 어떤 목표나 계획을 세워 거기에서 성공하고자 노력합니다. 이 단계의 아동은 이성의 부모로부터 사랑을 얻기 위해 동성의 부모를 경쟁자로 여기기도 합니다. 또한 아동의 신체적, 정신적 능력이 성숙하면서 주도적으로 행동하려는 의지가 있고, 자신과 자기 세계를 구성하는 것에 대해 책임 의식을 지닙니다. 여기서 스스로 활동에 참여하거나 자유를 누릴 수 있도록 허용된 아동은 자발성을 형성하게 되고, 아동의 행동이 너무 규제되거나 억압되면 죄책감을 가지게 되는 것입니다. 에릭슨은 이 시기를 성공적으로 지나게 될 때 목적(purpose)이라는 덕목이 생성된다고 보았습니다. 6~11세의 기간은 일반적으로 초등학교 연령에 해당 되는데, 에릭슨은 이 단계를 '근면성 대 열등감'(Industry vs Inferiority)의 단계로 보았습니다. 이 단계는 자아 성장의 결정적인 시기로서 학교생활을 시작하면서 과제를 수행하는 법을 배우게 되고, 일의 성취감을 누릴 수 있게 됩니다. 따라서 보다 큰 성취감을 경험하도록 많은 기회와 다양한 환경을 마련해 주며, 일에 대한 열의를 갖도록 근면성을 키워 주어야 합니다. 그러나 그러한 기회를 갖지 못하거나 제지당하게 될 때 열등감을 갖게 되고, 이 열등감으로 인해 의기소침해지게 됩니다. 에릭슨은 이 시기를 성공적으로 지나게 될 때 능력(competence)이라는 덕목이 생성된다고 보았습니다.

3) 청소년, 청년기

청소년기에는 급격한 신체적 변화와 더불어 다양한 사회적 기대와 요구에 직면하게 됩니다. 에릭슨은 이 시기를 '정체성 대 역할 혼돈'(Identity vs Role Confusion)의 단계로 보았는데, 11세에서 18세에 이르는 기간입니다. 이 시기의 청소년은 자기가 누구인지, 자신의 정체성에 관심을 갖습니다. 이 시기의 가장 중요한 사회적 관계의 대상인 동료들과 어울림으로써 자신의 정체성을 확인하기도 합니다. 특히 누군가를 흠모하거나 추종함으로써 자신을 그 사람과 동일시하는 경향이 있습니다. 이 시기에 자신의 정체성을 확립하지 못하게 되면 자신이 누구인지, 무엇을 해야 할지를 혼란스러워하는 역할 혼돈을 경험하게 됩니다. 이러한 자기 정체성의 확립은 6단계 이후의 삶의 기초가 되며, 직업 선택, 배우자 선택 및 사회 활동에 중요한 영향을 미칩니다. 에릭슨은 이 시기를 성공적으로 지나게 될 때 충성(fidelity)이라는 덕목이 생성된다고 보았습니다. 청소년기 이후의 청년기를 에릭슨은 '친밀감 대 소외감'(Intimacy vs Isolation)의 단계로 보았는데, 이 시기는 배우자를 찾는 시기로서 이성이 주된 관심의 대상이며, 이성과의 친밀한 관계를 잘 형성하는 것이 과제입니다. 전 단계인 청소년기에 자기 정체성이 건강하게 확립된 사람은 건강한 이성 관계를 할 수 있는 토대를 갖춘 사람입니다. 이 시기에 이성과의 관계 맺기에서 지속적으로 실패하고 상처를 입게 될 때에는 고립을 경험하게 되고 소외감을 갖게 됩니다. 이 시기는 또한 타인에 대한 사랑과 보살핌을 넓혀가고 심화시키는 단계이기도 합니다. 에릭슨은 이 시기를 성공적으로 지나게 될 때 사랑(love)이라는 덕목이 생성된다고 보았습니다.

4) 성인, 노인기

30대 중반부터 50대 후반은 '생산성 대 침체성'(Generativity vs Stagnation)의 단계로 보았는데 이 시기는 부모의 역할, 직업, 분가 단계이기도 합니다. 이 시기를 성공적으로 지나게 될 때 돌봄·배려(care)라는 덕목이 생성된다고 보았습니다. 50대 후반에서 사망할 때까지는 '자아 통합성 대 절망'(Integrity vs Despair)의 단계로 보았는데 이 시기는 죽음, 은퇴, 보다 넓은 세계에 대한 관심, 죽음에 대한 균형 잡힌 태도를 갖추는 단계입니다. 이 시기를 성공적으로 지나게 될 때 지혜(wisdom)가 생성된다고 보았습니다.

에릭슨의 심리사회 발달 이론은 기독교 교육에도 매우 중요한 통찰을 제공합니다. 첫째, 관계의 중요성입니다. 각 단계마다 중요한 심리 사회적 관계 대상이 있고, 그 관계 속에서 성숙을 경험하게 됩니다. 이는 학생과 관계를 맺는 부모와 교사, 동료가 얼마나 중요한 역할을 담당하는지도 성찰케 합니다. 둘째, 어릴 때의 만남과 관계 형성이 평생을 통해 영향을 미친다는 사실을 다시금 깨닫게 합니다. 인생의 중요한 덕목들이 어린 시절에 형성되는 것입니다. 셋째, 인생의 주기에 따라 직면하게 되는 갈등이 있고 해결 해야 할 중요한 과제가 있음을 생각하게 합니다. 신앙생활에 있어서도 각 단계는 중요한 의미를 지니고 있기에 한 단계라도 소홀히 할 수 없습니다. 신앙은 전 생애를 통해서 형성되어 가는 것입니다.

4. 도덕적 판단의 발달론

콜버그(Lawrence Kohlberg)는 피아제의 인지 구조 발달론을 기초로 하여 도덕적 판단의 발달론을 수립하였습니다. 콜버그는 피아제의 인지구조의 분화와 발달이 도덕적 판단 능력에 있어서도 영향을 미칠 수 있음을 발견하였습니다. 콜버그는 가상의 도덕적인 딜레마를 설정하고, 설문과 인터뷰에 응하는 응답자들이 그러한 딜레마 상황에 대해 어떠한 도덕적 판단을 내리는가를 유형별로 분류함으로써 도덕적 판단의 발달 단계를 수립하게 되었습니다. 콜버그가 제시한 여러 가지 도덕적 딜레마 중에서도 "하인즈씨 이야기"(The Story of Mr. Heinz)는 가장 대표적인 예입니다. "유럽에 특수한 종류의 암을 앓아 죽음에 임박한 하인즈씨의 부인이 있었다. 의사들은 그 부인을 구할 수 있는 유일한 약이 있음을 알려주었다. 그 지역의 약사가 최근에 개발한 라듐 계통의 약이 바로 그것이었다. 그 약사는 생산원가의 열배가 넘는 엄청난 액수를 요구하였다. 하인즈씨는 약을 사기위해 백방으로 돈을 얻고 빌리고 해서 그 약값의 절반을 모았다. 하인즈씨는 약사에게 가서 자신의 부인이 암으로 죽어가는 사정을 설명하고 우선 절반만 지불하고 후에 차차 나머지 액수를 낼 수 있게 해달라고 부탁하였다. 그러자 약사는 '안 됩니다. 그 약을 개발하느라 애를 많이 썼고 이제 그 약을 통해 돈을 벌어야 합니다'라고 거절 하였다. 그러자 하인즈씨는 아내를 구하기 위해 그 약국에 침입해서 약을 훔쳤다. 하인즈씨의 이런 행동은 정당한 것인가?".

콜버그의 도덕적 판단의 발달 단계 역시 피아제의 단계와 마찬가지로 도덕적 판단능력의 내적 잠재력이 외부환경과 교육을 통해 적절히 자극, 도전, 훈련됨으로써 분화, 발달 되어간다는 입장을 견지합니다. 따라서 세월이 흘러간다고 해서 단계가 저절로 높아가는 것은 결코 아닙니다. 단지 현대사회의 문화여건과 교육여건 상 어느 정도의 나이가 되면 대충 어느 단계쯤에 이르게 되다는 가이드 라인으로서 나이를 제시해 보는 것임을 밝힙니다. 콜버그는 도덕적 판단의 능력을 크게 3수준으로 나누었습니다. 인습적 수준(conventional level)을 중심으로 전 인습적 수준(pre-conventional level)과 후 인습적 수준(post-conventional level)으로 구분하였습니다. 인습적 수준이란 보통 사회의 상식과 통념처럼 받아들여지는 수준을 의미하고, 전 인습적 수준은 그보다 미숙한 수준, 그리고 후 인습적 수준은 그보다 성숙한 수준을 의미합니다. 그는 각 수준마다 2단계씩을 설정함으로써 총 6단계로 구분 하였습니다.

〈표1〉 콜버그의 6단계 도덕적 추론

	단계	도덕적 결정 기준
수준 1) 전인습적 도덕성 (4~10세)	1단계 : 순종과 처벌에 관심	아이들은 행동의 결과가 유쾌한지 불쾌한지의 정도에 근거하여 무엇이 나쁜 것인지를 결정한다. 처벌을 피하고자 착한 행동을 하려 한다.
	2단계 : 필요 충족에 관심	착한 행동은 자기 자신의 필요와 욕구 충족과 연관된다. 다른 사람의 필요에 대한 고려는 거의 없다.
수준 2) 인습적 도덕성 (10~13세)	3단계: 착한 소년 혹은 한 소녀 이미지에 대한 욕구	처벌을 회피하기 위하여 순종하기보다. 아이는 이제 권위자의 지지를 얻기 위하여 순종한다. 행동규칙을 만들고 유지할 필요에 대한 의식이 증가한다.
	4단계 : 법과 질서에 관심, 의무 행하기, 존중하기	권위에 대한 한결같은 헌신이 이 단계에서 존재한다. 법은 지켜지기 위하여 만들어졌으며 규칙에는 의문을 품지 말아야 한다.
수준 3) 후인습적 도덕성 (13세~ 성인 초기)	5단계 : 개인의 법적 권리에 관한 관심	도덕적 판단은 사회에서 동의한 기준에 기초하여 내린다. 이 법률들은 개인의 권리를 보호하기 위한 것이며 공동체의 투표로 만들어진 것이다. 이 규칙들은 필요하다면 변화될 수 있거나 깨질 수 있다. 그러나 이 규칙들을 깨뜨리는 이유는 의미심장한 것이다.
	6단계 : 윤리적 원리에 관한 관심	도덕적 추론의 기초는 이제 개인의 확신과 신념이다. 이 신념은 인류가 만든 법보다 더 높은 특성으로 간주한다. 예를 들면, 생명을 구하거나 무고한 사람이 해를 당하지 않도록 보호하는 것과 같이 더 높은 선을 위하여 사람이 만든 법을 깨뜨리는 것이 적당한 것일 수도 있다.

기독교 교육에 있어서 도덕성에 관한 연구는 매우 중요한 위치를 차지합니다. 종교의 특성에 있어서도 그러하겠지만, 그것의 교육적 목적으로서의 도덕성은 항상 발달과 형성적 차원에서 고려 되어져야 합니다. 도덕성 발달에 관한 이론적 접근은 피아제에 의하여 그 초석이 마련되었고 콜버그에 의하여 단계적 이론으로 정리되었습니다. 콜버그는 피아제의 입장을 보다 더 체계적으로 일반화 시켰고, 인간의 도덕성이 문화적 배경이나 연령에 관계없이 일정한 순서를 거쳐 발달한다는 것으로 정리하여, 도덕적 판단에 대한 사고체제를 3수준 6단계로 구분하였습니다. 콜버그는 인간의 도덕성 발달이 상위적 단계에 이를수록 도덕적 판단에 있어 포괄적이며 추상적인 사고체계가 받아들여지고 있으며, 이는 인간의 인지적 발달 특성이 그 근간이 되고 있다는 점을 강조하고 있습니다.

　콜버그는 이러한 이론적 골격을 통하여 몇 가지의 도덕교육 실행에 관한 시사점을 제시해 주고 있습니다. 전통적 도덕교육이 학습자의 도덕 행위의 결과만을 중시하여 규율과 도덕원리를 주입 시키는데 역점을 두었다면, 새로운 교육 실행방법은 학습자의 도덕적 판단 수준을 높이기 위하여 추론 훈련과 도덕적 상황, 모순에 대한 토론 학습이 보탬이 된다는 점을 강조하고 있습니다. 따라서 교사나 부모가 도덕적 상황에 따른 선택에 대하여 인내심을 갖고 설명해 주거나 대화에 임하여야 하며, 여기에 대화 내용은 지나치게 상위적 단계의 인식을 토대로 하기보다는 바로 윗 단계의 수준으로 세밀하게 설명하는 것이 필요합니다.

5. 신앙 발달적 특성

1) 유아기

제임스 파울러(James Fowler)는 신앙 발달을 크게 6단계로 나누어 설명하고 있습니다. 1단계 이전의 단계는 '미분화된 신앙'의 단계이며, 1단계는 '직관적/투사적 신앙'의 단계, 2단계는 '신화적/문자적 신앙'의 단계, 3단계는 '종합적/인습적 신앙'의 단계, 4단계는 '개별적/반성적 신앙'의 단계, 5단계는 '결합적 신앙'의 단계, 그리고 마지막 6단계는 '보편적 신앙'의 단계입니다. 파울러는 유아기의 시기를 직관적 - 투사적 단계로 보고 있는데, 환상으로 가득 찬 모방의 단계이고 자기 인식에 있어서 자아 중심적이며 상상력이 탄생 되는 단계로 보았습니다.

이 단계에서 상상은 극단적으로 지속적인 심상들과 감정들의 산물이며, 이 단계에서 위험은 상상이 억제될 수 없는 공포와 파괴적인 심상들에 사로잡히는 것과 도덕적이고 교리적인 기대들의 강요로 인해 어린이들의 상상이 고의적으로 또는 부지 중에 악용될 수 있다는 점입니다. 이 시기에 유아들은 주변의 중요한 사람들로부터 신앙을 배우며 그들의 신앙적 행동, 태도, 본보기들은 어린이들의 신앙 형성에 강력하고도 영구적인 영향을 끼칩니다. 그러므로 부모의 신앙 태도와 양육 방법은 자녀의 신앙 형성에 무엇보다 중요한 원인이 될 수 있습니다.

2) 아동기

제임스 파울러에 의하면 이 시기는 신화적/문자적인 신앙의 단계입니다. 이 시기의 어린이들은 자신이 속한 집단의 이야기나 신앙 관습 등을 스스로 힘으로 받아들이기 시작하며, 때문에 이 시기의 어린이들에게는 소속감이 중요한 욕구입니다. 이 시기는 피아제에 따르면 '구체적 사고'가 가능한 시기로서, 이로 인해 이전의 유동적이고 삽화적인 사고의 흐름에서 이제는 일률적이고 설화적인 사고가 가능해집니다. 자신의 경험을 순서적인 일련의 사건으로 정리하게 되며 다른 사람의 관점에서 사물과 사건을 바라보는 능력이 생겨나게 됩니다. 이는 인간관계에 있어서 큰 변화를 가져오게 되는데 이 시기에 상호공정성을 중시하는 도덕의 개념을 갖게 되는 것은 이 때문입니다. 공동체는 이야기를 제공함으로써 구성원들이 사회나 심지어 자연 세계를 이해하는 해석적인 틀을 제공하며, 이로써 공동체를 형성하며 공동의 정체성을 창조합니다. 하나님을 바라보되 사람의 관점에서 바라보며 상징이나 신앙의 깊은 의미를 깨닫기보다는 문자적으로 이해하는 경향이 있습니다.

3) 청소년기

제임스 파울러에 의하면 이 시기는 종합적/인습적 단계로 가정을 넘어서 학교, 일터, 또래 집단, 거리, 대중매체 등의 환경으로 확장됩니다. 다양한 집단을 경험함으로써 신앙은 정리되며 종합되어야 합니다. 이 시기의 가장 두드러진 특성은 논리적 사고의 성숙에 있습니다. 이제 추상적이고 가상적인 사고가 가능하며 대부분의 신학적 개념들이 이해됩니다. 이러한 사고의 성숙은 관점 채택에 있어서 큰 변화를 가져오게 된다. 이제는 다른 사람들이 자신에 대해서 생각하는 것을 느끼게 됩니다. 시간이 지나면서 점차 주변의 중요한 사람들의 느낌, 생각, 관점, 기대에 민감해지며 이것이 자신의 신앙이나 도덕, 정체성 형성의 기초가 됩니다. 그러기에 이 시기의 신앙은 동조의 신앙 단계라고 말할 수 있습니다. 반면, 자기 자신의 깊은 반성이나 선택, 또는 비판 없이 일반적인 인습에 따라 형성된 신앙을 갖기 쉽습니다.

어릴 때부터 신앙생활을 하는 것은 매우 중요합니다. 성경은 "또 어려서부터 성경을 알았나니 성경은 능히 너로 하여금 그리스도 예수 안에 있는 믿음으로 말미암아 구원에 이르는 지혜가 있게 하느니라"고 말씀하며(딤후3:15), "마땅히 행할 길을 아이에게 가르치라 그리하면 늙어도 그것을 떠나지 아니하리라"(잠22:6)고 말씀하고 있습니다. '세살 버릇 여든까지 간다'는 속담이 있지만, 신앙이야말로 어릴 때의 신앙이 노년까지 영향을 미치게 됩니다. 아이들이 언젠가 신앙생활을 제대로 할 때가 있겠지 하며 미루지 말고, 지금 아이들이 충실히 신앙생활 할 수 있도록 돕는 것이 필요합니다.

파울러의 이론이 기독교 교육 현장에 주는 시사점은 크게 세 가지로 요약할 수 있습니다. 첫째, 신앙의 최고 단계에 대한 교육에의 적용문제입니다. 파울러 자신도 언급한 바와 같이, 사람들이 신앙의 단계들에 대하여 말하고, 각 단계의 구조적인 특징과 양식에 대해 기술하려고 할 때마다, 가장 관심을 갖고 있는 단계는 항상 제6단계입니다. 다른 말로 한다면 사람들은 발달의 끝을 알고자 하는 관심에 사로잡힌다는 것입니다. 이러한 현상은 교육에 있어서 마치 목표를 제시하고 그것을 실현 시키고자 하는 것처럼 자연스러운 일로 간주 될른지 모릅니다. 발달은 분명하지만 결코 끝나지 않는 과정에 대한 묘사를 필요로 합니다.

사람들이 각 단계가 어디로 귀결되는가를 발견하게 되면, 다른 모든 것은 부속적인 예비자료로 전락하게 되며 발달의 과정은 단지 발달 된 것의 미완성된 하나의 사례에 지나지 않게 되어 별로 중요하게 취급되지 않기 때문입니다. 이러한 모순을 극복하기 위해서는 기독교 교육자들이 인생의 문제들에 대한 하나의 궁극적인 해답을 찾으려는, 즉 한가지의 언어나 이미지로 해결하려는 경향에서 벗어나야 합니다. 초기의 발달 과정에서는 신앙의 위인 상이나 개념적인 묘사로써 교훈을 주는 방식이 도움이 되는 것도 사실입니다. 하지만 계속해서 어떤 특정한 문화적 개념이나 생활 규범을 학습자들에게 반복하게 될 때, 그것은 신앙의 성숙된 모습을 기대하기 보다는 모방된 행동을 만들어 내는 결과가 될 것입니다. 인생의 각 단계들을 인도하고 변형시켜 내기 위해서는 보다 포괄적이며 종합적인 종교적 이미지들을 제공해 주어야 합니다.

둘째 시사점은, 파울러가 제시하는 신앙의 구조 문제가, 기독교적 삶의 특수한 내용과의 사이에 다소 모호해지는 점을 어떻게 극복할 수 있느냐 하는 문제입니다. 이는 곧 종교에 있어서의 구조와 내용의 분리가 어디까지 가능한가의 근본적인 질문이기도 합니다. 종교에 있어서의 구조와 내용의 분리는 서구적 이원론 방식의 접근에서는 쉽게 받아 들여집니다. 하지만 동양적이거나 유대적 사고의 일체적이거나 통합적인 접근 방식에서는 장애요소가 됩니다. 신앙의 구조적 측면, 즉 어떻게 믿느냐 하는 문제와 내용적 측면 무엇을 믿는가 하는 문제가 결코 따로 분리될 수 있는 것은 아닙니다. 신앙에 관한 모든 이론은 생활의 실제와 관념의 체계가 고리처럼 이어져 있습니다. 하지만 우리에게 전해졌고 또한 우리가 가르치고 있는 신앙의 이해는 언제나 이 두 가지의 분리된 접근으로 주류를 이루어 온 편입니다. 파울러의 신앙 발달론은 이러한 의미에서 한국의 기독교 교육 현장에 큰 도전을 준 셈입니다. 그의 이론의 적극적인 해석과 적용은 신앙의 내용에 대한 고도화라기 보다는 체계화라고 보기 때문입니다. "하나님 중심으로"라는 신앙적 내용의 표현은 우리 자신의 "궁극적 체계의 중심에 하나님을 일치 시킨다"는 신앙의 구조성을 동시에 의미하고 있는 것입니다.

셋째 시사점은 신앙 발달의 이론이 "묘사적이냐 규정적이냐"(descriptive or prccriptive)하는 질문입니다. 파울러가 제시하는 신앙의 단계들의 설명을 구조적 측면에서만 들여다 보면, 신앙의 5단계의 구조는 3단계의 구조보다 낫게 보여집니다. 그러나 이는 신앙의 5단계에 있는 사람이 3단계에 있는 사람보다 더 선하다는 것을 의미하는 것은 아닙니다. 흔히 기독교 교육자들이 파울러 이론을 이해하고 활용하는데 있어서 빠지는 함정이기도 한 이러한 현상은 한국의 기독교 교육 현장에서도 보게 됩니다. 기독교 교육은 각 단계에서의 신앙의 잠재력을 완전히 실현 시킬 수 있도록 적절한 준비성과 도전을 균형 있게 제공해야 합니다. 각 단계 내의 풍부한 신앙의 의미와 경험들을 제공해야 하며, 각 단체 자체가 하나의 완전성의 의미를 가질 수 있도록 충실한 신앙의 재조정이 필요하다는 뜻입니다.

한국의 기독교 교육 현장에서는 무조건 거의 이상주의에 가깝다 싶은 막연한 신앙생활의 실천기준을 제시하는 경우가 많습니다. 특히 아동들의 연령층에게 조차도 추상적이며 형상적인 신앙의 논리로써 신앙의 실천성을 강조합니다. 보다 더 높은 신앙의 기준과 성숙된 신앙의 인격을 선호하는 것은 그것이 실현될 수 있도록 뒷받침하는 신앙의 단계적 측면이 뒷받침되어야 한다는 파울러의 기본 개념을 잘못 이해한 결과입니다. 파울러는 자신의 이론을 "단계적 이론은 형식상의 기술일 뿐만 아니라 규범적인 모델을 제시해 주고 있다"는 주장을 통하여 본인의 이론이 또 하나의 기독교 교리적 이론으로 간주되는 모순을 극복하려 합니다.

〈표2〉 피아제, 콜버그, 에릭슨, 파울러 발달 이론 비교

피아제 인지 발달이론	콜버그 도덕성 발달이론	에릭슨 심리사회적 발달이론				파울러 신앙 발달론
		단계	심리 사회적 위기	중요한 사회관계	좋은 결과	

Piaget	Kohlberg	연령	Erikson	의미있는 관계	설명	Fowler
출생~2세 감각운동기 Sensorimotor Stage / 2~7세 전조작기 Pre-operational Period	제1국면 4~10세 인습적 전기 (Pre-Conventional) 제1단계:벌과 복종에 의한도덕성 제2단계:욕구충족수단으로서의 도덕성	출생~18개월	신뢰감/불신감	어머니 또는 어머니 대리자	신뢰와 낙천주의	단계 1 : 미분화된 신앙단계 Undifferentiated Stage
		18개월~3살	자율성/회의	부모	자기 통제와 적절감	단계 2 : 직관적-투사적신앙 Intuitive Projective Stage
		3~5살	솔직성/죄의식	기본가족	목적과 방향/자신의 활동을 솔선적으로 함	단계 3 : 신화적 문자적신앙 Mythic-literal Stage
7~11세 구체적 조작기 Concrete Operational Period / 11~12세 이후 본격적 (형식적) 조작기 Formal Operational Period	제2국면 10세 이상 인습적 (Conventional) 제3단계:대인관계의 조화를 위한 도덕성 제4단계:법과 질서 준수로서의 도덕성 제3국면 15세 이상 (많은 사람이 도달하지 못한다) 인습적 후기 (Post-Conventional) 제5단계:사회계약으로서의 도덕성 제6단계:보편적 도덕원리에 대한 확신으로서의 도덕성	5살~사춘기	근면성/열등감	이웃/학교	지적, 사교적, 신체적 기능이 유능함	단계 4 : 종합적 인습적 신앙 Synthetic-Conventional Stage
		청년기	정체감/혼미	동료집단/과외집단/리더쉽의 모델	독자적인 사람으로서의 자신에 대한 통합된 이미지	
		초기 성년기	친밀성/고립	친구/이성, 경쟁/협동	친밀하고 지속적인 관계 형성 능력/경력을 쌓기 시작함	단계 5 : 개별적-성찰적신앙 Individualistic-Reflective-Stage
		중년기	생산감/침체감	일의 분담과 가사를 공동 분담	가족, 사회, 미래의 후손에 대한 배려	
		노년기	통합감/실망감	인류, 아류	충만감과 자기 인생에 대한 만족/죽음을 떳떳이 대함	단계 6 : 결합적 신앙 Conjunctive Stage / 단계 7 : 보편적 신앙 Universalizing Faith

6. 교육학적 인간 이해

1) 교육의 대상으로서의 인간

교육은 인간을 변화시키고 형성하는 힘을 가지고 있습니다. 변화와 형성을 도모하는 교육의 보편적 목적이 성취되어야 할 대상은 바로 학습자라고 할 수 있는데, 학습자는 교육의 수혜자이며, 학습자에 대한 이해는 모든 교육행위의 중심에 있다고 보아야 합니다. 학습자를 어떻게 이해하느냐에 따라 교육의 결과는 달라질 수밖에 없기 때문에 학습자에 대한 성경적이며 통전적인 이해는 교사만이 소유할 지식이 아니라, 교육의 계획에서부터 교육 내용, 교육 방법, 교육 과정, 교육평가 등 전체 교육활동 전반에 이르기까지 끊임없이 요구되는 필수적인 지식이라고 하겠습니다. 전통적으로 학습자를 보는 교육 철학적 관점은 다양하게 존재해 왔습니다. 근본적으로 선한 존재로 보는 관점, 근본적으로 악한 본성을 가진 존재로 보는 관점, 백지와 같아서 그리고 쓰는 대로 만들어지는 존재로 보는 관점, 진흙과 같이 빚고 조형할 수 있는 존재로 보는 관점, 가능성과 잠재력의 씨앗을 가지고 있어서 조금만 옆에서 도와주고 북돋아 주면 제 기능을 발휘 할 수 있는 존재로 보는 관점 등 각기 다른 관점으로 학습자를 이해해왔습니다.

일반적으로 사용하고 있는 학생 또는 학습자라는 단어의 의미가 자리잡게 된 것은 현대적 의미의 학교 교육이 시작된 때부터라고 할 수 있으며, 이때 학생이란 규칙적으로 학교에 다니면서 학습을 주된 일로 삼는 사람으로 정의할 수 있습니다. 그러나 이러한 전업 학생들 외에도 교육 현장과 사회 현장에서 배우는 위치에 있는 다양한 종류의 사람들이 있습니다. 이런 관점에서 본다면, 위에서 언급한 학생의 정의는 좁은 의미의 정의로 보아야 할 것입니다. 그러나 인간의 발달이 평생 지속되며, 평생 교육과 사회교육의 필요성이 갈수록 강하게 대두되고 있는 이 시대에 넓은 의미에서 보면 인간은 끊임없이 배우는 존재이며, 배워야 하는 존재라 할 수 있습니다. 이제 배운다는 것은 더 이상 선택의 문제가 아니라, 생존의 문제이며 삶의 질과 관련된 문제입니다. 이러한 배움, 혹은 학습은 학교 교육이나 계획된 교육을 통해 계획적으로 이루어지기도 하고, 가정, 사회, 기타 삶의 상황에서 간접적으로 이루어지기도 합니다. 인간은 학습하는 존재라는 관점에 근거해 볼 때, 모든 인간은 좁은 의미에서든 넓은 의미에서든 학생의 범주에 포함되어 있는 존재라고 정리할 수 있을 것입니다.

또 하나 짚고 넘어가야 할 사실은 모든 인간은 잠재적인 학생인 동시에 잠재적 교사라는 것입니다. 관계 속에서 살아가는 인간의 삶은 본질적으로 상호 교류적 성격을 띠고 있기에 학생으로서 인간은 동시에 교사의 역할을 수행하고 있음을 보게 됩니다. 즉, 본질적으로 인간은 교수(Teaching)와 학습(Learning)이 변증법적인 관계를 맺으면서 서로 교류하는 가운데 배우며 변화하며 성장하는 존재이며, 잠재적인 학생인 동시에 잠재적 교사의 역할을 수행하는 교육적 존재라고 정리할 수 있겠습니다. 여기에서, 교육의 대상으로서의 인간을 이해하기 위해서는 먼저 교육적 변화의 제 차원에서 관심을 가져야 할 요인들에 관해 간략하게 살펴보기로 하겠습니다.

(1) 심리적 차원

학습자의 전인으로서의 중심인 마음의 역동을 통찰하고, 마음의 방향성을 파악하는 것이 중요한데, 특히 기독교 교육에서는 학습자의 마음의 방향성이 누구를 향하고 있는가 하는 것은 매우 중요한 주제가 됩니다. 학습자의 마음의 기본적인 동기와 정서를 파악하며, 관심과 흥미에 맞는 학습내용과 학습방법을 개발하여 정서적으로 만족하고 긍정적인 상태를 유지할 수 있도록 세심한 배려와 돌봄이 필요합니다.

(2) 인지적 차원

학습은 인지적 구조(Schema)의 변화과정이라는 피아제(J. Piaget)의 말과 같이 학습자가 학습한 것을 기억하고 저장하였다가 적절한 상황 가운데 활용하고 적용할 수 있을 때, 학습의 효과가 있었다고 할 수 있습니다. 기억과 인지 학습에서 가장 중요한 것은 효과적으로 기억하는 것인데, 최근의 정보처리이론 등 인지 학습 원리들을 활용하여 기억을 증진 시키고, 학습자의 지능이 개발되도록 하여야 합니다. 발달 단계에 따른 학습자의 지적 능력이나 정보의 처리능력 등을 증진하도록 하는 것은 모든 교육활동에서 고려해야 할 문제이며 과제입니다.

(3) 행동적 차원

모든 교육활동은 바람직한 방향으로 학습자의 행동과 삶에서의 변화를 도모하는 목적을 가지고 있습니다. 이러한 변화는 전인적인 차원에서 이루어질 수 있겠지만, 특히 학습자의 말과 행동, 태도와 자세, 생활 습관, 타인과의 관계 등 외형적으로 관찰 가능한 구체적인 삶의 변화를 보게 될 때 효과적이었다고 말할 수 있게 됩니다. 학습자의 내적인 변화와 외적인 변화 모두 교육에서 목표로 하는 것이겠지만, 구체적이고 현실적이며 관찰 가능한 외적 행동의 변화가 이루어질 수 있도록 학습자의 변화를 도모해야 할 것입니다.

(4) 영적 차원

기독교 교육은 한 사람을 온전케 하며, 제자삼는 사역을 하도록 부르시고 기르시는 성령님의 사역이라 할 것입니다. 따라서 학습자가 세상의 지식만을 획득하고, 인지적, 행동적인 변화가 나타나는 것만으로 결코 만족할 수 없습니다. 기독교 교육자는 학습자에게 모든 학문 활동에서 성경적 관점을 견지할 수 있도록 도와야 하며, 궁극적으로 성령님과의 인격적인 만남을 체험하고 그 가운데에서 자신의 학문 활동 뿐 아니라, 인생의 방향과 계획을 세워갈 수 있도록 도와야 합니다. 학습자가 자신의 인생과 학문 활동 안에서 성령님을 만나고 체험함으로써, 인생의 방향을 재정립할 수 있을 때, 진정한 기독교 교육이 이루어졌다고 할 수 있을 것입니다.

2) 전 생애 발달적 관점의 인간

교육의 대상인 인간을 보다 잘 이해하기 위하여, 전 생애 발달적 관점의 인간 이해가 필요한데, 이 관점은 교육의 대상인 인간을 생의 초기부터 시작하여 노인기까지 연령과 발달에 따라 발달 과제 및 특성, 그리고 교육의 내용 및 과제 등에 관해 연구하는 것입니다.

(1) 태내기(임신~출산까지 약 40주간)

모태에서 인간 발달에 필요한 가장 기본적인 작업이 이루어지는 시기로서, 어머니의 안정된 심리상태와 양호한 건강 상태를 통하여 신체적으로 심리적으로 건강하고 안정된 생명이 탄생 됩니다.

(2) 영아기(출생~2세경)

제1차 성장의 급등기로서 급격한 신체 발달에 따른 운동 발달, 감각 및 지각 발달, 언어발달, 애착 형성, 기본적인 의사소통 발달이 이루어지는 시기로서, 어머니의 무릎 학교에서 초기대상이 어머니와의 관계 형성이 인성의 기초 형성에 가장 중요한 영향을 미치는 시기입니다.

(3) 유아기(3~6세경)

유아기 전기에는 기억 능력, 언어발달 등 인지능력이 급격히 발달하며, 창의성, 상상력의 발달 및 자율성 형성의 초보적 단계이므로, 스스로 경험하고 학습할 수 있도록 도와주어야 합니다. 유아기 후기에는 또래 관계에서 성 차이를 경험하며, 부모의 행동에 대한 모방과 동일시를 통한 성 역할을 학습하는 시기이며, 도덕과 신앙의 발달이 이루어지는 시기이므로 이에 맞는 교육이 필요합니다.

(4) 아동기(7~12세경)

초등학교 재학의 학령기로서, 학교 생활속에서 새로운 인간관계를 경험하며, 공동사회의 규칙 및 질서를 학습하게 됩니다. 학교 사회의 다양한 과제를 성취해야 하며, 부모, 교사 등 권위자와의 관계 형성 등을 원만하게 해결할 수 있도록 도와야 하며, 직면하는 문제들을 스스로 사고하고 판단하여 처리할 수 있는 문제 해결 능력을 길러 주도록 해야 할 것입니다.

(5) 청소년기(13~18세경)

제2의 신체 변화의 급등기로서, 급격한 신체 변화로 인한 심리적인 불안정과 2차 성징 등 신체적, 심리적 변화를 대처하도록 도와야 합니다. 신체적으로는 거의 성인의 수준에 도달해 있지만, 심리, 정서, 사회적으로는 아직도 미성숙의 특징들이 많이 남아 있으며, 이 시기에는 자아 중심적 사고, 양극단 사고 등 인지적 왜곡의 치료 및 자아 정체감의 확립 등이 주요한 발달 과제라 하겠습니다.

(6) 청년기(19~35세경)

청소년기를 갓 벗어나 완전한 성인으로서의 자신을 준비하는 마지막 단계이며, 자신의 적성과 능력에 맞는 직업을 찾아야 하며, 이성과의 애정 관계를 통하여 남성과 여성으로서의 정체성을 확립하는 시기입니다. 결혼에 대한 준비를 하는 시기로서 부모로부터 심리적, 정서적, 정신적, 경제적 독립을 해야 하는 과제를 안고 있습니다. 직업을 얻고 가정을 이루는 일을 통해 하나의 독립된 인간으로서 자신을 확립하고 어엿한 한 사회의 시민으로서 사회에 대한 책임과 의무를 감당할 준비를 갖추어가는 시기입니다.

(7) 장년기(36~60세경)

흔히 성인기 혹은 중년기로 불리며, 장년기 초기에는 자녀 양육의 책임과 자신의 직업 수행에 있어서 가장 생산적인 단계이지만, 일에 대한 부담이 가장 큰 시기입니다. 후기로 갈수록 자녀의 독립과 일에 대한 전문성의 확립, 신체적 노화의 문제 등으로 인한 심리적 혼란을 겪게 되는 시기입니다. 그러나 이때는 다음 세대를 위한 헌신의 책임을 지고 있는 시기이며, 후대를 위해 자신의 많은 부분을 내어놓을 때 진정한 행복과 만족을 경험하게 됩니다.

(8) 노년기(60대~사망까지)

인생을 정리하고 마무리를 잘해야 하는 시기로서, 경제적인 문제, 건강에 대한 염려와 죽음에 대한 두려움, 소외와 고독의 문제 등 심리적 갈등과 위험 요인을 많이 경험하게 됩니다. 그러나 그 어느 세대보다도 풍요롭고 여유로운 생활을 추구하며, 자신의 남은 생을 통하여 보다 생산적인 삶을 살고자 하는 욕구가 강한 세대로서, 갈수록 노령화되는 이 사회 가운데 노인들이 인생의 보람과 행복을 경험하며 살아갈 수 있도록, 가정뿐 아니라, 사회 전체가 종합적인 대책을 마련해야 할 것입니다.

7. 학생을 어떻게 바라볼 것인가

교회학교 교사가 학생을 어떻게 보는가에 따라 교사가 수행하는 수업과 교육 방법은 달라질 것입니다. 학생들의 존재 자체에 대한 교회학교 교사의 인식이 무엇인가에 따라 그 학생에 대한 수업방식과 교사 자신의 태도가 달라지기 때문입니다. 그렇다면 우리는 학생을 어떻게 보고 있습니까? 그리고 무엇이 성경적인 학생에 대한 이해입니까?

1) 학생은 하나님의 형상

성경적 인간관의 대전제는 바로 인간이 하나님의 형상이라는 것입니다. 창세기 1장에서 분명히 밝히고 있듯이 인간은 하나님의 형상으로 지음 받은 존재입니다. 이는 다른 어떤 피조물과는 다른 차원인 것이며, 하나님의 형상으로 지음 받은 피조물은 오직 인간밖에 없습니다. 교회학교 교사는 학생들을 하나님의 형상이라는 인식과 그 맥락 속에서 바라보아야 합니다. 교회학교 교사가 학생들을 존귀하게 여기며, 학생들을 사랑해야 하는 이유는 본질적으로 그 학생들이 하나님의 형상으로 지음 받은 소중하고 아름다운 존재들이기 때문입니다.

2) 학생은 전인적 존재

교회학교 교사는 학생을 전인적인 차원 그리고 총체적인 차원에서 이해해야 합니다. 성경적 인간관에서 가장 중요한 것은 바로 인간을 전체적인 맥락에서 이해하고, 이분법적으로 구분하지 않는다는 것입니다. 성경은 인간에 대하여 신체를 가지고 있는 몸으로서의 인간을 강조하면서, 동시에 영혼으로서의 인간도 하나님께 의존하여 살아가는 존재임을 강조합니다. 성경에서는 항상 인간에 대하여 전인적인 관점에서 이야기하고 있으며, 인간을 구분하여 파편화된 체제 속에서 절대 바라보고 있지 않습니다. 교회학교 교사는 학생들이 전인적인 존재임을 잊지 말고 학생들을 대해야 할 것입니다. 학생들의 영혼과 육체를 모두 중요하게 생각하며, 그들의 전인적 삶이 온전히 하나님께만 의존하여 그분 안에서 안정감과 평안을 누릴 수 있도록 지도하며 나아가야 합니다.

3) 학생은 다차원적 존재

　성경적 인간관은 다차원적인 존재로서의 인간 이해를 기본으로 합니다. 하나님께서 창조하신 모든 만물 중에서 인간은 가장 복잡하고 다차원적인 존재입니다. 인간은 다른 어떤 피조물들이 가지지 못한 특성들이 있으며, 이는 인간의 존귀함을 더욱더 드러내 주는 요소들입니다. 인간은 문화를 창조할 수도 있고, 역사를 만들어가기도 하며, 이성적 논리적으로 사고하며, 고차원적인 법을 만들며, 윤리 도덕적인 삶을 구현해 나가기도 하는 다차원적인 존재들입니다. 특정한 하나의 측면으로 환원할 수 없는 복잡한 존재들입니다. 교회학교 교사는 학생들이 이처럼 다차원적인 존재임을 기억하고, 학생들을 섬기며 봉사해야 합니다. 교사들에 의해서 학생들의 그 고차원적인 측면은 더욱 자극이 될 것이고, 다차원적인 측면의 개발을 통해서 하나님 나라의 확장을 추구해 나아갈 수 있을 것입니다.

4) 학생은 종교적인 존재

　21세기 한국 사회에서의 종교는 지극히 개인적인 수준으로만 이해되고 있지만 본질적으로 종교는 개인적인 차원에서만 제한되는 요소가 아닙니다. 인간의 삶 자체가 종교적이며, 인간의 개인적 영역 그리고 공동체적 영역 모두에서 이 종교적인 성격이 전제되어 삶을 영위하고 있기 때문입니다. 좀 더 구체적으로 표현하면 인간은 그가 하나님을 섬기는가 아니면 다른 무언가를 섬기는가로 구분할 수 있습니다. 인간에게 있어 종교적으로 중립적인 자리와 위치는 절대로 존재하지 않습니다. 하나님을 섬기든지 아니면 다른 어떤 것을 섬기는 존재이기 때문입니다. 교회학교 교사는 학생들이 종교적인 존재임을 기억하고, 그들이 온전히 하나님께로만 집중하고 살아갈 수 있도록 지도해야 합니다. 그리고 모든 교육적 가르침 역시 중립적인 것이 있을 수 없음을 기억하고, 이를 유념하며 교육의 모든 과정을 바라보아야 합니다. 심지어는 공교육의 영역에서 가르치는 내용들 역시 중립적인 것이 아니며, 특정한 관점과 견해를 바탕으로 구성되어 있음을 기억해야 합니다.

8. 학생 이해를 위한 제안

학생을 보다 잘 이해하기 위해서는 다양한 노력이 필요합니다. 기독교 교육자로서 학생을 보다 깊이 있게 이해하기 위한 실천 방안으로는 아래와 같이 일곱 가지 접근 방법이 있습니다.

① 관심 갖기 : 아이들의 삶의 모든 부분에 대해 관심을 갖고, 사랑의 눈길로 바라보는 것이야말로 다른 어떤 것보다 학생을 잘 이해하는 기초가 됩니다.

② 책 읽기 : 아이들의 심리나 문화, 신앙을 이해하는 데 도움이 되는 책을 읽으면서 아이들을 떠올리면 학생 이해에 큰 도움이 될 것입니다.

③ 대화하기 : 아이와 대화하는 시간을 확보하라. 얼굴을 마주 대하

며 대화하는 시간을 갖는 것은 학생 이해의 지름길입니다.

④ 문화 체험하기 : 아이들의 문화를 판단하기 이전에, 그 문화를 직접 체험하는 기회를 가져라. 학생들과 더불어 체험할 수 있다면 더욱 좋을 것입니다.

⑤ 은사 발견하기 : 아이들이 지닌 독특한 재능이 있습니다. 아이의 연약함이나 부족함을 지적하기보다는 아이의 강점과 재능을 발견하고 이를 격려하라.

⑥ 묵상하기 : 아이를 마음에 품고, 아이가 어떻게 하나님의 비전을 이루어 갈지를 묵상하며 믿음의 눈으로 바라보며 동행하라.

⑦ 기도하기 : 아이를 가장 잘 이해하시는 분은 인간을 창조하신 하나님입니다. 그 하나님께 학생 이해의 지혜를 간구하라.

9. 나가는 말

교육은 가르치는 자와 배우는 자 사이에서 발생하는 활동입니다. 위에서 언급한 바와 같이 교사는 교육의 대상인 학습자의 전인격적, 전 생애적 관점에서 보다 정확하고 통찰력 있게 이해하고 학습자의 변화를 통한 학습의 목표를 향해 나아가야 합니다. 그러하기에 교사는 항상 교육의 최전선에 있으며, 가르치는 사역의 책임과 노력을 다함으로써, 학습자의 변화를 도모합니다. 그러나 교사 혼자 교육활동을 할 수 없습니다. 학습자의 협력과 도움이 무엇보다도 필요하며, 순종과 실천이 이루어질 때 교육의 효과는 배가될 수 있습니다. 교육에서 가르치는 자는 교사뿐 아니라 가정의 부모와 영적 지도자, 멘토,

사회 지도자, 대중매체 등 교육활동에 참여하여 영향을 미치는 모든 대상이 포함될 수 있습니다. 기독교 교육에 있어서 가장 중요한 교육의 주체로 학습자와 교사, 부모, 그리고 성령님을 꼽을 수 있습니다. 학습자에 대해서는 이미 앞에서 충분히 살펴본 바 있으며, 교사와 가정의 부모, 그리고 기독교 교육의 보이지 않는 주체가 되시는 성령님의 사역에 관해서는 이 책의 다른 부분에서 충분히 설명을 해주리라 믿습니다. 따라서 각 주체에 대한 설명은 생략하지만, 여기에서 각각의 교육의 주체들이 합심하고 협력하여 바람직한 교육활동이 이루어지도록 노력해야 한다는 점을 강조하고 싶습니다.

교육은 어느 한 사람만이 애쓰고 노력한다고 되는 것이 아닙니다. 학습자만의 문제도 아니고, 교사만의 책임도 아니고, 부모의 역할만으로 되는 것도 아니며, 성령님의 초자연적인 역사로 가능한 것도 아닙니다. 본래 자녀에 대한 교육의 책임을 하나님께로부터 부여받은 부모들이 자녀들을 사랑과 관심, 적절한 관여와 위임 등으로 양육하고, 그리스도인의 삶으로 본을 보이며, 그리스도인 교사들은 성실하게 최선을 다하는 사랑과 헌신의 가르침을 실천하고, 학습자의 소질과 능력의 개발을 위해 힘쓰며, 학습자와 함께 성령님의 가르침을 받들어 그분께로 나아가는 기독교 교육의 목적과 방향성, 내용과 방법들이 함께 하나되어 어우러질 때 바람직한 기독교 교육은 효과적으로 이루어질 수 있으리라 확신하는 바입니다.

참고문헌

• 강용원, 기독교 교육학 개론, 생명의 양식, 2022.

• 마이클 J. 앤서니, 기독교 교육 개론, CLC, 2022.

• 박상진, 교회 교육 현장론, 장로회신학대학교, 2015.

• 서울신학대학교 기독교 교육연구소 편, 기독교 교육 개론, 기성출판사, 1994.

• 양금희 외 5인, 기독교 교육 개론, 장로회신학대학교 기독교 교육연구원, 2013.

• 양승헌, 크리스천 티칭, 디모데, 2014.

• 완스 워즈 B. J. 삐아제의 인지발달론, 정태위 역, 배영사, 1978.

• 이현철, 교회학교 교사 어떻게 가르칠 것인가, 생명의 양식, 2018.

• 장상호, 삐아제의 발생론적 인식론과 교육, 교육과학사, 1998.

• 제임스 파울로, 신앙의 발달단계, 사미자 역, 장로교출판사, 1987.

• 카렌 B. 타이, 기독교 교육의 기초, 조혜정 역, 그리스도인, 2009.

• 최임선, 신앙의 발달 과정, 종로서적, 1992.

• 한춘기, 교사 마스터링, 생명의 양식, 2008.

• 한춘기, 교회 교육의 이해, 한국로고스연구원, 1996.

• 현유광, 교회 교육 길라잡이, 생명의 양식, 2019.

8장 • 기독교 교육의 교사

1. 기독교 교육에 있어서 교사

교사는 어떤 주제에 관한 지식을 체계적이고 계통적인 과정에 따라 전달하는 임무를 가진 사람입니다. 기독교 교사는 거기서 한 걸음 더 나아가 신앙의 신념들을 전달하는 것 이상의 소명을 받은 사람입니다. 이를 기독교적 시각으로 정리해 보면 다음과 같습니다. 교회학교 교사는 학생(들)이 자신의 삶의 자리에서 하나님께 대한 신앙의 신념들을 적용하고 실천하게 하는 능동적인 반응과 결단을 할 수 있도록 동기를 부여하고 자극하는 역할을 감당하는 하나님의 부르심을 받은 사람입니다. 세상에는 교회학교 교사론에 대해 쓴 많은 글이 있지만, 많은 글을 읽는다고 기독교 교사가 되는 것은 아닌 것 같습니다. 진정한 교회학교 교사가 되기 위해 자신의 임무를 수행하기는 쉽지 않습니다. 왜냐하면 교회학교 교사는 단순히 지식을 전달하는 데서 그치지 않고 자신이 기독교적 삶을 사는 것이 병행되어야 하기 때문입니다.

교회학교 교사는 먼저 자신이 하나님께 속한 사람임을 확신해야 합니다. 이는 영적인 자기 정체성의 확립입니다. 내가 누구인가?에 대한 질문은 반드시 던져져야 하며, 이에 대한 성실한 대답을 자기 자신이 찾아야 합니다. 종교개혁자 칼빈의 말처럼 하나님을 아는 지식과 나를 아는 지식 사이에는 밀접한 상관관계가 있기 때문입니다. 그는 유명한 기독교 강요에서 자신에 대한 인식이 없이는 하나님에 대한 인식도 있을 수 없다고 하였습니다. 동시에 교회학교 교사는 하나님이 우리에게 맡겨주신 일을 장인 정신을 갖고 철저하게 수행해야 합니다. 이것이 자신의 일에 대한 주체성의 확립입니다. 가르치기 위한 공부는 하나님이 대신 해주는 것이 아니라 교사 자신이 해야 합니다. "울며 씨를 뿌리러 나가는 자는 반드시 기쁨으로 그 곡식단을 가지고 돌아오리로다"(시126:5)라는 말입니다. 이런 의미에서 교회학교 교사는 영적인 자기 정체성과 인간적인 자기 주체성을 함께 갖고 있어야 합니다.

예수님은 이 두 가지를 항상 갖고 계셨습니다. 그는 자신이 하나님의 아들이라는 철저한 영적 자기 정체성에 대한 확신이 있었습니다. 그러기에 어떠한 고난이 닥쳐와도 자신의 교사로서의 사명을 포기하지 않았습니다. 하나님의 아들이며 동시에 메시야로서 자기 정체성에 대한 확신이 그의 가르침을 권위 있는 것으로 만들었습니다. 동시에 예수님은 철저한 주체성을 갖고 있었습니다. 자신이 하나님의 아들이라는 사실 때문에 인간으로서 해야 할 일을 결코 소홀히 하지 않았습니다. 전혀 다듬어지지 않았고 거칠었던 제자들을 가르칠 때 절대로 작은 과정이라도 생략한 교사가 아니었습니다. 결국 그는 묵묵히 3년이나 제자들을 데리고 다녔고, 차근차근히 가르쳤습니다. 급기야는 아버지에게 버림을 받으면서까지 자신이 인간이면서 메시야로서 걸어야 할 길을 끝까지 인내를 갖고 걸었습니다. 그러기에 예수님의 가르침은 생명력이 넘쳤습니다. 또한 그의 가르침은 많은 이들의 영혼을 깨웠고, 능력과 권위를 동반한 것이었습니다. 이것이 바로 오늘의 교회학교 교사가 예수님으로부터 배워야 할 것입니다. 나는 교회학교 교사로서 과연 하나님께 속하였는가? 나는 어떠한 어려움이 닥쳐와도 나에게 맡겨주신 사명을 끝까지 최선을 다해 감당할 것인가? 라는 정체성과 주체성에 관한 질문에 반드시 답해야 한다고 확신합니다. 바로 이것이 교회학교 교사론을 시작하는 출발점입니다.

2. 교사 : 직업인가, 소명인가?

소명을 일반적으로 영어로는 Vocation, 라틴어로는 Vocatio라고 합니다. Vacatio의 의미는 사람을 '법정에 출두하도록 부른다'는 것입니다. 또 '황제나 임금이 신하를 부른다'는 imperal Summons의 의미도 있습니다. 구약성경에 보면 소명을 '라라'라는 히브리어 동사를 사용하고 있는데, 그 의미는 '부른다', '불러 내다', '청하다' '소환하다', '이름 짓다' 등입니다. 이사야서에 언급된 소명의 의미는 하나님이 이스라엘 백성과 인격적인 관계를 맺고, 그 민족을 '그의 아들'이라고 이름을 지어서 이스라엘을 하나님의 것이라고 주장하는 것으로 알려져 왔습니다. 신약에서는 소명을 '칼레오'라는 헬라어 단어를 사용했는데, 그 의미는 '부르다', '청하다', '소환하다', '이름 짓다'입니다. 이러한 소명은, imperial Summons 즉 황제나 임금이 신하를 부른다는 의미보다 차원이 월등하게 다른 참 임금이신 '하나님의 부르심'이고, '하늘의 부르심'이기 때문에 그 부름은 '거룩한 부름'이 아닐 수 없습니다. 이러한 소명은 하나님이 그의 은혜와 구원을 통하여 그의 백성이 되게 한 자들을 불러 역사에서 그의 목적을 실현하는 하나의 도구가 되게 함입니다. 하나님이 인류를 구원하시어 그의 자녀로 삼아주셨고 그중에서 목회자나 교사 등을 불러서 이땅 위에서 그의 나라를 확장하는 사업의 일꾼으로 쓰시는 것입니다.

교사가 된다는 것은 무엇을 의미합니까? 생계를 해결해주는 여러 직업 중의 하나인가, 자아성취를 하기에 적당한 분야인가, 아니면 다른 무엇입니까? 교사직을 통해 생계를 유지할 수도 있고, 자아 성취에 적당할 수도 있습니다. 그러나 여기서는 좀 더 본질적인 문제에 대해 논의해 보도록 합니다. 반다이크(Van Dyk) 교수는 그의 책 The Craft of Christian Teaching에서 기독교적 가르침을 구체적으로 설명하기에 앞서 제일 먼저 교사의 '소명'(calling) 의식을 언급하고 있습니다. 반다이크 교수가 기독교적 가르침, 즉 기독교 교육에서 교사의 소명 의식을 우선적으로 설명하는 것은 무엇 때문일까요? 그것은 기독교 교육에서의 주체는 교사이기 때문입니다. 교사의 신념이 교육활동의 방향을 결정하기 때문에 기독교 세계관으로 교육을 바라볼 수 있어야 하는 교사는 교육활동에 임하기 전에 기독교 세계관의 관점에서 교사직에 대한 올바른 이해도 수반되어야 할 필요가 있습니다.

일반적으로 통용되고 있는 교사직에 대한 개념과 기독교 세계관으로 바라보는 교사직은 차이가 있는데, 그것은 교사를 하나의 직업으로 생각하는 반면, 기독교인에게 교사직은 '소명'이라는 것입니다.

소명이란 누군가가 당신이 어떤 일을 하기를 원해서 부른 것을 의미합니다. 환언하면 하나님께서는 당신이 가르치는 일을 하기를 원해서 당신을 교사로 부르신 것을 인식해야 합니다. 많은 기독교인들이 소명에 관해 약간의 오해를 가지고 있는 듯합니다. 소명이란 전임 사역자들, 선교사, 그리고 교회를 중심으로 이루어지는 일들에 헌신하는 사람들, 때로는 소명을 직업으로 연결 시켜 특정 직업을 가진 자에게만 적용된다고 생각하는 것입니다. 그러나 모든 사람들은 소명을 받은 소명자입니다. 그것은 특정 부류 또는 특정 직업과 동일하게 이해되어서는 안 됩니다. 하나님은 우리를 자녀로, 부모, 교사로 또는 여타 다른 모습으로 부르신 것입니다.

그러므로 하나님으로부터 소명 받은 교회학교 교사는 생활의 모든 문제를 하나님의 주권하에서 해결해야만 합니다. "너희는 너희의 것이 아니라 값으로 산 것이 되었으니", 그러므로 그리스도는 나의 주(主)가 되시고, 삶에 있어서 훌륭한 청지기 직분을 감당하도록 하는 의(義)로운 삶으로의 부르심, 인류에 대한 사욕 없는 봉사를 제공하려는 욕망, 하나님 왕국사업에 참여하려는 내적인 충동, 모든 생활에 있어서 하나님의 목적과 계획에 대한 확신 등이 소명 받은 교사에게는 꽉 차 있어야 할 것입니다. 만일 하나님과 더불어 가지는 개인적인 교제에 대한 사실에 철저한 접근이 없으면 한 사람으로서 인간의 존엄에 대한 가치도 없는 것입니다. 기독교에서의 소명은 기독교 신앙에 있어서 절대적입니다. 교회학교 교사가 된다는 것은 직업인이 되는 것을 의미하지 않습니다. 그것은 하나님의 부르심에 신실히 순종하는 것이며, 하나님께서 교사로 부르신 목적을 향해 매진하는 것입니다. 교사는 왜곡 되어진 교육의 영역을 하나님이 창조하신 원래의 모습으로 변혁시키며 발전시키도록 하나님의 부르심을 받은 자들입니다. 소명자로서 교사가 되는 것은 직업인으로서 교사가 되는 것과 비교할 수 없는 큰 차이가 있습니다. 하나님은 교육의 영역에서 당신과 함께 동역하기 원하십니다.

3. 교사의 위치

1) 교사는 주님의 사랑의 부탁을 받은 자

학교에서 반장으로 뽑힌 아이는 비록 그가 어리고 반장의 일이 아무리 어렵고 힘들지라도 반장은 반을 위해 위임받고 부탁받은 모든 일을 자랑스럽게 생각하며 최선을 다해서 그 일을 수행하려고 할 것입니다. 하물며 사람으로서 하나님께 뽑혀 그의 일꾼이 될 수 있으며 그의 부탁을 받을 수 있는가 하는 생각은 언제나 할 말을 잃게 만들며 끝없는 기쁨과 자랑을 안겨 줍니다. 주님께 부탁받은 이 소명을 귀중하게 생각한다면 어떻게 죽도록 충성치 않을 수 있겠습니까? 교사는 참으로 이 세상이 감당치 못할 비밀을 갖고 있는 자들입니다.

2) 교사는 교회 지체 중의 작은 지체

교사는 주님의 명령과 교회의 명령과 부서장의 명령에 순종함과 아울러 맡겨진 일에 충성해야 합니다. 예수님께서 부활하신 후의 예언대로 "오직 성령이 너희에게 임하시면 너희가 권능을 받고 예루살렘과 온 유대와 사마리아와 땅끝까지 이르러 내 증인이 되리라"(행1:8) 하신 것처럼 사도들을 통해 그리고 교부들을 통해, 그 이후로 세워졌던 교회들은 참으로 그 수를 셀 수 없을 정도로 많습니다. 예루살렘에서 시작한 교회가 안디옥교회를 시발로 로마의 그 수많은 교회들, 유럽과 아프리카 북아메리카와 남아메리카, 호주, 그리고 아시아에 세워진 모든 교회들은 마치 바다의 모래알과 하늘의 별처럼 수없이 많습니다. 그리고 이 시대에 우리나라, 또 우리나라에서도 내가 속해 있는 나의 교회는 그중에서도 아주 작은 교회입니다. 이 교회에는 많은 위원회들이 있습니다. 그 위원회 속에 한 부분이 교육 위원회이고, 그중의 많은 부서 가운데 우리 부서가 있으며, 그 부서 중에 나의 반은 그야말로 작은 존재입니다.

4. 교사의 역할

1) 교사는 창조자

죄를 범하기 전의 아담(사람)은 모든 것을 다 알 수 있었습니다. 스스로가 모든 것을 알고 행할 능력을 가지고 있었다는 것입니다. "여호와 하나님이 흙으로 각종 들짐승과 공중에 각종 새를 지으시고 아담이 어떻게 이름을 짓나 보시려고 그것들을 그에게로 이끌어 이르시니 아담이 각 생물을 일컫는 바가 곧 그 이름이라"(창2:19)라고 말씀합니다. 하나님께서는 자기의 형상 곧 하나님의 형상대로 사람을 창조하시되 남자와 여자로 창조하시고 하나님이 그들에게 복을 주시며 그들에게 이르시되 "생육하고 번성하여 땅에 충만하라. 땅을 정복하라, 바다의 고기와 공중의 새와 땅에 움직이는 모든 생물을 다스리라"(창1:27~28)고 명령하셨으나 아담은 범죄 후 하나님께서 주신 하나님의 형상을 상실하게 되었습니다. 아담은 하나님의 형상을 상실함과 아울러 하나님이 주신 능력도 상실하게 되어 생육하고 번성하여 땅에 충만하고 정복하며 다스릴 능력을 잃게 되었습니다.

교사는 맡겨 주신 학생들 속에 감추어지고 상실된 하나님의 형상을 다시 찾을 수 있도록 인도해야 합니다. 잃어버린 우주를 가슴에 품고 살도록 마음을 넓혀 주고 꿈을 키워 주어야 합니다. 학생들이 구원을 받음으로 예수 그리스도 안에서 새로운 피조물(고후5:17)이 되어 영적인 눈이 뜨이도록 도와주어야 하며 모든 하나님의 창조물 속에 감추어진 비밀들을 보고 깨달아 알 수 있고 스스로 모든 일을 할 수 있도록 도와주어야 합니다. 많은 사람은 대체로 자기 능력의 1/10도 발휘하지 못하고 죽는다고 합니다. 그러나 하나님께서는 교사를 통하여 새로운 피조물로서의 삶을 살기를 원하고 계십니다.

첫째, 교사는 학생들로 하여금 생육하고 번성하여 충만할 수 있는 튼튼한 마음과 몸으로 자라도록 도와주어야 합니다. 예수님처럼 "그 지혜와 그 키가 자라가며"(눅2:52) 또 "너희가 하나님의 성전인 것과 하나님의 성령이 너희 안에 거하심"(고전3:16)을 알게 하는 것이 무엇보다 소중합니다. 우리는 마음과 몸을 깨끗하고 소중하게 보호해야 할 뿐만 아니라 하나님께서 만드신 모든 음식물을 감사함으로 골고루 먹는 일과 적절한 운동과 휴식으로 건강한 몸을 가지고 항상 거룩하고 참된 마음으로 좋은 생각과 습관을 가지 조화 있고 균형 있는 참된 성장을 하도록 해야 합니다.

둘째, 교사는 학생들이 하나님께서 만드신 모든 것을 정복할 수 있도록 도와주어야 합니다. 따라서 그들이 많이 알고 깨달아 익히며 사용할 수 있는 능력을 기르도록 지도해야 합니다. 모세는 이스라엘 백성을 출애굽 시키기 전에 "애굽 사람의 학술을 다 배워 그 말과 행사가 능하더라"(행7:22)고 할 만큼 능력을 배양시켰습니다. 적군을 정복하고 승리하기 위해서는 적군을 알아야 하듯이 하나님께서 만드신 만물을 정복하기 위해서는 그것을 알아야 할 뿐 아니라 정복할 수 있을 만큼의 힘을 길러야 합니다. 아는 것은 힘입니다. 그러나 모르는 것은 죄인 것입니다.

셋째, 만물을 다스리기 위해서는 먼저 자기를 다스릴 줄 아는 사람이 되어야 합니다. 모든 일을 남이 시켜서가 아니라 자기 스스로 하는 사람, 적게는 식욕을 참는 것에서부터 시작하여 환경을 참을 수 있고, 사람을 참을 수 있고, 사단의 공격을 참고 승리할 수 있는 힘을 길러야만 남을 다스릴 수 있는 사람이 될 수 있습니다. 주님께서는 우리가 모든 것을 능히 이길 힘을 주시겠다고 약속하십니다. 예수님을 믿는 학생은 믿지 않는 다른 학생들보다 언제 어디서나 달라야 합니다. 여호와의 말씀을 삼가 듣고 그 말씀대로 행하는 자에게는 "너로 머리가 되고 꼬리가 되지 않게 하시며 위에만 있고 아래에 있지 않게 하시리니"(신28:13)라고 말씀하십니다. 타고난 재능은 각기 다르지만 각각의 개성과 환경 속에서 나름대로 믿는 학생들은 믿지 않는 다른 학생들 보다 더 나아야 합니다. 다른 사람의 강요에 의해서가 아니라 스스로 자원하여 모든 일을 행할 수 있는 능력, 즉 창조의 능력을 가짐으로 이 세상의 모든 학생들에게 예수님을 전하고 그리스도를 통해 영안이 열림으로 하나님께서 만드신 만물을 알 수 있는 열린 눈과 열린 마음을 가지도록 해야 합니다. 예수를 믿어 새로운 피조물로서 만물을 창조하신 하나님과 만물 속에 계시며 섭리하시는 하나님을 알게 함으로 소우주를 가슴에 안고 원대한 비전을 가지고 자라게 해야 합니다. 하나님이 만드신 만물을 전공적으로 탐구하고 개발하여 이용하게 할 수 있는 참 그리스도인이 될 학생들, 즉 하나님이 만드신 세상을 잘 다스릴 정치가들, 경제인들, 군인들, 교육자들, 의원되신 주님을 따를 의사들, 하나님께 영광 돌릴 예술가들, 문학가들, 그리고 하나님의 말씀을 전할 목사, 선교사, 그밖에도 각 분야의 모든 일을 통해 하나님께 영광 돌리며, 만인 앞에 본이 되며, 하나님 나라와 국가와 사회와 가정과 자신에게 기여할 학생들을 키워가야 합니다. 하나님의 은혜가 늘 충만하여 자신은 기쁨의 생을 누리며, 아울러 이웃에게 도움을 주는 사람으로, 하나님과 사람에게 인정받는 일꾼이 되도록 인도해야 합니다.

2) 교사는 안내자

교사는 학생 인생의 안내 표지판이라 할 수 있습니다. 잘된 표지판은 지름길로 가도록 인도할 수도 있고, 잘못된 표지판은 오히려 힘든 길로 어렵게 가도록 할 수 있습니다. 미국 오레곤 주의 어떤 작은 마을에서 있었던 일입니다. 장난꾸러기 아이 두 명이 표지판의 방향을 바꾸어 놓았습니다. 얼마 동안을 사람들은 멋도 모르고 지나갔는데 곧 온 동네는 자동차 경적으로 큰 소란이 일어났습니다. 그곳을 지나 갔던 사람들의 신고로 경찰들과 잘못 지나간 사람들이 그 이유를 알 기 위해서 돌아왔던 것입니다. 결국 아이들의 장난으로 밝혀지긴 했 지만 그곳을 지나간 많은 사람들은 시간과 경비를 허비하고, 많은 불 편과 고통을 겪었습니다. 잘못된 표지판이 많은 사람에게 불편과 어 려움을 초래했던 것처럼 교사의 잘못된 가르침, 잘못된 말과 행동과 사고 등이 학생들을 악하고 잘못된 길로 인도합니다. 천국을 향해 가 야할 길을 지옥을 향해 가게 할 수도 있다는 것입니다. 그러나 참 교 사는 좋은 표지판처럼 모든 위험으로부터 막아 주며, 지름길이며 가 장 좋은 길로 인도해 줍니다.

3) 교사는 중매자

중매자의 제일 중요한 일은 서로에게 상대방을 잘 소개하여주어 서 서로가 좋은 마음을 갖도록 하는 것입니다. 바울 사도는 고린도 교인들을 가르치면서 "내가 하나님의 열심으로 너희를 위하여 열심 을 내노니 내가 너희를 정결한 처녀로 한 남편인 그리스도께 드리려 고 중매함이로다"(고후11:2)라고 고백했습니다. 성지순례 때의 일입 니다. 예루살렘에서 아랍인 통역자의 통역을 받았는데 그분도 영어 를 잘하지 못하였고 듣는 자도 미숙하므로 하루 종일 열심히 설명하 고, 귀 기울여 들었으나 무엇을 들었는지 통 알 수가 없었습니다. 더 구나 성경 말씀은 하나님의 감동으로 기록한 것이므로 성령께서 밝히 조명 하시지 않으시면 깨달아 알 수가 없으며, 깨달은 말씀을 경우에 합당하게 전하기 또한 참으로 어려운 것입니다. 교사는 좋은 동역자가 되기 위해서 먼저 말씀의 뜻과 상대방을 잘 알아야 합니다. "베뢰아 사람은 데살로니가에 있는 사람보다 더 신사적이어서 간절한 마음으로 말씀을 받고 이것이 그러한가 하여 날마다 성경을 상고하므로 그중에 믿는 사람이 많고"(행17:11~12)라고 했습니다. 말씀을 알기 위해서 간절히 사모하고 애쓰는 마음과 아울러 상대방에게 잘 전해 주기 위한 노력이 계속될 때에 좋은 동역자가 될 수 있는 것입니다. 세상 살아가는 일에 있어서도 좋은 동역자가 되기 위해 수 없는 노력과 수고가 따라야 하는 것처럼, 학생들을 위한 좋은 동역자가 되기 위해서는 끊임없는 자기 노력이 필요합니다. 교사는 돈을 받고 고용된 동역자가 아니라 자원하는 마음으로 동역을 맡은 사랑의 통역자입니다. 교사가 잘못 깨닫고, 잘못 전한 하찮은 말 한마디가 학생을 상하게 할 수도 있고, 반대로 영원한 희망이 되게도 한다는 것과 교사의 인격 그대로 학생들 가슴에 사진처럼 찍힌다는 것, 그리고 교사의 뜨거운 가슴이 학생들의 체온 속에 잔잔하게 전해진다는 것을 기억해야 합니다.

4) 교사는 섬기는 자

예수님께서는 주와 선생이 되어서도 제자들의 발을 씻기셨습니다(요13:1~17). 주님께서 보여 주신 본을 따라 교사는 학생을 잘 섬겨야 합니다. 잘 섬기기 위해서는 힘과 물질과 시간을 들여 헌신하여야 하며, 아무리 유능한 교사라도 준비하지 않으면 섬길 수가 없습니다. 어머니가 가족을 섬기기 위해서 하루 세 번씩 하는 밥 준비도 매번 쌀을 준비해야 하고, 깨끗이 씻어서 불에 얹은 다음 뜸을 잘 들여서 밥이 잘되도록 정성과 시간을 들여야 합니다. 아무리 급하다고 해서 자녀에게 생쌀을 먹이는 어머니는 없습니다. 물질과 시간을 들이지 않는 교사의 가르침은 마치 생쌀을 먹이는 것과 같습니다. 또한 교사는 궂은 일을 먼저 찾아해야 합니다. Y교사는 회사의 중역이시지만, 하시는 일은 늘 학생들이 교회 바닥에 버리고 간 종이와 더러운 것들을 줍고 깨끗이 치웁니다. 그분의 섬김은 늘 교사들을 감동하게 하며 주님의 참 제자의 모습을 보여 주는 것입니다. 또한 교사는 누가 오리를 가자 할 때 십리를 가 주는 마음(마5:41)을 가지고 학생이 잘될 것을 믿고, 훗날에 웃는 자가 되기 위해 목표가 분명한 섬김을 행하는 사람입니다.

5) 교사는 양육자

바울 사도는 이렇게 말했습니다. "우리가 그리스도의 사도로 능히 존중할 터이나 그러나 너희에게든지 다른 이에게든지 사람에게는 영광을 구치 아니하고 오직 우리가 너희 가운데서 유순한 자 되어 유모가 자기 자녀를 기쁨과 같이 하였으니 우리가 이같이 너희를 사모하여 하나님의 복음으로만 아니라 우리 목숨까지 너희에게 주기를 즐겨함은"(살전2:6~8). 참으로 부모가 자녀를 키울 때는 자녀를 위해서라면 자기 육신의 괴로움을 괴로움으로 여기지 않고 희생을 감수

합니다. 소아과 병원에 가 보면 아기 보다 더 퀭한 눈으로 밤새껏 뜬 눈으로 지새고 온 엄마들을 쉽게 볼 수 있습니다. 또한 자녀의 필요를 위해서는 자기의 모든 쓸 것을 다 희생합니다. 농어촌교회 봉사를 다녀 보면 논과 밭을 다 팔아서라도 자녀의 학비를 대주고 부모는 오히려 소작을 하는 경우를 흔히 볼 수 있습니다. 그리고 부모는 눈을 감는 순간까지도 자녀가 잘 되기를 바라고 포기하지 않습니다.

• 또한 교사가 학생들을 양육함에 있어서 부모가 자식을 기르듯이 해야 합니다.

① 때를 따라 모든 것에 알맞게 먹이고 가르치고, 훈련 시켜야 합니다(전3:1~8). 봄에 씨 뿌릴 때를 놓친 농부는 가을의 추수 때에 거둘 것이 없는 것처럼, 양육자로서 때를 알아 그때그때 마다 적절한 필요를 충분히 채워 주지 않으면 교육의 때는 순식간에 지나가 버리고 맙니다.

② 한 학생, 한 학생의 특성을 알고 그 특성을 개발시켜주어야 합니다. 공평하신 하나님께서 만드신 만물은 다 제각기 다른 특성과 장점을 가지고 있습니다. 장미꽃은 아름다우나 채송화 같은 앙증스러움은 없습니다. 사자는 당당하나 개미 같은 지혜는 없습니다. 모든 만물이 나름대로 장점을 살려 하나님께 영광을 돌리고 있는 것처럼, 만물의 영장인 사람에게는 더할 나위 없는 하나님의 공평하심으로 영광을 돌려야 합니다.

③ 인내해 주어야 합니다. 아가는 '엄마'라고 부르기 위해 3천 번 이상의 실수를 연발합니다. '어마', '음마'라고 부르지만 그렇다고 욕하거나 때리는 부모는 없습니다. 잘하기 위해서는 수 없는 실수를 연

발할 수밖에 없는 것이 연약한 인간들입니다. 인간의 모든 부분이 성장하려면 인내라는 영양분이 있어야 합니다.

④ 계속해 주어야 합니다. 한 번에 끝내는 일은 누구나 잘 할 수 있으나 계속되는 일을 잘하기란 여간 어렵지가 않습니다. 자녀를 잘 기르기 위해서도 계속적인 보살핌이 필요합니다. 옛 부모들은 말씀하시기를, 아이들은 낳기가 어렵지 일단 낳아 놓기만 하면 저절로 큰다고 하셨는데, 낳기도 힘들지만 기르기는 더욱 힘이 들었습니다. 계속적인 보살핌 - 그것은 참으로 용기와 지혜와 헌신을 필요로 하는 것입니다. 사랑하는 자만이 모든 것을 참으며, 모든 것을 믿으며, 모든 것을 바라며, 견디며, 사랑만이 언제까지나 승리할 수 있습니다(고전13:7~8).

6) 교사는 앞서 가는 사람

성지순례 중에 있었던 일입니다. 사막에 아스팔트 포장 공사를 멋지게 닦아 놓은 곳을 지나가던 중 아스팔트 길을 지나가는 한 무리의 양 떼를 보게 되었습니다. 무리 중에 몸집이 크고 털이 매끄럽지 않아 보이며 다소 늙어 보이는 듯한 큰 양 한마리(Elder Sheep)가 아스팔트 길 가운데 서서 모든 양 무리가 길을 다 건널 때까지 꼼짝하지 않고 서 있다가 양들이 다 건넌 후에야 마지막으로 천천히 길을 건너가는 것이었습니다. 처음에는 자동차들이 너무 빨리 달리다가 이들 양들이 많이 치어 죽었다고 합니다. 그러나 사람들이 양무리의 안전을 지키다가 죽어간 양들을 본 후에는 이젠 누구나 그 양이 지날 때까지 기다려 준다는 것입니다. 이 모습을 보면서 내가 맡았던 주님의 어린 양들을 생각해 보았습니다. 미물인 양조차도 자기의 일을 위해서 목숨을 바치는데 나는 오히려 미물보다 못했다는 것이 참으로 부끄러웠습니다. 수가 적든 많든지 우리에게 맡겨진 주님의 양들을 위해 교사인 우리는 적어도 이 양들보다 더 나은 목숨을 건 헌신이 있어야 하는 것입니다.

7) 교사는 배우는 사람

미국의 심리학자 홀(G. C. Hall)은 "교육자는 교육받는 자보다 더 많이 공부하지 않으면 안 된다"고 했고, 괴테(Goethe)는 "학생에게 가르치고자 하는 양밖에 알지 못하는 교사보다 나쁜 사람은 없다"고 말하였습니다. 또 터툴리안은 "그리스도인은 태어나는 것이 아니고 만들어지는 것이다"라고 말하였습니다. 사도 바울도 "다른 사람을 가르치는 네가 네 자신을 가르치지 아니 하느냐"(롬2:21) 하고 우리에게 교훈해 주고 있습니다.

① 교사는 성장해야 할 목표를 가지고 있어야 합니다. 주님께서는 "오직 우리 주 곧 구주 예수 그리스도의 은혜와 저를 아는 지식에서 자라가라"(벧후3:18)고 말씀했습니다. 작년과 올해가 같은 수준에 있는 교사는 참으로 노력하지 않는 교사 성의가 없는 교사입니다. 우리의 목표는 교사가 우리 구주 예수 그리스도를 향하여 자라는 것입니다. 우리는 부단히 자기를 부인하고 자기를 쳐 복종시키기까지 힘들여 정성을 다함으로 자기를 성숙시켜 가야 합니다.

② 열심히 읽어야 합니다. 성경과 교사 훈련에 관한 책들을 열심히 읽어야 합니다. 성경을 매일 읽어 가는 것은 교사의 기본 과제입니다. 이 외에도 종교 서적, 교육자료 백과사전, 자연 도감 등 교육에 필요한 서적을 많이 읽어야 합니다. 교사는 읽을 뿐만이 아니라 그것을 성경적으로 재해석하는 노력이 필요합니다.

③ 넓고 깊게 관찰해야 합니다. 모든 것에 세밀한 눈과 알고자 하는 마음을 가지고 하나님과 역사와 세상과 문화와 지식과 도덕 등 모든 것의 변화를 자세히 관찰하여 옳고 그름과 그 속에 내포 되어 있는 하나님의 뜻을 헤아려 보아야 합니다. 그리스도인에게는 우연이 없다는 말처럼 그 일들을 허락하신 하나님의 참뜻을 인식하고 살펴야 합니다.

④ 워크샵(Workshop)을 가져야 합니다. 세미나, 교사 강습회, 교사 아카데미 또는 교사대학에 참여함으로 짧은 시간에 많은 내용을 교육 받게 되며, 간접 체험을 하게 됨으로 매우 효과적이고 능률적이며, 또 동역하는 많은 사람들을 만나게 됨으로 새로운 도전과 힘을 얻을 수 있습니다. 이와 같이 교사는 배우기를 게을리 하는 자가 아니라 자기의 성숙을 위하여 노력하는 자이며, 알고 있는 것을 활용하는 능력을 가진 자입니다.

8) 교사는 친구

이 세상에서 제일 무서운 사람이 누구냐고 학생들에게 물어보았더니 '부모님'이라고 대답하는 학생이 80%가 넘었습니다. 학생들도 부모에게 말하지 못하는 것들이 있습니다. 특히 어린 학생들에게 교사는 참으로 좋은 친구가 될 수 있습니다. 언제나 같은 편이 되어 줄 수 있고 따뜻하게 이해해 줄 수 있고 충고해줄 수 있는 사이이기 때문입니다. 주님은 "너희가 나의 명하는 대로 행하면 곧 나의 친구라"(요 15:14)고 말씀하고 계십니다. 교사는 친구로서 동료 의식을 갖고 마음이 같아지고 생각하는 것이 같아져서 서로의 인격이 담아질 수 있는 관계를 맺어야 합니다. 교사와 학생이가 친구가 될 때 비로소 인격적인 동화가 이루어지는 것입니다.

5. 반목회자 교사 갖출 7가지 능력

1) 반의 발달 단계에 대한 이해 능력

일반 교회학교의 반은 한 해 단위로 편성되고 해체됩니다. 베테랑 교사는 반이 한 해의 시간의 흐름에 따라 어떤 발달 과정을 거치는지 경험적으로 알고 있습니다. 하지만, 신임교사나 경험이 적은 교사들은 이해가 부족하며, 베테랑 교사라 할지라도 주의 깊게 살피지 않으면 반의 발달 과정을 이해하지 못해 적절하게 학생들을 다루는데 어려움을 겪습니다. 집단은 시간의 흐름에 따라 어떤 발달 단계를 거치는가? 모든 집단이 발달단계이론을 그대로 따르지 않으나, 공통적으로 밟게 되는 과정이 존재합니다. 교사들이 섬기게 될 반도 하나의 소그룹 집단으로 일반적인 집단발달 단계와 유사한 형태를 보이므로 집단발달에 대한 이해는 학생들을 지도하는 데 도움을 줍니다.

집단발달 이론들은 공통적으로 집단이 다섯 단계의 발달 과정을 거치는 것으로 봅니다. 첫째, 형성기(forming)입니다. 집단이 새롭게 형성되면서 구성원들이 서로 알아가는 오리엔테이션 단계에 해당 됩니다. 둘째, 격동기(storming)이며 집단이 함께 활동을 시작하면서 역할과 절차를 놓고 이견이 나오는 단계입니다. 셋째, 규범기(norming)이며 이 단계는 규칙과 사회관계가 확립되어 집단이 구조화되는 과정에 해당 됩니다. 넷째, 수행기(performing)로서 집단이 해야 할 일에 초점을 맞춥니다. 다섯째, 휴지기(adjouming)로서 집단이 수행해야 할 일을 완수하고 해체되는 단계입니다. 교회학교의 반의 형성 사이클을 보면 집단의 발달 단계와 유사한 과정을 거칩니다.

2) 관계 형성 능력

교회학교의 새 학년이 시작되었을 때, 교사에게는 맡은 학생들을 성공적으로 이끌어 계획한 교육목표를 달성하기 위해 효과적인 리더십을 발휘해야 할 사명이 주어졌습니다. 무엇보다도 교사는 관계 형성에 주력해야 합니다. 교회학교 교사가 성공적으로 이끌어야 할 관계는 학생들과의 관계 그리고 교사들과의 관계입니다.

먼저, 학생들과 성공적으로 관계를 형성해야 합니다. 성공적인 관계 형성 없이는 학생들을 가르치고 이끄는 것은 불가능합니다. 실제로 상대방과의 관계의 질이 메시지의 전달의 효과성에 매우 중요한 역할을 합니다. 같은 메시지라도 관계의 좋고 나쁨에 따라 전달되는 효과가 다르다는 것입니다. 성경을 가르치고 함께 영적 성장 목표를 추구해야 할 반에서 교사와 학생 간, 그리고 학생 상호 간에 관계 형성이 이루어지지 않으면 성공적으로 목표를 추구할 수 없게 됩니다. 성공적인 관계 형성을 위해 우선 학생들에 대한 이해가 전제되어야 하고, 좋은 관계 형성을 위한 기술적인 노력이 필요합니다. 학생들과의 관계 형성을 위해 학생들에 대한 이해가 있어야 합니다. 크게 두 가지 틀에서 생각해 볼 수 있는데, 먼저는 자기가 가르치는 학생들의 발달 수준에 따른 일반적인 이해, 그리고 각 학생에 대한 개별적인 이해가 필요합니다. 교사는 학생들과의 좋은 관계를 형성하기 위해 어떤 기술적 능력이 요구되는가? 아이켄베리(Eikenberry)는 교회학교 교사들이 학생들과의 좋은 관계 형성을 위해 참고할 만한 몇 가지 지침들을 제시하였습니다.

① 교사는 매력적이어야 합니다. 어떻게 하면 매력적인 교사가 될 수 있을까요? 개방적인 자세를 가지고 친절해야 하며, 공통된 관심사를 찾아 학생들과 공감대를 형성해야 합니다. 더불어, 교사는 학생들의 감정, 상황, 신앙, 목표 등에 진정한 주의를 기울여 관심을 표할 때 매력적인 교사로 비치게 됩니다. ② 교사는 학생들의 말에 경청할 때 좋은 관계 형성이 이루어지게 됩니다. 일방적으로 가르치는 일에만 익숙하여 학생들의 말에 귀 기울이지 않는 교사는 학생들에게 좌절감을 안겨줄 뿐이라는 사실을 간과해서는 안 됩니다. ③ 좋은 관계 형성을 위해 교사는 신뢰를 쌓아야 합니다. 신뢰는 학생들이 교사가 가르치는 내용에 대해 잘 알고, 약속한 것을 지키고, 자신의 감정도 개방하고 순수한 동기로 자기들을 가르치고 있다는 것을 느낄 때 형성되는 감정입니다.

둘째, 함께 사역하는 동료 교사들과의 좋은 관계 형성 능력도 중요합니다. 권성호, 김효숙, 정효정의 연구 결과에서는 교사의 관계적 역량은 영적, 교육적 역량 못지않게 교회학교 교사에게 있어서 중요한 역량임을 확인하였습니다. 교회학교 내에 형성된 좋은 관계적 풍토는 학생들의 학습뿐만 아니라 교사의 효율성과 사기에 영향을 미치므로 긍정적인 교육풍토 조성을 강조하였습니다. 각 교육부서 안에서 교사들의 영적인 분위기 형성, 개방적 의사소통 유지, 참여적 의사결정의 확대, 위임의 적극적 활용, 적절한 보상체계 등을 갖출 때 서로 간에 긍정적 관계가 형성되는 것을 발견하였습니다. 교회학교 교사는 학생들과의 관계와 마찬가지로 동료 교사와의 좋은 관계 형성을 위해 자신을 적극적으로 개방하고 다른 동료들을 존중하며 애정을 가질 때 긍정적인 관계 형성이 가능하게 될 것으로 기대합니다. 이와 더불어 교사는 서로가 신뢰해야 합니다. 목표 성취에 헌신하고, 서로 삶을 나누고, 분명한 역할에 따라 행동하고, 자유로운 대화의 장을 만들고, 변화에 대해서도 개방적인 자세를 가질 때 동료 교사와의 긍정적인 관계 형성이 가능하게 됩니다.

3) 목표 수립 능력

교사는 교사로서 그리고 분반을 이끄는 리더로서 목표를 가져야합니다. 인생의 목표나 가치관은 한 사람의 삶을 형성하고 인도합니다. 교회학교 교사는 자신의 신앙적 가치관과 기준에 따라 소신을 가지고 섬겨야 합니다. 학생들에게 탁월한 리더십을 발휘하는 교사는 목표가 분명한 사람입니다. 리더는 목표 달성을 위해 사람들을 이끄는 자이므로, 리더의 역할은 목표와 함께 시작되고 목표와 함께 사라진다고 해도 과언이 아닙니다. 교회학교 교사들은 대개 1년 단위로 반을 맡아 운영합니다. 1년 동안 한 반을 이끌기 위해 분명한 목표가 필요합니다. 어떤 목표가 필요할까요? 김광건은 크리스천 리더가 가져야 할 목표를 크게 가치로써 목표와 현실적 필요로써 목표를 제시하였는데, 교회학교 교사들에게도 의미 있게 적용될 수 있습니다.

궁극적 가치를 위한 목표는 다음과 같은 질문으로 추구됩니다. '교회학교 교사로서 나의 궁극적인 교사 됨의 목표가 무엇인가?' '나에게 맡겨진 학생들을 무슨 목표를 향해 이끌고 있는가?' 가치로써 목표는 다른 말로 표현하면 교사 됨의 '사명' 혹은 '궁극적 가치'라고 표현할 수 있습니다. 교사 됨의 공통된 사명에 기초한 가치로써 목표는 예수님께서 주신 지상명령과 사도들이 사역의 궁극적인 목표로 삼았던 '복음전파'(마28:18~20)와 '그리스도 안에서 성숙'(골1:28~29, 갈4:19)으로 요약할 수 있습니다. 교회학교 교사는 가치로써 목표가 그리스도의 복음을 받아들이고 그리스도를 닮은 제자들로 자라게 하는데 있다면 그것의 실현을 위해 실제적인 전략목표가 필요합니다. 섬기는 반 학생들의 영적 성장과 반 운영을 위해 교사는 궁극적인 가치의 목표에 기초하여 실제적인 목표를 제시해야 합니다. 목표가 없는 상태에서 학생들의 영적 성장과 반의 부흥을 기대할 수 없습니다. 몰츠(Maltz)는 "사람은 천성적으로 목표를 추구하는 존재이다. 사람은 목표를 추구하도록 지음 받았으며, 그렇게 목표를 향해 살아갈 때 행복을 느낀다"고 주장하였습니다. 교사 스스로도 그리고 학생들도 반에서 함께 세운 목표를 추구할 때 보람과 가치를 느끼는 것입니다. 많은 경우 교사들은 맡은 반 아이들에게 공과를 가르치고 반을 유지하는 것으로 자신의 임무를 다하고 있다고 생각합니다. 하지만, 실제적인 목표가 없이는 성공적인 반 운영을 해 나갈 수가 없습니다. 실제적으로 성공 가능한 목표는 어떤 특성을 가지는가? 성공적인 목표는 구체적(specific)이고, 도전적(difficult)이고, 참여적(participant-owned)이어야 합니다. 첫째, 구체적인 목표를 세웁니다. 교사는 한 해 동안 몇 명의 영혼을 전도하고, 성경 구절을 몇 개 암송하고, 큐티를 습관화하고, 예배의 자세는 어떠해야 한다는 구체적인 목표를 제시할 때 효과적입니다. 둘째, 목표는 도전적이며, 실현 가능해야 합니다. 목표를 세우는데, 너무 쉬운 목표는 식상하고 너무 어려운 목표는 좌절감을 주므로 학생들에게 적절한 도전을 주어 노력하면 성취할 수 있는 목표를 세우고 도전해야 합니다. 셋째, 목표를 세울 때 교사는 학생들을 참여시켜야 합니다. 교사와 학생이 함께 세운 전도와 영적 성장의 목표는 교사가 일방적으로 세운 목표보다 더 나은 효과를 가져옵니다.

4) 소통 능력

학생들과의 관계를 형성하고 목표를 제시한 후 교사는 신앙 성장의 목표를 성취하기 위해 소통 능력을 발휘해야 합니다. 의사소통이란 의사소통의 매체(직접 혹은 간접)를 통해 내가 상대방을 향해 전하고자 하는 내용을 말하고, 나는 상대방이 전하고자 하는 말을 듣는 과정입니다. 의사소통은 협동의 전제 조건이며 조정의 수단으로서의 기능, 정보의 제공과 합리적 의사 결정의 수단으로서의 기능, 갈등 해소의 수단으로서의 기능, 통솔과 사기 앙양의 수단으로서의 기능을 수행합니다. 교사는 반을 이끌며 학생들에게 성경을 가르치고, 세운 목표를 그들에게 도전하고, 그들과의 관계를 형성하고 성경을 가르치고 반을 운영하기 위해 훌륭한 소통가가 되어야 합니다. 의사소통에 있어 전통적인 교사들이 보이는 가장 큰 약점은 일방향적인 의사소통을 여전히 선호하고 있다는 것입니다. 하지만, 일방적이고 권위주의적인 방식의 소통은 이제 더 이상 통하지 않습니다. 능동적 참여, 교사의 개방적 태도, 피드백, 쌍방향적 활동, 공동체적인 활동, 시각적 이미지의 강조, 인터넷과 미디어를 활용한 다양한 의사소통 방식과 매체의 활용을 특징으로 하는 의사소통 방식에 익숙한 교사가 되어야 합니다.

교사들의 의사소통 역량이 실제적으로 향상되기 위해서는 정확하고 바른 전달, 정확한 듣기, 학생들의 문화 이해가 개선되어야 합니다. 먼저, 정확하고 바른 전달을 위해 교사는 성경적인 원칙에 근거하여 소통하고, 간결하고 단순하게 말하고, 확신을 가지고 말해야 합니다. 또한, 정확하게 듣기 위해 학생들의 얼굴과 눈을 마주보고 그들의 말에 집중하며 열린 자세를 유지해야 합니다. 더불어, 소통하려는 내용들(성경 메세지 등)은 시대를 초월하여 변함이 없어야 하지만 소통의 방법에 있어서는 문화적인 코드를 맞추어야 합니다. 교회학교 교사는 가능한 한 학생들이 친숙한 언어와 표현 방법, 문장 구조, 관심 있는 이슈, 상징과 이미지, 그리고 현대적 소통 미디어를 사용하는 체질로 변화될 필요가 있습니다.

5) 동기 부여 능력

동기란 사람들의 내부에 있는 욕구, 욕망, 추진력, 혹은 열정으로 정의되며, 사람들로 하여금 무언가를 행동하게 하는 것입니다. 이와 같은 동기를 자극하고 지속시켜서 성취하고자 하는 목표를 향해 움직이도록 하는 활동이 곧 동기 부여입니다. 학생들도 무언가 필요를 느끼고 원하는 바가 있으면 행동하기 마련입니다. 학생들이 분반의 목표를 향해 달려가다 보면 지칠 때가 있습니다. 바로 그때, 좋은 리더십을 가진 교사는 학생들에게 적절하게 동기 부여함으로 반 활동의 역동성을 유지해나갈 수 있습니다.

교회학교 교사는 어떻게 학생들을 동기 부여 할 수 있을까요? 첫째, 뚜렷한 목표를 제시해야 합니다. 목표제시는 단순히 분반이나 조직이 나아가야 할 방향을 제시하는 기능뿐만 아니라 동기 부여에도 크게 작용합니다. 로크(Locke)는 목표가 동기 부여를 유발하는 강한 요인이 됨을 주장 하였습니다. 둘째, 학생들의 동기 부여를 위해 관계 형성의 질적인 수준도 높여야 합니다. 매슬로우(Maslow)의 욕구 계층이론 중 3단계는 관계 충족의 욕구, 그리고 앨더퍼(Alderfer)의 ERG이론도 관계 욕구의 중요성을 강조합니다. 사람은 좋은 관계의 분위기가 형성될 때, 학습뿐만 아니라 여러 가지 활동에 대한 적극적인 동기가 형성됩니다. 셋째, 적절하게 보상을 해야 합니다. 학생들이 처음부터 흥미를 느끼지 못 할 때에는 적절한 보상을 통해 동기를 자극할 수 있습니다. 보상은 내적, 외적 보상으로 함께 추구되어야 합니다. 내적 보상은 적극적인 칭찬과 격려, 그리고 외적 보상은 행동에 따른 적절한 물질적인 상을 줄 수 있습니다. 외적인 보상을 할 때에는 단지 어떠한 과제를 잘했기 때문이 아니라 수행한 과제의 질에 따라 보상합니다. 넷째, 학생들의 존엄성과 가치를 존중합니다. 매슬로우(Maslow)의 이론 중 4, 5단계는 존중과 자아실현의 욕구, 그리고 앨더퍼(Alderfer)의 ERG이론의 Growth는 성장 욕구를 의미합니다. 사람은 자신의 존재가치가 인정받고 무언가 의미 있는 일을 하고 있다고 생각할 때에는 동기 부여가 됩니다. 다섯째, 학생들의 참여를 적극 유도해야 동기 부여가 발생합니다. 그리피스(Griffith)는 사람들이 의사 결정에 참여하게 될 때 사기가 높아진다는 것을 발견하였습니다. 사람들은 무언가 직접 참여하여 행동할 때, 동기가 높아집니다. 학생들도 직접 참여하여 일하기를 좋아하므로 각 반에서 역할을 분담하여 참여하여 활동하게 하는 장을 만들어 학생들의 동기를 유발합니다.

6) 갈등 해결 능력

교회학교 교사는 학생들을 가르치고 반을 운영할 때, 학생들과 갈등 상황을 만날 수도 있고, 또한 학생들끼리 발생하는 갈등을 해결해 주어야 할 때가 있습니다. 또한, 교사들 사이에서도 갈등은 발생할 수 있고, 리더인 교역자들과도 마찬가지의 상황에 직면할 때가 있습니다. 갈등은 개인의 내면의 해결 되지 않은 문제, 사람들 사이, 문제

해결 방식의 차이, 가치나 신념의 차이, 성격의 차이, 이해의 차이, 혹은 학습방식의 차이 등 다양한 원인에 의해 발생할 수 있습니다. 갈등은 항상 나쁜가? 갠젤(Gangel)은 갈등은 그 자체가 파괴적이거나 건설적이지 않기 때문에 적절하게 하느냐 그렇지 않느냐에 따라 유익이 될 수도 해가 될 수도 있음을 주장합니다. 교회학교 교사는 학생들 사이 혹은 교사 간 갈등이 발생할 때, 그것을 긍정적으로 해결하는 리더십을 발휘해야 합니다. 그럴 때 자신이 섬기는 교회학교 공동체가 건강함을 유지할 수 있습니다. 갈등을 만날 때 갈등에 대처하는 유형을 크게 네 가지로 구분할 수 있습니다.

첫째, 회피형(withdrawing)은 갈등이 발생했을 때 화해할 수 없는 차이점이 있다고 생각하며 서로 해결의 접점을 찾지 못한 채 물러서는 형태입니다.

둘째, 경쟁형(taking)은 어떤 사람이나 그룹은 이기지만 다른 편은 패배하게 되는 갈등 대처방식입니다. 셋째, 양보형(giving)은 나는 패하고 다른 사람은 항상 이기게 하는 형태입니다. 넷째, 동의형(agreeing)은 서로가 윈윈(win-win)하는 전략으로 협상, 중재, 타협 등의 방법으로 문제 해결의 접점을 찾으려고 노력하는 스타일입니다. 각각의 갈등 대처방식은 장단점이 있습니다. 하지만, 가장 이상적인 것은 서로가 유익을 얻을 수 있는 방법으로 문제를 해결해주도록 중재해야 합니다. 갈등을 해결하기 위해 어떤 전략이 필요한가? 교회학교 교사는 몇 가지 갈등 해결의 지혜를 가지고 교사 간의 갈등, 혹은 학생들 간의 갈등의 중재자 역할을 능숙히 수행할 수 있어야 합니다. 갈등관리 전략은 크게 준비, 관계 세우기, 상대방 관심 이해, 건설적인 해결책 찾기, 해결책에 대한 평가와 선택의 과정을 밟습니다. 갈등 해결의 1단계는 갈등 해결을 위한 준비단계입니다. 기도하면서 학생들 간에 혹은 교사들 간에 갈등이 된 문제가 무엇인지, 문제에 대한 각자의 입장은 어떠한지, 그리고 갈등 당사자가 가지는 진정한 관심사가 무엇인지 파악합니다. 관련된 자료를 모으거나 의견을 정리하는 절차를 가집니다.

2단계에서는 갈등 당사자들 서로 간의 관계를 긍정적으로 정립하는 단계입니다. 갈등 당사자인 학생 혹은 교사를 서로 만나도록 자리를 마련하여 서로가 그리스도 안에서 형제, 자매이며 갈등을 긍정적으로 해결하도록 이끌어야 합니다. 서로가 문제를 좋은 방식으로 해결할 것을 확인하는 단계입니다.

3단계는 갈등이 된 문제와 그 문제에 대한 입장 그리고 서로의 관심사를 확증하는 단계입니다. 학생 사이 혹은 교사 사이에 해결되어야 할 문제가 무엇인지, 그 문제에 대해 각각의 당사자가 가진 입장은 어떠한지, 그리고 어떤 방식으로 그 문제가 해결되기를 바라는지 등 당사자들이 가진 관심사를 분명하게 파악하는 과정을 거칩니다.

4단계는 각자의 관심사에 따라 갈등을 해결할 수 있는 여러 가지 방안들을 브레인스토밍 방식을 통해 해결책을 찾는 단계입니다. 자신의 고정된 입장만 고집하는 것이 아니라 서로의 관심사를 충족할 수 있는 가장 적절한 원원(win-win) 해결방책이 무엇인지를 찾아내는 과정입니다.

5단계는 발견한 대안들을 평가하고 가장 적절한 대안들을 선택하는 단계입니다. 어떤 해결책들이 서로의 관심사를 가장 잘 충족하고 성경적인 해결방식인가를 평가한 뒤, 적절한 대안들을 선택하고, 선택된 대안들에 대해 함께 해결 하는데 노력 하기를 동의하는 문서를 작성하여 서명한 뒤, 기도로 마칩니다. 교회학교 교사는 갈등 해결의 기초적인 지식을 습득하여 학생들 간, 교사들 간에 발생한 갈등을 적극적으로 해결하는 역량을 갖추도록 해야 합니다.

7) 신앙 교육 평가능력

교육평가란 교육목표의 달성 정도나 교육 과정의 효율성을 판단하기 위하여 학습자의 행동 변화 및 학습 과정에 관한 제반 정보를 수집하고 이용함으로써 교육적 의사 결정을 하는 데 도움을 주거나 더 나아가 의사 결정을 하는 과정을 의미합니다. 리더십 능력을 갖춘 교사는 자신이 섬긴 반 학생들의 신앙 성장의 목표가 달성했는지 평가할 수 있어야 합니다. 하지만, 평가 방법에 대해서도 무지하고, 평가하는 일이 귀찮고, 또한 신앙을 평가한다는 것 자체가 어려운 일이었기 때문에 교회학교 평가의 부재 상태에 놓이게 되었습니다. 교회학교 교사는 전문적인 수준은 아니더라도 교회 교육평가의 기초지식은 보유해야 합니다. 신앙 교육의 결과 평가는 하나님의 초월적인 개입을 전제하므로 분명 일반교육 평가와는 차이가 있습니다. 하지만 자신의 가르침이 학생들에게 어떤 영향을 미쳤고 어떤 개선점이 요구되는지 평가과정을 통해 파악이 가능하므로 교회학교 교사의 중요한 리더십 역량 중 하나로 구비 되어야 합니다.

교회학교 교사의 수준에서 수행할 수 있는 신앙 교육평가는 어떤 방식으로 가능할까요? 먼저, 교육평가의 범위를 결정해야 합니다. 큰 범위로는 학생, 교사, 교육 과정, 분반 운영이 해당 됩니다. 학생의 평가는 지적(성경 지식), 정서적(신앙적 태도나 성숙도), 행동적(예배출석, 성경 읽기, 교회 행사 출석)인 영역 등 전인적인 평가가 이루어져야 합니다. 교사 자신에 대해서는 교수 학습 방법, 분반 공부 준비, 개인적인 영성 등을 평가할 수 있습니다. 교육 과정은 공과 자체에 대한 평가인데, 학습자들로 하여금 공과의 수준, 이해도, 흥미 등을 묻고 답을 얻을 수 있습니다. 분반 운영은 교사로서의 리더십 역량을 발휘하는 전 영역에서 평가가 가능합니다. 분반 목표, 관계 형성, 소통, 동기부여, 갈등관리 등의 리더십 역량이 분반 활동을 통해 잘 수행되었는가를 평가할 수 있습니다.

평가 방법은 일반적으로 교육평가에 사용되는 시험, 관찰법, 질문지, 인터뷰, 작품 등 다양한 방법으로 가능하나, 교회학교 교사가 사용할 수 있는 평가 방법은 간단한 질문지, 인터뷰 등이 해당 됩니다. 평가범위를 설문지에 적고 질문에 답하게 하거나 반 학생들을 전체적으로 포커스 그룹 형태로 몇 가지 질문을 통해 평가가 가능합니다. 이러한 과정을 통해 얻게 된 정보를 토대로 잘된 부분과 잘못된 부분을 발견하여 미비한 부분을 개선해 나가는 방안을 찾을 수 있습니다.

참고문헌

• 강용원 편집, 기독교 교육학 개론, 생명의 양식, 2022.

- 강정훈, 교사 다시 뛰자, 두란노, 2019.

- 김문철, 교회 교육 교사론, 종로서적, 1991.

- 김희자, 교사론, 대한예수교장로회 총회, 2014.

- 노만 E. 하퍼, 제자훈련을 통한 현대 기독교 교육, 이승구 역, 엠마오, 1984.

- 박상진, 교회 교육 현장론, 장로회신학대학교 출판부, 2010.

- 양금희 외 5인, 기독교 교육 개론, 장로회신학대학교 기독교 교육연구원, 2013.

- 양승헌, 크리스천 티칭, 파이디온선교회, 2012.

- 원준자, 주일학교 교사를 위한 효과적인 반목회, 파이디온선교회, 1991.

- 이현철 편저, 기독교 교육학 핸드북, 생명의 양식, 2024.

- 임계빈, 다음 세대를 살리는 목양교사, 엘맨, 2017.

- 임계빈, 목양교사를 위한 반목회 길라잡이, 엘맨, 2023.

- 임계빈, 성장하는 주일학교는 이런 교사를 원한다, 엘맨, 1998.

- 임계빈, 잠자는 목양교사를 깨운다, 상,하권, 엘맨, 2024.

- 케네스 O. 갱글 외 7인, 교수법 베이직, 디모데, 1999.

- 한국 기독교 교육학회 편, 기독교 교육, 대한 기독교 교육협회, 1994.

- 한춘기, 교사 마스터링, 생명의 양식, 2008.

9장 • 기독교 교육의 현장

기독교 교육의 장이란 기독교 교육이 이루어지는 현장(context)을 의미하며, 영역(fiekl)을 의미합니다. 기독교 교육은 허공에서 이루어지는 것이 아닙니다. 기독교 교육이 인간에 대한 기독교적 변화를 추구하는 것이라면 어떤 상황 속에서 이루어질 수밖에 없습니다. 기독교 교육이 하나님의 은혜로 말미암아 초월적인 변화가 일어나는 것을 포함하지만, 역사적인 현실 속에서 구체적인 인간의 삶이 변화되는 것이기에 시간적인 역사성은 물론이고 물리적인 공간 안에서 이루어지는 것입니다. 은준관은 그의 책 "기독교 교육 현장"에서 기독교 교육을 사람과 사람 사이에 임재 하시는 하나님과의 만남 사건으로 이해하면서 기독교 교육 현장을 그 만남의 사건을 교육적이며, 계획된 경험으로 구조화하려는 형태이고 디자인이라고 정의하고 있습니다.

그는 데이빗 스튜워드(David Steward)의 설명에 근거하여, 이러한 기독교 교육이 일어나는 공간을 물리적, 심리적 공간, 사회(역사)적, 영적인 공간으로 파악하며, 기독교 교육의 현장의 네 가지 원형으로서 예배공동체, 가정공동체, 학교 공동체, 그리고 사회공동체로 분류하고 있습니다. 이 네 가지 기독교 교육의 현장은 기독교 교육사적으로 기독교 교육이 활발히 이루어진 장이었을 뿐만 아니라, 오늘날에도 지속적으로 그 중요성이 인정되는 기독교 교육의 현장이라고 할 수 있습니다. 예배만이 아니라 다양한 교육과 활동이 이루어지는 교회를 비롯해 가정, 학교, 사회는 기독교 교육의 네 가지 장이라고 할 수 있습니다.

1. 교회

기독교 교육의 첫 번째 현장은 교회라고 할 수 있습니다. 교회 안에서 사람들이 하나님의 자녀들로 성숙해 갑니다. 교회가 기독교 교육의 현장이라고 할 때, 종래에는 '교회학교'(Sunday School)를 가장 중요한 교육 현장으로 간주하는 경향이 있었습니다. 물론 여전히 교회학교는 기독교 신앙을 형성하는 매우 중요한 기독교적 장임에 틀림 없습니다. 그러나 기독교 교육은 교회학교에서만 일어나는 것은 아닙니다. 교회 전 영역에서 이루어지게 되고, 교회 생활 전체가 기독교 교육의 현장이라고 할 수 있습니다. 최근 '교육 목회'(Educational Ministry)를 강조 하는 입장은 후자를 보다 중요한 기독교 교육 현장으로 인식하려는 경향이 있습니다. 마리아 해리스는 교회학교와 교육 목회의 관점이 어떻게 다른지를 도표로 선명하게 비교하고 있습니다.

<표1> 교회학교와 교육 목회 비교

영역/교육구조	교회학교	교육 목회
기관	개인과 선임된 사람	전 공동체
활동	수업과 교리 주입	교육과 능력부여
참가자	어린이	전 공동체
방향	전통을 배우고 법을 준수함	세상 속의 사역에 참여

여기에서는 이 두 가지를 포함한 '교회'라는 장을 기독교 교육의 첫 번째 현장으로 이해하고 이를 설명하려고 합니다.

1) 근대 이론적 근거

20세기에 들어 교육은 교회학교 교사들만이 아니라 전교회의 책임이라는 전제하에 교회의 교육적 사명을 천명한 제임스 스마트 (James Smart)를 중심으로 교회 신앙공동체를 중심한 기독교 교육이 더욱더 강조되기 시작했습니다. 스마트는 교회 안에서의 교육이 신학적인 면보다 일반 교육적인 면과 더 깊은 관계 속에서, 기독교 교육이 일반 교육과 더 긴밀한 관계를 가짐으로 도덕교육에만 치우치고 있는 데 강한 비판을 가합니다. 그는 구약성경에서도 교육은 하나님과의 계약의 관계를 확대 시키는 행위였으며, 신앙의 전 공동체가 하나님을 사랑하는 자녀로 양육시키는 것이었으며, 예언자들도 설교와 가르치는 일을 같이 해 왔음에 강조점을 둡니다. 스마트의 교회 교육의 목적은 성경을 탐구함으로 복음전파의 힘을 다시 얻어 예수 그리스도를 섬기는 지체, 그리스도의 제자가 되게 하는 데 있었습니다. 이를 위해 교과과정은 신학에 기초해서 성경이 전체적으로 가르쳐질 수 있도록 성경 중심이 되어야 하며 성경 속에서 교육이 이루어져야 한다는 것입니다. 또한 그는 제자됨을 위한 교육은 평생의 관심사이기에 전교회(the whole church)에 교육의 책임이 있으며, 교육 그 자체가 교회이고 또 전교회는 교육하는 공동체임을 주장합니다.

그럼 어떻게 전교회가 교육하는 교회가 되는가? 첫째, 성경 속에서의 교육, 성경이 교육 과정의 중심이어야 합니다. 둘째, 부모와 아이들이 함께 드리는 예배를 통해 교회는 하나님과 함께하는 생활로 한 단계 한 단계 성장해 가야 합니다. 부모와 아이들이 함께하는 예배는 아이들에게 훌륭한 학습환경입니다. 교회로의 교육은 예배하는 공동체로 솔선해 들어가는 것이며 예배는 그리스도인의 생동적인 호흡입니다. 셋째, 교회의 친교입니다. 친교는 개인의 삶이 공동체적 삶으로의 성장을 가져옵니다. 우리의 새로운 하나님 중심 속에서 우리는 서로의 기쁨, 고통, 문제, 당혹스러움 등과 같은 것을 향해 마음을 열게 됩니다. 넷째, 교회의 역사 속에서 성장하도록 하는 것입니다. 오늘의 교회만이 아니라 교회의 깊은 삶과 신앙이 나타난, 바로 그 기억인 교회의 역사는 성경과 분리 되어질 수 없습니다. 다섯째, 오늘의 세계 속의 교회가 되기 위한 특별한 훈련이 필요합니다. 이처럼 예수 그리스도의 완전한 신앙과 삶으로 개인들이 성장하도록 하는 전교회 속의 기독교 교육의 구조는 예배와 친교를 중심으로 하나님께 신앙과 순종으로 응답하는 참교회가 되도록 이끌고 있는 것입니다.

교회를 기독교 교육의 현장으로 이해할 때, 단지 교회학교만을 의미하는 것이 아니라 교회 생활 전반을 교육의 장으로 보아야 합니다. 이는 교회학교가 기독교 교육의 장이 아님을 의미하는 것이 아니라, 교회학교를 포함한 교회의 전 영역이 기독교 교육의 장임을 인식해야 한다는 것입니다. 이를 가장 강하게 주장한 기독교 교육 학자 중의 한 사람이 마리아 해리스(Maria Harris)입니다. 마리아 해리스는 이러한 교육 목회가 교회의 전 생활에 걸쳐서 일어난다고 보았는데, 교회의 생활을 초대교회에서 교회 생활을 기초해서 크게 다섯 가지 영역으로 분류하고 있습니다. 코이노니아, 레이투르기아, 케리그마, 디아코니아, 그리고 디다케 등이 바로 그것입니다. 이 다섯 가지 영역이 기독교 교육의 장이 될 수 있는데, 각각의 영역 안에서 교육적 사역이 일어나게 됩니다.

(1) 코이노니아(Koinonia)

즉 공동체는 교회에서 기독교 교육이 일어나는 첫 번째 장입니다. 신앙은 강의를 통해서 학습되기보다는 신앙공동체 안에서 형성됩니다. 하나님을 아는 것(knowing God)을 신앙으로 이해할 때, 그것이 단지 하나님에 관하여 아는 것(knowing about God)이 아니라 하나님을 '인격적으로' 아는 것이 되기 위해서는 단지 하나님에 관한 정보나 지식을 가르치는 교수 행위보다는 신앙공동체 안의 인격적인 관계와 경험을 더 중요하게 여겨야 합니다. 교회 안의 여러 신앙공동체가 모두 기독교 교육이 일어나는 영역입니다. 회중 공동체를 비롯해 구역이나 모임, 그리고 각종 성경 공부 모임은 모두 공동체의 성격을 지닙니다. 지역교회 안에서 교구와 구역, 그리고 다양한 성경 공부 모임 등은 공동체로서 기독교 교육의 좋은 장이 될 수 있습니다. 특히 마리아 해리스는 기독교 교육 공동체로서 교구는 교회 구성원들을 어떤 기준으로 차별하지 않고 포함하는 포용성을 지녀야 한다고 주장합니다. 그리고 목회적인 지도력만이 아니라 평신도 지도력을 함양하여 평신도들이 적극적으로 참여할 수 있는 구조가 되어야 하고, 섬김과 봉사의 정신에 입각해야 한다고 말합니다. 물론 기독교 교육은 이러한 공동체만이 아니라 교회 안의 다양한 교제와 친교들을 통해서도 이루어집니다. 전통적인 학교 교육의 관점에서는 교제와 친교는 공식적인 교육 과정이 아니라고 인식하지만, 이러한 잠재적 교육 과정(hidden curriculum)이 오히려 구성원들에게 더 큰 영향을 미칠 수 있는 기독교 교육의 장임을 이해해야 할 것입니다.

(2) 레이투르기아(Leitungia)

즉 예배와 기도는 교회 생활의 중심에 있고, 기독교 교육이 강력하게 일어나는 기독교 교육의 현장입니다. 마리아 해리스는 레이투르기아를 예배하고 기도하는 목회적 소명에 따른 교회 생활로 정의합니다. 예배는 하나님의 살아계심을 배우고, 하나님을 경외하는 법을 배우며, 지금 여기 이곳에 임재 하시는 하나님을 경험함으로 이 땅에서 하나님의 뜻이 무엇인지를 깨닫게 되는 곳입니다. 레이투르기아가 기독교 교육의 장이 된다는 것은 단지 예배를 위한 교육이 중요하다는 것을 의미하는 것이 아닙니다. 예배를 통하여 교육이 이루어지며, 예배 자체가 교육임을 의미합니다. 마리아 해리스는 특히 레이투르기아로서 기도를 강조합니다. 그녀는 기도를 네 개의 머리글자로 이루어진 ACTS로 설명하는데, 찬양(Adoration), 참회(Contrition), 감사(Thanksgiving), 그리고 탄원(Supplication)으로 구성되어 있다고 봅니다. 기도는 본질상 하나님에게 드려지는 것이지만, 그 과정을 통해 기독교 교육이 일어납니다. 기도하는 과정 속에서 하나님을 더 깊이 알아가고, 하나님의 뜻을 깨달으며, 기도하는 사람이 점점 하나님의 사람으로 변화되어 갑니다. 특히 공동의 기도, 즉 기도하는 공동체는 매우 중요한 기독교 교육의 장인데, 이를 통해 마음을 모으고 비전을 일치시키며, 우리가 그리스도를 머리로 하는 한 몸임을 깨닫게 됩니다. 기도는 기도하는 사람에게 기독교 교육적 변화가 일어나는 장일 뿐 아니라, 그 기도의 대상이 되는 사람이 변화 되어지는 현장입니다. 그렇기 때문에 기도는 단지 기독교 교육을 위한 준비과정이 아니라 그 자체가 기독교 교육입니다. 누군가를 위해 기도할 때 하나님이 진정한 교사가 되셔서 그를 변화시키기 때문입니다.

(3) 디다케(Didache)

즉 가르침은 전통적으로도 기독교 교육의 현장으로 인식되었을 뿐만 아니라 오늘날에도 여전히 중요한 기독교 교육의 장입니다. 예수님의 사역 중에서 가르침은 가장 중요한 사역 중 하나인데, 예수님은 회당과 성전에서 가르치셨고, 사람들은 예수님을 랍비(Rubbi)라고 불렀습니다. 디다케는 의도적인 교수 활동으로서 성도들을 그리스도의 형상으로 변화시키고, 온전한 자로 세우기 위해 분명한 교육목적을 지니고 가르치는 행위입니다. 초대교회는 교리문답 교육(catechesis)과 설교(preaching)라는 디다케의 형태들을 통해서 이러한 교육을 실천하였습니다. 특히 초대교회의 교리문답 교육은 세례 준비 학습자들을 대상으로 실시되어 졌는데, 교리와 신조에 초점이 맞추어졌고, 도덕적 성격을 지녔으며, 강의실보다는 예배실에서 이루어지는 예전적 성격을 지니고 있었습니다. 기독교 교육의 전통적인 영역으로서 디다케만을 강조 하는 입장은 기독교 교육의 영역을 지나치게 축소 시키는 오류를 범해 온 것이 사실이지만, 오늘날에도 여전히 강조되어야 하는 기독교 교육의 필수적인 장임이 분명합니다.

(4) 케리그마(Kerygma)

즉 말씀 선포는 교회에서 역동적으로 기독교 교육이 이루어지는 영역입니다. 마리아 해리스는 말씀 선포를 그리스도이신 예수님의 삶과 십자가 죽음, 그리고 부활을 선포하는 것으로 이해하며, 케리그마는 언제나 선포된 내용과 선포하는 행위를 동시에 의미하는 것으로 보았습니다. 그녀는 케리그마의 형태들로서 성경, 신학, 그리고 설교를 들고 있는데, 특히 세상을 향하여 예언자들이 선포했던 것처럼 정의와 공의를 선포하는 것을 중요시하였습니다. 케리그마를 선교(mission)의 개념과 연결 지어 생각할 때 기독교 교육의 현장은 보다 확장됩니다. 예수 그리스도의 복음을 선포하며, 하나님의 통치를 확장하는 선교의 과정은 기독교 교육의 외연을 세상 속(into the world)으로 확장 시킵니다. 교회의 선교 활동을 통해 교회 구성원들은 삶의 방향을 인식하게 되며, 교회의 유지, 발전이라는 관점을 넘어서서 하나님 나라에 관심을 갖고, 이 세상의 모든 영역에서 하나님의 다스림이 이루어지기를 소망하게 됩니다. 기독교 교육은 기독교적 정보를 머리에 저장하는 것이 아니라, 하나님의 선교 사역에 동참하는 것이며, 선교를 단지 준비하는 것이 아니라 선교하는 것입니다.

(5) 디아코니아(Diakonia)

즉 봉사와 섬김은 온전한 기독교 교육이 되기 위한 필수적인 실천의 장입니다. 구성원들은 봉사와 섬김에 참여함으로써 그리스도의 인격을 닮아가고 주님의 모범을 본받게 됩니다. 원래 목회(ministry)라는 말 자체가 디아코니아를 의미 하는 것으로서 봉사와 섬김은 교회의 본질적인 사역이라고 할 수 있습니다. 기독교 교육은 강의실에서 주어진 정보나 지식을 암기 함으로서 가능한 것이 아니라, 디아코니아의 실천을 통해 온전하게 이루어질 수 있는 것입니다. 전통적인 교육의 가장 심각한 폐해 가운데 하나가 이론과 실천의 분리라고 할 수 있는데, 봉사와 섬김에 관하여 계속해서 배우는 것으로 머물고 이를 실천하지 못할 때 진정한 기독교 교육은 발생하지 못합니다. 진정한 기독교 교육은 실천 속에서 이루어지며 행동(action) - 성찰

(reflection) - 행동(action)으로 이어지는 과정 속에서 비로소 실현될 수 있습니다.

교육 목회는 이러한 이 다섯 가지 영역, 코이노니아, 레이투르기아, 디다케, 케리그마, 그리고 디아코니아에서 교육이 이루어짐을 인식하고, 전체 교회 생활과 목회의 전 영역을 교육적인 의도를 지니고 구성하고 계획하고 실천하는 것을 의미합니다. 목사는 이런 점에서 교육적 직책(teaching office)을 갖으며, 모든 교회 구성원들, 즉 어린이부터 노인에 이르기까지를 대상으로 평생 교육을 실천하여야 합니다. 이런 교육 목회 속에서 교육과 목회가 분리되지 않고, 교회와 가정, 교회와 사회가 분리되지 않는 통합된 기독교 교육이 이루어질 수 있습니다.

2) 세대 통합 교회학교

세대 통합 교회학교는 교회의 구성원을 연령 별로 분리하는 분리교육을 지양하고 어린아이, 청년, 장년, 노년층을 하나로 묶는 통합된 교회학교 구조입니다. 따라서 교회 규모와 관계없이 적용이 가능하고, 노년층이 많은 교회도 얼마든지 실행할 수 있습니다. 작은 교회에 적용하기 좋다는 것도 매우 큰 장점입니다. 총신대학교 기독교교육과 김희자 명예교수는 "세대 통합은 교회와 가정의 의무이자 기본이다. 하나님께서 가정과 교회를 세우신 이유 중 하나는 다음 세대에게 신앙의 유산을 물려주기 위함이다"라고 말했습니다.

세대 통합 교회학교의 가장 큰 특징은 두 가지입니다. 첫째, 다음 세대 사역을 한 부서의 사역으로 보지 않고 교회 전체 교육으로 보는 것입니다. 따라서 교회학교에 속한 아이들을 일개 부서의 구성원으로 분리해서 보지 않습니다. 과거 교회학교 패러다임에서는 대개 맨 꼭대기에 담임 목사가 있고, 그 아래 교육 위원회가 있으며, 또 그 아래 각 교육 부서가 연령에 따라 구분되어 있습니다. 보통 미취학부, 취학부, 청소년부, 청년부, 장년부 등 세대로 구별되어 있습니다. 교회 규모가 큰 경우에는 부서마다 전임 목사나 준 전임 목회자가 있고 중형 교회는 교육전도사들이 각 부서를 맡아서 사역합니다. 그리고 청년부 장년 사역은 주로 목사들이 합니다. 따라서 전통적으로 주일학교 아이들을 각 부서에 속한 구성원들로 보았고, 그들에 대한 영적인 책임은 담당 교역자와 교사들이 졌습니다. 하지만 세대 통합 교육에서는 교회학교 모든 아이가 교회의 구성원 역할을 동일 하게 합니다. 둘째, 다음 세대 사역의 핵심을 교사보다 부모로 보는 것입니다. 전통적인 교회학교에서는 담당 부서의 교역자와 교사가 모든 교육을 이끌어 갔습니다. 그러나 세대 통합 교육에서는 영적인 리더십의 핵심을 부모에게 둡니다. 그러다 보면 교회의 프로그램들이 자연스럽게 연령 별이 아닌, 온 세대가 통합되는 방향으로 진행됩니다. 전 교인이 함께하는 프로그램이 많다고 보면 됩니다.

세대 통합 교회학교 모델은 교회 상황에 따라 다양합니다. 티모시 폴 존스는 3개 종류의 세대 통합 교회학교의 모델이 존재한다고 했습니다. 첫째, 가정 기초 사역(Family-Based Ministry)으로, 교회 내 각 교회학교 부서는 그대로 존재하되, 각 세대를 통합하는 커리큘럼과 활동들이 추가됩니다. 부서별로 활동하고 예배를 드리지만, 실제로는 온 세대가 함께하는 행사에 집중하게 하는 구조입니다. 둘째, 가정 구비 사역(Family-Equipping Ministry)으로, 이 모델의 경우도 각 부서가 동일 하게 존재합니다. 하지만 사역자가 교육의 일차적 주체를 부모로 여기고, 부모 제자훈련에 집중합니다. 그리고 각 가정에서 부모가 직접 자녀들을 양육하는 데 힘쓰도록 만듭니다. 교회학교 아이들의 신앙 양육 주체가 교사가 아닌 부모라는 점이 핵심입니다. 셋째, 가정 통합 사역(Family-Integrated Ministry)으로, 오직 가정 제자화가 목표입니다. 이 모델의 경우 각 교육 부서 및 여전도회나 남전도회가 존재하지 않습니다. 모두가 매주 함께 예배드리며, 교회 대부분의 행사와 프로그램도 온 세대가 함께합니다.

세대 통합 교회학교는 교회 교육을 각 부서에 일임하는 구조가 아닙니다. 각 부서를 하나로 통합해 교회가 안고 가는 구조입니다. 교회학교 아이들을 교육 부서의 구성원이 아닌 교회 전체의 구성원으로 봅니다. 여러 모델에 따라 각 부서 예배와 양육이 있기도 하고 없기도 하지만, 공통적으로 교회가 부모를 통해서 아이들의 신앙을 양육하는 데 집중합니다. 다음 세대의 영적 책임을 교회 전체가 지고, 부모를 통한 신앙 훈련을 강조하며, 온 세대가 하나 되는 교육 청사진을 그리는 것이 세대통합 교회학교입니다.

<표2> 일반적인 교회학교와 세대 통합 교회학교 패러다임 비교

구분	일반 교회학교	세대 통합 교회학교
사역 대상	교회학교 학생, 교사	부모, 교회학교 학생, 교사
사역 목표	교회학교 학생들을 변화시켜 그리스도의 제자로 삼는 것	부모와 교회학교 학생들을 양육하여, 온전한 가정에서 바르게 신앙생활 하도록 돕는 것
사역 방법	교회학교 학생들과 깊은 관계 형성	부모 및 교회학교 학생들과 깊은 관계 형성
프로그램	교회학교 학생들의 눈높이에 맞는 프로그램	부모와 자녀의 관계 형성에 도움이 되는 온 가족이 함께하는 프로그램

2. 가정

기독교 교육의 현장 가운데 가정은 그 중심에 있습니다. 성경에 보면 하나님께서 자녀 신앙 교육의 책임을 부모에게 맡기셨고, 가정이 신앙 교육의 일차적인 장인 것을 알 수 있습니다. 신명기 6장 1~9절의 말씀은 하나님의 백성들인 부모들이 자녀들을 하나님의 방식으로 부지런히 가르쳐야 함을 보여줍니다. 부모의 교육적 책임에 대하여 리차드 에들린(Richard Ellin)은 다음과 같이 주장하고 있습니다. "우리 사회의 많은 기독교인 부모들의 경우 부모로서의 이러한 책임을 무시하는 경향이 있다. 설사 부모들의 이러한 책임에 대해 생각 한다하더라도 일상생활의 모든 맥락 안에서라기보다는 주일학교라는 지극히 영적인 측면에 제한하여 잘못 생각하는 경우들이 허다하다. 하지만 성경의 명령은 분명하다. 정부는 교육에 대한 궁극적인 책임을 가지고 있지 않으며 교사 역시 그러한 책임의 주인공이 아니다. 이러한 책임을 행하기 위해 하나님께 부르심을 받은 자는 다름 아닌 부모들이란 것이다. 물론 자녀를 교육함에 있어 부모들은 교회 공동체나 다른 사람들의 도움을 받을 수도 있다. 하지만 부모들은 자녀 교육에 있어 언제나 가장 우선적인 책임과 권위를 가지게 된다".

1) 근대 이론적 근거

19세기 미국 뉴잉글랜드 지방의 신학자 호레스 부쉬넬(Horace Bushnell, 1802~1876)은 가정에서의 기독교 양육론을 기독교 교육의 방안으로 체계화시켰습니다. 그 당시 미국에서 일었던 한순간의 회심의 경험만을 중시한 대각성 운동이 어린이들을 하나님의 약속으로부터 배제하고 소외시키는 비극을 보고 이 운동은 교육적으로 볼 때 해악적이라고 반대하였습니다. 반면 교회의 본질과 생활에 있어서 회중 교회와 칼빈의 언약공동체의 영향을 받은 그는 남녀노소, 즉 남자나 여자나 노인이나 어린이나 모두가 하나님의 언약 안에 있다는 데서 출발하여 기독교 학문의 선구자적 역할로서 기독교 교육의 학문적 관문을 열었습니다. 부쉬넬에 의하면 하나님의 언약의 공동체인 가정은 함께 참여함을 통한 신앙과 삶의 자리이며 신앙적이고 영적인 유기체입니다. 이러한 가정에서 기독교 교육의 목적은 성령의 능력에 의해 영적 은혜를 소유한 기독교인이 되어 가도록 하는 것, 기독교적 인격을 이루어 가는 것입니다. 이를 위한 구체적인 목적은 어린이들이 경건 속에서 성장(growth in piety)하도록 하는 것이었습니다. 기독교적 양육은 구체적으로 어느 때에 어떻게 이루어져야 하는가? 부쉬넬은 기독교적 양육은 다른 습관들이 형성되기 전에, 다른 씨앗이 뿌려지기 전에 일찍이 경건 훈련을 시작해야 한다고 했습니다. 가정에서 기독교 양육을 위한 가장 중요한 시기는 인생의 출발기, 즉 처음 출생에서 3세까지라고 했습니다.

출생에서 시작하여 3세 이전에 기독교 안에서, 경건 속에서 인격의 씨앗이 잘 자라게 하려면 어떻게 해야 하는가? 부쉬넬은 부모는 이러한 기독교적 양육을 위한 교사임을 강조합니다. 그럼 어떻게 부모가 신앙의 교사로서 기독교적 양육을 할 수 있을까요? 교사로서 부모는 첫째, 신실한 사랑의 관계를 통해서 하나님과 자녀들과의 관계를 위한 통로, 수단이 되는 것입니다. 여기에는 부모와 하나님 사이의 신실한 사랑의 관계, 또 부모와 자녀 사이의 신실한 사랑의 관계는 하나님과 자녀의 신실한 사랑의 관계를 매개하는 것입니다.

이를 위해서는 먼저 부모들 자신이 주님의 양육 속에 거해야만 합니다. 둘째, 교사로서 부모는 가정의 분위기를 통해 복음을 전달하는 통로가 되는 것입니다. 부쉬넬은 부모들은 도식화된 원칙 - 즉, 무엇무엇을 해야 된다, 무엇은 해서는 안 된다 - 속에서의 교육보다는 인내와 사랑, 기도의 분위기 속에서 교육해야 함을 강조합니다. 가족원들의 아름다운 관계에 기초한 분위기를 통해 자녀들은 온몸으로 느끼며 배움으로 기독교적 인격을 가진 사람으로 성장해 갈 수 있음을 이야기합니다. 셋째, 교사로서 부모는 부모의 삶 자체가 자녀들의 모범이 되도록 해야 합니다. 그래서 부모와 자녀가 함께 신앙 안에서 신앙에 의한 삶을 살므로 자녀들은 참여를 통해 보고 듣고 행하는 자신들의 경험에 의해 신앙의 권위 속에 있게 되며 신앙의 방법을 배우게 되는 것입니다. 또한 이러한 삶을 통해 삶 속에서 부모는 자녀에게 성경을 해석해 줄 수 있을 것이고 자녀들은 삶 속에서 성경을 배우게 될 것입니다. 넷째, 교사로서 부모는 자녀와 좋은 대화를 나눌 수 있어야 합니다. 다섯째, 교사로서 부모는 가족원이 같이하는 공동기도를 이끌 수 있으며 같이 드릴 수 있어야 합니다. 이처럼 부쉬넬은 부모와 자녀들이 함께 경건과 신앙을 생활화하는 기독교적 분위기 속에서 기독교적 양육이 이루어짐을 말했습니다.

오늘의 기독교 교육학자 중에 한 사람인 아이리스 컬리 (Iris V. Cully)는 다른 성장과 마찬가지로 종교적 성장도 자연스러운 것이며 계속 되어지는 것으로 여겨 가정을 통한 부모의 역할을 중시했습니다. 어린이들은 지적인 면에서의 하나님에 대해서(knowing about God)만이 아니라 개인적으로 하나님과 깊은 관계를 가지는 하나님을 아는 면(knowing God)에 있어서도 성장 되어져야 한다고 했습니다. 어린이들은 사람들을 통해 하나님을 배웁니다. 그리고 하나님을 배우는데 처음 사람은 부모들입니다. 즉, 아이들은 인생의 초기에 부모들의 종교의식, 예배하는 모습 등을 보고 모방하며 배우게 됩니다. 컬리는 말을 모방에 의해 이해하고 배우듯이 영적 생활에 필수적이요 하나님과 관계를 표현하는 기본 형태인 기도도 모방에 의해 배우게 된다고 했습니다. 예로 부모와 함께하는 저녁 잠자리 기도는 어린이들의 기도의 습관을 길러 주며, 하나님의 현존을 깨닫고 신뢰와 평화의 확신을 주는 기회가 되는 것입니다. 또한 어린이들은 교회력을 통해 중요한 종교적 사건에 참여토록 초대 되어 집니다. 어린이들은 종교적 사고 전에 종교적 감정을 경험하게 됩니다. 그러므로 가족과 함께 종교적 의식이나 절기에 참여하고 축하하는 행위는 어린이들에게 아주 중요한 종교적 경험이 되는 것입니다. 하나님에 대해서 가르침을 받기 전에 그들은 하나님을 경험할 수 있는 것입니다.

컬리에 의하면 특별히 부모는 자녀들, 특별히 청소년 자녀들의 내가 누구인가의 질문에 답을 찾는 것을 도울 수 있습니다. 부모는 자녀들이 자신들이 하나님의 자녀라는 대답을 찾으므로 긍정적으로 자아 정체감을 이루는 것을 도울 수 있을 것입니다. 이를 위해서는 부모 자신이 하나님과의 경험을 자녀들과 함께 나누는 것이 중요하며, 또한 자녀들이 부모와의 관계를 통한 삶 속에서 용서, 사랑, 안전, 기쁨, 정의를 경험할 수 있어야 합니다. 그 예로 하나님을 창조주 하나님으로 확신하는 가족 안에서 자녀들에게 하나님의 초월성과 내재성이 삶의 일부로 경험될 것이며, 부모에 의해 정의롭게 다루어질 때 하나님의 정의를 경험하게 될 것입니다. 그러므로 컬리는 가정에서의 기독교 교육을 위해서는 전통과 예표도 중요 하지만 기독교적 인간을 형성하려는 실천과 환경을 통한 의식적 노력, 즉 인간적 노력도 중요함을 말하고 있습니다.

2) 기독교 가정교육의 대안

마리아 해리스(Maria Harris)는 초대교회 때부터의 분류방식을 계승하여 교회의 사역을 다섯 가지로 분류하고 있는데, 케리그마, 코이노니아, 레이투르기아, 디다케, 디아코니아 등입니다. 기독교 가정교육에도 이러한 다섯 가지 영역이 다 포함되는데, 이들 하나하나가 구체적인 기독교 가정교육의 목표와 동일시 될 수 있습니다.

(1) 케리그마 : 가족 영성의 회복

케리그마는 '복음 선포'로서 가정교육의 중심에 위치합니다. 가정이 하나의 말씀공동체가 되어야 하는데, 가정 안에서 복음이 선포되며 이로 인해 가족 구성원이 하나님과 올바른 관계를 맺고 영성이 회복되는 것이 목표입니다. 가정예배, 가족 수련회, 가족이 함께하는 경건의 시간 등, 이를 위한 중요한 교육활동이 될 수 있습니다.

(2) 코이노니아 : 가족관계의 회복

21세기 가정에서 가장 중요하게 회복되어야 할 것이 있다면 가정 내의 원활한 커뮤니케이션일 것입니다. 부부관계, 부모와 자녀 관계, 형제·자매들 간의 관계에서 권위주의적이거나 형식적인 의사소통이 아닌 상호존중을 전제하는 쌍방적 커뮤니케이션이 회복되어야 합니다. 이는 그리스도를 통한 섬김의 실천을 통해서만 가능한데 가족이 하나의 사랑의 공동체로 회복되는 것을 의미합니다.

(3) 레이투르기아 : 가족 예전 및 문화의 회복

레이투르기아는 함께 모여서 기도하고 빵을 나누어 예수를 기념하는 예전을 의미합니다. 가족 구성원이 둘러앉아 나누는 공동식탁은 성례전적 의미를 지니고 있습니다. 또한 가족 구성원 개개인이 인생의 여정을 살아가면서 맞이하게 되는 출생, 유아세례, 백일, 돌, 생일, 입교, 성년식, 군입대, 결혼, 결혼기념일, 회갑, 임종 시에 함께 모여서 예식에 참여함으로 서로를 격려할 수 있는 가족 예전이 회복되어야 합니다. 이는 건전한 가족 문화의 발전과도 연결되는데 가정이 축제와 나눔이 있는 문화의 장으로 회복되어야 합니다.

(4) 디다케 : 가정 교육의 회복

이스라엘의 쉐마와 같이 가정에서의 교육이 회복되어야 합니다. 이는 전통적인 교육방식을 추종해야 함을 의미하는 것이 아니라 마땅히 가정이 지녀야 할 교육적 기능의 회복을 의미합니다. 오늘날에는 심각한 세대 간의 격차를 뛰어넘을 수 있도록 서로가 서로에게서 배우려는 태도를 지니는 것이 중요하며, 그러면서도 기독교적 전통을 계승 발전시킬 수 있도록 하여야 할 것입니다. 가정에서의 교육은 공식적인 교육 과정(formal curriculum)만이 아닌 잠재적 교육과정(hidden curriculum)을 통해서도 교육이 이루어지도록 고려해야 할 것입니다.

(5) 디아코니아 : 가정 선교, 봉사의 회복

　기독교 가정교육에서의 디아코니아는 가정 밖을 향해 선교하고 섬기는 선교 및 봉사를 일컫습니다. 가정은 가족 구성원끼리의 사랑을 나누는 공동체이면서도 동시에 가정 밖을 향하여 사역하는 선교적 공동체입니다. 한국 사회의 문제점으로 지적되어 온 가족 이기주의와 가족 배타주의를 극복하기 위하여 가정이 한 단위가 되어 봉사하고 전도하고 선교하는 가정의 사역은 하나님 나라 운동에 큰 영향을 미칠 것입니다. 교회에만 선교적 사명을 부과하고 가정은 소비적 구조로 전락하는 것이 아니라 모든 기독교 가정이 '사역 공동체'로 회복된다면 교회주의의 한계를 뛰어넘어 사회를 변화시킬 수 있는 중요한 역할을 감당할 수 있을 것입니다.

3) 부모의 힘을 키우기 위한 4가지 추천 프로그램

(1) 30일 대화/관계 회복 프로그램

　교회마다 부모들을 영적으로 성장시키기 위해서 안간힘을 쓰고 있습니다. 이때 영적인 부분을 보기 전에 가정의 실체를 들여다볼 필요가 있습니다. 지금 우리 사회는 부모와 자녀들의 사이가 너무 벌어져 있습니다. 소통이 되지 않는 구조입니다. 따라서 가장 먼저 필요한 것은 부모와 자녀들 간의 관계 회복입니다. 관계가 막혀 있으면 영적인 것을 공급해 주고 싶어도 줄 수가 없습니다. 당장 가정에서 부모의 힘을 극대화하는 방법은 부모와 자녀의 하트 커넥션을 만드는 것입니다. 이를 위해 리처드 로스의 "부모와 십대 자녀를 이어주는 30일 대화"를 꼭 읽어 보기 바랍니다. 책 서두에 30일 동안 프로그램이 어떻게 진행되는지, 메뉴얼이 잘 나와 있습니다. 책에 있는 대로 부모와 자녀가 30일간만 제대로 대화를 나눠도 충분히 관계 회복이 가능합니다. 특히 초등학교 3학년 이상의 자녀를 둔 가정에 매우 효과적인 프로그램이 될 것입니다.

(2) 가정예배 세미나

부모와 자녀의 관계가 어느 정도 회복되었다면, 그다음 단계로 가정예배를 실천해 보는 것이 좋습니다. 성도들에게 가정예배를 드리라고 하면, 이미 여러 번 실패한 경험 때문에 부담감을 가지고 염려부터 합니다. 믿음이 없는 남편이 협조를 할까? 아이들이 싫어할 텐데 어떻게 가정예배를 드릴 수 있을까?. 교회적으로 가정예배를 시작하려고 한다면, 먼저 전 교인을 대상으로 가정예배 세미나를 여는 것이 좋습니다. 가정예배 세미나 강사는 수년간 가정예배를 잘 인도해 온 가정예배 전문 강사가 좋을 듯합니다. 특히 가정예배에 관련한 좌충우돌 이야기와 가정예배의 열매에 대한 간증이 부모들에게 큰 힘이 되리라 기대합니다. 지소영 선교사의 "153 가정예배"를 읽으면 가정예배에 관한 놀라운 간증에 은혜를 많이 받게 될 것입니다. 흔히 가정예배라고 하면 '예배'에 너무 집중합니다. 따라서 예배의 시간과 형식을 가장 먼저 생각합니다. 가정예배를 간단하게, 온 가족이 함께 모여 영적인 대화를 나누고 기도하며 하루를 마무리하는 시간으로 생각하면 부담을 덜 수 있습니다. 가정예배를 10분간 드립니다. 순서는 매우 간단합니다. 사도신경-아이들이 부를 수 있는 찬양 1곡-그날 가정예배 책자 읽기-마무리 기도-주기도문 순입니다. 비록 10분이라는 짧은 시간이지만, 매일 부모가 자녀들에게 영적인 영향을 줄 수 있고 자녀에게 축복기도를 해줄 수 있다는 것만으로도 엄청난 힘이 됩니다.

(3) 마더와이즈/파더와이즈

아마 한국교회에서 가장 많이 실행한 부모를 위한 소그룹 프로그램은 마더와이즈(Mother Wise)일 것입니다. 지혜로운 엄마를 꿈꾸며 엄마들끼리 함께하는 소그룹 시간입니다. 가장 쉬우면서 효과가 큰 소그룹 모임입니다. 마더와이즈에서는 인도자가 매우 중요한데, 먼저 이 프로그램을 경험한 사람이 인도하는 것이 가장 좋습니다. 일반적으로 교회에서는 목사의 아내나 여전도사가 인도하는 경우가 많습니다. 하지만 일반 평신도도 얼마든지 인도할 수 있습니다. 드니스 글렌(Denise Glenn)의 "마더와이즈-회복/지혜/자유 시리즈"를 참조하라. 최근에는 아빠들을 위한 파더와이즈(Father Wise)가 시작되었습니다. 이 프로그램 역시 교회 담임 목사를 중심으로 하면 더욱더 효과적입니다. 남성들을 위한 가정 회복 소그룹 모임이라고 할 수 있습니다. 데이비드 글렌(David Glenn)의 "파더와이즈-지혜로운 아버지"를 참조하라.

(4) 부모 클리닉

자녀와의 관계 형성이 도무지 안 되고, 가정예배는 꿈도 못 꾸는 가정도 있을 것입니다. 특히 자녀의 일탈 행동이 너무 심하거나 사춘기를 심하게 앓는 경우 부모의 고민은 말로 표현하기 힘들 정도입니다. 자녀 양육에 고민이 많은 부모를 모아 2주짜리 부모 클리닉을 열면 상당히 좋은 효과를 볼 수 있습니다. 우선 부모 클리닉 대상은 반드시 부부로 하는 것이 좋습니다. 가정의 문제는 보통 부부의 문제에서 시작되기 때문입니다. 프로그램을 짤 때 조금만 지혜를 발휘하면 믿지 않는 배우자도 쉽게 동참하게 할 수 있습니다. 게리 채프먼(Gary Chapman)의 "5가지 사랑의 언어"를 읽으면서 프로그램을 진행하는 것도 가능합니다. 자체적으로 프로그램을 진행하기 힘들면 전문 기독교 상담가들을 통해 부모 집단상담을 받아도 효과를 볼 수 있습니다. 직접 부모 클리닉을 진행할 때 일차적 초점은 부모에게 둡니다. 부부간 관계 회복을 목표로 5가지 사랑의 언어를 가지고 부부간에 서로를 알아가는 훈련을 하고, '5가지 사랑의 언어'를 서로 확인하며 사랑을 실천하도록 돕습니다. 그다음으로는 자녀들과의 관계 형성에 초점을 맞춥니다. 부모가 자녀들의 사랑의 언어 테스트지를 통해 자녀들의 사랑의 언어를 깨달은 후 가정에서 사랑을 실천하도록 합니다. 부모 클리닉의 경우, 교회의 판단 아래 커리큘럼을 더 길게 잡을 수도 있습니다. 가장 효과적인 경우는 부부가 함께 프로그램에 참여한 경우입니다. 그러나 교회 안에 다양한 어려움이 있을 수 있습니다. 그런 경우에는 남성 따로, 여성 따로 훈련하는 것도 좋습니다.

3. 학교

유치원에서 대학까지 학교는 공식화된 교육의 장입니다. 이 공식 교육의 장은 인간 형성에 커다란 힘을 가지고 있는 문화를 전수하며 또 문화가 창조되는 곳입니다. "참교육은 종교 안의 교육이다"라고 말한 조지 앨버트 코우(George A. Coe)처럼 그 학교가 기독교와의 연결 속에 세워진 기독교 학교이든 비 기독교 학교, 즉 공립학교이든 학원에 학교 공동체를 이루고 기독교 교육을 한다는 것은 아주 중요한 의미가 있습니다. 물론 학교도 하나의 사회로 생각하고 사회공동체의 한 기관으로 생각할 수 있습니다. 그러나 그렇게 하기에는 너무나 큰 장이고 기독교 교육적 역할이 너무나 중요하다고 생각하기에 사회공동체에 포함 시키지 않고 따로 떼어 학교 공동체 속의 기독교 교육을 생각고자 합니다. 학교 공동체를 장으로 한 기독교 교육은 형식적 교과과정만이 아니라 비형식적이고 불가시적인 교과과정을 통해서도 이루어지고 있음을 알 수 있습니다. 그러한 교과과정들을 통해 어떻게 개인의 기독교적 인격 형성을 돕고 학교 안에 신앙공동체 형성을 도우며 궁극적으로는 이 세상에 하나님 나라 건설을 위해 나아갈 수 있을까를 생각해 보고자 합니다.

1) 근대 이론적 근거

학교 공동체를 장으로 한 기독교 교육은 근세에 종교개혁자들인 마틴 루터(Martin Luther, 1483~1546)와 요한 칼빈(John Calvin,

1509~1564)에 의해 확실해집니다. 일반 대중 교육의 중요성을 밝힌 루터는 교육은 빈부귀천의 구별 없이, 남녀의 차별 없이 모든 아이들과 청년들에게 이루어져야 하며 그러기에 교육의 책임을 교회와 국가와 사회가 져야 하며 학교는 국가의 비용으로 운영되어야 한다고 주장했습니다. 사회의 올바른 질서를 유지하기 위해 학교를 세움은 보람 있는 일이며 교육이란 근본적으로 기독교인이 되게 하는 것이라고 주장했습니다. "기독교인이 되는 것은 모든 것을 살피고 돌보는 종으로 이웃에 대한 사랑 속에 완전한 굴종으로 표현된다. 모든 학교는 성경을 주과목으로 해서 어학, 역사, 음악, 기악, 수학을 가르쳐야 하며 이솝우화 또한 도덕교육에 중요한 가치를 두었다. 또 성경 이해를 돕기 위해 고대 언어인 라틴어와 헬라어, 히브리어를 가르쳐야 한다"고 했습니다.

교육 방법은 첫째 이해되도록 해야 하는데 그를 위해서는 기본적인 지식은 암기하도록 하며 한꺼번에 너무 많이 가르치지 말고 예를 통해 가르치도록 합니다. 둘째, 실제 생활 속에서 가르쳐야 합니다. 그들 스스로 이 세상 자연을 보고 듣도록 하고 관찰해서 배우도록 합니다. 셋째, 인간적으로 가르쳐야 합니다. 지독한 훈련을 피하고 사람을 향한 하나님의 방법으로 가르쳐야 합니다. 그러므로 학습자와 교사의 인간적 관계가 중요합니다. 넷째, 신뢰 속에 교육이 이루어져야 합니다. 자신이 성취한 교수-학습 과정을 통해 하나님을 신뢰하고 찬양해야 합니다. 이러한 교육을 위해 교사는 매우 중요합니다. 교사는 무엇보다도 소명의식이 있어야 하며 영적, 신체적, 지적인 요건이 갖추어져야 합니다. 좋은 선생은 안내자로서 학생들에게 모델이 됩니다. 이처럼 루터는 기독교 교육의 형태 속에서 일반 학교 교육을 발달시켰습니다.

　루터와 마찬가지로 칼빈도 기독교 신앙과 신학적인 기초에서 교육의 중요성을 깨닫고 제네바시를 재조직하여 학교들을 창설하고 교육을 펼쳐 1599년에는 제네바대학을 세우는 데까지 이르렀습니다. 이모든 학교들도 성경을 모든 학문의 기초로 해서 성경, 읽기, 쓰기, 문법과 수학을 가르쳤습니다. 이처럼 이들은 학교에서 어린이, 청년들에게 기독교 교육을 가능하도록 일했습니다. 그래서 다른 나라들에도 성경이 중심이 된 기독교 학교가 세워지고 기독교 교육이 이루어지도록 하는 데 커다란 공헌을 하였습니다. 이비는 칼빈이 세운 제네바 아카데미의 종교적 훈련을 다음과 같이 말합니다. "칼빈이 세운 제네바 아카데미에서는 수업 시간마다 기도로 시작하고 감사기도나 주기도문을 암송함으로 끝났다. 낮에 한 시간은 시편을 노래하였고, 오후 4시에는 전교생이 모여 주기도문을 암송하고 신앙을 고백하며 십계명을 암송하였다. 수요일 아침에는 학생과 교사들이 설교를 경청하였다. 토요일 오후에는 전교생이 교리 문답서를 공부하였고 일요일에는 학생들이 예배에 참석하였으며 남은 시간은 설교를 묵상하는 시간으로 보냈다".

　20세기 초 코우(Coe)는 종교교육은 종교를 위한 교육이 아니고 종교 속의 교육이라고 했습니다. 종교교육은 또한 일반 교육의 한 부분이 아니고 그 자체가 일반 교육입니다. 그러므로 참교육은 종교 속의 교육이며 이러한 종교교육은 모든 아이들에게 모든 기관에서 실시되어야 함을 주장했습니다. 그러나 오늘날 미국을 비롯한 세계의 학교 교육의 현실은 종교교육, 기독교 교육이 추방 되어져 있습니다. 사실 종교개혁자들의 교육 운동의 물결로 1620~1787년 사이 미국의 학교는 기독교 교육이 기초 된 기독교 학교의 시기라고 불리워집니다. 그러나 정부를 중심으로 공교육(public education)과 만민의 교육(universal education)의 개념이 부각 되고 정교분리의 헌법이 대두 되면서 기독교 학교의 기독교 교육과 공립학교, 주립학교 등의 공교육 사이의 양분화가 일어나게 되었습니다. 쉐릴은 이 양분화는 세속화를 거치면서 더욱 심화 되어 기독교 교육은 기독교 학교나 교회 안에 가두어버리고 기독교 학교에 대한 정부의 보조도 중단되었고 교회의 공교육에 대한 참여도 거부되었습니다. 그런데 학교 교육의 시작부터 우리에게는 모든 학교가 기독교 교육의 장이라는 꿈도 가져볼 수 없었으며 가장 늦게 한국 토양에 이식된 종교로서 이교 문화권 학교에서 과연 어떻게 기독교 교육이 이루어질 수 있을까요?

2) 학교의 기독교 교육적 대안

해방 이후 1960년대까지는 해방과 더불어 밀려온 서구문화와 함께 점차적으로 우리 사회에 세속화가 들어오기 시작하면서 교육법이 제정되고 교육자치제가 1952년부터 실시되었습니다. 이 시기 기독교 학교는 기독교 학교와 기독교 교육의 부활에 노력하였으며 의무교육제도 또한 추진 되어져 학교 교육의 커다란 변화를 가져왔습니다. 그러나 1963년부터 국가 주도의 교육으로 교육 과정의 개편은 지나친 경제발전과 관련되어 자연계에 초점을 두었습니다. 또한

1969년부터 시작된 중학교 무시험 입학제 1974년부터의 고교평준화 작업 등으로 인해 기독교 학교마저도 기독교 학교로서의 정체감을 갖고 기독교 교육을 하기 어렵게 되었습니다. 기독교 학교 또한 대세에 밀려 창립이념이나 정체 또 그 역사성이 변질 되어 가는 가운데 기독교 교육은 거의 부재 상태에 이르고 있습니다. 여기에 은준관 교수는 기독교 학교가 사는 길은 세속화를 비판 없이 뒤따르는 길이 아니고 기독교 학교만이 가져야 할 특성과 특색을 그 몸 안에 부활시켜야만 한다고 주장합니다. 그는 이러한 기독교 학교의 정체성(identity)을 학문적 우월성, 도덕적 책임 그리고 영적인 비전까지를 추구하는 본래적인 공동체의 창조, 영적, 도덕적 공동체로 남는 것이라고 밝힙니다. 이는 어떤 의미에서 기독교 학교는 그리스도인들이 증인공동체를 이루고 증인공동체의 삶을 실현하는 것이라고 생각합니다. 이렇게 기독교 학교의 정체성이 회복되고 기독교 학교에서만 아니라 비기독교 학교에서도 숨은 교회로서 기독교 교육이 이루어지려고 하면 우리는 무엇을 어떻게 해야 할까요?

첫째, 학교는 분명한 교육적 사명을 인식해야 합니다. 지금까지 '탈학교화'나 '학교는 죽었다'와 같은 비난의 소리가 있어 왔던 것처럼 학교는 교육 그 자체보다는 학교화(schooling)의 관심 속에서 교육의 과정보다는 결과와 업적에만 치중하여 왔습니다. 그래서 교육은 성공한 어떤 기능을 가진 전문인, 기술인, 자기만을 아는 이기주의자를 만드는 데 공헌해 왔습니다. 피터스(R. S. Peters)가 말한 대로 교육은 어떤 학과들을 가르치는 것도, 어떤 목적을 위해 훈련 시켜 나가는 것도 아닙니다. 어떤 의미에서 교육 그 자체가 목적이고 교육은 자율적 인간이 되게 하는 것입니다. 이런 의미에서 기독교 교육과 일반 교육은 하나일 수 있습니다. 즉, 기독교 교육을 통해 그의 죄성을 꺾으며 그리스도의 인격을 닮아 인간이 창조자 하나님의 피조물로 자신을 발견하며 신앙공동체의 책임을 다하며 정의와 평화에 기초한 하나님 나라 건설의 비전을 펴는 삶이 이루어지도록 돕는 것입니다. 기독교 교육은 진리로 말미암아 자유한 그리스도인이 되게 하는 것이지 어떤 기관이나 제도에 맞는 인간을 만들려는 것은 아닙니다. 그러므로 기독교인 교사들의 학교를 통한 교육적 사명은 인간 자체에 있는 것입니다. 교육을 통해 학교 당국, 교사, 학생 모두는 인간을 볼 수 있는 눈을 길러야 합니다.

둘째, 웨스터호프(John Westerhoff III)가 말한 숨은 교과과정(hidden curriculum)을 통해 기독교 교육이 이루어지도록 해야 합니다. 물론 형식적 교과과정으로 성경을 가르치고 예배를 강요하고 기독교 전통이나 역사를 과목으로 가르치는 일도 중요 합니다. 그러나 학교의 전통이나 가치관, 축제, 학교의 분위기가 기독교적인 것이 중요합니다. 즉, 학교 자체 속에서 사랑과 인내, 그리고 희생적인 섬김의 기독교적 냄새가 풍겨 나오는 그러한 분위기입니다. 여기에는 상담이나 교수 학습을 통해 교사와 학생들 간의 긴밀한 관계, 교사와 교사 사이의 관계, 학생들 상호 간의 신뢰의 분위기 등도 포함될 것입니다. 이러한 관계와 분위기 속에서 기독교 이야기가 엮어져 나갈 수 있어야 합니다. 다음은 학교의 행정, 관리, 운영이 성경적으로, 복음적으로 되어져야 합니다. 무엇보다도 기독교 학교는 지도체제가 민주적이며 행정은 공평과 정의에 기초해야 합니다. 희생적 봉사를 보여 줄 수는 있으나 그것을 다른 사람에게 강요해서는 안 됩니다. 성경이 문자적으로 그대로 남아 있는 학교가 되어서는 안 되고, 성경 말씀이 역동적으로 살아 움직이는 학교의 모든 행정과 지도체제가 되어야 합니다. 이러한 움직임 자체는 비형식적인 기독교 교육 자체인 것입니다.

셋째, 모든 교과목과 교사들에 의한 기독교 교육입니다. 지정된 소수의 사람, 교목이나 성경 교사, 교장과 같은 지정된 소수의 사람, 성경이나 지정된 몇몇의 종교 과목을 통해서만이 아니라 모든 과목을 가르치는 교사들이 영적인 비전을 가지고 기독교 신앙 속에서 기독교적으로 교수하는 것이 필요합니다. 기독교 인격을 소유한 평신도 일반 교사들을 통한 기독교적 교수 학습은 기독교 교육의 지름길입니다.

넷째, 정규적인 예배와 기도회, 신앙 수련회, 성경 과목을 통한 기독교 교육입니다. 청소년이나 젊은이들의 욕구를 이해하고 오늘날 시대적 변화 속의 청소년 문화에 도전하고 대응할 수 있는 시청각교육, 드라마 등의 창조적 교수 모델 등과 학생들이 같이 참여할 수 있는 예배형식들이 개발 되어져야 합니다. 또한 기독교적 절기가 학교의 축제로 지켜져야 하겠습니다.

다섯째, 특별히 공립학교에서의 기독교 교육을 위해 기독교인 교사들과 학생들은 자신들의 학교에서 누룩과 같은 증인이 되어야 합니다. 그리하여 신우회나 각종 기독교 동아리들을 중심으로 증인공동체를 형성하고 증인공동체로서 봉사와 헌신의 삶을 실현토록 해야겠습니다. 뿐만 아니라 학교 안에 깨어진 관계, 파괴된 관계를 다시 회복시키는 일을 위해 노력해야 하며 기독교에 관한 세미나를 개최하고 사회나 학교 공동체의 현실문제를 성경에 비추어 토론회 등을 계획할 수 있도록 해야겠습니다. 이러한 목자들이 사람들의 삶 속으로 들어가 삶 속에 만남과 봉사가 이루어져야 합니다.

마지막으로, 기독교 학교는 기독교와 우리 전통문화와의 관계를 새롭게 모색하고 전통 문화적 이데올로기를 창조적으로 극복함으로써 전통문화가 기독교 교육에 방해가 되는 것이 아니요 도움이 되도록 이끌어야 합니다. 특별히 하나님의 섭리를 우리 문화와 역사의 뿌리에서 찾는 일을 기독교 학교는 거부하지 않아야 합니다. 기독교 학교는 무엇보다도 기독교 교육을 문화, 역사, 사회, 종교와의 관계 속에서 폭넓게 학생들에게 가르쳐 주어서 이 세계 속에 역사하는 하나님을 볼 수 있으며 우주공동체를 볼 수 있는 비전을 제시해 주어야 합니다. 그러므로 기독교 교육은 일부 주변적인 것으로 기독교인에게만 되어 지는 것이 아니요, 모든 사람들을 위한 보편적인 것으로 대중 교회화 된 지식과 행동의 교육이 되어야 합니다.

4. 사회공동체

기독교 교육의 현장으로 많은 사람의 주목을 받지는 못하지만 중요한 기능을 수행하고 있는 영역이 사회교육입니다. 사회교육이란 사회 속에서 일어나는 교육을 총칭하는 것으로서 황종건은 사회교육을 의무교육을 마친 청소년 및 성인들을 위하여 학교 외에서 조직된 교육활동이라고 정의하였습니다. 그러나 사회교육은 비단 의무교육을 마친 청소년이나 성인만을 대상으로 하는 것이 아니라, 도서관, 박물관, 예술 문화 공연, 각종 체육활동 등 사회의 모든 영역 속에서 이루어지는 교육적 기능을 일컫습니다. 기독교 사회교육은 이러한 사회의 각 영역 속에서 기독교 교육이 이루어지는 것을 말하는데, 넓은 의미에서는 사회화 과정(socialization process)을 지칭하여 비의도적인 교육까지도 포함하고, 좁은 의미에서는 사회의 영역 속에서 의도적으로 이루어지는 기독교적 가르침의 현장을 의미합니다. 예컨대 직장 신우회, YMCA, YWCA 등과 같은 기독교단체들이 행하는 교육프로그램과 야학이나 다양한 계몽 활동 등도 포함될 수 있습니다.

1) 기독교와 사회 및 문화의 관계

기독교에서 사회를 어떻게 보느냐는 기독교 사회교육을 어떻게 인식하느냐에 매우 중요한 영향을 미칩니다. 리차드 니버(Richard Niebuhr)의 "그리스도와 문화"에 나타나는 다섯 가지의 모델은 기독교와 사회의 관계를 파악하는 데에도 의미 있는 통찰을 제공합니다. 그는 '문화에 대립하는 그리스도' '문화의 그리스도' '문화 위에 있는 그리스도' '역설적인 관계를 가진 그리스도와 문화' '문화의 변혁자 그리스도' 등으로 분류하였습니다. 이 가운데 마지막 두 가지 모델이 종교개혁자들의 모델이라고 할 수 있는데, '역설적인 관계를 가진 그리스도와 문화'는 루터의 모델로서 여전히 이원론적 성향을 지니고 있는 한계를 갖고 있습니다. '문화의 변혁자 그리스도'는 어거스틴으로부터 종교개혁자 칼빈에 이르는 관점으로 니버는 이를 개변주의자(conversionist)로 부르고 있는데, 기독교적 관점으로 학교 교육을 변혁시켜 나가는 바람직한 통합모델을 시사해 주고 있습니다.

니버는 '문화의 변혁자, 그리스도' 모델, 즉 개변주의적 접근은 다른 이원론적 접근보다 문화에 대해서 더 적극적이요 희망적이라고 주장합니다. 이들은 세 가지 신학적 신념을 지니고 있는데, 창조, 타락, 구속으로 요약할 수 있습니다. 창조에 대한 강조는 단지 구속만을 강조하는 이원론적 접근과는 구별됩니다. 모든 피조 세계가 창조주 하나님으로부터 나왔으며, 하나님의 다스림 가운데 있음을 강조합니다. 삼라만상과 모든 학문, 피조 세계의 모든 활동은 창조주 하나님과 관련을 맺고 있습니다. '성과 속'을 구분하는 것이 아니라 만물이 하나님께 속해 있음을 인정하고, 아더 홈스가 주장하듯이 '모든 진리는 하나님의 진리'(All Truth is God's Truth)임을 인정하는 것입니다.

모든 교육활동과 교과 내용, 교수 방법 등이 모두 하나님과 관련을 맺고 있고 또 바른 관계 속에 있도록 해야 합니다. 두 번째 강조는 타락입니다. 죄가 전 영역에 미쳐 있음을 인정하는 것입니다. 죄는 인간의 본성뿐만 아니라 삼라만상에, 모든 교육의 영역과 지식에 영역에 이르기까지 악한 영향력(evil influence)을 행사하고 있습니다. 바로 이 죄로 말미암아 왜곡된 교육이 이루어지게 되는 것입니다. 하나님과 인간, 인간과 인간, 인간과 자연 간의 관계에 있어서 단절과 분리, 미움과 부조화가 있게 되었습니다. 세 번째 강조는 구속입니다. 개변주의자는 마지막 날의 구속만이 아니라 역사적 구속을 강조합니다. 역사 안에서 하나님이 어떤 일이든지 하실 수 있다는 역사관을 갖고, 기독교인은 그 구속의 역사에 동참하도록 부르심을 입은 자로 인식합니다. 요한복음 17장에 나타나는 예수님의 대제사장 기도에서 "아버지께서 나를 세상에 보내신 것 같이 나도 저희를 세상에 보내었고"(요17:18)는 바로 이것을 의미합니다. 즉, 기독교인은 온 세상에 있지만(in the world), 세상에 속한 자가 아니요(not of the world), 그렇다고 세상 밖으로 도피하는 것이 아니라(not out of the world), 세상 속으로 보내어지는(into the world) 존재인 것입니다.

종교개혁자 칼빈은 특히 하나님의 주권을 강조하면서 모든 직업의 영역에서 하나님의 영광을 드러낼 것을 주장합니다. 모든 직업은 하나님의 창조세계와 관련되어 있으며, 죄로 인해 오염되고 타락되어 있지만, 그리스도인들이 그 직업의 영역에서 청지기적 사명을 감당함으로 문화를 변혁하여 하나님 나라를 회복할 수 있다고 믿습니다. 이러한 견해는 리차드 미들톤과 브라이안 왈쉬의 '그리스도인의 비전'(The Transforming Vision)에 잘 나타나 있습니다. 이들은 세계관을 신학이나 철학과 같은 사고체계가 아닌 인식의 틀(perceptual frameworks)로 보면서, 기독교적 세계관을 창조, 타락, 구속의 관점으로 설명하고 있습니다. 미들과 왈쉬의 세계관의 관점에서 보면 기독교 사회교육이란 사회의 모든 영역에서 하나님의 주권을 인정하고 하나님의 통치를 인정하는 과정에 참여함으로 하나님의 나라를 실현하는 과정이라고 할 수 있습니다. 사회의 모든 영역이 하나님으로 말미암아 창조되었는데, 이 영역이 죄, 즉 하나님을 향한 불순종과 우상숭배로 인해 타락되었고, 그러나 예수 그리스도로 말미암아 사회의 각 영역이 구속되는 과정에 있음을 인식하고, 그 구속의 역사에 동참하는 것을 의미합니다.

2) 사회교육의 과제

1960년 이후 한국교회는 교단의 분열로 인한 개교회주의, 개인 구원의 신앙의 보수화 현상, 또한 교단 중심주의와 사회의 개인주의화와 물질만능주의 등으로 사회를 장으로 한 기독교 교육이 붕괴 되기 시작하고 교회의 사회 변혁의 주체적 힘을 상실해가기 시작했습니다. 오늘날 교회는 교회가 기독교적 힘으로 사회를 이끌어 가기보다는 사회로부터 거세게 밀려오는 극도의 개인주의, 자기중심주의, 성장 일변도, 물질 중심, 투자심리와 같은 세속화에 그저 밀려가는 듯한 모습입니다. 그리하여 교회도 교회 예배당의 맘모스화, 교회 교인의 숫자 게임, 교회의 재물주의 자본주의화 현상 등으로 교회의 벽을 사회로부터 두텁게 쌓아가고 있으며, 사회 속에서 기독교의 지도력은 무력화되어 있는 모습을 봅니다.

기독교인은 세상 속에서 십자가를 지기보다는 예수에게 자기의 십자가를 내려놓으므로 세상을 쉽게, 안일하게, 평안하게만 살아가기 위한 도구로서 교인이 되고 있는 현실입니다. 세속적인 내용에다 교회 의식을 통한 형식만을 입히고 교회와 세상 가운데서 살아가는 것이 우리의 모습입니다. 여기에 예수 그리스도를 통해 보여 주신 하나님의 나라와 그의 삶과 죽음과 부활을 통해 나타난 섬김의 도와 십자가의 사건, 초대교회를 통해 나타난 증인공동체의 삶의 모습은 우리에게 커다란 도전이고 무거운 제자에로의 요청입니다. 이러한 도전에 응전하는 요청에 응답하는 기독교인으로서, 첫째는 사회 기독교 단체와 기관을 통해, 둘째는 전 사회 속에서, 어떻게 기독교 교육을 할 수 있을까 간단히 정리해 보고자 합니다.

　첫째, 사회 기독교단체와 기관을 통한 기독교 교육을 어떻게 할 수 있을까요? 여기에 기독교 교육의 대상은 갓난아이에서부터 죽음을 앞에 둔 노인에 이르기까지 전 연령층에 해당되는 사람들입니다. 예를 들어 맞벌이 노동자의 갓난아이들에게 24시간 필요한 시간대에 필요한 시간만큼 안식처가 되어 주는 보호시설이 될 수 있겠고 그곳에서 기독교적 양육이 되어질 수 있어야겠습니다. 물론 사회 여러 기관이나 단체, 개인들이 내어놓은 탁아 상품들은 너무 많습니다. 그러나 그 상품은 구경거리밖에 되지 않아 여전히 아이들을 집 안에 가두어 두고, 끈으로 매어 두고 일터에 나가야 하는 부모들이 그대로 남아 있다는 사실입니다. 또한 초등학교 아동들이 학교가 끝나고 쉽게 가서 부모의 역할을 해주는 양육자들 밑에서 시간을 건전하게 보낼 수 있는 공부방이나 청소년들의 쉼터와 건전한 놀이터 또 대화의 장을 열어 주는 것, 또 가출할 수밖에 없는 여성들을 위한 쉼터와 홀로서기 연습장, 지체부자유인들, 정신지체인들이 돈이 없어도 도움을 받을 수 있고, 기독교적 양육 속에 그리스도의 사랑을 접할 수 있는 교육의 장, 스스로 목숨을 끊을 수밖에 없는 노인들이 가진 것이 없어도 사람 대접을 받으며 하나님의 부름에 기쁨으로 응할 수 있는 삶의 처소와 같은 것들이 예로 생각 되어질 수 있습니다. 기독교 사회단체나 기관도 사업이나 업적 등의 기관 자체를 위해 존재하는 것이 되어서는 안 되겠고, 로버트 레익스가 그 당시 영국 사회의 핵심문제 해결을 위해 주일학교운동을 펼친 것처럼 이 사회를 근본적으로 개혁할 수 있고 그리스도의 인간에 대한 연민의 정을 펼 수 있는 기관이나 단체의 기독교 교육이 되어야 합니다. 또한 형식적 구제, 일시적인 반창고를 대여해 주는 것이 아니라 사회에 소외된 자들의 삶이 근본적으로 변화될 수 있는 봉사가 있는 교육이어야 합니다.

둘째, 전 사회 속에서 어떻게 기독교 교육이 이루어질 수 있을까요? 이는 어떤 의미에서 이 세상 가운데 '우리'에 속하지 않은 사람들 속하기를 원치 않는 사람들, 속할 수 없는 사람들, 속하도록 초대되지 않는 사람들과의 공동체 실현을 위한 친교, 교제(koinonia)를 이루는 것입니다. 우리와 전통, 가치, 실천이 다른 사람들이나 종교적 단체들과도 화해를 이루고 서로 만나려는 의도 속에 사람으로서 관계를 갖고 사귐을 갖는 것입니다. 또 이처럼 사람들과만 아니라 우리보다 못한 것들, 우주 속에 다른 하나님의 피조물들과도 화해를 이루고 친교(koinonia)를 나누고 하나님의 나라 건설을 위한 공동체 실현을 하는 것입니다. 기독교 교육은 평화가 깨어지고, 미움이 있는 모든 곳에서 그리스도인의 사랑이 역사하고, 겸손한 봉사와 섬김이 있는 곳에 담이 무너지며 화해가 이루어지면서 되어 지는 것입니다. 이는 무엇보다도 기독교인이 교인으로서 기도와 예배, 경건의 외양에 익숙한 기독교적 형식만 갖춘 모습이 아니라 세상 가운데서 기독교적 삶을 살고 기독교적 가치관이 실천 되어 지는 모습 속에서 가능합니다. 삶이 달라진 그리스도인의 삶을 통한 교육인 것입니다.

기독교 교육이 사회에서 보다 활발하게 이루어지기 위해서는 이러한 사회 속에서의 선교와 봉사가 적극적으로 실천되어야 하며, 교회 안에서만이 아니라 교회 밖의 다양한 기독교 단체들이 설립되며, 그 기능을 원활하게 수행하여야 합니다. 아동들이나 청소년들, 그리고 모든 사회 구성원들은 그 사회 속에서 마치 공기를 들여 마시며 숨을 쉬면서 삶을 영위하는 것처럼, 사회의 분위기와 영향을 마시면서 변화되고 형성됩니다. 기독교 문화가 활발해지고, 기독교 NGO를 비롯한 기독교적 가치관으로 이 사회를 정화 시키고 새롭게 하는 운동이 활발하면 활발할수록 그만큼 기독교적 영향력을 더 받는 사회가 될 수 있고, 그만큼 그 사회는 보다 더 강력하게 기독교 교육이 일어나는 장이 될 수 있는 것입니다.

5. 나가는 말

지금까지 기독교 교육의 현장을 교회, 가정, 학교, 사회로 분류하여 논의하였지만, 이 각각의 영역은 분리되어있는 것이 아니라 상호 연결되어 있습니다. 또 의도적으로 상호 간의 연결을 도모하는 것이 바람직합니다. 교회는 가정에서 이루어지는 신앙 교육과 연계되어 이를 격려하고 강화하는 구조를 지녀야 하고, 가정은 학교에서 이루어지는 교육을 지원하며 스스로 학습하는 자기 주도적 학습 태도를 형성할 수 있도록 도와야 합니다. 사회는 교회와 가정, 학교가 존재하는 터전으로서 학생들에게 올바른 문화화가 이루어질 수 있는 분위기와 내용을 제공해야 할 것입니다. 또한 기독교 교육이 어느 한 두 영역에만 제한되어서 이루어지는 것이 아니라 이 네 가지 영역 모두에서 일어날 수 있도록 전 분야의 기독교 교육을 활성화 시킬 필요가 있습니다. 기독교 교육을 공부하거나 실천하기를 원하는 기독교 교육 학도들은 이 다양한 분야들 가운데 자신의 은사와 비전에 맞는 한 분야를 선택하여 보다 전문적인 공헌을 할 수도 있을 것입니다. 기독교 교육이 각 현장 별로 발전함과 동시에 다양한 영역 상호 간의 연계성을 강화하여 기독교 교육 공동체를 형성해 나가야 할 것입니다.

참고문헌

• 김태원, 교회의 교육적 사명, 종로서적, 1991.

• 리차드 니버, 그리스도와 문화, 김재준 역, 대한기독교서회, 1998.

• 리차드 미들톤 외 1인, 그리스도인의 비전, 황영철 역, 한국기독학생회출판부, 1987.

• 리차드 에들린, 기독교 교육의 기초, 기독교학문연구회 교육분과 역, 그리심, 2004.

• 마리아 해리스, 교육 목회 커리큘럼, 고용수 역, 한국장로교출판사, 1997.

• 양금희 외 5인, 기독교 교육 개론, 장로회신학대학교 기독교 교육연구원, 2013.

• 엄효섭, 한국 기독교 교육사 소고, 대한기독교 교육협회, 1959.

• 은준관, 기독교 교육 현장론, 대한기독교출판사, 1988.

• 이덕주, 새로운 교육의 형태를 찾아서, 종로서적, 1991.

• 이봉구, 한국 기독교 교육사, 대한기독교 교육협회, 1974.

• 이비 C. B, 기독교 교육사, 김근수, 신청기 역, 한국기독교 교육연구원, 1980.

• 이정현, 주일학교 체인지, 생명의말씀사, 2022.

• 제임스 스마트, 교회의 교육적 사명, 장윤철 역, 대한기독교 교육협회, 1980.

• 호레이스 부쉬넬, 기독교적 양육, 김도일 역, 장로회신학대학교 출판부, 2004.

• 황문찬, 주일 교회학교란, 종로서적, 1991.

• 황종건, 한국의 사회교육, 교육과학사, 1980.

10장 · 기독교 교육의 예배

"예배 없이는 누구도 교회의 그리스도인이 될 수 없다. 예배는 교회로 하여금 교회 되게 하는 하나님의 능력인 것이다". 프랭크린 M. 지글러가 예배학 원론에서 한 말입니다. 이 말은 예배의 중요성을 잘 나타내 주고 있습니다. 고대로부터 교회는 예배(leiturgia), 선포(kerygma), 교육(didache), 친교(Koinonia), 봉사(diakonia)를 중심적인 사역으로 생각해 오고 있습니다. 예배는 구속받은 성도들이 하나님께 영광을 돌리는 행위요. 선포는 예수 그리스도의 삶, 가르침, 수난, 부활, 승천, 재림을 증거 하는 행위이며, 교육은 하나님이 선택하신 백성들을 기독교 공동체로 인도하고 전통을 가르치며 백성 되게 하는 행위입니다. 친교를 통해 그리스도의 구속 안에서 한 형제와 자매 된 구성원들이 사랑 안에서 공동체적 삶의 모습을 갖기 위해 노력하며, 봉사를 통하여 교회의 구성원들이 이 세상에서 하나님의 나라를 실현하기 위해 힘씁니다. 이 영역들은 각자가 고유한 역할을 갖고 있음과 동시에 상호 유기적 관련을 통해서 교회를 교회 되게 합니다. 어느 한 영역도 소홀히 할 수 없음과 동시에 어느 한 영역을 지나치게 강조할 수 없음은 이들이 갖는 유기적 관계 때문입니다. 예배 없는 교회 공동체를 생각할 수 없음과 마찬가지로 교육과 선교 없는 교회나 봉사 없는 교회 또한 생각할 수 없습니다. 이 가운데서도 특히 예배는 교회 공동체의 가장 기초적이고 본질적인 면입니다. 예배는 다른 영역들의 성격과 방향 그리고 내용을 결정해 주며 교회를 다른 모임과 구분 하게 하는 핵심 요인입니다. 예배는 그리스도인과 교회의 신앙 행위에 있어 중심 요소입니다. 교회는 예배를 통해 하나님의 은총을 힘입고, 거기에 각 개인들로 하여금 응답하게 할 뿐 아니라 예배의 참여를 통해 기독교 신앙의 본질을 가르치고 유지하도록 합니다. 따라서 예배가 의미 있게 드려지기 위해서는 예배의 정의와 기능을 올바로 알아야 하고, 예배에서 사용되는 여러 요소, 즉 상징과 의식과 어휘에 대한 지식과 함께 한 사람 한 사람이 어떻게 예배에 참석해야 하는지에 대해 구체적으로 가르쳐야 합니다.

1. 예배의 정의

영어로 'Worship' 인 예배는 본래적 의미인 'worth-ship'에서 온 말로 '가치를 돌린다', '영예와 존귀를 돌린다'는 말의 준말로 가치에 관련된 용어입니다. 즉, 예배란 가치 있는 대상을 향한 찬양의 의미를 지니고 있습니다. 이 용어를 기독교 예배에 적용 시킨다면, 존귀와 영광과 찬양을 받으시기에 합당하신 가치의 창조자 근원자 이신 하나님께 드리는 찬양과 경배를 의미합니다. 이같이 예배란 본질적으로 가장 가치 있는 하나님께 그 가치를 선언하고 영광을 돌리며 축하하는 행위입니다. 이러한 예배의 행위가 시편에 잘 나타나 있습니다. "힘과 영광을 여호와께 돌려라. 민족들아 지파마다 여호와께 영광을 돌려라. 예물을 들고 하나님 앞에 나아가 그 이름에 어울리는 영광을 여호와께 돌리라"(시96:7~8).

제임스 화이트는 자신의 책, 「기독교 예배개론」(Introduction to Christian Worship)에서 예배에 대한 다양한 정의들을 소개함으로써 예배의 정의를 제시하고 있습니다. 우리도 그가 제시하는 몇 가지 정의를 따르도록 합니다. 먼저 화이트 교수는 폴 훈(Paul Hoon) 교수의 말을 인용하면서 예배에서 그리스도 중심의 구속사적 성격을 강조하고 있습니다. "예배의 핵심은 하나님의 생명을 인간에게 주고 인간을 그 생명에 참여토록 하는 것이다". "기독교 예배는 예수 그리스도 안에서의 하나님의 자기 계시이다". "그러기에 예배는 그리스도 중심이어야 한다"(Christological center of Christian Worship). 다음으로 피터 브루너(Peter Brunner) 교수는 폴 훈(Paul Hoon)과는 달리 하나님 중심으로 예배를 정의합니다. 그는 "예배란 인간에 대한 하나님의 섬김과 하나님에 대한 인간의 섬김(God's service to humans and human's service to God)이다"라고 말합니다. 여기서 그는 예배에서의 하나님의 역사를 강조하며 오직 하나님만이 예배를 가능케 함을 강조합니다. 예배학자 알멘(Jean-Jacques All-men)은 "예배는 인간 역사에 있어서 그리스도의 성육신으로 정점을 이룬 구속사의 과정을 항상 새롭게 요약하고 재확인하며, 이를 통해서 성령의 사역으로 구속역사를 지속 한다"라고 말합니다. 그는 예배를 구속의 재생(recapitulation)으로 말하며 교회의 현현(epipha-ny)으로 설명하고 있습니다. 교회는 구속의 역사를 요약하기에 자신이 될 수 있고 의식할 수 있으며 자신의 본질을 고백할 수 있다는 주

장입니다. 앵글로 가톨릭 전통의 에블린 언더힐(Evelyn Underhill)
과 아울러 오늘날 "어린양 신비"(Paschal mystery)로서 예배를 정의
하는 경향은 초월적 차원을 중시합니다. 여기서 신비란 인간의 이성
과 지금까지의 계시를 넘어서는 하나님의 자기 계시를 말하며, 어린
양이란 예수 그리스도의 구속의 사역, 곧 그분의 삶, 사역, 고난, 죽
음, 부활과 승천을 말합니다. 교회 공동체는 예배를 통해서 어린양 신
비를 나누는 신비로운 경험을 갖게 됩니다.

이러한 정의들을 통해서 우리는 개략적이나마 예배의 고유한 본질
과 중요성을 살펴볼 수 있습니다. 요약하자면 예배는 예수 그리스도
의 구속사건을 중심으로 한 하나님과 인간 간의 계시(Revelation)와
응답(Response)의 사건이요 만남입니다. 예배에서 예수 그리스도
를 통한 하나님의 구속 사역이 재현되고 경험되며 나아가 이를 토대
로 한 새로운 공동체의 탄생과 사명이 주어집니다. 그리고 성도는 예
배를 통해서 하나님의 부르심에 신령과 진정으로 응답하며, 그 응답
은 단순히 지적인 이해나 감정적인 체험에 그치지 않고 우리의 삶 전
체를 통해 이루어집니다. "너희 몸을 하나님이 기뻐하시는 거룩한 산
제사로 드리라. 이는 너희의 드릴 영적 예배니라"(롬12:1).

2. 개혁주의 예배

개혁주의 예배의 특징은 다양하게 나타납니다. 최윤배는 칼빈의
예배에 대한 여러 가지 선행연구를 기초로 다음과 같이 그 특징을 정
리하고 있습니다. 첫째, 칼빈의 예배 신학은 성경에 표준을 두어 초

대교회와의 연속성을 강조하는 특징을 가지고 있습니다. 둘째, 칼빈의 예배 신학은 하나님의 영광과 은혜를 강조하는 동시에, 예배 참석자들의 죄성과 구원을 강조하는 특징을 갖습니다. 셋째, 칼빈의 예배 신학 속에는 균형과 조화의 원리가 작용합니다. 넷째, 칼빈의 예배 신학은 단순하고 이해 가능하다는 특징을 가지고 있습니다. 다섯째, 칼빈의 예배 신학은 그리스도의 삶과 세상을 올바로 바라보게 하는 지향성을 가지고 있습니다. 여섯째, 칼빈의 예배 신학은 교회론적, 그리스도론적, 성령론적 종말론적 특징을 가지고 있습니다.

허순길은 개혁주의의 언약적 예배의 특징을 다음과 같이 말합니다. 첫째. 개혁교회 예배는 신약적인 수직적(verticall) 예배입니다. 이것은 구약적인 수평적(horizontal)인 방법과 대조되는 것입니다. 구약의 예배는 제사장을 통한 먼 길이었으나, 그리스도께서 오심으로 하나님을 직접 만나는 길이 열렸습니다. 둘째, 개혁교회 예배는 그리스도의 몸 된 교회의 지체들이 다 함께 회집 하여 드리는 것입니다. 개혁교회 예배는 하나님의 언약의 백성들의 가족(부모와 언약의 자녀들, 노년과 청년)이 언약의 하나님 앞에 함께 모이는 아름다운 기회입니다. 셋째. 개혁교회 예배에는 교회의 모든 직분자들이 함께 봉사에 나섭니다. 넷째, 개혁교회의 예배는 직분자들과 회중이 능동적으로 참여케 됩니다. 다섯째, 개혁교회 예배는 언약적 예배(covenantal worship)입니다. 언약에는 두 상대가 있습니다. 개혁교회 예배는 하나님으로부터 내려오는 요소와 회중으로부터 올려드리는 요소가 있습니다.

이성호는 개혁파 예배의 특징을 첫째, 성례전 중심에서 설교 중심으로, 둘째, 성직자 중심에서 회중 중심으로, 셋째, 하나님 중심, 복잡함에서 단순함으로 요약하면서 진정한 예배 갱신의 과제로 설교의 갱신, 성례의 갱신, 찬송의 갱신을 들고 있습니다. 특히 그는 종교개혁은 예배에서 설교를 중심에 놓았지만, 그 후의 세대들은 설교를 예배의 전부로 만들어 버렸음을 지적하면서 성례전을 조화있게 예배 속에서 회복하는 것이 튼튼한 교회를 세워나가기 위해서 개혁교회가 추구해야 할 중요한 과제임을 지적합니다. 이성호는 성례전의 회복을 통해 예전의 회복을 간접적으로 표현하고 있습니다.

드종(James De Jong)은 개혁주의 예배를 "하나님께서는 찬양 받으시고, 그의 교회는 축복을 받는 하나님과 하나님의 백성 사이에 규정된 연합집회(공동체적 회집)이다"라고 정의하였습니다. 그는 이러한 정의를 다음과 같이 몇 가지로 나누어서 설명하고 있습니다. "첫째, 예배는 회집이다. 둘째, 예배는 공동체적 회집이다. 셋째, 예배는 규정을 따라서 하는 공동체적 회집이다. 넷째, 예배는 하나님과 그의 백성 사이에 규정된 공동체적 회집이다. 다섯째, 예배는 하나님께 찬양을 돌리는 회집이다. 여섯째, 예배는 교회가 축복받는 회집이다". 드종의 정의는 예배의 공동체적인 성격을 특히 강조하고 있습니다. 공예배는 기독교인 개개인의 개별적 행위의 집합이 아니고 공동체로서의 교회 전체의 공동적 행위입니다. 개별주의는 예배의 정신이 아닙니다. 우리가 구원을 받았다고 하는 것은 구원함을 받은 단체, 즉 교회에 속했다는 것을 의미합니다. 그러므로 구원받은 모든 자는 하나님의 구속의 은혜에 공동체적 예배를 드리는 것입니다. 여기서 우리는 개혁주의 예배의 특징을 두 가지로 요약할 수 있을 것입니다. 첫째는 언약의 구조에 기초한 예배로 올라감과 내려옴의 구조입니다. 둘째는 언약의 공동체성이 강조되는 예배입니다.

3. 예배의 기능

예배는 하나님과 관계를 맺고 우리를 향하신 하나님과의 관계에 응답하는 도구로서 특별한 의미를 지닙니다. 따라서 예배를 통한 우리의 응답은 순수하고 진실하며 총체적이고 신중해야 할 뿐 아니라, 예전 행사에 우리가 사용하는 모든 것을 존중하는 마음을 가져야 합니다. 이러한 자세 속에 주어지는 예배의 기능에 대해 그룸(Thomas H. Groome)은 첫째, 예배는 하나님을 향한 믿음 안에서 표현되어야 하고, 둘째, 인간을 향한 사랑 안에서 하나님의 삶을 묵상해야 하고, 셋째, 신(神)적인 삶과 인간적 삶 사이의 만남이 항상 세상의 삶을 위한 것이어야 함을 진술하고 있습니다.

1) 하나님을 향한 믿음 안에서의 삶

진정한 예배는 우리를 위한 하나님의 구원의 은총과 주권적 통치에 응답하는 것입니다. 그리스도인들은 예수 그리스도와 연합한 믿음의 삶의 표현을 통해서 자신들이 받으시기에 합당한 제물이요, 거룩한 제사장(벧전2:5)이라고 믿습니다. 물론 그리스도인들이 하나님 앞에서 온전한 삶을 사는 것은 아니기에 예수 그리스도의 속죄의 은총에 기초한 용서와 갱신을 구하면서 예배에 참여합니다. 예배의 중심 기능은 성령의 도우심으로 참여자들의 삶을 변화시키는 일이요, 그들로 하여금 변화된 사람으로서 세상에서 살아가도록 격려하는 일입니다. 구약의 예언자들은 백성들이 하나님께 진정한 예배를 드리기 위해 살아야 할 삶에 대해 지속적인 관심을 가졌습니다. 그들은 정의와 평화, 그리고 율법(계약)이 요구하는 올바른 관계, 즉 의로운 삶을 강조했습니다(사1:13,17~18,암5:21~25,렘7:5~7,사58:6~7). 그러므로 하나님께 예배하는 진정한 삶이란 '믿음 안에서' 하나님, 자신, 이웃, 그리고 모든 피조물과 올바른 관계를 맺고 사는 일이었습니다. 이와 같이 하나님을 향한 믿음 안에서 우리의 삶의 표현 양식으로서, 예배의 기능은 참여자들에게 자신의 삶을 있는 그대로(기쁨과 슬픔, 건강과 질병, 사랑과 연민, 희망과 두려움 등)를 표현하게 하고, 자신의 양심을 확인케 하고, 자신의 죄를 깨닫게 하고, 고백을 통한 하나님의 긍휼하심과 자비하심의 은총을 입고 회개와 갱신의 삶으로 향하게 합니다.

2) 우리를 향한 하나님의 사랑 안의 삶

기독교 신앙의 중심은 예수 그리스도 안에서 행하시는 하나님의 구원의 사역 때문에 하나님의 사랑의 삶, 즉 하나님의 은총은 항상 인간에게 향하시고 인간을 위해 사용하신다는 확신입니다. 믿음 안에서 그리스도인은 계약의 상대인 하나님 편에서 하나님의 영이 역사 안에서 활동 하시며 사람들로 하여금 하나님의 은총을 경험하게 하신다고 믿습니다. 그리고 계약의 상대자인 우리는 예배를 통해서 하나님의 사랑의 삶이 중개되는 것을 실제로 경험하고 고백합니다. 예배의식의 상징을 통해서 우리는 하나님께 우리 자신을 고백하고, 또한 우리에게 향하신 하나님의 은총의 중재를 인간적 환경에 적합하도록 가시적으로 경험하게 됩니다. 부모와 자식의 포옹은 서로에게 이미 있었던 사랑의 경험을 한층 더 강화 시킵니다. 마찬가지로 예배는 회중에게 하나님의 은총의 경험을 중재하여 그들로 하여금 영원히 하나님의 사랑의 삶에 응답하여 그것을 받아들이게 합니다. 라너(K. Rahner)는 "세계는 가장 깊은 곳까지, 즉 영혼의 문제에 관한 가장 깊은 인간의 중심에까지 끊임없이 계속해서 하나님의 은총으로 휩싸인다. 이러한 은총에 대해 인간적 자유가 어떻게 반응할 것인가에 대해 미리 물어보시지도 않고 하나님께서는 자신을 기꺼이 주심으로서 세계는 계속 유지되고 움직인다"라고 쓰고 있습니다. 기독교 신앙에 있어서 공동체에 부활의 그리스도가 현존하시기 때문에 예배를 통한 중재가 강조됩니다. 신앙공동체는 공중의 기도와 찬양, 말씀의 선포, 그리고 성례전의 축하를 위해 구성됩니다. 그래서 예배는 회중에게 강렬한 하나님의 은총을 경험하게 합니다. 카바나(Kavanagh)는 "기독교 전통에 따르면, 하나님은 성례전적 법칙이나 의식에 제한받는 분이 아니시다. 그러나 그럼에도 불구하고 하나님은 이러한 매체를 통해 피조계의 어느 곳에서도 찾을 수 없을 만큼 규칙적으로 역사하신다"라고 쓰고 있습니다.

3) 세상에서의 삶

예배에서의 하나님의 사역과 인간의 행위(응답)의 만남은 회중들로 하여금 세상에서 삶을 위한 변화의 공동체가 되도록 격려합니다. 이 세상에서 해야 하는 교회의 '공동 작업'(예배의 어원)으로서 예배는 하나님의 통치를 위해 행할 교회의 사명을 포함하고 있고, 아울러 세상을 위한 교회사역의 관점을 지지합니다. 하나님, 자신, 이웃, 그리고 피조물과의 '올바른 관계'를 요구하는 예배와 삶, 그리고 히브리 예언자들이 강조했던 예배와 정의(공의)의 깊은 연결성은 예배의 기능이 인간 세상에까지 확대됩니다. 그리고 삼위일체 교회는 하나님 자신 안에 조차, 인간을 향한 사랑 안에서의 하나님의 삶이 사랑의 '올바른 관계'임을 보여 줍니다.

하나님의 삼위일체적 삶과의 만남을 중재하는 예배는 인간을 향해 있고, '세상에서의 삶'을 위한 예배의 기능을 확인시켜 줍니다. 첫째, 예배는 회중의 삶을 '성화' 시키는 원천입니다. 예배는 사람들로 하여금 우상 숭배를 멀리하고 하나님을 삶의 중심에 모시고 살 수 있도록 도와줍니다. 그리고 자신이 예수의 제자라는 깊은 진리를 깨닫고, 특히 가장 곤궁한 이웃을 돌보고, 모든 생명체와 피조물과의 관계 속에서 하나님의 현존을 의식하는 책임감을 지니고 살아가도록 도와줍니다. 둘째, 예배는 교회의 사명 갱신의 원천이 됩니다. 예배는 예수 그리스도 안에서 하나님의 통치를 근간으로 한 교회의 정체성 유지와 사명 수행을 위한 자양분을 공급합니다. 따라서 교회의 예배는 교회 자체의 삶과 구조 속에서 '하나의 보편적, 사도적 교회'로서 믿음과 증거, 거룩성과 올바른 관계를 지향하는 통일성을 반영하는 원천이 되어야 합니다. 셋째, 예배는 사회환경 안에서 정의와 평화의 원천이 되어야 합니다. 교회의 적극적인 '공공사업'으로서의 예배는 참여의 공동체로 하여금 항상 자신의 삶과 구조를 재음미하고 자신의 도덕적 자원을 바탕으로 사회 속에 정의와 평화, 그리고 바른 삶을 위해 효과적인 중재자가 되도록 힘을 불어넣어야 합니다. 예배가 '세상에서의 삶을 위한 것'이라는 사실은 우리로 하여금 예배를 통해 자신의 삶과 세상을 비판적으로 성찰하도록 이끕니다. 그리고 예배는 생명을 주시는 그리스도의 비전을 말씀과 성례전을 통해 표현되도록 자극하고, 그리스도인의 삶을 갱신토록 격려합니다.

4. 예배 의식의 요소들

(1) 예배에의 부름

'예배에의 부름' 순서는 참여한 회중들에게 그들이 거룩한 시간과 장소에 함께 모였음을 알리는 순서입니다. 이 순서는 모든 회중을 하나의 공동체로 묶어서, 모두가 예배의 능동적인 참여자가 되도록 초청 하는데 초점을 둡니다. 그러므로 신앙공동체의 구성원인 회중 모두가 하나님께 예배드리기 위해 모였다는 사실에 기초해서 '예배에의 부름' 순서는 선포의 형식을 지녀야 할 것입니다.

(2) 기도와 찬양

예배를 평면적인 예술적 짜깁기 작품(tapestry)으로 비유했을 때 그 '날실'은 성경 말씀이고 그 '씨실'은 기도와 찬양으로 짜여 지는 셈이 됩니다. 그래서 그 작품에서 '몽타주'로 드러나야 하는 것은 예수 그리스도여야 합니다. 위의 비유에서 볼 때 기도와 찬양의 조화가 예배에 얼마나 중요한가를 말해 주고 있습니다.

① 기도

기도는 하나님의 구원의 은총에 대한 인간의 응답으로서 자기 마음속에 있는 것을 말로써 하나님께 표현하는 행위입니다. 칼빈은 기도를 '믿음의 표현'이라고 말했습니다. 기도가 하나님의 은총에 대한 신앙적 응답이라면 인간의 기도내용에는 찬양(대상29:10), 감사(시136:1), 고백(시51:4~5), 그리고 믿음의 간구(단9:19,시31:5) 등이 포함됩니다. 예배순서 중에는 여러 종류의 기도가 있습니다. 예컨대 묵도, 개회기도, 중보기도(목회기도), 봉헌기도, 축복기도(축도) 등으로 각각의 특징과 목적이 있습니다. 기도가 신앙적으로 올바른 응답 행위가 되기 위해서는 기도훈련이 필요합니다. 특히 공중 예배 의식에서의 기도행위가 함께 참여하는 공동체적 응답 행위임을 감안 할 때, 함께 공유할 수 있는 기도 형태를 갖는 것이 교육적으로 큰 의미를 지닙니다. 준비 없는 즉흥적인 기도나 감정적인 형태의 기도행위는 공적 예배의 초점을 흐리게 할 위험이 있습니다. 그러므로 예배인도자는 물론 예배하는 회중 전체는 예배순서 속의 기도를 어떻게 준비하고 응답해야 하는지 가르치고 배우는 일에 게을리해서는 안 됩니다.

② 찬양

교회 공동체는 그 태동기부터 하나님을 찬양했습니다(행2:42.47).

이처럼 찬양은 빼놓을 수 없는 기독교 예배의 본질적 기본요소입니다. 예배 의식 속에 음악으로 시작되는 찬양의 종류는 다양합니다(예컨대 입장송, 응답송, 찬양/회중, 성가대, 영광송, 봉헌송 등). 그러나 기독교 예배 의식에서 찬양의 생명은 그 예배의 조화에 있습니다. 예배 속의 찬양은 그 예배의 핵심과 리듬을 조화시켜서 거기에 생명력을 부여해야 합니다. 만일 기독교 예배가 전체 회중의 신앙을 표현하는 상징적 행위라면, 찬양은 신앙 공동체 전체(회중)에 속한 것이지 성직자나 음악 전문가들만을 위한 것일 수 없습니다. 따라서 예배와 찬양의 조화를 위해 성가대와 반주자의 역할이 중요하고 악기의 선택도 중요합니다. 찬양과 예배의 조화를 위해서 예배인도자는 적어도 교회음악을 알아야 합니다. 전통적인 교회 예배의 역사적 맥락에서 찬양의 위치를 바로 파악하고, 예배에서 찬양의 위치를 바로 알아서 찬양을 통해 예배다운 생명력과 역동성을 회복하고 유지하기 위해 '예배와 찬양'에 관한 교육이 요구됩니다.

(3) 신앙고백

이 부분은 기독교 예배의 선결 조건이라 할 수 있습니다. 그 이유는 인간의 무가치함과 하나님의 격상에 대한 인정이 예배의 기본이기 때문에 하나님의 높으심에 대한 신앙고백이 예배의 선결 요소가 됩니다. 또한 구약 성경의 예배에 있어서 기도와 찬양은 죄에 대한 용서와 보상을 바라는 간절한 호소와 하나님의 용서를 인한 찬양과 감사가 병행하고 있는 것이라고 한다면 신약에서는 복음 자체가 그 본질상 죄인들에게 주시는 하나님의 말씀이라고 할 수 있습니다. 신약 성경에서 보면 "증인들 앞에서 공개적으로 신앙을 고백하였던 일"(딤전6:12)이 있었습니다. 또 바울은 "입으로 예수 그리스도를 시인하는 것이 구원의 한 과정이라고 강조"(롬10:9)하고 있습니다. 초대교회 신앙은 "예수는 주시다"라는 것을 믿는 신앙이라고 할 수 있습니다. 베드로가 먼저 이 고백을 하였음을 볼 수 있습니다(마16:16). 이러한 고백은 의심 많은 "도마의 입을 통해서도 확신적으로 표현되었던"(요20:28) 것을 볼 수 있습니다. 이러한 고백이 초대교회에서 매 주마다 있었는데 이것이 예배의 정기적인 위치를 차지 하게 되었다고 전해지고 있습니다.

(4) 성경낭독

이 부분은 회당예배의 한 부분이었는데(행13:15) 초대 기독교에서도 이를 행하였습니다. 초대교회에서 주로 낭독된 것은 바울 서신이었음을 살펴볼 수 있습니다(살전5:27). 또 주의 만찬과 관계된 서신을 예배 때 낭독하기도 하였던 것입니다(고전11장). 초대교회 예배때 낭독된 성경의 범위는 성전과 회당 예배 때 낭독된 구약 성경(율법, 예언, 시편)과 후에는 점차적으로 신약성경을(문서화 되었을 때) 폭넓게 낭독한 것이 기독교 예배의 한 요소가 되었다고 전하여지고 있습니다(벧후3:15~16). 기도에 있어서와 마찬가지로 성경낭독은 예배하는 전체 예배자들의 경험이어야 합니다. 만약 그 예배에 학생들이 참석했다면, 그 예배는 목사가 성경을 읽을 때 주의 깊게 경청을 하거나, 학생들이 모두 성경을 준비해 가지고 예배에 참석했다면 조용히 목사의 뒤를 이어서 따라 읽거나 혹은 한 목소리로 또는 낭송의 형태를 취하게 함이 좋을 것입니다. 만약 학생 중의 한 사람이 성경을 낭독해야 할 때는 그는 낭독을 적절하게 잘하게끔 지도를 받아야 합니다. 성경낭독은 무엇을 과시하기 위한 기회가 아니라 다른 예배자들을 예배 속으로 이끌어들이는 것입니다.

(5) 설교와 성만찬

예배의 절정은 그리스도의 사건으로서 그것은 설교로써 선포되고 성만찬으로 행동화되는 양면성을 지니고 있습니다. 예배 신학의 관점에서 볼 때, 주일 예배 의식 속의 설교와 성만찬은 별개의 것이 아니라 하나의 복음 선포로서 이해되고 실천되어야 합니다. 초대교회의 예배에는 설교와 성만찬이 항상 함께 있었습니다.

① 설교

설교는 복음 선포의 행위로서 특히 예배 의식 속의 설교는 기독교적 삶을 양육하는 일에 필수적인 요소입니다. 설교자는 성경 본문에 드러난 기독교의 이야기와 비전을 공동체가 지닌 자신들의 이야기와 비전에 적용 시킬 수 있도록 대화와 변증법적 방식을 통해 설교해야 합니다. 설교란 설교자와 교인들이 서로 마주 보고 있는 상황에서, 회중의 마음이 적극적으로 참여하는 가운데 이루어지는 신앙의 나눔(Sharing faith)이요 대화를 의미합니다. 설교의 목적은 회중들의 현재 역사적 실제로서의 관점과 성경에 나타난 기독교 이야기와 비전을 상호 연결 시켜서 기독교 신앙이 자신의 삶에 지닌 의미를 스스로 깨닫게 하고 헌신 된 삶을 살도록 함에 있습니다. 설교의 내용은 다섯 단계의 움직임으로 이어집니다. 1단계에 들어가기에 앞서 '초점 맞추기 작업'(Focusingactivity)이 필요합니다. 이를테면 현재의 삶 속에서 직면하는 문제를 먼저 인식하는 일이 중요합니다. 문제의식이 떠오르지 않을 경우, 설교자의 신앙과 회중의 신앙은 서로 교호 관계를 갖지 못할 것입니다. 그래서 현실적으로 당면하고 있는 문제의식의 바탕 위에서 관심 있는 삶의 주제에 먼저 초점을 맞추고 1단계 작업이 이루어지는데, 1단계는 '현재의 행동(삶의 주제) 표현하기'(Naming present action)라고 할 수 있습니다. 현재의 행동과 관련된 삶의 주제란 기쁨, 슬픔, 희망, 불안 등 설교자의 말하는 내용이 바로 나 자신의 삶에 관한 이야기로 공감을 느낄 수 있는 것이어야 합니다.

삶의 주제가 설정되면 2단계에서는 설정된 주제를 비평적으로 성찰(Critical reflection)하도록 이끕니다. 예컨대 '친구'라는 주제일 경우, 설교의 중심 메시지는 '예수가 나의 친구'로 삶 속에서 구체적으로 느낄 수 있어야 합니다. 그러기 위해서는 준비단계로 친구를 관심의 주제로 떠올리게 합니다. 그런 다음에 '예수는 나의 친구가 될 수 있을까?'라는 질문으로 유도하면서 3단계의 기독교 이야기(the Story)와 비전(the Vision)에 대해 성찰하는 과정으로 이어집니다. 이 단계는 주제와 관련된 성경 본문을 택해서 주석적인 방법을 기초로 해석합니다. 여기서 '이야기'란 기독교적 이야기 전통을 말하고, '

비전'이란 기독교 신앙 전통 위에 기초한 일종의 소명감으로 해석될 수 있습니다. 4단계의 움직임은 기독교 공동체의 신앙 이야기와 회중의 이야기들 사이에 일어나는 변증법적 해석의 과정입니다.

"기독교 공동체의 이야기 속에 보여 주는 신앙 이야기가 '지금' 나에게 어떤 의미가 있느냐?"는 물음을 던지고 이 질문의 반응이 곧 신앙을 따라 살 수 있도록 결단하게 움직이는 5단계와 연결됩니다. 이 세상의 5단계 과정을 거치는 나눔의 신앙 접근방법이란 실존의 삶(1, 2단계)→신앙(3단계)→ 삶(4, 5단계)의 해석학적 순환형태를 이룹니다. 그룹에 의하면, 좋은 설교는 설교자와 청중, 메시지 그리고 영향을 미칠 사회환경 등, 이 모두가 함께 어우러져야 합니다. 마티(M. Marty)에 의하면, 설교자란 회중을 향해서 설교하는 것이 아니라 회중과 함께 설교하는 것입니다. 그리고 설교자는 성령을 대신해서 일해서는 안 되고 성령의 적절한 도구가 되는 말을 창조 해야 합니다.

② 성만찬

예배에서 말씀의 선포는 보통 언어를 사용하는 설교 형태라면, 행동하는 말씀으로써 성만찬이 행동화됩니다. 성만찬 예식은 전적으로 복음에 기초한 거룩한 예전입니다. 성찬식은 세상에 오신 예수 그리스도의 몸이라는 상징을 통해 참여자들을 부활하신 그리스도와 깊은 만남을 가지도록 하는 의식입니다. 그리고 엠마오 도상의 두 제자의 체험처럼 부활하신 예수 그리스도를 깨달음으로써 회심을 하고 그리스도의 삶을 살 것을 다짐합니다. 성만찬 의식이란 하나님과 개인 간의 관계이면서, 동시에 그 이상의 공동체적 참여, 즉 선교적 사명과 직결된 전교회의 공동체적 행위가 예배의 핵심임을 의미합니다. 예수 그리스도께서 세계의 화해를 위해 죽었듯이 성만찬에서 세계는 화해로 초대됩니다. 교회 공동체는 한 식탁에 모여서 그리스도의 이름으로, 또 그의 말씀과 함께 서로에게 떡과 잔을 나눕니다. 이러한 행동을 통해서 교회 공동체는 메시야적 수난 이야기를 나누고, 그리스도의 대속적인 죽음을 선포하고 이 세상에서 하나님 나라를 완성하기 위해 영광 가운데 오실 그분의 오심에 대한 교회 공동체적 희망을 선언하게 됩니다. 그리고 설교와 성만찬이 예배학적으로 별개의 것이 아니라 하나의 복음 선포로 이해된다면, 오늘의 주일 예배 의식 속에서 설교와 성만찬 사이의 균형 있는 조화가 자주 이루어져야 합니다. 루터와 칼빈 같은 종교개혁자들의 주장대로, 보다 올바른 신앙적 응답을 위해 매달 한 번씩이라도 성만찬 예식을 갖는 것이 바람직하게 여겨집니다.

(6) 헌금

초대 기독교인들이 공중 예배에서 예물을 바치는 것은 습관이 되어 있는 듯합니다. 바울은 매 주일 모여 예배할 때마다 연보를 모아 두라(고전16:2)고 하였고 또 특별한 의연금을 바치는 일을 격려(빌4:18)하고 있었음을 말하여 주고 있으며 인색함이 없는 후한 연보에 감사(고후9:13)하기도 하였습니다. 또 교부들의 문헌상에 나오는 바 재물에 대한 언급들은 헌금이 교회 예배에 하나의 중요한 요소를 차지했다는 사실을 보여 주고 있습니다. 헌금이 사용된 용도는 이해 되어 지고 정확히 인식되며, 그리고 특수한 목적에 돌려져야 합니다. 이 것은 교회가 인간들 가운데서 하나님의 뜻을 행하려고 노력할 때 교회의 일과 사명에 대한 교육과 밀접하게 관련이 됩니다. 그러므로 교회학교 예배에서 학생들로 하여금 헌금하는 것을 습관 들이도록 도와주어야 합니다. 또한 헌금은 기독교의 청지기의 직분이라는 의미에서 교육을 위한 기회를 제공해 줍니다. 학생들은 헌금을 적절한 형태로, 엄숙하게 드리도록 훈련을 받음이 좋습니다. 예배의 순서 중에 헌금을 어디에 넣을 것인가에 대해서는 헌금이 응답하고 헌신하는 상징적인 행위가 되게끔 예배의 끝부분에 행할 것을 비스(Paul H. Vieth)는 제안합니다.

(7) 친교

친교는 신약성경에서 볼 수 있는 예배의 중요한 요소의 하나입니다. 초대 기독교인들은 모일 때마다 서로 사귀며 형제의 사랑을 나누었습니다(행2:42). 또 이 친교의 더 깊은 감각으로 서로 입맞춤을 하였던 것입니다. 예수 그리스도는 사람을 먼저 자기 자신에게로 이끄십니다(마11:28). 그러나 그 다음에 그는 언제나 그 사람을 자기의 몸된 교회의 다른 신자들과 연합시키며 서로 깊은 유대를 갖도록 합니다(요15:1~5). 그리하여 예배는 그리스도인 공동체의 신앙표현이 됩니다. 그러므로 친교가 없이는 진정한 예배는 이룰 수가 없는 것이 됩니다.

5. 예배의 교육적 의미

예배는 그 자체로 깊은 교육적 의미를 담고 있습니다. 비록 교사가 가르치고 학생이 배우는 학교식 형태(schooling)의 모습은 아닐지라도 예배의 참여를 통해서 성도들은 그 어떤 교육 행위보다 깊고 강력한 배움의 경험을 갖습니다. 예배는 구속의 이야기, 상징, 이미지, 관계를 풍성히 담고 있음으로써 참여한 사람들에게 기독교 신앙에 대해서 가르칩니다. 이성만 아니라 감정과 의지, 나아가서 경이, 두려움, 영광 등의 신비로운 경험을 통한 가르침은 예배의 고유한 교육적 차원입니다. 성만찬과 같은 신비한 의식은 말이나 글로써는 가능 하지 않는 놀라운 신앙 체험을 갖게 합니다. 예배를 등한히 하는 한 결코 올바른 교회 교육을 생각할 수 없는 이유도 바로 여기에 있습니다. 물론 예배는 교육을 위한 도구는 아니며 또 되어서도 안 됩니다. 예배는 하나님을 영화롭게 하는 것이 최상의 목적입니다. 하지만 개혁가들의 주장과도 같이 예배는 선포(Proclaim)와 축하(celebration)의 우선적 의도와 동시에 교육적 의도(didactic)가 있는 만큼 교회 교육은 예배가 갖는 교육적 의미를 깨닫고 이를 더욱 충실히 할 뿐 아니라 교육의 영역에서 반영할 수 있도록 힘써야 합니다.

• 이제 예배가 가진 교육적 의미를 정리해 보도록 합니다.

(1) 먼저 예배는 인간의 유한성을 가르칩니다.

예배에 참여하는 사람들의 기본 가정은 인간은 유한한 존재요 피조물이며 그러하기에 창조주 하나님만을 섬겨야 한다는 인간 존재의 근본 기초를 가르칩니다. 구약 성경에서 예배를 '엎드린다', '부복 한다'로 표현하는 것은 바로 이 때문입니다. 존재의 '유한성'은 교육의 근본임과 동시에 자칫 쉽게 잊어버릴 수 있는 영역이며 아울러 말이나 글로써는 참으로 배우기 힘든 부분입니다. 오늘날 기독교 교육뿐 아니라 일반 교육의 근원적 문제는 인간의 피조성을 잃어버린 데 있다 하겠습니다. 동시에 예배를 통해 인간은 유한할 뿐 아니라 죄인됨을 깨닫습니다. 예배를 통해서 인간은 비로소 자신의 초라함과 나약함을 발견하게 되고 하나님 없이 살거나 또 하나님처럼 되려고 발버둥 치는 죄인 된 모습을 발견하고 회개합니다. 예배는 우리로 하여금 인간의 유한함과 죄인 됨을 드러냄과 동시에 그럼에도 불구하고 예수 그리스도에게서 나타난 하나님의 사랑과 은혜를 거듭 확인하고 체험케 합니다. 하나님의 초월성과 은총, 인간의 유한성, 이러한 근본적 신학 교리들은 예배 이외의 곳에서는 좀처럼 경험하기 힘들 뿐 아니라 예배 현장에서 가장 뚜렷이 경험됩니다. 이러한 경험들은 신앙의 핵심임과 동시에 교회 교육의 근본으로서 교회 교육의 모든 노력은 바로 이 터전 위에서 이루어짐을 기억해야 합니다.

(2) 다음으로 예배는 신앙을 잉태하고 양육합니다.

교육적으로 바라볼 때 예배는 신앙의 양육과 가장 직접적으로 관련을 갖습니다. 웨스터 호프의 지적과도 같이 기독교 신앙은 반드시 신앙의 공동체를 필요로 하며 모든 종교적 공동체는 구성원들로 하여금 공동체의 특별한 전통에 따라서 생각하고 느끼고 행동할 수 있도록 의도합니다. 따라서 세상에서 자신의 신앙적 정체를 갖기 위해서는 반드시 공동체의 의도적 노력에 참여해야 합니다. 성도들은 의도적으로 기독교 공동체의 신앙과 삶 안으로 형성되어야 합니다(formed). 이 형성이 공동체 참여를 통해서 일어나지 않으면 자신의 정체나 세계관을 가질 수 없습니다. 이 형성의 과정에 있어서 예배는 핵심적인 역할을 합니다.

예배는 가장 온전하게 공동체의 신앙을 표현하며 가장 깊이 있게 신앙을 경험케 합니다. 예배는 성도들을 양육하고 그들이 세상에서 사역을 감당할 수 있도록 준비시키는 교육적 기능을 가집니다. 그러하기에 신앙의 성장을 위해서 예배는 필수적이며 예배에 참여하지 않는 한 신앙의 성장은 물론 신앙 그 자체도 가능하지 않습니다. 예배에 참여함으로써 우리의 신앙은 모든 영역에서 양육 받습니다. 예배에는 신앙의 중심 요소들인 지적, 정적, 의지적, 초월적, 공동체적, 인격적, 사회적 요소들이 골고루 담겨 있습니다. 말씀의 선포를 통해서 교회의 전통과 오늘을 향한 하나님의 뜻을 배우게 되고(지적인 면), 찬송과 기도를 통해 하나님에 대한 신뢰와 의지(감정적인 면)를 표현하며, 성도들이 함께 모임으로써 기독교 신앙의 본질(공동체성)을 경험합니다. 성만찬은 우리로 하여금 그리스도의 몸과 피를 우리의 삶 안으로 상징적으로 받아들이며(초월성), 하나님께서 그리스도를 통해 우리를 위해 행하신 구원의 사역을 심오하게 깨닫게 합니다. 마지막으로 축도를 통해서 세상에서의 사명을 결단 합니다(사회성).

개신교의 예배가 지나치게 설교 중심의 지적 예배가 됨으로 인해 신앙의 모습 역시도 균형이 상실되어 가고 있다는 비판이 일어나고 있는 것이나 흔히 한국적 신앙은 사회성이 약하다는 말을 듣게 되는 것은 예배와 무관하지 않습니다. 예배순서 하나하나에 신앙의 핵심적인 영역들을 위한 요소들이 담겨 있음을 깨닫고 이를 교육적으로 충실히 뒷받침하지 않았기 때문입니다. 장로교 기독교 교육학자 넬슨은 예배야말로 신앙의 중심 영역이라 말할 수 있는 사고방식, 가치 체계, 자아 정체, 그리고 세계관을 의식적으로, 무의식적으로 형성하는 가장 강한 힘을 가짐을 주장합니다.

(3) 예배는 성도의 공동체성을 가르칩니다.

예배에 참석함으로써 우리들 각자는 그리스도 안에서 형제와 자매가 되며 그리스도를 머리로 하는 지체의 일부분이 됨을 깨닫습니다. 예배는 우선적으로 하나님과의 화해를 요구하며 이러한 화해는 인간과 인간 간의, 그리고 세상 간의 화해 또한 요청합니다. 이러한 화해의 능력으로 성도의 공동체가 탄생하며, 이 거룩한 공동체는 세상을 향하여 화해를 선포하고 감당할 용기를 갖게 됩니다. 성도의 공동체는 어느 특정 계층이나 그룹만을 포함하는 폐쇄적 공동체가 결코 아님을 기억해야 합니다. 그리스도 안에서 누구나가 다 초대받고 있고 아울러 모든 계층이 어울림으로써 교회의 본질을 형성합니다. 남녀노소, 교육의 정도, 사회적 지위, 인종 등, 그 어느 것도 걸림돌이 되어서는 안 됩니다. 그러하기에 예배는 가장 공회적(catholic)입니다. 교회는 항상 폐쇄성과 개방성 간의 갈등과 긴장을 겪어 왔습니다. 교회가 폐쇄성에 사로잡혀 있을 때 세상으로부터 비난을 받았으며, 때로는 지나친 개방으로 인해 자신의 정체를 상실할 때 복음의 채찍을 맞기도 했습니다. 예배는 우리로 하여금 끊임없이 폐쇄적인 이기주의를 포기하고 대신 대화적이며 개방적인 공동체의 신앙을 갖게 합니다.

(4) 예배를 통해서 우리 삶의 변화에 있어서의 하나님의 역사를 가르칩니다.

예배의 현장 가운데서 인간의 죄악성과 하나님의 은총이 만나며 이로써 인간 존재의 근본적 변화(transformation)가 일어남을 경험합니다. 이 변화는 지식이나 감정과 같은 인간의 부분적 기능이나 일부 차원의 변화가 아니라 근본적인 삶의 방향성(orientation)의 변화입니다. 인간은 하나님의 피조물이며 동시에 죄인이라는 사실, 인간의 구원은 오직 하나님의 은총으로만 가능하며, 인간의 변화는 하나님의 도움으로만 가능함을 예배는 가르칩니다. 교회 교육의 주된 관심은 삶과 인격의 변화를 통한 새 피조물의 형성이며 이러한 변화는 결코 우리 힘으로 이루어질 수 없다는 성경과 예배의 가르침을 겸허히 받아들여야 합니다. 인간의 죄악이 이를 결코 가능케 하지 않으며 참된 변화는 성령의 역사임을 예배를 통해 경험하게 되는 것입니다. 예배는 참여하는 사람들로 하여금 하나님 앞에서 죄를 깨닫게 하고 회개케 하며 나아가 새로운 삶을 위한 변화의 능력을 공급해 줍니다. 기독교 교육은 이러한 예배의 교육적 의미를 충분히 이해하고 그 본질적 정신을 따라야 합니다. 많은 경우 교회 교육에서는 예배를 마치 형식적인 것으로 여기면서 등한히 하는 데 문제의 심각성이 있습니다. 어린이들의 경우 지나치게 성경 교육에만 치중하면서 예배를 소홀히 함으로 인하여 교회 교육은 학교식(schooling)에서 벗어나야 한다고 비판을 받습니다. 많은 경우 어린이들은 어른보다 더 예민한 감수성을 갖고 있으므로 예배가 가르치는 바를 어른보다 더 잘 배울 수 있다는 사실을 유의해야 합니다. 특히 성만찬과 같이 가장 효과적인 신적 경험을 제공하는 교육의 기회로부터 어린이들을 소외시키는 것은 안타까운 일이 아닐 수 없습니다. 교회학교의 각 부서는 예배를 특별히 중시해야 하며 예배의 정신과 본질이 교육에 나타나도록 해야 합니다.

기독교 교육은 단순히 지식을 전달하는 교육이거나 인간의 노력에 국한되지 않습니다. 여기에는 분명히 예배적 의미가 있습니다. 모든 교육적 노력에는 그것이 성경 공부든, 특별순서든, 사회봉사든, 예배적 정신에 기초해야 합니다. 하나님의 초월성, 은총성 등이 토대가 되고 테두리가 되어야 합니다. 예배가 교육의 터전이 될 때 교회 교육은 이기적 삶에서 공동체적 삶으로, 지식 중심의 교육에서 변화 중심의 교육으로, 인간 중심의 삶에서 하나님 중심의 삶으로 나아갈 수 있을 것입니다.

6. 예배와 어린이

분리된 예배로서의 어린이 예배는 주로 주일학교운동이 큰 요인으로 작용한 것으로 보입니다. 따라서 예배와 어린이와의 관련을 보기 위해서는 주일학교운동 이전과 이후를 나누어서 살피는 것이 합당해 보입니다.

1) 주일학교운동 이전

구약에서 어린이는 모든 종교적 행사에 포함되어 있었습니다. 모든 절기나 의식의 수행에서 어린이는 중요한 관심의 대상이 되었습니다. 물론 가정이 신앙 교육의 주된 현장이었으나, 함께 모이는 종교적 집회나 예배에 어린이는 언제나 포함되어 있었습니다. 고대교회(1~3세기)에서 어린이들은 예배에 함께 참여하였습니다. 조금 자란 어린이들을 위해서는 그들의 자리가 마련되기도 하였으며, 어린이들은 시편 기도문이나 시편을 찬송하는 임무를 맡았습니다. 그 후 유아세례가 보편화 되면서 예배에 참석하는 수가 증가하였으며 이에 따라 어린이의 예배에서의 기능도 커지게 되었습니다. 여러 가지 보고에 의하면 4세기 말에 어린이들은 저녁 예배에서 '키리에 엘레이손'(Kyrie Eleisonl)을 불렀고, 종려주일, 성 목요일, 혹은 성 금요일의 행진에도 참여하였습니다. 아마도 사람들은 순진무구한 어린이들의 기도와 찬송을 하나님이 기뻐하시기 때문에 그의 자비하심을 이끌어 낼 수 있다고 생각한 것 같습니다.

4세기 이후로 어린이들은 성무일과의 낭독자(Lektor)로 나타나게 됩니다. 이 일을 맡은 어린이들은 교회의 지도 아래서 특별한 공동체를 이루면서 생활하였는데, 이 공동체는 높은 단계의 영적인 직분을 위한 양성소의 역할을 하였습니다. 이런 모임으로부터 노래하는 소년과 낭독자의 양성을 위한 음악학교(Schola cantorum)가 세워지게 됩니다. 546년에 유스티니안 법령(Dekret Justinians)은 낭독자의 나이를 5~8세로 규정하였습니다. 이 직분은 점차로 아이들(청소년)에게만 제한 되었으며, 이들로부터 어린이 성가대가 생겨났습니다. 그 후 16세기까지 학교와 교회의 사역은 서로 연결되어 있었으며, 수도원학교, 성당학교, 성직자학교 등의 가장 본질적인 목표는 예전 교육이었습니다.

이와같이 어린이는 예배에 함께 참여하였으며, 특히 어린이들에게는 예배에서의 특별한 역할을 부여하기도 하였습니다. 그러나 중세에 이르는 동안 교회는 어린이의 신앙 교육을 위한 특별한 조치를 취하지 않았습니다. 교회는 어린이들이 예전적으로 참여할 수 있는 길들을 열어 주었으나 성인 중심의 신비화, 마술화, 복잡화된 예배(미사)와 중세기에 일방적으로 성인들에게 초점을 맞추었던 교리학은 예배에서 어린이들을 배제 시켰습니다. 13세기경부터 '어린이 설교'와 연관된 문헌들이 더러 나타나기도 하고. 16세기 이후로 이태리에서는 어린이를 위한 예배와 유사한 모임이 시행되었다고는 하나 '어린이 예배'와의 직접적인 연결점은 보이지 않습니다. 그 후 종교개혁을 통해서 개신교에서는 말씀 중심의 예배가 회복되었으며 교리 교육에 대한 관심이 고조되었습니다. 또한 칼빈의 교리를 따르는 개혁파 교회는 '어린이와 함께 드리는 예배'를 고수하였으며, 이런 예배는 현재에도 화란을 중심으로 미국, 호주, 캐나다 등의 개혁교회에서 실천되고 있습니다.

2) 주일학교운동 이후

일반 회중과 분리된 어린이 예배의 활성화는 주일학교운동으로 인한 것이라 할 수 있습니다. 레익스(Robert Raikes)가 영국에서 1780년에 시작한 주일학교는 주로 3R을 가르치는 일에 착안하였으나, 예배 시간이 되면 어린이들을 교회로 인도하여 예배를 드리게 하였고, 수업 중에는 성경, 교리문답, 찬송을 가르치기도 하였습니다. 이렇게 보면 영국식 주일학교에는 따로 드리는 어린이 예배의 개념이 없었습니다. 그러나 미국으로 건너간 주일학교가 교회에서 어린이 신앙 교육을 위한 대안으로 받아들여지면서 따로 드리는 어린이 예배가 활성화되기 시작하였습니다. 이를 통하여 미국에서는 따로 드리는 어린이 예배가 정착되었으며, 미국으로부터 전래 된 주일학교를 도입한 우리나라는 이런 전통을 따르고 있습니다. 그러면 개신교 내에서 주일학교운동을 어린이의 예배와 관련하여 어떻게 평가할 수 있을까요? 주일학교운동은 어린이의 분리된 예배를 정착시키는 역할을 하였기 때문에, 일부 개혁교회를 제외하고는 회중이 함께 드리는 예배를 포기하게 했다는 점에서 부정적인 평가를 받을 가능성이 있습니다. 종교개혁은 모국어로 말씀을 읽고, 모국어로 예배드릴 수 있는 길을 열어주어 예배를 통한 교육적 효과를 강화하였습니다. 어린이의 경우도 교회는 이전보다 훨씬 더 교리 교육에 주력하여 따로 독립된 교육 시간을 제공 받게 되었습니다. 이에 더하여 미국식 주일학교운동은 어린이에게 적합한 형태의 예배를 제공함으로 이전 보다는 현저하게 어린이들의 예배 참여의 길을 열어주어 선교적인 역할을 감당하였습니다. 우리나라의 경우는 성년이 되어 교회를 멀리한 사람 중에도 어린 시절의 예배 참석 경험이 그를 다시 교회로 돌아오게 하는 계기가 되기도 합니다. 전반적으로 어린이의 예배 참여에 대한 상세한 자료를 문헌적으로 확인할 수는 없으나, 가톨릭이 지배하던 중세 시대를 차치하고, 종교개혁 이후에도 특별한 경우를 제외하고는 어린이의 예배 참여는 그렇게 활성화 되었다고 보기 힘들 것입니다. 이런 의미에서 볼 때 주일학교운동은 교회에서의 어린이에 대한 관심을 고조하고, 어린이의 예배 참여를 동력화 시킨 요인이 되었다고 볼 수 있을 것입니다. 가톨릭교회 역시 최근에는 거의 모든 교회들이 어린이 미사, 중고등부 미사, 청년 미사 등을 실시하고 있습니다.

7. 어린이 예배 갱신

1) 어린이 예배 갱신의 방향

김만형은 그의 책에서 어린이 예배의 갱신을 위해 다음 아홉 가지를 제시합니다. ① 예배를 기획하라. ② 예배의 진행과 흐름에 민감하라. ③ 예배에 환희와 기쁨, 즉 축제적 요소를 넣어라. ④ 간절한 기도와 찬양으로 하나님을 만나게 하라. ⑤ 다양한 방법으로 말씀에 접근하라. ⑥ 예배 분위기를 따뜻하게 하라. ⑦ 변화감이 느껴지는 예배를 만들라. ⑧ 예배를 지속적으로 점검 발전시켜라. ⑨ 예배와 교육을 통합하라.

최윤식은 그의 책에서 예배의 업그레이드를 위한 패스워드를 다음 일곱 가지로 말합니다. ① 예배와 주중 교육을 한 주제로 통일하라. ② 예배에 어린이들을 참여시키라. ③ 느슨한 예배는 이제 그만하라. ④ 찬양에는 신앙고백이 있어야 한다. ⑤ 멀티미디어를 사용하라. ⑥ 타협하는 메시지는 악이다. ⑦ 결단을 이끌어 내는 기도를 하라.

• 이상의 제안들을 중심으로 요약 정리하면 다음과 같습니다.
① 예배는 기독교 교육의 핵심이라는 사실을 담임목사와 부서 담당 교역자들이 인식해야 합니다. ② 예배를 위한 교육이 선행되어야 합니다. 예배의 본질과 목적, 그리고 참여하는 태도가 교육되어야 합니다. ③ 예배의 본질과 예배 원리에 입각해야 합니다. ④ 철저한 계획과 준비, 그리고 평가가 있어야 합니다. ⑤ 하나님 만남을 가능하게 하고 경험하는 설교, 기도, 찬송이 되어야 합니다. ⑥ 참여하는 예배가 되어야 합니다. ⑦ 예배와 교육의 통합을 고려해야 합니다. ⑧ 예배는 즐거운 경험이 되어야 합니다. ⑨ 예배의 흐름과 진행에 민감해야 합니다. ⑩ 다양한 방법과 매체의 활용이 필요합니다. ⑪ 예배실의 환경은 가능하면 밝은 분위기로 만드는 것이 좋습니다.

2) 어린이 예배의 모델

어린이 예배의 개발을 위해서는 다음과 같은 점을 고려할 필요가 있습니다.
첫째, 어린이 예배의 일반적인 형식을 우선 개발하고, 절기(교회력 감안)에 맞춘 연중 어린이 예전의 개발이 필요합니다.

둘째, 가능하면 어린이 예배도 연령별로 지나치게 세분화 하지 않는 것이 좋을 것입니다. 모든 예배를 연령별로 분리한다고 다 좋은 것은 아닙니다. 여러 가지 이유로 유치부, 초1,2,3. 초4,5,6의 예배를 따로 드리는 경우에도 함께 드리는 예배를 조화 있게 진행하는 것이 좋습니다.

셋째, 예전의 기본 의미는 '예배자의 참여'를 강조합니다. 이 점을 감안하여 어린이 예배를 구상하는 것이 좋을 것입니다.

넷째, 분반 활동(공부)은 예배와의 관계 속에서 진행하도록 합니다. 먼저 분반 활동을 하고 예배를 드리는 것이 좋을 것입니다. 분반 활동 시간에는 예배를 준비하는 시간을 할애하도록 합니다. 헌금, 암송, 발표 등을 준비합니다. 찬송, 성경을 준비하고 교리문답을 가르쳐 따라 하도록 합니다. 설교의 내용, 교리문답의 낭독 및 공부 등이 연결되어야 하며, 가능하면 한 주제로 예배가 통일성을 이루도록 하면 좋을 것입니다.

다섯째, 예배를 진행하면서 각 순서의 성격을 설명하는 적절한 멘트가 포함되도록 합니다.

여섯째, 교단적인 어린이 예배(예전) 지침이 마련되기를 바라고, 각 교회는 '예배위원회'를 구성하고, 어린이 예배를 기획, 평가하도록 합니다.

3) 어린이 예배의 순서

여기서 제시하는 예배의 순서는 이대로 해야 한다기보다는 논의를 위한 자료로 제공하는 것입니다. 이 순서는 매우 복잡한 것 같지만, 좀 더 세밀하게 순서를 묘사한 것이기 때문에 그렇게 보입니다. 교회의 상황에 맞추어 선택하여 사용하면 될 것입니다. 물론 새로운 시도로 제안한 것들도 있습니다.

〈표1〉 예배 순서

예배의 준비	예배실 입장 준비 (교회의 마당이나 혹은 다른 공간에서) 예배실 입장 (입례송)
예배의 시작	인사 나누기 전주 예배에의 부름 (성경 말씀 낭독) (찬송) 영광송 죄의 고백과 용서
신앙고백과 말씀의 가르침	신앙고백 (사도신경, 혹은 신앙고백의 간결한 형식) 시편 낭독 (함께, 짧은 형식으로) 소교리 문답 낭독 찬양 (대표, 연합) 대표기도 성경 봉독 (참여자는 일어선다) 설교
응답과 봉헌	(설교 말씀에 대한) 응답의 기도 (설교 말씀에 대한) 응답의 찬송 봉헌(헌금)을 위한 기도 봉헌 섬김과 결단의 이야기
중보와 파송	형제를 위한 기도 (중보기도) 주기도문(노래) 중보와 파송 파송(보냄)의 노래 축복기도 폐회

4) 예배의 평가

예배의 요소로 거론되는 것은 다양하나 여기서는 벤(Jane Vanni)
의 제안을 중심으로 다섯 요소로 나누어 제시하고자 합니다. 강용원
이 독자적으로 만든 것입니다.

(1) 시간

- 예배는 교회력을 반영하고 있는가?
- 주일에 드리는 예배를 확보하고 있는가?"
- 예배의 중요성을 보여줄 수 있는 시간대를 선택하고 있는가?
- 정해진 시간에 예배가 시작되는가?
- 예배의 시간이 너무 길거나 너무 짧지 않은가?
- 어린이가 집중할 수 있는 시간을 고려하여 예배가 기획, 진행되
  고 있는가?
- 예배의 진행과 흐름의 속도는 적절한가?
- 예배의 순서와 순서 사이의 연결은 적절한가?
- 들음과 묵상, 말하는 시간과 침묵의 시간 등을 적절하게 배려하
  고 있는가? (자신을 돌아보는 시간. 말씀에 대한 반응과 결심 등
  을 위한 시간 등)
- 어린이들이 예배드리는 시간에 성경 이야기. 어린이의 현재의
  삶의 이야기 하나님이 원하시는 어린이의 내일의 삶이 상호 연
  관되고 있는가?

(2) 공간

- 예배 준비를 위한 공간은 예배를 위한 외형적인 준비(찬송가나
  성경의 배부, 단정한 옷차림의 점검 머리를 빗는 일 등)를 위해 유
  익하며, 더 나아가 예배를 위한 마음의 준비를 도와주고 있는가?
- 예배실의 출입구는 자녀들을 환영하고 기뻐하시는 하나님의 환
  대를 느끼게 하는가?
- 예배인도자와 어린이 간의 거리는 적절한가?
- 예배실은 예배공동체 안에서 함께 예배드리고 있음을 느끼게 하는가?
- 예배실은 감사의 잔치로서의 예배를 드리기에 합당한가?
- 예배드리는 동안에 교사의 위치는 어린이의 예배를 돕고 있는가?
- 예배드리는 공간은 어린이가 예배에 집중하도록 돕고 있는가?
- 조명, 음향, 좌석, 공간의 구성, 온도 등은 적절한가?
- 예배실의 분위기는 밝은가?
- 예배의 공간은 어린이의 숫자에 맞추어 적절한 크기인가?
- 예배와 교육의 장소는 구별되는가? 구별된 예배라는 느낌을 갖
  게 하는 다른 방안은 있는가?
- 온화한 벽지, 그림, 소품 등은 예배를 위한 공간을 만드는 일에
  기여 하는가?

(3) 언어

- 예배와 관련된 적절한 성경 말씀들이 사용되고 있는가?

- 인도자가 진행을 위해서 하는 말들은 그 순서의 의미를 전달하는 일에 기여 하고 있는가?
- 어린이의 연령에 맞춘 신앙고백의 형태를 사용하고 있는가?
- 함축적이며 이해 가능한 언어로 죄를 고백할 수 있도록 돕는가?
- 이해 가능하며 적절한 봉헌의 말씀과 봉헌의 기도가 준비되어 있는가?
- 설교를 위한 본문의 말씀이나 시편을 낭독하기 위한 다양한 준비가 되어 있는가?
- 성경은 정성스러운 자세로 틀리는 일이 없이 분명한 목소리로 낭독되고 있는가?
- 설교의 언어는 문자적인가 상징적인가?
- 설교는 어린이의 삶과의 접촉점을 가지고 말씀에 초대하는가?
- 설교는 어린이들에게 하나님의 숨겨져 있는 성품과 나타난 계시를 보여주고 있는가?
- 설교는 삼위일체 하나님의 구원역사를 잘 담아내고 있는가?
- 어린이의 삶의 실제적인 문제에 대해서 설교는 성경적인 진리를 충분히 제공하고 있는가?
- 설교는 성경적 지식의 전달을 넘어서 삶 속에서의 구체적인 적용을 제시하고 있는가?
- 설교에서 어린이에 대한 기본 이해는 구원받아야 할 죄인인가 아니면 구원받은 자녀인가?
- 설교는 어린이들로 하여금 설교에 적극적으로 참여하도록 돕고 있는가?

- 기도문에는 기도의 중요한 요소들이 포함되어 있는가?
- 기도문은 어린이들이 이해할 수 있는 언어로 이루어져 있는가?
- 기도문은 철저히 준비되어 있는가? 아니면 즉흥적인 기도인가?
- 기도의 순서에서도 어린이들이 함께 참여할 수 있게 배려하고 있는가?
- 예배는 (담임)목사의 축도로 끝나고 있는가?

(4) 음악

- 예배에서 사용하는 음악은 어린이들의 예배 분위기 형성에 이바지하고 있는가?
- 예배에서 사용하는 음악은 어린이로 하여금 예배의 현장에 임재하신 하나님을 잘 인식하고, 반응하게 도와주고 있는가?
- 예배의 각 순서를 위해 음악은 효과적으로 활용되고 있는가?
- 어린이가 충분히 이해할 수 있는 가사인가?
- 예배에서 사용되는 찬양(노래)의 가사는 예배의 흐름에 적합한가?
- 인도자의 말과 찬양의 가사가 학생들에게 정확하게 전달되고 있는가?
- 기도 중에 사용하는 음악은 어린이의 기도를 돕고 있는가?
- 음악은 어린이들이 하나님께 경배를 드리고, 하나님의 은혜의 말씀을 묵상하는 일을 돕고 있는가?
- 찬양인도자의 멘트는 예배의 흐름을 돕고 있는가?
- 찬양에 쓰이는 음향 및 악기는 잘 준비되고 조율되어 있는가?
- 노래를 부르는 일과 듣는 일은 조화로운가?

- 어린이들은 음악을 통해 헌신과 사랑, 영적인 열망과 기쁨을 찬송하면서 하나님과 의사 소통을 하고 있는가?
- 예배에서 사용하는 음악이 하나님을 찬양 하는데 그 목적을 두고 있는가 아니면 흥미 위주에 머물고 있는가?
- 찬양인도자는 어린이들이 찬송을 목소리로만 부르는 것이 아니라 참 정성과 참마음으로 부르도록 돕고 있는가?
- 예배 시에 부르는 찬송의 가사나 어휘의 의미에 대해서 충분히 설명해 주고 있는가?
- 어린이 찬송가는 어린이가 이해할 수 없는 개념을 가급적 피하고, 가능한 음역, 쉬운 음정 변화가 심하지 않고 교묘한 꾸밈이 없는 단순한 리듬 등을 고려하고 있는가?
- 찬양인도자는 똑같은 방법으로 찬양을 인도하고 있는가?

(5) 동작

- 예배인도자와 어린이들의 움직임은 동적인가 정적인가?
- 예배인도자는 신령과 진정으로 예배하는 본을 보이고 있는가?
- 예배인도자는 어린이들이 예배의 모든 순서에 적극적으로 참여하도록 돕는가?
- 예배인도자의 움직임은 어린이들이 하나님께 그 마음을 열 수 있도록 돕는가?
- 예배인도자는 예배 안에 임재하신 하나님의 성품과 하나님의 나라의 가치(사랑. 자비, 용서, 평화, 기쁨, 평등, 감사, 온유, 섬김

등)를 몸과 동작으로 표현하고 있는가?

- 예배인도자의 움직임과 동작은 예배의 흐름과 요소들에 알맞게 나타나고 있는가?
- 예배인도자는 불필요한 움직임으로 참여자들의 마음을 분산시키지는 않는가?
- 예배인도자는 성경을 다루는 태도에서 모범을 보이고 있는가?
- 어린이들의 예배드리는 모습은 명사인가 동사인가?
- 어린이들의 움직임은 하나님의 임재에 대한 올바른 반응을 표현하고 있는가?
- 어린이들은 움직임과 몸짓을 통해서 예배공동체로서의 하나됨을 표현하는가?
- 모든 진행(순서) 참여자(찬양인도자, 찬양대 오케스트라, 봉헌자, 기도자, 성경 봉독자 등)의 움직임은 예배의 진행과 각 순서의 성격과 조화되는가?
- 예배실로의 입장은 어린이로 하여금 하나님 앞으로 나아간다는 상징적 의미를 깨닫는 일을 돕는가?
- 봉헌의 예전은 적절하며 헌신의 정신이 잘 표현되고 있는가?
- 함께 예배드리는 모든 참여자(교역자들, 교사들, 부모들, 이웃들의 움직임은 예배의 기쁨과 환대함의 분위기를 조성하고 있는가?
- 말씀 봉독 시 일어나는 일은 말씀에 대한 존중과 순종을 표현하고 있는가?

(6) 상징과 도구들

- 예배를 위해 필요한 준비물들은 사전에 점검되어 예배 시간에 당황하는 일이나 혼란을 일으키는 일이 발생하지 않는가?
- 예배실 안에 있는 배너, 스크린, 소품들은 예배의 진행을 도와주는가?
- 예배실 안에 있는 상징들은 예수님의 고난과 부활을 잘 드러내주고 있는가?
- 예배 시간에 어린이의 눈에 보이는 것 중에 예배를 방해하는 것들이 있는가? 혹은 예배와 상관이 없는 것들이 있는가?
- 조명은 예배의 상징적인 도구에 잘 집중하도록 도와주고 있는가?
- 예배에 사용되는 예전적 도구들은 상징적이며 심미적인가?
- 예배실 안에 게시되어 있는 각종 게시물은 예배를 돕고 있는가 방해 하는가?
- 좌석 공간의 구성, 화분의 위치 등은 적절한가?
- 봉헌을 위한 도구는 잘 준비되어 활용되고 있으며, 봉헌의 의미와 상징성이 보장되고 있는가?
- 장식물은 단순하면서도 의미 있게 정리되고 구성되어 있는가?
- 설교, 찬양, 기도를 위한 매체의 활용은 적절한가?

8. 새로운 어린이 예배 형식들

1) 새로운 어린이 예배 형식의 등장

전통적인 형식의 어린이 예배에 대한 대안으로 축제 분위기를 도입한 새로운 어린이 예배 형식(New Formation of Kids Worship)이 2000년을 전후로 나타나기 시작했습니다. 메빅(MEBIG), 윙윙(Wingwing), 와우큐키즈(wow-Q-KIDZ), 앤프랜즈(nFRIENDS) 예배와 어와나(AWANA) 프로그램이 그것들입니다. 이 예배들은 어린이들의 집중력과 흥미를 유발 시키고, 축제적 분위기를 조성하며, 어린이의 참여를 극대화하는 방식으로 외국에서 수입되거나 혹은 한국교회에서 변형되어 형성된 어린이 예배 형식입니다.

(1) 메빅(MEBIC)

메빅(MEBIC)은 기억을 뜻하는 MEMORY의 앞두자 ME와 성경을 뜻하는 BIBLE의 앞두자 BI, 그리고 GAME의 첫 자 G를 붙여서 이루어진 조어입니다. 성경을 암송하고 신나는 놀이를 통한 게임으로 마음 문을 열어 예배에 집중할 수 있도록 한다는 의미로 만들어진 예배 활동입니다. 메빅은 선교가 잘되지 않는 일본의 우치코시 곤베이 목사가 1985년 4월 일본 삿보로 아이런 채플 그리스도교회에서 어린이들의 관심을 끌고 그들을 전도하기 위해 게임을 예배에 접목하면서 시작된 어린이 예배 형식입니다. 이 어린이 예배 형식을 1997년 삼일교회(서울 중계동 소재)에서 받아들여 한국교회에서 처음으로 시작되었습니다. 이후 많은 교회들이 메빅의 예배 형태를 따라함으로 엄청난 반향을 일으켰고, 게임, 그리고 캐릭터를 통한 전혀 새로운 형식의 예배가 진행되었습니다.

(2) 윙윙(Wingwing)

윙윙(wingwing)은 2002년에 한국에서 메빅을 처음으로 시작했던 삼일교회가 일본으로부터 메빅 자료를 제공 받기 어렵게 되자 자체적으로 메빅의 원리에 셀의 대그룹과 소그룹의 양 날개(사40:31) 개념을 도입하여 한국형 어린이 예배 활동으로 개발한 프로그램입니다. 메빅과 비슷하게 게임과 캐릭터가 등장 하지만 예배 중간에 게임이 등장하는 메빅과 달리 윙윙은 예배 선언 전에 게임을 주로 진행하고, 공원 전도나 리더 캠프와 같은 이벤트 행사들을 보다 다채롭게 진행하였습니다.

(3) 와우큐 키즈(WOW-Q-KIDZ)

와우큐 키즈(WOW-Q-KIDZ)는 '예배의 모든 것'을 뜻하는 Whole of Worship의 약자인 WOW와 '문화를 통한 전도'를 의미하는 Culture unto evangelism과 '어린이'를 뜻하는 KIDZ를 붙인 말입니다. 미국의 〈Metro Ministry〉에서 시작한 사역을 2002년에 한국의 '낮은 울타리'라는 문화선교단체에서 여름성경학교 프로그램으로 도입하면서 시작되었습니다. 이름에서 알 수 있듯이 와우큐 키즈는 낮은 울타리가 n세대의 예배 프로그램으로 받아들여서 예배의 회복에 초점을 맞추되 어린이 문화 코드에 맞게 접근하여 듣기만 하는 설교가 아닌 오감을 활용한 설교를 중심으로 전체 예배가 진행되도록 하였습니다.

(4) 엔프랜즈(nFRIENDS)

앤프랜즈(nFRIENDS)는 2005년 명성교회가 메빅의 토착화 예배 프로그램으로 발전시킨 것으로 Jesus and Friends에서 and를 n으로 줄여 쓴 형태의 이름입니다. 예수님과 친구들, 그 사이에서 다리가 되겠다는 다짐의 의미로 사용하였다고 합니다. 전술 한 다른 예배 형식들이 지금은 조금은 소강상태에 있는 듯하나, 앤프랜즈는 현재도 활발하게 진행되고 있는 어린이 예배 형식으로 여러 찬양 앨범과 다양한 활동들을 지속적으로 발전시켜 나가고 있는 것으로 보입니다.

(5) 어와나(AWANA)

엄밀히 말하면, 위의 어린이 예배 형식들과는 궤는 달리하지만 어와나(AWANA)도 게임과 성경 공부 그리고 캐릭터가 등장하는 이 새로운 예배 형식의 흐름을 그대로 반영하는 프로그램 중 하나로 볼 수 있습니다. 어와나(AWANA)는 디모데후서 2장 15절의 '부끄러울 것이 없는 인정된 일꾼'이라는 뜻의 Approved Workmen Are Not Ashamed의 약자입니다. 세상의 모든 어린이와 청소년들이 예수 그리스도를 알고, 사랑하고, 섬기게 되도록 하는데 그 목적을 두고 1943년에 시작되었고, 한국교회에는 1990년에 온누리교회를 중심으로 소개된 것으로 알려져 있습니다.

<표2> 어린이 예배 형식 순서와 공통점

	메빅	윙윙	앤프랜즈	와우큐 키즈	어와나
시작된 곳	일본	한국(화)	한국 (화)	미국	미국
예배 구조 (순서)	영어찬양 신앙고백 찬양 게임 찬양 캐릭터 찬양단 광고 말씀 암송 기도 찬양 설교 헌금 목회기도 및 주기도문 분반 공부	교사 기도회 시작선언 오프닝 게임 시간 캐릭터 시간 예배 선언 찬양 경배 통성기도 헌금 성구 낭송 설교 통성 기도 성구 암송 찬양 주기도, 축도 광고 추첨 마지막 인사 분반 모임	예배 전 활동 카운트 다운 게임 찬양과 율동 예배 예배에 로의 부름 신앙고백 경배와 찬양 기도 암송 찬양대 무비 설교 결단 찬송 헌금 주기도 예배 후 활동 광고 새 친구 환영 반별 모임	오프닝 준비 팀리더 소개 게임 카운트다운 규칙 설명 기도 시작 요절/챤트 찬양 침묵시간 드라마 실험 동화 말씀 결단의 기도 캐릭터 헌금 주기도문 시상 축하/광고 축복하며 보내기	게임 시간 핸드북(공과) 시간 암송 성경 연구 교제 시간 찬양, 율동 광고, 시상식

공통점	공통점 예배에 게임, 캐릭터 등을 통해 축제 분위기를 만들어 어린이의 참여를 극대화함. 성경 암송을 중심에 두고 있음. 준비하는데 많은 시간과 노력이 필요함. 공동체적인 활동이 많음. 상황에 대한 적응성이 높음. 어린이 예배 특성상 성례 순서가 없음. 설교 후 화답하는 결단 기도와 찬송 등의 순서가 있음. 윙윙을 제외하면 축도가 없음.

2) 각 예배 모형의 분석 : 공통점, 특징 그리고 비평

전술한 개혁주의 예배의 특징에 맞춰 각 예배 형식들이 시작된 곳, 예배 구조(순서), 공통점과 특징(차이점), 그리고 비평을 표를 통해 살펴보면 다음과 같습니다.

① 메빅 및 메빅을 근원으로 한 윙윙, 앤프랜즈는 게임, 캐릭터, 암송의 가장 기본적인 구조를 그대로 반영하고 있습니다. 이를 통해 어린이들이 즐거워하는 예배, 영감이 넘치는 예배, 메시지가 반복, 전달되고 집중력이 있는 예배, 어린이와 교사가 함께 하는 예배, 축제 분위기의 예배가 되도록 하고 있습니다. 그리고 메빅이 게임과 예배가 혼재된 형태였다면, 윙윙과 앤프랜즈는 이것을 한국화하면서 게임과 예배를 구분하려는 노력들을 하고 있음을 알 수 있습니다.

② 어와나를 제외한 나머지 형태들은 예배를 모든 활동의 중심에 놓고 말씀 선포를 중심에 놓으려 하고 있습니다. 하지만 대체로 예배의 순서가 어린이들이 전체를 한눈에 이해하기에는 너무 복잡하여 순서 준비와 노력에 많은 애를 쓰게 되어 있습니다. 또한, 교사와 교

회의 많은 노력과 헌신이 필요해 규모가 작거나 교사의 수가 적고 재정 투입이 어려운 교회는 현실적으로 불가능한 구조를 가지고 있음을 알 수 있습니다. 작은 교회의 경우에는 공간이 부족하고, 교재 구입과 단체 복장을 위한 재정이 부족하거나, 영상 장비가 뒷받침 되지 않으면 준비하기 어려운 예배 형식입니다.

③ 와우큐 키즈와 앤프랜즈는 예배 전에 카운트 다운을 하며 어린이들이 함께 참여할 수 있는 활동을 넣었고, 와우큐 키즈는 실험과 드라마를 통해 말씀 선포가 보다 극적으로 전개되도록 노력하고 있음을 알 수 있습니다. 이에 반해 어와나는 예배 형식이 없고 성경학습에 중점을 두고 게임과 반별 활동으로 모든 활동을 끝내고 있습니다.

④ 비록 각각의 예배 순서에 어린이들이 기도하고, 함께 찬양하며 게임 및 드라마나 실험과 같은 여러 활동에 참여하기는 하지만, 실제로 어린이가 예배 순서에 주체적으로 직접 참여하는 순서가 적은 편입니다. 앤프랜즈의 찬양대와 같이 어린이들이 하나님께 찬양하며 나아가는 활동이 좀 더 많이 있어야 할 것입니다. 이렇게 볼 때, 여전히 전체 예배 순서는 목회자가 중심이 되고, 교사는 보조하며, 학생들은 수동적으로 참여하는 형식의 변형된 형태가 아닐까 하는 의구심을 버릴 수가 없습니다.

⑤ 무엇보다 놀이 중심의 예배 진행이 어린이들의 영적 경건성 훈련에 방해가 될 수 있음도 기억해야 할 것입니다. 특별히 흥미, 오락, 경쟁적 성향을 강화할 가능성이 높은 게임을 예배에 도입함으로 함께 협력하고 하나님께 집중해야 할 어린이들이 오히려 자신의 흥미와 타인을 이기려는 경쟁에 집중할 가능성이 높습니다. 이것이 지나

치면 비록 윙윙이나 앤프랜즈와 같은 프로그램은 게임과 예배를 구분하려 했지만, 과열된 경쟁적 분위기로 인해 임영택의 지적처럼 게임과 예배의 구분이 점점 모호해질 수 있습니다. 또한, 게임의 실패감을 불러일으켜 서로 돕고 그리스도 안에서 하나 되게 만드는 성경의 가치와 상반되는 가치관을 오히려 이런 예배 구조가 조장할 가능성도 있음을 주지할 필요가 있습니다.

⑥ 경쟁의식을 바탕으로 한 게임을 도입하는 것에 대해 살펴보며, 개혁주의 예배의 가장 기본이 되는 예배의 근본(foundation)을 다시금 생각해 볼 필요가 있습니다. 예배를 통해 어린이들을 예배로 초대하여 하나님은 찬양 받으시고, 어린이들은 축복받는 기본적인 구조로 다시 돌이킬 필요성이 그것입니다. 특별히 어린이들만의 예배, 어린이들만의 게임 활동으로 그들만의 흥미와 재미에 빠지기보다는 교회 공동체 전체가 어린이들을 축복하고 함께 하나님께로 나아가는 방식의 예배 형태로 나아가는 것이 교회 전체의 공동체성을 회복하기에도 이로울 것입니다.

⑦ 시편의 찬송이 강조된 개혁주의 예배의 모토와 같이 깊은 신앙의 고백이 개인의 삶에서 나타날 수 있도록 어린이들을 독려하고 돕는 순서가 필요합니다. 이를 위해 어린이들이 화답하는 찬송과 기도, 그리고 세상으로 나아가는 어린이들을 축복하고 격려하는 순서가 필요하리라고 생각됩니다. 그리고 임영택의 지적과 같이 초대교회, 종교개혁자들의 예배의 순서였던 가장 기본적인 '예배에로의 부름-말씀-성찬-세상으로의 파송'과 같은 단순한 구조가 필요하리라 여겨집니다. 물론, 성찬은 많은 논의가 필요한 부분입니다. 그럼에도 온전한

형태의 예배 회복을 위해서 이처럼 보다 단순하지만, 적극적으로 어린이들도 참여할 수 있는 순서와 배려가 더욱 필요합니다.

⑧ 예배의 특징상 어린이들이 숙고하고 스스로 말씀을 생각해 볼 여유와 상황을 조성해야 할 것입니다. 즉, 내면화하고 자신을 돌아볼 기회와 순서를 배려할 필요가 있어 보입니다.

⑨ 무엇보다 이러한 이유로 예배가 무엇이며, 왜, 어떻게 참여해야 할지 예배 자체에 대한 교육과 훈련이 필요합니다. 이것에 대해 임영택은 심지어 "언제 일어서야 하는지, 언제 무릎을 꿇으며, 언제 그리고 왜 아멘으로 응답하여야 하며, 교독문은 어떻게 낭독해야 하는가를 배우게 하는 것이 필요하며, 어린이와 성인이 함께 예배하면 이런 모습은 개선될 수 있음을 말합니다.

<표3> 어린이 예배 형식 특징과 비교

	특징	비평 : 개혁주의 예배 특징으로 살펴본 예배구조
메빅	게임과 캐릭터를 예배 형식에 최초 도입	예배와 게임의 혼재로 인해 예배의 경계가 모호함. 말씀 선포 이전의 순서가 많아 말씀 증거가 강조되지 못함. 단순하지 않고 복잡함. 어린이들의 참여도와 공동체성은 확보 되었지만 어린이들이 직접 참여하는 순서는 부족함. 준비하는데 많은 노력이 필요시편이 강조되지 않음.

윙윙	메빅의 형태를 한국화한 처음 시도. 예배 전, 예배 중, 예배 후의 구조를 만들었음. 2002년부터 시작	예배와 게임을 구분하고, 어린이 참여를 극대화 함. 통성기도를 통해 직접 순서에 참여함. 공동체성과 적응성은 좋으나, 순서가 단순하지 않고 복잡함. 말씀이 중심이 되어 앞뒤에 성구암송 등이 있는 것이 강점. 시편이 강조되지 않음. 여전히 교사는 준비, 학생은 간접적으로 참여하는 방식
앤프랜즈	메빅을 한국화 한 두번째 시도. 윙윙과 비슷하게 구조를 바꾸면서 와우큐키즈의 카운트다운 순서를 가져옴	예배와 게임의 구분을 명확히 하여 경건성을 확보하려 노력함. 어린이 참여를 극대화함. 공동체성과 적응성은 좋으나 순서가 복잡함. 말씀이 중심이 되도록 배치하였고, 찬양대를 통해 학생들이 순서에 직접 참여함.
와우큐키즈	카운트다운과 드라마, 실험 등 다양한 시도를 했으며, 이후의 반별 모임은 없고 예배로 모든 모임이 종결됨. 침묵 시간을 두어 어린이 스스로 내면화 할 수 있는 기회를 부여함.	게임과 예배 시작의 구분이 명확하고 말씀 전에 실험, 드라마, 동화 등으로 말씀에 집중하게 함. 어린이들의 공동체적인 활동과 적응성이 좋음. 하지만 순서가 단순하지 않고 복잡하고 시편이 강조되지 않고 있음. 어린이들이 순서에 직접 참여하지는 못함.
어와나	예배는 없고, 성경 공부를 중심으로 게임과 반별 모임과 같은 활동이 있고, 성경 암송이 중심에 있음.	정식 예배 활동으로 보기 어려움 단순성과 공동체성은 강조되고 있지만 하나님께 나아가는 기도와 말씀 선포가 없음. 하나의 활동에 가까움

3) 새로운 형식을 제안하며

이상에서 살핀 것처럼 한국에서 어린이 예배 형식은 초창기 주일학교 운동이 일어날 때부터 큰 변화 없이 성인들의 예배 형식을 답습하는 방식을 따라왔습니다. 이후 2000년대 전후로 어린이들의 참여를 극대화할 수 있는 방식의 예배 형식들을 외국으로부터 수입하여 진행 하였습니다. 그리고 그것을 한국화하면서 게임과 예배를 분리하려는 시도들도 있어왔지만, 전술한 대로 새로운 어린이 예배 형식의 문제점들이 드러났고, 이어 저출산에 따른 학생의 감소와 교회의 대내외적 위축과 감소로 인해 상당히 위축되고 있습니다.

2000년대 주일학교를 뜨겁게 달구었던 새로운 형태의 어린이 예배는 어린이들의 예배 참여율을 높이는 데는 많은 기여를 한 것이 사실이고, 지루하고 의미 없어 보이던 어린이 예배가 흥미로운 축제 분위기를 회복하게 한 것은 긍정할 만합니다. 그리고 이를 통해 종교개혁자들이 예배 참여자들을 위해 성경을 그들의 언어로 사용하게 한 것과 같이 예배 참여자인 어린이들에게 주목하여 그들이 예배의 주체가 되도록 그들의 언어와 문화에 적합한 방식의 예배 형식을 고민하고 어린이들이 이해하는 방식의 예배를 드렸다는 점 또한 긍정할 만합니다.

하지만 예배는 참여자가 이해하는(understandable) 방식은 취하되, 그들이 원하는(wanted) 방식으로 진행하는 것에 대해서는 신학적이고 근본적인 반성이 필요하리라 생각합니다. 우선적으로 예배는 예배를 받으시는 여호와 하나님이 원하시는 방식과 하나님을 높이는 방식이 되어야 하기에 새로운 어린이 예배 형식에 경건성이 사라지고, 지나치게 경쟁적이고, 어린이의 흥미를 자극하는 방식으로 진행되는 것에 대한 우려와 문제점을 지적하는 것 또한 외면할 수 없는 사실입니다.

이로 인하여 다시금 쇠퇴해가는 어린이 예배의 모습을 새롭게 조직하되, 이전에 있었던 예배의 다양한 방식들을 비평적으로 살필 필요가 있습니다. 전술한 것처럼 예배의 가장 기본적인 방식인 '하나님은 영광 받으시고, 어린이들은 축복을 받는 방식으로 다시금 예배를 디자인하되, 어린이들의 언어와 문화를 무시하지 않는 형태'가 되어야 할 것입니다. 아울러, 어린이들만 드리는 예배로 인해 부모 세대와 어린이 세대 간의 예배의 분리가 신앙의 분리로 이어지는 이때 어린이들이 드리는 예배에 부모가 참여하고, 어린이들이 드리는 예배의 설교(주제)와 성인 예배의 설교(주제)가 함께 하는 방식의 새로운 시도들에도 관심을 가져야 할 것입니다.

• 앞으로 있을 새로운 형식의 어린이 예배를 발전시키기 위하여 박신웅은 다음의 몇 가지 내용을 제언합니다.

① 어린이 예배는 본질적으로 어린이가 예배의 주체인 만큼 어린이의 정서적, 인지적, 신체적 필요와 상황을 잘 반영하는 방식으로 기획되고 준비되어야 할 것입니다. 이를 위해 2000년대 활발하게 진행된 새로운 어린이 예배 형식에 대한 보다 심도 깊은 신학적인 반성 작업은 거치되, 어린이들을 이해하는 교육학적인 이해와 고려도 해야 할 것입니다.

② 어린이 예배에 대한 논의를 할 때 '어떻게 하면 많은 아이들이 예배를 지루해하지 않으며, 많은 아이들이 참여하게 할 수 있을까?'라는 질문을 던지기보다 '어떻게 하면 아이들이 예배를 통하여 하나님을 만나고 합당한 영광을 돌려드리게 할 수 있을까?'라는 근본적인 질문을 던져야 할 것입니다.

③ 어린이 예배를 기획하되, 전술한 것과 같이 어린이와 부모의 예배의 분리가 신앙의 분리로 이어지지 않도록 어린이와 부모가 함께 드리는 예배(통합예배)를 드리되, 어린이 예배에 부모를 초대하는 예배의 형식도 나쁘지 않다고 여겨집니다. 혹, 성인 예배의 설교주제와 어린이 예배의 주제를 통일하는 방식으로 진행하는 방법도 고려해 볼 만합니다.

④ 어린이 예배를 기획할 때 교사와 교역자가 중심이 되어 신앙을 '교육'하는 방식의 예배에만 그치지 않고, 어린이들도 하나님 앞에서 참된 예배자로서야 함을 잊지 않고 그들로 직접 예배에 참여하고 심지어 주도하는 방식으로 진행되도록 해야 할 것입니다. 이를 위해 어린이들이 직접 사회, 기도, 찬양대 및 헌금 수전과 같은 것을 할 뿐 아니라, 그들이 주도하는 예배가 되어야 함을 가르치고 교육하여 스스로 진행하는 예배가 되도록 기획해야 할 것입니다.

⑤ 어린이 예배에 대한 부모와 교사의 인식의 재고가 필요하리라 생각됩니다. 어린이 예배는 뭔가 부족한 예배나 부모들의 예배 시간에 보모가 필요하기에 해야 하는 정도의 수준으로 낮게 생각하지 않도록 교육해야 할 것입니다. 무엇보다 어린이 스스로 하나님이 부르신 예배, 하나님을 만나는 예배임을 깨닫도록 교육하고 예배의 경건한 분위기를 조성하는 것이 필요할 것입니다.

⑥ 예배를 기획할 때 전제한 것처럼 어린이 예배도 바른 형식(모형)의 개발이 필요합니다. 가장 기본적인 '예배로 초대-죄의 고백과 사죄의 선포-하나님의 말씀 선포-찬양으로서 화답-헌금-주기도' 등의 구조를 가지도록 준비하되, 그들의 언어와 문화를 고려하고 무엇보

다 복잡 하지 않고 심플하면서도 하나님이 기뻐하시는 방식을 고민하여 준비하도록 해야 할 것입니다.

⑦ 마지막으로 예배의 형식(모형)이 준비되었다면, 이와 함께 어린이 교사, 교육자들에게 바른 예배가 무엇이며, 어떻게 드려야 하고, 왜 드려야 하는지에 대한 반복적인 예배 교육이 필요할 것입니다. 나아가. 예배가 그들의 삶과 연결이 되도록 적용성 있는 말씀 선포와 화답, 그리고 삶으로의 예배에 대한 고민의 반영이 있어야 할 것입니다.

9. 합당한 예배를 위한 교육적 제언

1) 교회력과 성서일과에 따른 예배의 교육 과정

예배가 교회 교육의 교육 과정에 계속성과 통일성을 유지함으로써 '복음의 전체성'을 이해하는 데 도구가 될 수 있기 위해서는 세계교회의 공동유산인 '교회력'(Church calendar)의 가치와 그에 준한 '성서일과'(Lection)가 예배의 자료로서 폭넓게 수용되어야 합니다. '교회력'이란 예수 그리스도의 죽으심과 부활에 기초한 하나님의 구원 사건을 해(年)를 주기로 축제화한 틀을 그 내용으로 담고 있습니다. '성서일과'란 교회력에 따른 그 계절에 적절한 성경 구절을 정리해 놓은 '성구집'을 의미합니다. 성서일과에는 1년 52주일을 교회력에 준해 선택한 성경 본문을 배열해 놓은 것이 있고, 부활주일 전 한 주간(고난주간)의 매일 일과표를 포함해서 1년 365일 동안 명상할 수 있는 성서일과도 있습니다. 전자의 경우는 매 주일 교회 예배 시에 교회력에 맞춘 예배지침으로 사용할 수 있고, 후자는 주로 가정에서 신앙생활 지침으로 사용할 수 있습니다.

16세기 종교개혁자들은 매 주일 예배와 연중의 축제 때에 성경 말씀이 규칙적으로 읽혀지고, 또 그 읽혀진 말씀이 해석되어야 함을 강조하였습니다. 이 말은 그들도 교회 예배 시에 체계적인 성서일과를 권장했다는 말이 됩니다. 칼빈은 초대교회 때의 '연속적인 성서일과'를 권장했고, 이러한 입장은 스코틀랜드 장로교회와 웨스터민스터의 예배모범(1944~1945)으로도 계승되어 예배 시마다 일정한 성경 본문들이 읽혀지고 설교자들은 그 성경 말씀의 의미를 해설하고 설교하도록 되어 있습니다. 따라서, 보다 합리적인 예배를 위해, 그리고 예배를 통한 교육의 계속성과 통일성 유지를 위해서 세계교회 전통의 공동유산인 교회력과 그에 따른 성서일과를 정리해서 소개된 자료들을 참고해서 오늘의 교회 예배와 강단설계에 적극적으로 수용해야 할 것입니다.

2) 드라마로서의 예배

예배는 전체적인 단위로서 하나의 드라마의 모습을 가집니다. 물론 예배는 드라마가 아니며 드라마와는 분명히 구분됩니다. 그러나 개개의 요소들이 별도로 작용하는 것이 아니라 전체적으로 조화를 이루면서 진행된다는 의미에서 드라마적 성격을 가진다고 할 수 있습니다. 즉, 예배는 하나님의 구원 드라마를 표현하는 것이라 할 수 있습니다. 그러하기에 집례자는 찬송가 선정, 기도의 내용, 교독문 등의 요소들을 체계적이고 유기적으로 구성해야 하며, 하나하나가 전체적인 흐름을 따르도록 진행해야 합니다. 흔히 설교를 중심으로 구성하지만 교회력을 중심으로 하는 것도 바람직합니다. 예를 들어, 예배가 시작되기 전 오르간의 반주는 예배의 분위기를 살릴 수 있도록 배려해야 합니다. 한 가지 곡만을 연주하기보다는 그날의 예배 성격에 따라서 달리할 수 있어야 합니다. 찬송가 선정에서는 가사와 아울러 그 음악적인 분위기도 고려해야 합니다. 예를 들어 예배에로의 부름 이후의 찬송은 대개 거룩하고 경건한 분위기의 찬송이 좋으며, 고백의 기도 다음에는 가능한 한 차분하고 의미 있는 찬송가가 좋을 것입니다. 축도 후의 찬송가는 세상을 향한 결단을 나타내는 찬송가가 좋습니다. 따라서 설교자와 사회자가 다른 경우 서로의 의도를 잘 알아서 예배를 계획해야 합니다.

• 키트 왓킨스(Keith Watkins)는 예배의 구조를 SRRRS로서 다음과 같이 말합니다.

먼저 시작(Start)의 부분입니다. 여기에서는 예배의 목적을 밝히며, 예배에로의 부름, 개회기도, 찬송 등이 여기에 해당 됩니다. 다음으로 기억(Remember)의 부분입니다. 회중은 두 가지를 기억할 것을 요청받습니다. 하나는 죄로 말미암은 세상의 분열이요, 다른 하나는 죄악 된 세상에 대한 하나님의 사랑과 정의의 은총입니다. 고백의 기도와 성경 봉독, 설교가 여기에 해당합니다. 응답(Respond)은 공동체가 하나님의 임재를 믿음으로 고백하는 것을 말합니다. 단순히 입으로의 고백이 아니라 전 삶으로 기꺼이 하나님의 뜻을 위해 헌신할 것을 다짐하는 것입니다. 대부분의 기도와 중보기도가 여기에 속합니다. 회복(Renew)은 하나님께서 떡과 포도주로 공동체를 다시 새롭게 하며 이를 통해 하나님의 신실하심과 임재를 약속합니다. 마지막으로 공동체는 온 세상을 향해 하나님의 사랑의 의를 증거 하기 위하여 파송(Send Forth)됩니다.

이러한 구조 자체가 하나의 드라마로서 참여한 성도들에게 하나님과 자신, 그리고 이웃에 대한 관점을 제공하는 교육적 의미를 갖는 것이며, 동시에 드라마로서의 예배는 어느 한 부분을 지나치게 강조하기보다는 전체를 염두에 두어야 함을 강조합니다.

3) 공동체 형성의 예배

예배를 집례하는 사람으로서는 예배가 전체의 공동체적 사건이 되도록 해야 합니다. 구약의 전통에서는 특정한 제사장만이 예배를 인도하도록 했으나 신약시대에는 모든 회중이 다 "거룩한 제사장"(벧전2:9)으로서 참여합니다. 집례하는 사람은 가능하면 참여자들이 예배의 순서에 많이 참여하게 하거나 때로는 예배의 중요한 부분을 담당케 함으로써 방관하는 자세가 되지 않도록 배려해야 합니다. 물론이 경우 칼빈의 지적과도 같이 예배의 질서가 혼란해지지 않도록 해야 할 것이며 맡은 사람들의 철저한 준비가 요구 됩니다. 오늘날 몇몇 교회들이 어린이들을 주일예배에 참석시키고 이들을 위한 설교를 따로 준비하는 것이나 이들도 예배의 순서를 맡도록 하는 노력은 예배의 공동체성을 위해 중요한 교육적 의미를 갖습니다. 이들을 참석시킴으로써 이들 스스로 자신들이 정식 하나님의 백성이라는 것을 깨닫게 하고 나머지 회중들에게는 예배란 연령과 같은 어떠한 인간적 제한에 관계 없이 하나님을 영화롭게 한다는 것을 가르칩니다.

4) 예배를 위한 교육

웨스터 호프(John H. Westerhoff II)는 교회 교육에 있어서의 예배의 중요성을 특히 강조하는 현대 기독교 교육 이론가입니다. 「우리의 자녀들이 신앙을 가질 것인가?」라는 저서에서, 그는 오늘의 교회 교육 현장에서 신앙 교육의 문제성을 지적하면서 예배야말로 신앙을 지탱시켜 주고 세대에서 세대로 신앙을 전달하는 중요한 자리임을 다음과 같이 강조했습니다. "만일 예배가 그리스도인의 삶의 초점이라면 예배는 마땅히 기독교 교육에 있어서도 초점이 되어야 한다". 웨스터 호프의 지적과 같이 기독교 교육은 성도들로 하여금 예배의 의미를 이해하게 해야 하고, 현재의 예배를 평가하게 해야 하며, 필요한 새로운 표현을 탐구하며, 나아가 의미 있는 참석을 위한 적절한 준비를 갖추도록 해야 합니다. 예배에 대한 지침서를 만들거나 아니면 교육을 통해 예배의 의미를 계속해서 되살려 주어야 합니다. 예배만큼 형식에 쉽게 사로잡히는 것이 또 있겠는가! 초신자들에게는 예배의 순서들이 어색할 수 있으므로 잘 설명해 주어야 합니다. 예배는 하나의 질서 있는 형식을 갖고 있지만 매주일 그 의미가 되새겨져야 합니다. 때로는 예배 진행 시 각 순서에 대해 간단히 언급함으로써 의미를 되새길 수도 있습니다. 예를 들어, "이제 우리의 신앙을 사도신경으로 함께 고백하겠습니다". "이 시간 헌금을 드림으로써 모든 것의 주인되시는 하나님께 감사드리겠습니다". "성가대의 찬양을 통해 우리가 함께 하나님께 영광 돌리기를 바랍니다". "성경 봉독을 통해 우리 각자에게 향하신 하나님의 음성을 듣기 원합니다" 등이 있습니다. 때로는 순서에 변화를 줌으로써 참여자들로 하여금 의미를 생각하게 할 수 있습니다.

10. 세대 통합예배

1) 개념의 정의

어린이를 포함한 전 회중이 함께 드리는 예배에 대한 다양한 표현들이 있습니다. 영어 표현으로는 주로 intergenerational worship 혹은 corporate worship이 사용됩니다. 이와 관련된 우리말 표현으로는 어린이와 함께 드리는 예배, 전 교인 예배, 통합예배, 세대 포괄적 예배, 가족예배, 공동예배 등이 있는데, 두 가지 영어 표현을 감안하면서, 몇몇 학자들의 공통된 표현들을 고려하여 '세대 통합예배'라 부르는 것이 좋을 것 같습니다.

2) 세대 통합예배의 근거

첫째, 우선 성경은 다양한 곳에서 하나님의 언약이 당사자만이 아니라 후손들과 함께 하는 것임을 천명하고 있습니다. 구약에 나타난 각종 회집(공동체의 예배와 금식)에 어린이가 예외 없이 포함됨을 볼수 있습니다. 또한 온 가족이 함께 하나님 앞에 서 있는 모습은 신약성경에서도 잘 나타나고 있습니다. 빌립보에서 루디아의 온 가족이세례를 받는 모습(행16:15), 빌립보 감옥의 간수의 온 가족이 함께세례를 받는 장면(행16:33) 등입니다. 예수님께서도 다음과 같이 말씀했습니다. "예수께서 이르시되 그렇다 어린 아기와 젖먹이들의 입에서 나오는 찬미를 온전하게 하셨나이다 함을 너희가 읽어 본 일이없느냐 하시고"(마21:16) "그 때에 사람들이 예수께서 안수하고 기도해 주심을 바라고 어린 아이들을 데리고 오매 제자들이 꾸짖거늘예수께서 이르시되 어린 아이들을 용납하고 내게 오는 것을 금하지말라 천국이 이런 사람의 것이니라 하시고 그들에게 안수하시고 거기를 떠나시니라"(마19:13~15). 둘째, 세대 통합예배를 위한 예배학적 근거는 예배의 공동체적 성격에서 찾을 수 있습니다. 이미 우리는 앞에서 언약 공동체의 예배가 개혁교회의 기본 이념이 되고 있음을 밝힌바 있습니다.

3) 세대 통합예배에서 어린이의 기여

여기서는 예배에 어린이를 포함함으로 얻게 되는 유익에 대해서살펴보고자 합니다.

첫째, 아마도 가장 중요한 세대 통합예배의 가치는 언약 공동체의모습을 구현하는 최선의 방책이라는 사실에 있을 것입니다. 앞에서이미 개혁교회의 예배의 특징이 언약적 예배이며, 이 예배는 모든 세대를 포괄한다는 사실을 강조하였습니다. 하나님께서는 자기 백성과 그 후손과 함께 공동체적인 언약을 맺으셨기에, 우리는 예배에서 이 사실을 함께 확인하며 축하하는 것입니다. 이런 의미에서 예배에 함께 참여하는 어린이는 하나님이 공동체에 주신 선물이 됩니다. 그러므로 어린이를 포함하는 전 회중이 함께하는 예배는 하나님의 백성으로서의 우리의 정체성을 강화하는 행위입니다.

둘째, 다양한 세대가 함께 예배에 참여하는 일은 각 세대의 독특성과 행동과 사고와 삶의 스타일이 함께 표출됨으로 모든 세대들이 순례자의 삶인 인생의 여정을 반추해 볼 수 있는 기회가 됩니다. 성인들은 자신들이 걸어온 시절을 회고합니다. 젊은이들은 노년과 함께하며 내가 이르게 될 그날들을 생각하며 준비합니다. 세대 통합예배의 가능성은 어린이부터 노년에 이르는 인간의 전 생애의 여정을 반영함으로써 천국까지 이르는 순례자적 신앙을 담아낼 수 있다는 데 있습니다.

셋째, 세대 통합예배는 신앙공동체 안에서 새롭고도 실제적인 우정을 경험하게 해줍니다. 진정한 우정이란 자신의 요구를 충족시키는 것이 아니라 함께 나눔과 함께 있음 그 자체에서 누리는 기쁨을 말합니다. 그것은 연약한 인간과 친밀한 우정을 나누시는 하나님의 모습의 반영이며 또한 예수님께서 친히 보여주신 일입니다. 그러므로 교회 공동체가 특히 예배 공동체가 약한 자와 어린이들과 함께하는 것은 그 자체가 하나님의 임재하심을 보여주는 일이 됩니다. 이런 의미에서 어린이와 함께하는 일은 예배 공동체에 주신 하나님의 선물이 됩니다.

넷째, 어린이들은 성인들의 종교적 감성과 상상력을 자극합니다. 어린이들이 회중에게 주는 선물은 성인들의 이성적인 사고를 중지할 수 있는 계기를 만들어 준다는 것입니다. 물론 어린이로 인해서 설교를 듣는 일에 어려움을 호소하는 성인들이 있을 수 있으나, 회중은 어린이로부터 신앙의 공동체는 하나의 길만이 아닌 다양한 방법으로 예배에 참여하고 배우고 의미를 창출해 나간다는 것을 깨닫게 됩니다.

다섯째, 어린이는 신앙의 본질에 대해서 더 많은 통찰력을 제공합니다. 어린이의 신앙은 매우 미숙하고 초보적인 것으로 보입니다. 그러나 어린이들이 우리에게 주는 좋은 소식은 '믿음이란 실제로 하나님의 선물'이라는 사실입니다. 우리는 지식을 비롯한 여러 시도들을 통하여 우리의 믿음을 넓혀 나가지만 어린이들의 단순한 신뢰는 신앙의 참된 본성이 무엇인지를 분명하게 해줍니다.

여섯째, 어린이는 그들의 몸의 움직임과 에너지로 예배합니다. 따라서 어린이의 예배 참여는 성인들로 하여금 그들의 예배 역시 완전한 신체적인 경험이라는 것을 일깨워줄 가능성을 갖습니다.

일곱째, 어린이를 예배에 포함하는 일에 대한 성인들의 반응은 다음과 같이 부정적일 수 있습니다. '시끄럽고 소란스럽다' '예배에 집중이 안 된다' '예배의 수준이 떨어진다'. 그러나 어린이의 참여는 어른들에게 선물이 될 수 있습니다. 단지 조용한 예배, 소위 경건한 분위기의 예배가 아니라 할지라도, 조금은 소란스럽고 조금은 불편한 가운데서도 예배자들은 더 많을 것을 배울 가능성이 존재하는 것입니다.

끝으로, 예배에 어린이를 포함하려는 노력은 예기치 않게 예배를 새롭게 하고 개선해 나가는 일에 효과적인 기여를 할 것입니다. 예배를 생명력 있게 하려는 예배 개혁의 노력은 어린이의 예배 참여를 통하여 더욱 탄력을 받을 수 있습니다.

• 세대 통합예배의 실천을 위해서는 다음 몇 가지 사항을 고려해야 합니다.

첫째, 무엇보다도 담임목사의 의식을 바꾸는 일이 선행되어야 합니다. 그래야 담임 목사는 세대 통합예배에 대한 당위성을 성도들에게 충분히 가르칠 수 있습니다. 또한 교회의 지도자 그룹이 먼저 동의할 수 있어야 합니다.

둘째, 앞에서 언급한 바와 같이 성인들의 어린이 참여에 대한 반응들은 부정적입니다. 지도자들은 이런 생각들을 수렴하고 설득하는 일이 중요합니다. 이미 제시한 세대 통합예배의 유익을 부각 시키는 것이 중요합니다.

셋째, 중학생 이상의 경우는 가급적 (성인)예배에 참석하도록 하는 것이 좋습니다. 물론 부서별 프로그램은 따로 얼마든지 가능합니다.

넷째, 부분적이나 병행적 시도로 시작할 수 있습니다. 세대 통합예배는 적어도 한 두 해의 점진적인 준비 기간 혹은 실험 기간을 거치면서 실시 하는 것이 유익할 것입니다. 물론 교회마다 상황이 다르므로 개교회의 형편에 알맞은 세대 통합예배를 구상할 수 있을 것입니다. 현유광은 3단계로 나누어 접근합니다. 첫 단계는 성탄절, 부활절 성령강림절 같은 주일을 활용하여 연합예배를 시행하는 것입니다. 둘째 단계는 오후 예배 시간에 자원하는 가정들을 중심으로 자녀들을 예배에 참석시키는 것입니다. 이때에도 비교적 훈련이 잘된 어린이들을 가진 가정부터 참여하고 점차로 확대해 나가는 것입니다. 셋째 단계는 오전 예배를 세대 통합예배로 드리는 것입니다.

다섯째, 세대 통합예배의 전 단계로 어린이 예배에 부모와 성인들이 함께 참여하는 형식이 가능합니다.

여섯째, 세대 통합예배의 형태로 처음부터 끝까지 어린이들과 함께 드리는 예배가 이상적이지만, 성경 봉독 전에 어린이들이 다른 장소로 가서 다른 사역자를 통해서 눈높이에 맞는 설교를 듣고 예배를 진행할 수도 있습니다. 또 다른 경우는 성인들을 대상으로 설교를 하기 전에 설교자가 어린이들을 설교자 가까이 불러 모으고 어린이들을 위한 설교를 한 후에 다른 장소로 옮기는 경우입니다. 이 형태는 대안 혹은 타협(compromise)의 형태로 유용해 보이기는 하지만, 이에 대한 비판도 만만치 않습니다.

• 세대 통합예배를 위한 구체적인 제안으로 다음과 같은 것을 들수 있습니다.

안재경은 다음 몇 가지를 제시합니다. ① 예배를 경건하게 드리는 것을 포기(?)해야 합니다. ② 설교에 집중할 수 있는 환경을 갖추어야 합니다. ③ 자녀와 더불어 예배를 미리 준비해야 합니다. ④ 절기 때 세대 통합예배를 시험해 봅니다.

드종은 예배를 위한 개인적 준비, 가정적 준비, 회중적 준비에 대해서 자세히 논하고 있습니다. 특히 그는 어린이와 함께 드리는 예배를 위한 가정과 부모의 역할을 강조하고 있습니다. 물론 부모가 이 일을 감당하기 위해서는 교회의 배려와 뒷받침이 전제되어야 합니다. 부모의 역할을 몇 가지로 정리하면 다음과 같습니다.

① 부모는 자녀들에게 예배에 참석하는 것이 왜 중요한가를 인식시켜야 합니다.

② 예배를 준비하는 일에 어린이들을 참여시킵니다.

③ 예배에서 사용하는 용어의 의미를 바르게 이해하도록 돕습니다.

④ 자녀를 예배에 참석시키는 시기를 너무 서두르지도 말고 너무 지체하지도 말아야 합니다.

⑤ 부모는 자녀들에게 죄악을 누르시고 승리하시는 하나님께 영광을 돌리는 감사와 찬양의 태도를 늘 지니도록 해야 합니다.

⑥ 가족의 경험을 통해 예배의 경험을 더욱 강화 시켜 주고 늘 하나님의 전을 향해 나가는 풍토를 자연스럽게 조성해야 합니다.

⑦ 설교 말씀에 함축되어 있는 의미에 대해서 폭넓은 대화가 있어야 합니다.

⑧ 주일 오후는 자녀들과 보내는 시간을 마련하고, 형제와 이웃을 초대하여 그리스도인의 교제를 나누도록 합니다.

⑨ 주일이 지나면 다음 주일에 드릴 예배를 준비해야 합니다. 주간에 이루어지는 다양한 봉사활동은 예배를 위한 실천이 되며, 이를 통해 하나님의 통치하심은 계속됩니다.

김세광은 세대 통합예배의 필요성과 가능성을 논의하면서 다음 몇 가지 실제적인 제안을 합니다.

① 하나 되게 하시는 성령의 역사를 기대합니다.

② 스토리텔링을 사용합니다.

③ 예술적 표현을 활용합니다.

④ 예전의 활용을 활성화합니다.

⑤ 멀티미디어의 적절한 사용은 매우 효과적입니다.

⑥ 신체언어를 적극적으로 활용합니다.

⑦ 예배 기획과 진행에 참여하도록 격려합니다.

⑧ 세대 통합예배는 예배 밖에서부터 시작됩니다(준비와 역동적 교제).

세대 통합예배를 위해서는 부모교육이 무엇보다도 중요하고, 예배에서 부모의 역할을 해 줄 봉사자들이 많이 필요합니다. 이상과 같은 점들을 생각해 보면서 우리의 상황에서 이 예배만을 성급하게 고집할 수는 없다고 보며, 더 많은 준비를 통해서 필요성과 분위기를 성숙시켜 나가야 할 필요가 있습니다.

11. 나가는 말

오늘날 교회는 예배와 교육에 대한 새로운 이해와 결단을 요구합니다. 예배는 형식으로 치달리면서 본질적 생명력을 잃고 있으며, 교육은 변화 없는 지식으로 대치됨으로써 근본적 뿌리를 상실하고 있습니다. 이제 예배는 교육을 통해 그 생명력을 회복해야 하며, 또한 교육은 예배를 통해서 그 변화의 능력을 찾아야 합니다. 예배는 기독교 교육의 터전이자 중심입니다. 예배는 하나님의 임재와 거룩성, 은총과 능력의 터전을 교육에 제공함으로써 교육의 목적과 방법, 근본정신을 재정립하도록 요청합니다.

교육은 섬김의 사역을 통하여 예배가 그 본질과 교육적 사명을 감당하도록 도울 책임을 부여받습니다. 이제 교회 교육은 단순히 가르치고 배우는 영역을 넘어서서 전체적으로 신앙을 양육하는 예배에 적극적인 관심을 가져야 할 것입니다. 교육과 예배의 관심은 지식(information)이 아니라 성장과 변화(transformation)요, 교리나 신조(belief)가 아니라 신앙(faith)이기 때문입니다. 이 둘이 목회의 동반자로서 상호 유기적 관계를 가질 때 교회는 더욱 교회 되며 하나님의 백성들을 더욱 충실히 섬길 수 있을 것입니다.

참고문헌

• 강용원 외 3인, 어린이 예배 어떻게 할 것인가?, 생명의 양식, 2017.
• 김만형, New SS 혁신 보고서, 에듀넥스트, 2011.
• 마이클 J. 앤서니 편집, 기독교 교육학 사전, CLC, 2010.
• 문화랑, 미래 교회 교육 지도 그리기, 생명의 말씀사, 2021.
• 이정현, 주일학교 체인지, 생명의 말씀사, 2022.
• 이철승, 교회 교육의 회복, CLC, 2011.
• 정일웅, 기독교 예배학 개론, 범지사, 2005.

• 제임스 F. 화이트, 기독교 예배학 입문, 엠마오, 1992.

• 제임스 드 종, 개혁주의 예배, 황규일 역, CLC, 1997.

• 존 H. 웨스터 홉 III, 교회의 의식과 교육, 박종석 역, 베드로서원, 1992.

• 존 H. 웨스터 홉 III, 교회의 신앙 교육, 정웅섭 역, 대한기독교 교육협회, 1983.

• 최윤식, 유년주일학교 혁명, 규장, 2000.

• 크리스티안 그레트라인, 교회의 아이들, 김상구, 김은주 역, CLC, 2014.

• 폴 H. 비스, 기독교 교육과 예배, 김소영 역, 예장총회 교육부, 1978.

• 프랭클린 M. 지글러, 예배학 원론, 정진황 역, 요단출판사, 1979.

11장 • 기독교 교육의 상담

우리들의 삶의 현장에서 사회적, 문화적 이유로 인하여 문제를 가지고 고민하는 사람들의 수가 증가되고, 또한 이들의 문제를 해결하려는 전문가들의 노력도 증가 하고 있습니다. 죄악 된 본성을 가진 인간의 생각과 행동은 날이 갈수록 더욱 큰 문제를 만들고 있으며, 여기에 대한 기독교 상담학적 대응이 시급히 요청되고 있습니다. 이러한 시대적 요청 속에서 상담이란 무엇이며 현대 사회에서 상담이 왜 필요한지를 기독교 상담학적 입장에서 고찰하므로 기독교 상담의 바른 방향을 모색하려고 합니다.

1. 상담의 정의

상담이란 무엇인가라는 질문에 대해서는 다양한 정의가 나올 수 있습니다. 그것은 정의를 하는 사람의 관점과 사상의 발로이기 때문에 더욱 그렇습니다. 상담학자들의 대표적 정의를 소개하면 다음과 같습니다. 빙햄과 무어(W. V. Bingham and B. B. Moore)는 상담을 면접과 같은 것으로 생각하여 "목적을 가진 대화"라고 하였고, 가렛(A. Garrette)은 "전문적 대화"라고 하였습니다. 1930년대에는 임상적 상담이 주류를 이루고 있어서 상담을 이렇게 정의했으나 1940년대에 와서는 로저스(C.R. Rogers)를 중심으로 한 상담운동이 활기를 띠게되자 상담에 대한 개념 규정이 시도되었습니다. 상담의 개념을 정의하는 관점은, 상담을 심리요법과 동일한 성격으로 보거나 혹은 심리요법의 한 방법으로 보는 협의적 관점과 상담을 포괄적으로 생활지도에 접근시키는 광의적 관점으로 나눌 수 있습니다. 협의적 해석을 하는 학자들로는 로저스(C. R. Rogers), 스나이더(W. U. Snyder), 도온(F. C. Thorne), 보딘(E. S. Bordin) 등이고, 광의적 해석을 하는 학자들은 매튜슨(R. H. Mathewson), 윌리암슨(E. G. Williamson), 로빈슨(F. P. Robinson), 렌(C. G. Wrenn) 등입니다. 협의적인 해석 입장을 취하는 학자들의 대표자인 로저스는 "효과적인 상담이란 명확하게 구성된 수용적 관계에서 피상담자로 하여금 자기 자신을 이해하게 하고 새로운 방향을 향해서 적극적으로 걸어갈 수 있게 해 주는 것이다"라고 정의합니다. 광의적인 해석 입장을 취하는 대표적 학자인 윌리암슨은 "상담은 두 사람이 대면하는 장면이다. 한 사람은 훈련을 받고 기능을 터득하고 있으며, 상대방으로부터 신뢰받고 있기 때문에 상대방이 적응상의 문제에 직면하여 이를 지각하고, 명료화하고, 해결하고, 결심하는 데 도움을 준다. 따라서 문제해결을 위한 상담자와 피상담자의 모든 노력을 포함한다. 결국 상담이란 한 사람의 퍼스낼리티의 성장과 통합을 위하여 돕는 것이다".

기독교 상담 분야에서도 상담을 다양하게 정의하고 있습니다. 아담스(Jay E. Adams)는 상담을 "성령의 중생케 하시는 사역과 성화시키는 사역의 조화 속에서 이루어져야 한다고 하면서 성경적 상담이란 ① 성경에서 그 동기를 찾으며 ② 성경을 그 전제 조건으로 하며 ③ 성경의 목표를 뼈대로 삼아 ④ 성경에 모델로 주어지고 명령된 원리와 실천에 따라서 조직적으로 발전시켜 나가는 것"이라고 하였고, 왈레스 카(Wallace Carr)는 "오직 우리 주 곧 구주 예수 그리스도의 은혜와 저를 아는 지식에서 자라가도록 돕는 것"(벧후 3:18)이라고 하면서 참고가 되는 성경 구절로 에베소서 4:13~15절을 제시하였습니다. 정정숙 교수는 "상담자와 피상담자의 대면 관계에서 당면한 문제를 해결하고 성령의 역사하심으로 비성경적인 사고, 감정, 행동을 성경적인 것으로 변화시키기 위하여 재교육 하는 것"이라고 정의합니다.

2. 상담의 어의

상담(counseling)이란 용어는 라틴어의 consulere에 어원을 두고 있습니다. 이 말은 '고려하다'(to consider), '반성하다'(to reflect), '숙고하다'(to deliberate), '조언을 받다'(to take counsel), '상담하다'(to counsel), '조언을 구하다'(to ask counsel of) 등의 다양한 의미를 내포하고 있습니다. 그러나 이 말이 고대 프랑스어에서 'conseiller'(상담하다)로 사용되고, 영어에서는 'counsel'로 사용하게 되었습니다. 카운셀링(Counseling)이란 용어가 언제부터 사용되었는지는 분명하지 않으나, 초기에는 법률, 경제, 종교 등의 영역에서 도움을 주는 변호사, 고문, 조력자를 뜻하는 용어로 사용되었습니다. 교육계에서 이 말이 사용된 것은 직업지도(vocational guidance)라는 용어가 사용된 1908년경부터입니다. 오늘날 우리들이 사용하는 의미로 '상담'이란 용어가 사용된 것은 윌리암슨(E. G. Williamson)이 1939년에 "How to Counsel Students"라는 저서를 낸 때부터입니다. 윌리암슨은 이 저서를 통해서 상담의 개념을 체계화하였습니다. 이렇게 활용되기 시작한 '상담'이란 용어는 사회의 발달과 함께 인간의 다양한 영역에서 활용되기 시작하였고, 특히 현대 사회에서는 하나의 종합학문으로 그 영역을 확산시켜 나가고 있습니다.

3. 상담에 대한 성경적 관점

상담은 하나의 공식화된 프로그램이 되기 훨씬 이전부터 교회에서 행해졌습니다. 광범위한 정의를 사용하여 상담을 안정을 주고 교정해주거나 인내를 해주는 것으로 본다면, 성경은 상담에 대하여 많은 사례를 가지고 있습니다.

1) 모세는 성경 말씀에 나열된 첫 번째 상담자 중의 한 명이었습니다. 광야를 돌고 있을 때 그는 많은 날을 사람들의 불평을 듣고 그것을 판단해 주는 데 보내고 있었습니다. 그의 현명한 판단과 상담은 사람들에게 일상의 삶을 살기 위한 안내를 제공해 주었습니다(출 18:15~16).

2) 모세의 장인 이드로는 사람들을 그룹으로 조직하여 모세가 상담할 때 다른 사람들이 그를 도울 수 있도록 했습니다(출18:21~22). 한 명의 상담자가 이해하기에 문제가 너무 복잡하면, 그 개인은 더 높은 심판관에게 위탁되고, 필요해지면, 모세가 그 문제를 듣게 되

었습니다.

3) 욥의 친구들은 욥이 개인적인 위기의 시간을 보내고 있을 때 그에게 와서 상담과 격려와 지지를 제공 하였습니다(욥2:11,13)

4) 젊은 목자 다윗은 음악으로 상담해 주도록 사울 왕에게 보내졌습니다. 정서적으로 매우 괴로움을 경험하고 있던 시기의 사울에게 다윗의 음악은 치료적 지원의 형태였습니다. 그것은 정서적 정신적 치유의 시기를 그가 경험하게 하였습니다(삼상16:23). 목자의 임무는 상담과 관련이 있었습니다. 그들은 약한 양을 강하게 하고 다리를 저는 양을 돕고 아픈 양을 치유하고 길 잃은 양을 찾는 일을 합니다.

5) 엘리야와 엘리사와 같은 선지자들은 하나님의 말씀을 백성들에게 설교하고 설명하는 형태로 상담을 제공하였습니다(왕상17~19장). 사람들이 그들의 조언을 잘 따르지는 않았지만, 그들은 평화를 위하여 하나님이 내리신 명확한 지시를 전달했습니다. 이스라엘 주변 나라들의 왕과 군사 지도자들은 이러한 하나님의 사람들의 현명한 상담과 조언을 듣기 위하여 찾아왔습니다.

6) 예수님의 사역은 흔히 다른 사람들을 상담해 주는 것이 포함되었습니다. 그는 듣는 자들에게 하나님의 나라에 어떻게 들어가는지(마19:23~30), 치유를 어떻게 받을 수 있는지(요3:1~16,마12:10~14), 그리고 금이 간 관계를 회복하는 방법(마5:23~26)에 대한 지침을 제공하였습니다. 이사야는 그의 이름 중의 하나가 "상담자"일 것이라고 예언하였습니다(사9:6). 그는 상담의 중요한 기술인 경청에 대하여 200번 이상 말했습니다. 그는 우물가의 여인(요4장)과 간음한 여인(요8장)에게 수용과 따스함과 부드러움의 모델을 보여주었습니다. 예

수님은 경청(눅24:17~24), 대면하는 능력(눅24:25,마8:26), 사람들에 대한 이해(마19:16~22) 그리고 성경 말씀을 인간의 필요에 관련시키는 능력(눅6:47~49)을 통해 상담 기술을 보여주었습니다.

7) 바울 사도는 에베소 장로들에게 공감과 돌봄을 보여주었습니다(엡1:1,16~18). 그가 하나님의 말씀을 가르치며 이 집 저 집 다니면서 상담을 제공하였을 것이 분명합니다. 교회에 보내는 바울 서신들은 사람들과 가까운 그의 관계를 보여줍니다(골4장,롬16장). 그의 여러 저술은 교회 단체나 교회 내의 개인이 당면하고 있는 중요한 문제를 해결하려는 열망으로 가득했습니다(빌레몬서와 고린도전서를 보라). 초대교회는 공동체의 필요를 정하여 지원을 적절히 관리하기 위하여 평신도 지도자를 선임 하였습니다(행6:1~7). 사람들의 신체적, 정서적, 영적 필요를 채워주는 것은 교회의 역사 내내 지속 되어 왔습니다. 도움이 필요한 사람들을 지원하게 되는 방법과 기술이 세대별로 다를 수 있지만, 교회는 사람들이 신체적, 정서적 혹은 영적 괴로움이 있을 때 항상 찾아오는 장소였습니다. 그리스도는 도움이 필요한 누구에게나 무조건적인 사랑과 용납의 본을 보이라고 교회에 명했습니다.

4. 기독교 상담의 독특성

기독교인들은 그리스도 안에서 서로 성숙을 향해서 세워가도록 격려되어야 합니다. 이것은 개인들을 도와서 그리스도의 몸인 교회가 강해지게 할 책임을 포함합니다. 마이너쓰와 마이어와 비헤른(Minirth, Meier. and Wichern)은 기독교 상담이 왜 독특한지 6가지 이유를 나열하고 있습니다.

1) 기독교 상담은 성경을 권위의 최종 기준으로 받아들입니다. 기독교 상담은 인간 행동에 관한 모든 것을 최종 권위인 성경에서 찾습니다. 성경은 인간 행동을 설계하는 것뿐만 아니라 이에 대한 바른 관점을 갖도록 해줍니다. 그것은 우리가 누구이며 어디에서 왔고 우리의 본성과 궁극적 목적에 관하여 말해 줍니다.

2) 기독교 상담은 인간의 책임을 인정할 뿐만 아니라 인간의 문제를 해결해 주시는 성령의 내재하시는 능력에 의지하는 독특성이 있습니다.

3) 기독교 상담은 본성적으로 인간은 이기적이며 하나님을 무시하거나 싫어하는 경향이 있지만(롬1:16), 그리스도인은 믿음으로(롬8:12) 죄성을 이기고 성경의 능력으로 승리한다고 보는 독특성이 있습니다.

4) 기독교 상담은 내담자의 과거를 효과적으로 다루는 독특성이 있습니다. 그리스도인들은 과거의 삶의 행사가 용서받았음을 알기 때문에 그들은 죄책감에서 자유로워 지고(욥1:9) 미래를 기대할 수 있습니다(빌3:13~14). 과거의 어떤 행사가 후회와 괴로움을 제거하기 위하여 통찰과 특별한 기도를 해야 할지라도, 믿는 자들은 그리스도 안에서 깨끗이 씻긴 상태로 확고한 위치에 있습니까?

5) 기독교 상담은 하나님의 사랑에 근거하는 독특성이 있습니다. 하나님은 우리를 사랑하시며(요일4:10), 그분의 사랑이 우리를 통해 흘러 넘쳐서 우리가 다른 사람을 사랑함으로 그들을 돌봅니다(롬 12:9~21). 기독교 상담자는 다른 그리스도인과 영적 관계를 느끼고 그들이 문제를 해결할 때 그리스도 안에서 성장하도록 돕습니다.

6) 기독교 상담은 전인적 인간을 다루는 독특성이 있습니다. 기독교 상담자는 인간의 신체적, 심리적, 영적 양상이 복잡하게 관련되어 있음을 인식합니다. 베드로전서 2장 5절과 9절은 모든 믿는 자는 성숙을 향하여 가도록 서로 돌보는 만인 제사장으로 부름을 받았다고 가르칩니다. 이러한 몸의 연합이 성취되기 위하여 각 구성원은 자신의 독특한 은사들을 태어나기 전에 형성되는 동안 주어져 계획된 것들을 실천해야 합니다(시139). 교회에서의 상담은 사람들이 자신들의 장단점을 이해하고 수용하도록 도와서 그들의 장점을 최대화하고 단점을 채우기 위하여 교회에서 돌봄을 받는 것을 말합니다. 교회에서 돌봄을 받아 채워질 수 있는 단점은 사랑, 신뢰, 자존감, 능력 그리고 정체성의 영역입니다. 하나님은 그분의 아들을 통하여 이러한 결손 되어 있는 영역을 완벽하게 채우시지만, 우리가 관계를 맺고 있는 그리스도의 교회에서 이것이 채워지는 것을 경험합니다. 문제는 결점이 신앙 발달을 저해하기 시작할 때 옵니다. 이런 일이 일어나면 한 신자는 다른 이의 옆에 와서 안내와 지지를 제공하도록 부름 받습니다.

5. 상담의 과정

1) 도입 단계

상담의 목적과 성격에 관한 오리엔테이션을 하는 단계로써 첫 번째 만남에서 상담자가 중요시해야 할 일들 중 하나가 바로 어떻게 상담을 시작하느냐의 문제입니다. 상담자는 이해성 · 온정성 · 신뢰성을 전달함으로 내담자가 상담자에 대하여 좋은 인상을 갖도록 하는 한편, 상담을 통하여 도움을 받을 수 있을 것 같은 느낌을 경험하도록 해야 합니다. 이를 위하여 이 단계에서는 주로 다음과 같은 내용을 취급합니다.

(1) 상담자 소개와 예상 불안의 취급

면접 첫 시간에는 내담자뿐만 아니라 상담자도 기대와 함께 예상 불안을 경험하게 됩니다. 따라서 상담자는 이 예상 불안을 감소시키고 긴장을 풀어줌으로 신뢰하고 안정된 상담 분위기를 조성 하는 데 힘써야 합니다. 상담자는 내담자를 환영하는 내용, 상담자로서의 자신의 기질, 경력 및 상담에 대한 열의와 기대 등을 말한 후, 그럼에도 불구하고 매번 새로운 내담자를 만날 때는 예상 불안을 경험하게 된다는 사실을 진솔하게 노출함으로 시범을 보여야 합니다. 그리고는 내담자로 하여금 가벼운 유도 질문을 한 다음, 반응하는 내담자의 느낌을 공감 또는 반영을 해줍니다. 이 도입 단계에서는 내담자로 하여금 불안감이나 두려움에 대하여 말할 수 있도록 하여 안정된 상담 분위기를 조성할 필요가 있습니다.

(2) 상담의 구조화

상담의 구조화는 전 과정을 통하여 이루어져야 하지만 내담자가 무엇을 해야 할지 또는 어떻게 행동하는 것이 바람직한지 궁금해하고 불안해하는 상담 초기에는 더욱 필요합니다. 그렇지만 처음부터 지나치게 구체적으로 많이 하는 경우 내담자에게 부담감과 의존성을 갖게 하여 성장과 자율성을 저해할 가능성도 있습니다. 그러므로 이 단계에서는 상담의 성격과 목적, 상담자와 내담자의 역할, 상담의 진행 절차, 그리고 지켜야 할 기본적인 행동 규범과 유의 사항 등에 관하여 적절히 설명해 줌으로써 내담자로 하여금 효과적인 상담 경험을 위한 준비를 하게 하는 데 치중합니다.

(3) 상담 목표 및 기간의 설정

상담의 구조화에 이어 상담자는 내담자와 함께 목표 및 상담 기간의 합의 작업에 들어갑니다. 구체적인 목표의 설정은 상담의 효과와 이에 대한 평가를 위하여 필수적입니다. 다시 말해서, 분명한 목표와 기간이 설정되었을 때, 상담자와 내담자는 무슨 이유로 상담에 임하고 있으며, 무엇을 어떻게 할 것인지를 명확히 알 수 있게 될 뿐 아니라, 어느 정도의 성장과 또는 행동 변화를 가져왔는지에 대한 평가도 할 수 있게 됩니다. 상담 목표의 설정은 내담자가 도움을 받고자 하는 특정 문제나 상담에 응하고자 하는 주된 이유를 탐색함으로 시작할 수 있습니다. 흔히 내담자들은 모호한 생각이나 기대로 상담에 응합니다. 그러므로 상담자는 내담자로 하여금 광범위하고 막연한 목표를 보다 실현 가능 하게 구체화하도록 도와야 합니다. 목표 설정 시 상담자가 특히 유의할 점은 경청, 반영, 명료화 및 해석 등 여러 기술을 활용하여 가시적이고 구체적이며 조작적인 행동 목표로 재진술하도록 돕습니다. 구체적인 목표가 합의 설정된 다음에는 상담 기간 합의에 들어갑니다. 상담자의 전문적 견해와 내담자의 사정을 고려하여 잠정적으로 어느 정도의 회기를 정할 수 있습니다.

2) 준비단계

이 단계에서 성취해야 할 기본적 과업은 안정되고 신뢰할 수 있는 상담 분위기를 조성함으로써, 다음에 이어질 작업 단계를 준비하는 일입니다. 안정감과 신뢰성이 결여될 때, 상담 관계는 피상적일 수밖에 없고 깊이 있는 자기 노출, 진솔한 피드백과 직면도 불가능합니다. 그러므로 이 단계에서 내담자는 있는 그대로의 느낌과 생각을 개방하고 새로운 행동을 실험할 수 있는 안전하고 신뢰할 수 있는 상담 관계를 경험할 수 있어야 합니다. 이를 위하여 상담자는 자신의 느낌과 말에 일치되는 행동을 합니다. 내담자에게 바라는 행동을 솔선수범하는 동시에, 온정적 · 긍정적 · 수용적 태도로써 내담자를 대합니다. 이 단계에서 상담자가 특별히 유의 해야 할 과제로서는 신뢰감과 안정감을 발달시키며 의존성 처리, 저항과 갈등을 처리합니다.

(1) 신뢰성의 발달

신뢰성은 내담자가 경험하게 되는 상담자와 상담에 대한 매력과 친밀감을 내포합니다. 상담자를 믿고 가까워져도 될 것 같은 기분을 갖는 것으로서 상담자는 이 준비단계에서 내담자와 신뢰 관계를 형성하는 일에 특히 힘써야 합니다. 이를 위하여, 상담자는 내담자의 말과 행동에 관심을 기울이고 적절한 공감과 자기 노출의 기술을 발휘하여 내담자로 하여금 상담자로부터 이해·수용·인정을 받고 있다는 경험을 하도록 해야 합니다.

(2) 의존성 처리

도입 단계에서 상담자가 거의 주도적으로 임했기 때문에, 내담자는 이 단계에서도 상담자에게 의존하려는 경향을 갖습니다. 대부분의 내담자들은 상담자가 상담을 주도하고, 지시하고 충고하고, 평가해 주기를 기대합니다. 상담자는 내담자의 이와 같은 심리적 상황이나 욕구에 유의할 필요가 있습니다. 점차로 자신의 문제를 스스로 해결해 나가려는 태도를 발달시키도록 돕기 위하여 상담자는 정보를 필요로 하는 질문을 제외하고는 공감이나 반영을 통하여 내담자가 자신을 이해하고 수용하고 개방하도록 돕기 위한 기초 작업을 하는 데 힘써야 합니다.

(3) 저항 및 갈등의 처리

내담자는 부담감과 불안감을 경험하게 되어 조심하고 주저하게 됩니다. 그 결과 내담자는 침묵을 지키거나 질문을 하거나 지적인 내용에 호소하거나 자기를 개방하려 하지 않습니다. 상담자의 행동에 불만을 품은 내담자가 보다 적극적인 역할 수행을 요청하지만, 상담자가 이에 응하지 않을 때, 내담자는 적대적이 되고 반항적이 됩니다. 그 결과 내담자는 상담자에게 불만을 나타내고 상담의 목적과 효과에 의문을 제기합니다. 비록 이와 같은 내담자의 저항과 갈등의 표현이 상담자에게 불쾌감을 일으킬 가능성이 있으나, 내담자에게는 자율성을 위한 최초의 시도로 볼 수 있습니다. 그러므로 상담자는 분노하거나 움츠려 드는 대신 이를 공감하고 수용함으로써 저항과 갈등 반응을 피하거나 숨기지 않고 생산적으로 처리하는 기회로 삼아야 합니다. 내담자가 나타내는 저항과 갈등의 반응은 상담 관계의 발달과 정상 필연적인 것이며 잘 관리할 경우 신뢰성을 강화하는 계기가 된다는 사실을 인정하고 상담자는 이를 성공적으로 처리하는 능력을 길러야 합니다.

3) 작업 단계

저항과 갈등을 표현할 수 있고 생산적으로 처리하고 나면, 상담 관계는 점차로 신뢰감과 안정감이 발달 되고 내담자는 상담자에게 자신의 문제를 진솔하게 내어놓고 도움을 받을 준비가 되고, 내담자는 자신의 삶에서 겪고 있는 심각한 문제까지도 상담자에게 개방하고 취급할 수 있게 됩니다. 그러므로 상담자는 이 단계에서 내담자로 하여금 자신의 문제를 탐색하며 이해하고 수용하며 노출하는 과정을 통하여 바람직하지 못한 행동을 버리고 보다 생산적인 대안 행동을 학습하도록 돕는 데 힘써야 합니다. 이를 위하여 이 단계에서는 다음과 같은 과정을 거칩니다.

(1) 자기 노출과 감정의 정화

내담자는 위협적인 문제까지 내어놓을 수 있을 정도의 상담 관계를 발달시켰기 때문에 의미 있는 자기 노출을 감행하기 시작합니다. 내담자가 사적으로 의미 있는 문제를 노출하면 상담자는 공감과 자기 노출 기법을 활용하여 그 문제와 관련돼 여러 가지 감정적 응어리를 토로하도록 도울 필요가 있습니다. 대체로 내담자는 문제의 원인을 타인 또는 환경으로 돌려 상대방을 탓하는 경향을 띱니다. 그러므로 처음에 나타나는 감정적 응어리는 상대방에 대한 부정적 정서(답답함, 섭섭함, 원한)로 이루어지며, 그 책임도 상대방에게 전이시켜 그를 비난합니다. 이때 상담자는 위로하고 지지하는 반응과 공감과 자기 노출을 통하여 그 감정의 응어리를 풀어내도록 돕고 그로 하여금 충분히 이해받고 수용되는 경험을 하도록 도와야 합니다. 부정적 감정의 응어리를 정화 하는 것은 그 자체로서도 치료적입니다. 정서의 해소는 내담자로 하여금 자유감을 느끼게 합니다. 내담자가 부정적 감정의 응어리를 지니고 있는 한 자신이나 타인 또는 환경에 대하여 객관적인 지각이나 통찰을 할 수 없습니다. 그러므로 상담자는 내담자의 문제를 취급할 때, 그의 감정을 공감해 주어 충분히 정화하도록 촉진해야 합니다. 공감은 관심과 돌봄을 전달해 주는 한편, 상대방의 입장에서 그를 이해하게 합니다.

(2) 비효과적 행동의 취급

문제와 관련된 감정의 응어리가 충분히 정화되어 내담자가 여유를 가지게 되었으면, 상담자는 내담자로 하여금 그 문제 상황에 연루되고 헤어 나오지 못하게 만드는 자신의 비효과적 행동을 탐색, 이해, 수용하도록 돕는 작업을 시작합니다. 지금까지 내담자는 주로 타인이나 환경 쪽에 초점을 두고 상대편의 문제점과 이에 관련된 감정을 토로하는 데 치중해 왔습니다. 그러나 이제 그는 자기 쪽으로 시선을 돌려 스스로 행동을 탐색, 이해, 수용해야 합니다. 상담자는 여기에서 피드백과 직면을 통하여 내담자의 당면문제가 욕심을 품음-죄를 지음-사망, 즉 하나님·타인·자연과의 관계 단절의 악순환과 관련이 있음을 탐색하고 이해하고 수용하도록 도와야 합니다. 현재 내담자가 겪고 있는 문제가 무엇이든 간에 그것이 위에서 제시된 악순환의 고리의 일부에 깊이 연루되었을 뿐만 아니라, 결국에는 순환적 고리로 연결되기 때문에 인간의 힘으로는 해결할 가능성이 없다는 진실을 성령의 역사와 말씀의 활용으로 이해, 수용하도록 돕는 것이 핵심과제입니다. 내담자는 오랫동안 지녀온 자신의 행동을 이해. 수용하는 데 어려움을 느낍니다. 처음에는 상담자의 피드백과 맞닥뜨림을 거부하거나 회피하려고 합니다. 그러므로 상담자는 피드백과 직면을 할 때 문제를 여기-지금의 문제, 즉 상담자와 내담자 관계에서 나타나는 행동과 연관 지우는 것이 효과적입니다. 실제로 밖에서의 비효과적인 행동은 상담 장면에서도 나타나게 마련입니다. 그렇지만 대부분의 내담자는 지금까지 고수해온 행동을 그것이 비록 비효과적이라고 하더라도 솔직히 인정하고 받아들이기가 쉽지 않을 것입니다. 그러므로 상담자는 내담자가 자신의 비효과적인 행동을 탐색하고 이해하고 수용하기까지는 부인, 분노, 타협, 의기소침과 같은 과정을 거친다는 사실을 명심하고 조급하거나 무리하게 임하는 대신 여유와 믿음을 가지고 상담 과정의 흐름에 따라 인내하는 태도를 견지할 필요가 있습니다.

(3) 대안 행동의 취급

내담자가 자신의 비효과적 행동을 깨닫고 인정한 다음에는 대안 행동에 들어갑니다. 대안 행동을 효과적으로 취급하는 것이 작업 단계의 또 다른 핵심적 과제이기 때문입니다. 비효과적 행동이 자신의 문제를 일으킬 뿐 아니라 현재에도 지속시키고 있다는 사실을 진정으로 이해하고 수용한다면, 내담자는 스스로 그 문제에서 헤어날 대안을 찾고자 할 것입니다. 이때 상담자는 내담자를 도와 그의 문제 해결에 도움이 될 바람직한 대안, 즉, 예수 그리스도의 구속적 원리를 믿음으로 정죄함 없음-하나님의 자녀가 됨-범사에 감사하고 자유를 누림으로 이어지는 새로운 삶의 형태를 학습하게 합니다. 이를 위하여 상담자는 내담자로 하여금 그리스도 안에서 시각의 변화를 체험하도록 도와야 합니다. 내담자가 기독교의 진리를 깨닫고 수용합니다. 상담자의 도움과 지지로 내담자가 새로운 시작으로 삶을 볼 수 있게 되었다면, 상담자는 그로 하여금 상담 밖의 문제 상황에 새로 익힌 시각을 적용해 보도록 돕습니다. 상담 장면에서 학습한 행동이 효과를 거두려면 일반화가 되어야 합니다. 학습의 일반화는 내담자가 새로 익힌 대안을 실제 생활에서 실험하는 과정을 통하여 성취됩니다. 이를 위하여 상담자는 내담자에게 과제를 부여하고 과제 수행에 필요한 행동을 상담 장면에서 역할 놀이를 통하여 예습시킨 후, 다음 기회에 실행 여부와 그 결과를 보고하도록 합니다. 내담자의 보고를 들은 상담자는 성취한 것에 대하여 충분한 인정과 격려를 해주되, 미비한 점은 다시 논의하고 연습하는 과정을 반복하여 마침내 새로운 대안을 완전히 학습하게 도울 수 있습니다.

4) 종결단계

내담자가 상담을 통하여 비효과적 행동을 버리고 새로운 대안 행동을 학습하므로 상담 목표를 달성했을 때, 상담은 종결단계에 접어듭니다. 이 단계에 도달하면 내담자는 자신의 문제를 해결하게 되어 자기 노출을 줄이는 반면, 이제까지 맺어 온 상담 관계로부터 분리되어야 하는 아쉬움을 경험하게 됩니다. 도입 단계가 중요한 것처럼 이 종결단계도 상담 과정에서 매우 중요한 위치를 차지합니다. 이 단계가 적절히 다루어지지 못하면, 내담자는 학습한 것을 활용하는데 지장을 받을 뿐 아니라 상담 자체에 대한 부정적 감정을 지니고 떠날 가능성이 큽니다. 그러므로 상담자는 내담자로 하여금 학습 결과를 잘 정리하므로 이를 실천하겠다는 의지와 희망을 갖는 동시에 상담에 대한 긍정적 시각을 가지고 떠나도록 도와야 합니다. 이를 위하여 상담자는 최소한 다음과 같은 몇 가지 문제를 효과적으로 취급할 필요가 있습니다.

(1) 상담 경험의 요약

종결단계에서 취급해야 할 최초의 과업은 상담의 전 과정을 개관하고 요약하는 일입니다. 상담자는 내담자로 하여금 전체 상담 과정에서 자신에게 특별히 의미가 있었거나 도움이 되었던 경험을 회상해 보고 말하도록 한 다음, 상담자가 최종적으로 종합 정리합니다.

(2) 내담자의 변화에 대한 사정

상담의 주된 목적이 내담자의 행동 변화에 있다면, 종결단계에서 그 변화를 사정해 보는 일은 필수적이라고 할 수 있습니다. 그러므로 상담자는 내담자로 하여금 그의 변화를 상담의 시작 시점과 현재를 비교하여 살펴볼 뿐 아니라, 그것의 적용 가능성도 알아보도록 도와야 합니다. 이를 위하여 상담자는 상담을 마무리하기 전에 지금까지의 상담 경험을 통하여 변화를 가져왔거나 학습한 것에 관하여 그리고 앞으로 그것을 어떻게 삶에서 적용하겠는지에 관하여 과거, 현재, 미래의 관점에서 생각해 보고 이야기해 보자고 제안할 수 있습니다.

(3) 종결에 대한 준비

도입 단계에서 내담자가 예상 불안을 경험했었다면, 종결단계에서는 이별에 대한 아쉬움을 경험합니다. 어떤 내담자에게는 이 상담 경험이 그의 삶에 있어서 매우 특별한 사건이 될 수 있습니다. 상담자와 형성한 관계가 그에게는 이때까지 경험한 인간관계 중에서 가장 친근한 관계일 수도 있기 때문입니다. 그러한 내담자의 경우, 상담의 종결은 특별히 강한 느낌을 경험하게 합니다. 상담자는 내담자로 하여금 이들 느낌을 표출할 어느 정도의 시간적 여유를 주고 아쉬움을 상담자와 공유하도록 도울 필요가 있습니다. 그렇다고 하여 지나치게 아쉽거나 슬픈 감정을 조장하는 일은 삼가야 합니다. 상담자는 내담자에게 상담에서 학습한 기술을 밖에서도 활용하면 의미 있고 자유로운 삶을 살 수 있다는 사실을 지적해 줍니다. 상담의 종결이 학습한 대안 행동을 생활에서 실행하는 새로운 시작임을 보게 하고, 상담 경험에 대한 긍정적인 느낌과 밖에서 새로이 시도할 행동에 대한 희망을 가지고 떠나게 돕는 것이 바람직합니다.

(4) 최종 마무리

상담자는 그동안 내담자가 투입한 시간과 노력, 그리고 성취한 학습에 대하여 피드백하고 반응을 해줍니다. 상담에서의 경험을 계기로 새로운 시간과 행동을 삶에 적용 시키기를 권고합니다. 그리고 손을 잡고 감사와 결단의 기도를 함께 한 다음 상담의 전 과정을 마치도록 합니다.

6. 기독교 상담자의 자격

다른 사람을 돕는 것과 관련하여 누가 그것을 하기 위한 자격이 있는가에 대한 많은 질문이 있습니다. 목회자들이 정서적으로 힘들어하고 있는 사람들을 도울 수 있는가? 심리치료사들이 영적으로 힘들어하고 있는 사람들을 도울 수 있는가? 힘들어하는 사람은 이렇게 묻습니다. '도움을 구하러 누구에게 가야 하나?'. 상담을 전문으로 하는 사람들은 정신과 의사, 심리치료사, 심리학자, 상담사 등 다양한 명칭을 가지고 있어서 또한 혼동이 가중됩니다. 일반 사람들에게 이러한 명칭들은 도움을 구하는 것에 대하여 혼동과 약간의 불안을 일으킬 수 있습니다.

교회 안의 사람들은 삶의 기본 이슈들로 이전보다 더 고민하고 있습니다. 왜일까요? 기본적인 것이 더 이상 기본적이지 않기 때문입니다. 우리는 너무 빨리 분하게 여기고 다른 사람으로부터 고통을 받는 것을 느끼지만 다른 사람들이 우리로부터 얼마나 많은 고통을 당하는지 생각 하지 못합니다. 누구든지 자신의 결함을 생각하는 사람은 다른 사람을 혹독하게 판단할 이유를 찾지 못할 것입니다.

한 전문가는 도움을 구하기 위하여 심리학자에게 가는 사람들이 21%, 정신과 의사에게 가는 사람들이 29%, 그들의 목회자에게 가는 사람들이 42%라고 진술합니다. 42%의 사람들이 그들의 목회자에게 가더라도, 목회자들은 그들에게 가져오는 복잡한 문제들을 다룰 수 있도록 훈련되지 않았고 상담하는 부담으로 탈진하고 있다고 말합니다. 사람들을 돌보고 인정하고 용납하는 목회 돌봄을 제공하는 목회자들은 흔히 자신이 감당할 수 있는 것보다 더 많은 사람을 돌보며 상담과 돌봄 사역을 통해 내적 갈망을 만족시키고 있지만, 그것이 결국에는 탈진시키는 요인이 되기도 합니다. 목회자들은 설교, 회중을 준비시키는 것을 조성하기, 상담, 행정 혹은 돕는 사역을 개발하기 등 그들이 하도록 부름을 받은 것을 구분해야 합니다. 교회가 성장하면 곧 한 사람이 모든 것을 다 할 수 없으므로 목회자의 직무 설명서는 좁혀져야 하고 더 전문화 되어야 합니다. 흔히 목회자는 그가 내려놓아야 하는 바로 그것을 통해서 용납과 인정과 사랑이라는 자신의 필요를 채우고 있으므로 그가 하는 것을 내려놓을 수 없습니다.

오늘날 많은 교회는 상담에 훈련받은 파트 타임 아니면 전임 사역자가 필요합니다. 이 사람은 모든 상담에 대한 책임을 지는 것이 아니고 교회의 상담 필요를 채우는 조력자가 있어야 합니다. 이것은 돕는 은사가 있는 사람들을 훈련하고, 감독하며, 지원하고 격려하는 것을 포함 합니다. 모든 그리스도인은 사역자들이며 다른 사람들의 성장 과정과 치유를 도울 수 있습니다. 다른 사람을 돌보기 위한 첫 번째 자격은 인간이며 그러므로 다른 사람과의 관계가 필요합니다. 우리의 영혼을 갈망하는 도움이 필요한 사람은 그 필요를 정말로 채워줄 수 있는 오직 한 분인 하나님께 우리를 데려다줍니다. 우리의 삶이 내적으로 생각과 감정이 일치되게 하고 외적으로 우리의 행동이 그리스도 안에서 우리의 위치와 더 잘 일치되게 하는 작업 과정을 지나며 우리의 남은 날들을 보냅니다. 회중 중에서 어떤 사람들이 특정한 영역에서 연약한 면을 보이면 바로 그 영역에서 장점이 있는 다른 사람들은 그들을 도움으로써 교회가 온전해지도록 할 수 있습니다. 이러한 나눔의 사역은 소망과 약속을 주는 것입니다. 현명한 그리스도인이 가지고 있는 그 외의 자질들은 하나님을 추구하는 사람, 하나님의 말씀을 살아 있는 방식으로 알고 있는 사람, 기도의 중요성을 아는 사람, 신실한 사람들과 친교를 가치 있게 여기는 사람, 하나님 말씀의 진리를 나누는 사람 등입니다. 이러한 특성들은 모든 그리스도인에게 있어야 하지만 다른 사람을 상담 하기 원하는 사람들에게 특히 있어야 합니다. 어떤 그리스도인들은 다른 사람을 돕기 위하여 그들의 자신감과 기술을 더 증가시키는 역량과 기술을 개발합니다. 이 기술들은 만인 제사장 임무를 수행하도록 하나님께서 이미 주신 그들의 사역으로 통합되어야 합니다.

오늘날 교회는 모든 성도가 지체의 기능 중에서 그들의 임무를 수행할 필요가 있습니다. 장점과 기술과 은사와 능력과 약점을 가지고 있는 성도 각자가 교회 전체의 독특한 한 부분입니다. 각자는 그들이 줄 수 있는 것과 받아야 할 부분을 인식할 필요가 있습니다. 교회 내의 누구도 다른 사람을 필요로 하지 않는 사람은 없습니다. 얼마나 숙련되고 훈련되고 능력이 있든지 상관없이 우리는 모두 믿는 자들의 모임 안에서 관계가 필요합니다. 교회에서 목회자와 지도자들의 일은 두 요소로 되어 있습니다.

첫째, 그들은 우리 자신의 연약함과 지체 안에서 관계를 통해 우리가 어떻게 도움을 받을 수 있는지를 개방성과 연약성을 통해서 보여주어야 합니다. 우리는 영적 건강과 정서적 건강이 복잡하게 함께 얽혀있다는 모범을 보여 주어야 합니다. 우리의 다른 사람과의 관계를 저해하거나 돕는 것은 흔히 같은 방식으로 우리의 하나님과의 관계를 저해하거나 돕는 경향이 있습니다. 예를 들어, 우리가 우울하면 그것은 우리의 다른 사람과의 관계뿐만 아니라 하나님과의 관계도 저해합니다. 둘째, 지도자들은 성도들 각자가 만인 제사장직을 수

행할 수 있는 환경을 조성해야 합니다. 이 과제는 위에서 언급한 대로 지도자들이 가장 먼저 수행하지 않으면 너무 힘겨운 것이 될 것이며, 사실 그것은 불가능하게 될 것입니다. 지도자들의 취약성과 지체로부터 받는 것이 눈으로 보이면 다른 사람들도 똑같이 하기 시작하도록 그런 분위기를 조성할 것입니다.

7. 상담자원과 기술

1) 성경

성경의 권위를 인정하고 존중하며 그 진리를 토대로 형성해 가는 상담은 무엇보다 성경에 기초해야 하며 하나님, 인간, 자연 등에 대한 건전한 신학적 기초위에 서야 하며 가치중립이 아니라, 목적 지향적이며, 가치 지향적입니다. 그러므로 내담자들의 바람직하지 못한 언어적, 비언어적 행동들을 취급하고 다룰 때, 판단이나 선택을 해야 할 때 성경은 근거와 기준이 됩니다.

2) 기도

상담자가 상담을 준비할 때, 상담의 시작과 마침 때에, 내담자의 영적인 성장을 자극해야 할 때 기도의 자원은 매우 중요합니다.

3) 공감

공감은 상담자와 내담자 간의 상호 작용을 통해 내담자의 경험과 감정을 민감하고 정확하게 이해하는 것입니다. 상담자는 내담자의 주관적인 경험 특히 지금-여기의 경험을 이해하도록 노력합니다. 공감적 이해의 목적은 내담자가 자신에게 더욱 밀접히 다가가게 하고 더욱 깊고 강한 감정을 경험하게 할 수 있습니다. 공감은 상담 관계에 있어 핵심적인 요소라 말할 수 있습니다. 상담자와 내담자가 만나서 대화를 하는 동안에 내담자와 다르다는 점을 유지해 가면서 내담자의 입장이 되어 내담자의 방식대로 그의 세계를 수긍하고 지각하여 그 생각과 느낌을 표현해 주는 것입니다.

4) 자기 노출

상담자의 자기 노출은 상담의 관계를 촉진하고 상담의 효과를 증진하게 합니다. 상담자가 내담자에게 자신에 관한 것을 드러냄으로써 내담자와 더욱 깊은 관계를 맺고 내담자로 하여금 그의 속마음이나 경험을 더욱 깊이 있게 노출하게 합니다. 상담자가 자신의 내면을 보다 솔직하게 드러낼 수 있을 때 내담자는 상담자를 신뢰하고 인간적인 친밀감을 느끼게 됩니다. 무조건 상담자가 드러내는 것으로만 자기 노출의 효과가 없습니다. 내담자의 문제해결에 도움이 될 내용을 잘 고려하고 누출할 정도의 시기가 적절하게 맞아야 가장 효과가 높을 것입니다.

5) 피드백

피드백은 내담자의 언어적, 비언어적 행동을 드러내어 되돌려 주는 것을 말합니다. 긍정적 피드백은 내담자의 강점과 장점에 대해서 하는 것이고 부정적 피드백은 문제 행동이나 비생산적인 행동이나 언어, 사고 등에 대해 되돌려 주는 것입니다.

6) 직면

직면이란 내담자의 행동과 표현하고 있는 말 사이의 불일치를 상담자가 지적해주는 것입니다. 그래서 내담자 내부에 존재하는 불일치성을 인식하여 해결하도록 격려하는 것입니다. 즉, 첫째, 내담자의 말과 표정의 불일치, 둘째, 말과 행동의 불일치, 셋째, 과거의 말과 지금의 말의 불일치, 넷째, 상담자와 내담자의 현실 지각이 불일치 할 때 해줍니다. 직면은 내담자가 자신을 평가하는 과정에서 고려할 수 있는 또 다른 견해를 제공해 줍니다.

7) 수용, 지지, 격려

내담자 자신이 받아들여지고 이해 받고 있다는 느낌이 들면 불안감이 줄어들고 신뢰할 수 있는 따뜻한 분위기 속에서 친밀감이 증진되어 상담 목표에 도달하기가 쉬워집니다. 내담자의 개인적인 문제를 탐색하거나 새로운 행동을 시도할 때는 격려와 지지를 제공합니다.

8. 상담 이론

상담 이론의 학파는 130개의 학파 255개 이론 400개의 접근이 있다고 합니다. 기독교 교육 개론서로서 전문적이고 심화 된 이론을 소개하기 보다는 현장에서 가장 많이 사용되고 있는 상담 이론을 소개하고자 합니다.

1) 성경적 상담 이론

크랩이 주장하는 성경적 상담의 모델이 어떤 것인지에 대해서 크랩의 연구들을 중심으로 살펴보려고 합니다. 크랩은 성경적 상담의 모델로 "칠 단계 상담 모델"(seven stages of counseling model)을 제시하고 있습니다. ① 문제의 감정들을 확인하라. ② 문제의 행동들을 확인하라. ③ 문제의 사고들을 확인하라. ④ 성경적 사고를 명백히 하라. ⑤ 결단력 ⑥ 성경적 행동들을 수행하라. ⑦ 성경적 감정들을 확인하라.

(1) 성경적 상담 과정

크렙은 상담 과정에서 상담자가 처음으로 시도해야 하는 것은 존재하고 있는 문제 감정이 무엇인지를 확인하는 일이라고 하였습니다. 피상담자의 문제 감정이 불안, 원망, 죄책감, 절망, 막연한 공허감 중 어느 것인지를 확인해야 합니다. 이러한 문제 감정에서 어떠한 문제 행동이 나오는지를 확인하는 것이 두 번째 과정입니다. 상담자는 부정적 감정들로부터 나오는 부정적 행동들을 바로 확인해야 합니다. 또한 이러한 감정과 행동의 배후에는 문제 사고가 있습니다. 행동의 요인이 사고의 산물이기 때문에 상담자는 피상담자의 문제사고를 바로 확인해야 하는데, 이것이 세 번째 과정입니다. 이러한 확인 과정을 거친 후 상담을 통하여 문제사고를 성경적 사고로 바꾸게 하고, 피상담자가 결단을 통하여 성경적 행동을 실천하도록 하며, 그의 감정이 문제 감정들에서 성경적 감정들로 바꾸어 지게 하는 것이 상담의 과정이라고 지적하고 있습니다.

크렙은 위의 모델을 다음과 같이 세 단계로 요약하여 설명하고 있습니다.

제1단계 : 문제 감정들 격려→ 성경적 감정들
제2단계 : 문제 행동들 권고→ 성경적 행동들
제3단계 : 문제 사고 교화→ 성경적 사고

크렙의 모델을 구체적으로 설명하면, 제1단계는 격려에 의한 상담입니다. 모든 그리스도인들이 그리스도의 영원한 가족이라는 원리 아래서 성도 상호 간에 사랑의 관계를 유지하고, 가족의 고통을 자기의 것으로 생각하여 격려를 통한 상담이 이루어져야 한다고 보고 있습니다.

제2단계는 권고에 의한 상담입니다. 문제 상황에 직면한 사람들에게는 하나님의 말씀을 통한 권고가 필요합니다. 성경에 제시된 방향에 주의 하여야 하고, 자신의 삶을 하나님의 영광을 위해서 바쳐 드리는 노력이 필요합니다.

제3단계는 교화에 의한 상담입니다. 성숙한 그리스도인들이 일정한 기간 동안 상담 훈련을 받고, 그들의 사고(思考)가 성경적 사고로 변화되어 바른 삶의 길로 나아가는 것입니다.

크렙의 삼 단계 모델을 요약한다면, 한 사람의 문제 감정을 확인하고 강조한(제1단계) 후, 행동 유형들이 성경적 원리들을 위반했는가를 평가합니다(제2단계). 그다음에 잘못된 행동들의 근원인 잘못된 사고들을 살피고(제3단계), 성경의 원리에 따른 성경적 사고(思考)를 가지도록 하는 것입니다.

(2) 성경적 상담 모델의 장점

크렙은 인본주의적 심리학적 접근과 배타적 색채가 강한 기독교 상담이론 사이에서 통합적 역할을 감당하므로 상담 이론에 대한 새로운 접근을 시도하였습니다. 그의 이론이 가지는 장점을 몇 가지로 정리할 수 있습니다. 첫째, 성경과 심리학의 통합을 시도하였습니다. 배타적 관계로 보고 있는 두 영역을 조화하여 성경의 권위 아래서 심리학을 도구로 사용하는 방법을 전개하였습니다. 둘째, 바른 교회론에서 상담 이론을 출발시켰습니다. 그의 상담 이론은 '교회를 위한 상담'이라고 해도 좋을 정도로 그리스도의 지체요 격려하는 공동체라는 이해를 바탕으로 하여 격려의 상담을 시도하였습니다. 셋째, 중요성과 안전이라는 두 가지 개념을 강조함으로 기독교적 세계관 정립을 시도하였습니다. 그의 이론의 바탕에는 예수 그리스도만이 모든 문제의 해결자라는 전제가 있습니다. 넷째, 상담 사역의 영역 확장을 시도하였습니다. 목회자만이 아니라 평신도들의 상담 훈련을 통하여 상담 사역을 보다 폭넓게 하도록 제시했습니다. 다섯째, 인간 감정의 중요성을 제시하고 부정적 감정을 성경적 감정으로 바꾸어 주는 상담의 영역 확장을 시도한 점은 괄목할만한 업적이라고 할 수 있습니다.

(3) 성경적 상담 모델의 약점

그의 상담 이론이 체계화된 지 얼마 되지 않았기 때문에 상담 이론의 여러 부분에서 지나치게 심리학적이고 이론적이라는 면이 있습니다. 그의 이론의 약점은 첫째, 심리학을 전공한 평신도의 입장에서 성경적 상담 이론과 방법을 제시하기 때문에 성경 해석상의 문제점이 있습니다. 예를 들면, 심리학과 기독교 상담을 연결함에 있어서 통합적 접근을 시도하고 있지만, 성경 보다는 심리학을 우위에 두는 혼합적 접근의 모순에 빠져 있습니다. 둘째, 그는 퍼스넬리티(personality)의 구조를 의식적인 마음, 무의식적인 마음, 기본적인 방향, 의지, 정서 등의 다섯 가지로 나누어서 심리학적으로 자세하게 설명하고 있습니다. 비록 그가 "인간은 나눌 수 없는 온전한 존재라고 분명하게 주장한다"라고 언급하고는 있지만 위의 설명이 매우 자상하고 길게 여러 페이지를 할애하고 있기 때문에 인격을 나누고 있는 것처럼 오해할 수 있는 여지가 있습니다. 크렙의 상담 이론은 신학과 심리학을 아울러 전공한 학자들에 의하여 더욱 보완되고, 구체화 되는 과정을 밟는다면 보다 효과적인 이론과 방법론이 될 것이라고 봅니다.

2) 통찰 중심-분석 상담 이론

대표적인 이론가는 융(Carl Jung)입니다. 융은 인간을 이해하는 방식으로서 마음의 구조를 의식, 개인 무의식, 집단 무의식의 세 단계로 구분했습니다.

(1) 정신 구조(Structure of the psyche)의식(Consciousness)

의식을 무의식의 거대한 바다에 떠 있는 섬으로 보았으며 자아(ego)는 개인의식의 핵심으로 동일성과 연속성을 지닙니다. 의식적인 마음을 조직하며, 의식과 무의식을 연결합니다. 외부적 과제(extermal task)로는 지각, 사고, 감정, 직관을 통해 환경으로부터 오는 사실과 의식 사이의 관계로 조직하며 내부적 과제(internal task)로는 의식적 개념과 무의식의 진행 사이의 관계를 제공합니다.

(2) 개인 무의식(The personal unconscious)

개인 무의식의 중요한 특성으로 콤플렉스(Complex)를 들 수 있습니다. 이는 개인마다 갖는 독특한 경험과 학습된 내용들 중의 하나로서 존재합니다. 융은 단어연상과 기억과 연상의 흐름의 방해물을 찾는 연구에서 콤플렉스를 발견했습니다. 개인 무의식은 잊어버리거나 억제되기 때문에 강렬함을 잃어버립니다.

(3) 집단 무의식(The collective unconscious)

집단 무의식은 인류가 속한 집단적 보편적 역사의 창고입니다. 집단 무의식은 결코 의식적이지 않으며 전통으로 존재합니다.

(4) 상담 과정

융은 분명히 진단, 예후와 치료의 의학적 모델을 따르지 않습니다. 융은 분석적 정신요법을 고백, 설명, 교육과 변환의 네 단계를 주장했습니다. 보통 정상적 적응은 1~3단계의 진행을 통해 성취됩니다. 네 번째 단계인 변환은 앞의 단계를 능가한 더 깊은 수준을 요구합니다. 상담 과정의 다양성은 내담자의 삶의 단계에서 그들의 성격특성과 그들의 원인에 근거한 각각의 요소에 따라 결정됩니다. 변환의 과정에서는 인생의 후반에 자아실현의 문제에 직면한 사람들에게 더욱 적당한 방법입니다. 상담자에게 너무 의존하는 것을 막기 위해서 10주에 한 번은 치료를 중단했고, 그 공백의 시간은 치료의 시간이 되기도 했습니다. 분석 치료의 완전한 과정은 수년 동안 이루어지며 대부분의 사례를 통해 봤을 때 치료의 기간이 깁니다.

• 분석적 상담의 네 단계는 아래와 같이 고백, 설명, 교육, 변환으로 이루어집니다.

1단계 고백

분석적 치료의 원형은 고백입니다. 치료과정의 첫 단계는 비밀의 공유와 내성적 감정을 표출시키는 것입니다. 카타르시스적 고백은 자아의 내용을 회복합니다. 이것은 의식적으로 가능하나 고백은 모든 문제의 해결책으로서 간주 되어서는 안 됩니다.

2단계 설명

설명은 전이에서 나온 내용을 명료하게 해결하는 과정입니다. 내담자의 꿈을 분석함으로써, 상담자들은 내담자의 꿈에 투영된 것이 무엇인지를 해석하고 설명합니다. 이 단계의 효과로서는 내담자들은 그들의 개인 무의식과 유아직 투사, 결점을 수용하는 통찰입니다.

3단계 교육

교육은 내담자가 그들의 신경증적인 자멸적 습관을 대신해서 그들 자신의 새롭고 적응적인 습관을 발휘하게 도움을 줄 것을 수반합니다. 이 단계에서 책임 있는 행동을 하도록 돕습니다.

4단계 변환

많은 사람들은 위의 3단계에서 치료가 가능합니다. 그러나 종종 사람들은 정상과 적응 이상의 것을 요구합니다. 왜냐하면 그들의 가장 깊은 요구는 비정상적 삶에서 벗어나 건강해 지는 것이기 때문입니다. 변환의 단계에서는 내담자뿐 아니라 상담자도 분석 안에 있어야 합니다. 그들 사이의 관계는 상호적인 변화를 불러일으키는 평가 불능의 요소들이 있습니다.

3) 내담자 중심 상담이론

로저스(Carl Rogers)는 인간중심 상담 이론의 대표적 인물로서 내담자 중심이론이라 칭하기도 합니다. 미래지향적이며 자기실현적인 인간으로서의 존재를 강조하였습니다.

(1) 상담 목표

인간중심 상담 이론의 상담 목표는 개인의 보다 큰 독립성과 통합성의 정도입니다. 단순히 문제를 해결하는 것이 아니라 내담자들의 성장 과정을 도움으로써 그들이 현재 대처하고 있는 그리고 미래에 대처하게 될 문제들에 대해 보다 잘 대처할 수 있게 돕는 것입니다. 로저스는 상담을 받으러 오는 사람들의 대부분은 "진실로 내 자신을 어떻게 발견할 수 있을까?", "내가 진실로 바라고 있는 바대로 될 수 있을까?", "어떻게 나의 겉모습의 배후로 들어가 진정한 내 자신으로 될 수 있을까?"와 같은 의문을 갖고 있다고 합니다. 충분히 기능하는 사람(Fully functioning person)은 계속해서 성장하고 충만해 가는 건설적인 사람을 의미합니다. 이와 같은 개념은 궁극적으로 상담 목표 이기도 합니다.

(2) 상담 관계

상담자의 세 가지 성격 특성 또는 태도는 진실성, 무조건적인 긍정적 관심, 정확한 공감적 이해입니다.

① 진실성(congruence)은 상담자가 일치성을 나타내며 상담 기간 동안 상담자가 완전히 신뢰할 만한 태도를 보여주는 것입니다. 거짓된 태도가 없고 그의 내적 경험과 외적 표현은 일치하며 내담자와의 관계에서 일어나는 감정이나 태도를 솔직히 표현합니다. 진실한 상담자는 자발적이며 긍정적이건 부정적이건 자신의 행동이나 감정에 솔직합니다. 부정적인 감정을 표현(또는 수용)함으로써 상담자는 내담자와 정직한 대화를 촉진 시킬 수 있습니다. 진실성을 통해 상담자는 자신의 감정에 책임을 져야 하며 내담자와 참 만남의 능력을 방해하는 감정이 무엇인지 탐색해야 합니다. 그렇다고 해서 진실성의 개념이 완전히 자아 실현한 상담자만이 상담에서 효율적일 수 있다는 것을 의미하는 것은 아닙니다.

② 무조건적인 긍정적 관심과 수용, 상담자는 내담자를 하나의 인격체로서 깊고 진실하게 돌보는 것입니다. 돌본다는 것은 내담자의 감정이나 생각, 행위의 좋고 나쁨의 평가와 판단에 의해 영향 받지 않는다는 점에서 무조건적입니다. 상담자는 내담자를 수용함에 있어 규범을 정하지 않고 무조건 존중하고 따뜻하게 받아들입니다. 이것은 "나는 당신을 어떤 때만 받아들이겠다"가 아닌 "나는 당신을 있는

그대로 받아 들이겠다"는 태도입니다. 상담자는 내담자를 있는 그대로 존중한다는 의사전달을 해줌으로서 불안과 염려 없이 자유로이 자신의 감정과 경험을 갖도록 돕습니다. 수용은 감정을 가진 내담자의 권리를 인정하는 것입니다. 그러나 모든 행동을 다 인정하는 것은 아닙니다. 모든 표출된 행동이 다 인정되거나 수용될 필요는 없기 때문입니다. 내담자에 대한 수용을 강조하는 의미는 내담자를 존경하지 않거나 싫어하는 상담자는 치료에서 좋은 결과를 얻을 수 없습니다. 내담자는 치료자의 관심이 부족하다는 것을 느끼면 점점 방어적으로 될 것이기 때문입니다.

③ 공감(Empathy). 내담자의 개인적 세계가 상담자 자신의 세계인 것처럼 지각하여 내담자의 감정의 흐름에 정중하고도 민감하게 반응하는 것입니다. 내담자의 의사소통과 그가 전달하고자 하는 의미를 수용하는 상담자의 활동 과정으로서 진정한 공감은 판단적이거나 진단적이지 않습니다. 내담자의 진술에 반응하는 것으로서 듣기(listening), 관찰하기(observing), 반복해서 말하기(resonating), 분별하기(discriminating), 의사소통하기(communicating), 이해확인(checking your understanding) 과정이 있습니다.

4) 인지 행동 이론

엘리스(Albert Ellis), 아론 벡(Aron beck) 등이 대표적 학자들입니다. 부적절한 정서와 행동은 사고의 문제로, 즉 비합리적인 신념 때문에 생긴다고 보는 엘리스의 이론을 살펴보기로 하겠습니다.

(1) 합리적 신념

건강하고 생산적이며 사회적 적응과 일치하고 희망, 좋아하므로 구성됩니다. 파괴적이고 어두운 역경을 합리적으로 사고할 때 현실적인 방법으로 감정을 경험하면서 목표 추구적인 행동을 하게 됩니다.

(2) 비합리적인 신념

목표를 성취하기 위해서 인간의 노력하는 방법에서 '완고한, 독단적인, 건강하지 못한 부적합한'의 표현을 발견할 수 있습니다. 그들의 파괴적이고 어두운 신념을 가짐으로써 사람들은 부적절한 정서와 부적절한 행동을 하게 됩니다.

〈표1〉 비합리적 신념과 합리적 신념의 차이점

	비합리적 신념		합리적 신념
01	성인으로서 알고 있는 모든 중요한 사람들로부터 사랑받고, 인정받고 이해받아야 가치 있는 사람이다. 만약 그렇지 않다면 이는 끔찍하다.	01	자기를 존중하고 실제적인 일에 대해 인정받고 사랑 받기 보다는 사랑하는 것에 신경을 쓰는 것이 바람직하고 생산적이다.
02	자신이 가치 있다고 인정받으려면 모든 영역에 대해 완벽한 능력이 있고 성공을 해야만 한다.	02	자신이 인간적인 제한이 있고 실수를 범하기도 하는 불완전한 존재라는 것을 받아들이는 것이 좋다.

03	어떤 사람들은 나쁘고 사악하며 그들의 사악함은 반드시 비난받고 처벌 받아야만 한다.	03	사람들은 비물리적으로 행동하는 경우가 흔하며, 이들을 비난하고 처벌 하기 보다는 그들의 행동을 변화시킬 수 있도록 도와주는 것이 좋다.
04	일이 뜻대로 진행되지 않는다면 무시무시하고 끔직한 일이다.	04	일이 내 뜻대로 된다면 좋겠지만, 내가 원하는 대로 되지 않는다고 해서 끔찍할 이유는 없다.
05	불행이란 외부 사건들 때문에 생기며 우리는 통제할 능력이 거의 또는 전혀 없다.	05	내가 겪고 있는 정서적인 괴로움은 주로 나의 책임이며, 내가 사건들을 보고 평가하는 방식을 변화시킴으로써 나의 감정을 조절할 수 있다.
06	만약 어떤 사람에게 위험하거나 두려운 일이 일어날 가능성이 있다면 그는 그 일에 대해 염려하고 그것이 일어날 가능성에 대해 늘 생각하고 있어야 한다.	06	걱정한다고 해서 어떤 일이 사라지는 것은 아니다 일어날 가능성이 있는 괴로운 일을 처리하기 위해 최선을 다할 것이며 만약 다루기가 불가능하다면 그 일이 어쩔 수 없다는 것을 받아들이겠다.
07	인생에서의 어려움은 부딪쳐 책임 있게 해결하기보다 피해 가는 것이 편하다.	07	소위 쉬운 방법으로는 궁극적인 문제를 피할 수 없으며, 이는 문제를 더욱 어렵게 만든다.
08	나는 항상 고통이 없이 편안해야만 한다.	08	고통이 없이 얻을 수 있는 것은 아무것도 없다. 그러므로 내가 비록 이것을 좋아하지 않아도 나는 이런 불편을 참아내고 견딜 수 있다.
09	나는 아마 미쳐가고 있는지도 모른다. 그러나 나는 미쳐서는 안 된다. 왜냐하면 그것을 견딜 수 없기 때문이다.	09	정서적 곤궁은 확실히 즐거운 것은 아니지만 이것은 참을 수 있다
10	인생에서의 어려움은 부딪치기보다 피해 가는 것이 편하다.	10	소위 쉬운 방법은 궁극적으로는 피할 수 없으며 더욱 어려운 방법이다.

11	우리는 다른 사람에게 의지해야만 하고 의지할 강한 누군가가 있어야만 한다.	11	다른 사람들과 친밀하게 지내는 것을 즐기지만, 내 생활을 도와줄 사람을 원하지는 않는다. 나는 내 자신을 믿고 의지할 수 있다.
12	행복이란 외부 사건들에 의해 결정되며 우리는 통제할 수 없다.	12	현재에 내가 겪고 있는 정서적인 괴로움은 주로 나뉘 책임이며, 내가 사건들을 보고 평가하는 방식을 변화 시킴으로서 나의 장점을 조절할 수 있다.
13	나의 과거의 사건들이 현재의 행동을 결정 한다.	13	나는 과거의 일들에 대한 나의 자각과 과거의 영향에 대한 나의 해석을 재평가함으로써 과거의 영향을 극복할 수 있다.

(3) 상담 과정

성격의 ABCDE 이론(ABC theory of personality)

• G 기본적이고 중요한 목표 (Goals)

• A 인간의 삶에서 선전하고 활성화된 사건(Activating events)

• B 합리적이고 비합리적인 신념(Beliefs)

• C 감정적 행동적 결과(Consequences)

• D 비합리적인 신념의 반박(Disputing irrational beliefs)

• E 영향력 있는 삶의 새로운 철학(Effective new philosophy of life)

위와 같은 A-B-C-D-E과정으로 인지재구성을 이룹니다.

9. 기독교 상담의 통합적 원리와 특징

1) 기독교 상담의 통합 개관

1953년 쿤켈(Fritz Kunkel)이 기독교와 심리학을 하나로 합하고자 시도하며 통합(integration)이라는 단어를 처음 사용한 이래, 기독교 상담에서 통합의 의미와 중요성에 대한 비중은 점점 더 커지고 있습니다. 어떤 학자들은 통합을 이론적 측면에서 이해하고, 또 다른 학자들은 실제의 측면에서 이해하기도 하며, 어떤 학자들은 통합의 내용을 강조하고, 또 다른 학자들은 통합의 방법에 초점을 맞추기도 합니다. 이렇듯 통합에 대한 기독교 상담학자들의 인식과 관점은 다양하게 전개되고 있으며, 통합의 내용, 방식, 주제, 유형, 기법 등에서 서로 상이 한 양상을 보이고 있습니다. 통합은 주로 기독교 상담의 영역에서 그 중요성이 부각 되어져 왔지만, 다양한 문제와 배경을 가진 내담자들을 돕는 상담의 과정 가운데 자신의 상담 이론이나 모델의 한계를 경험한 상담자들이 늘어나게 되면서 일반 상담의 영역에서도 상담 및 심리치료 이론과 실제 간의 통합 및 절충적 접근의 필요성이 강력하게 등장하고 있습니다. 통합(integration)과 절충(eclecticism)은 하나 이상의 다른 이론의 내용과 기법을 취합한다는 점에서는 비슷한 부분이 있지만, 통합이 상담 및 심리치료 이론 중 한 이론을 기초로 다른 이론의 내용을 부분적으로 수용하여 보다 완성된 형태의 융복합적 접근을 이루고자 하는 것이라면, 절충은 상담 및 심리치료 이론의 내용과 기법 중 필요하거나 좋은 것을 취사 선택하여 사용한다는 점에서 분명한 차이점을 보이고 있습니다.

상담 및 심리치료 영역에서의 절충적 접근은 다음과 같은 네 가지 접근으로 이루어진다고 할 수 있습니다. 첫째, 혼돈에 가까운 절충주의로 모든 이론을 한 데 섞어서 비빔밥 수준으로 만드는 '혼합 주의적' 접근이며, 둘째, 실용적 절충주의로 이론적인 기반을 선호하기보다는 내담자에게 효과적이라고 검증된 것을 취하려는 '실용주의적 접근'입니다. 셋째, 메타 이론적/초이론적 취사 선택주의인데, 이것은 이론 뒤에 있거나 또는 이론을 넘어서는 이론이나 임상 실제를 추구하는 접근으로 예를 들면 이론과는 상관없이 효과적인 상담자의 자질과 태도 등과 같은 요소들을 취하려는 '초이론적' 접근이며, 넷째, 이론적 통합주의는 선호하는 한 이론을 자신의 기초이론 또는 홈 베이스로 사용하면서 자신의 이론을 확장하며 풍성하게 할 한두 가지의 다른 이론의 일부를 동화시킴으로서 단일 이론의 한계를 극복하고 완성도가 높은 융복합을 이루어내려는 '통합적 접근'을 말합니다. 이러한 면에서 볼 때, 통합은 절충의 가장 완성도가 높은 방법이라고도 볼 수 있을 것입니다.

기독교와 심리학을 건설적으로 통합하는 데에는 두 가지 단계가 필요하다고 할 수 있는데, 첫째 단계는 '비평적 평가 단계'입니다. 이는 기독교적 관점과 분명하게 양립하지 않는 일반 심리학에서 가치가 있는 것을 찾기 위해 대화하는 방법입니다. 기본적으로 이 단계는 일반 심리학의 좋은 점은 골라내고 나쁜 점은 버리는 단계이지만, 이 과정에서의 통합은 유용한 통찰과 도움을 주는 하나의 접근에 불과하다는 점을 간과해서는 안 될 것입니다. 둘째 단계는 '이론 구축 단계'인데, 기독교 상담학자들은 비평적 평가단계에서 대화를 시도했던 일반 심리학의 장점을 밝힌 다음에 이 장점들을 종합하는 새로운 이론을 개발하며, 학문적인 연구를 위해 새로운 가설과 이론을 제안해야 합니다. 물론 이 가설과 이론은 기독교적인 전제들을 함축하는 것이어야 하며, 통합을 제대로 실천하기 위해서는 기존 연구의 개관에서 더 나아가 연구를 직접 실시하고, 자신의 연구를 객관적으로 평가하는 작업을 할 수 있어야 합니다.

비평적 평가를 위해서는 첫째, 어떠한 상담 접근법의 기초가 되는 '철학적 가정과 전제'를 주의 깊게 살피는 작업부터 시작해야 합니다. 하나의 철학이 다양한 상담의 접근 방법들을 모두 통일할 수는 없으며, 각각의 접근법은 현실과 진리, 목적, 인간성 등의 주제에 대해 서로 다른 견해를 가지고 있기 때문입니다. 둘째, 어떠한 상담 및 심리치료 이론들의 기초가 되는 '성격 이론' 또는 '인간관'을 검토하여야 합니다. 무엇이 인간의 성품과 행동을 결정짓는지, 인간을 어떠한 관점으로 인식하고 있는지 등과 같은 성격 이론과 인간관이 기독교 신앙과 양립될 수 있는 것인지 비판적으로 분석할 수 있어야 합니다. 셋째, 인간의 이상성(abnormality)에 대한 핵심적 이해를 주의 깊게 검토해야 합니다. 어떤 성격 이론을 논할 때는 정상적인 성격 발달에서 이탈하는 것에 대해 이해하고 있어야 하며, 어떻게 변화가 필요한 상태에 이루었는지를 설명하는 과정을 이해하고 행동을 변화시키는 방법을 제시할 수 있어야 합니다. 넷째, 각각의 이론은 비정상성에 대한 관점을 보완해주는 '전인성에 대한 시각'이 있기에, 어떤 특정한 심리치료 전통에 깔려있는 정상성에 대한 목표와 관점에 대해 자세히 살펴보아야 하며, 각 이론이 제시하고 있는 건강한 사람의 모습은 어떠한 것인지 면밀하게 검토 되어져야 할 것입니다. 다섯째, 심리치료 모델의 기본적인 신빙성을 측정하기 위하여 내담자들에게 변화를 일으키는 방법을 검토해야 합니다. 주로 제시되는 일부 변화의 방법들은 성장 과정에 대한 직감적이거나 평범한 이해들과 유사하므로, 각 상담 및 심리치료이론의 상담 과정과 기법이 내담자의 변화에 얼마나 실제적인 도움을 주는지 탐색해야 합니다. 여섯째, 과학적인 연구를 통하여 각 상담 및 심리치료 접근의 효과성을 검증하고자 하는 것이 비평적 평가를 위한 중요한 기독교 학자의 역할이며 책임이라고 할 것입니다.

2) 통합의 모델

여기에서는 여러 기독교 상담학자들의 다양한 통합 모델들의 특징을 비교, 분석하여, 몇 가지 유형으로 분류하여 제시하고자 합니다.

첫째, 대립적 입장으로, 이 입장의 학자들은 기독교와 심리학은 서로 갈등 관계에 있기 때문에 서로 양립될 수 없으며, 신학과 심리학 사이의 통합은 불가능하다고 주장합니다. 이 입장의 기독교 편에 있는 학자들은 하나님의 계시만이 유일한 진리이며, 하나님의 계시가 아닌 다른 학문에 의한 지식들은 그리스도인들에게는 오히려 문제가 될 뿐 아니라, 이러한 문제는 인간의 죄에서 발생되는 것이므로, 심리학에 의존하지 말고 오직 영적 조언이나 충고에 의하여 문제를 해결해야 한다고 주장합니다. 그러나 이 입장의 심리학 편에 있는 학자들은 합리주의, 경험주의만이 진리를 찾을 수 있는 유일한 수단이라고 생각합니다. 종교는 정신건강에 부정적인 영향을 주며, 정신적 문제는 사회적이고 심리적인 부적응에 의해 이루어지게 되므로, 심리치료를 통해서만 정신적 문제를 해결할 수 있다고 주장합니다. 이 입장은 영화 관점과 비기독교 관점(Kirwan, 1984), 반대 모델(Carter & Narramore, 1979), 오직 하나의 모델(Crabb, 1982), 부인 접근(Collins, 1982) 등으로도 불리며, 기독교 상담 분야의 주요 학자는 아담스(J. E. Adams), 솔로몬(C. Solomon) 등이 있습니다.

둘째, 종속적 입장으로, 종교에서의 좋은 심리학, 또는 좋은 종교 심리학을 찾으려는 시도이며, 이 모델을 지지하는 학자들은 신학과 심리학에는 상당한 공통점이 있으며, 상호 간에 많은 도움을 주고받을 수 있다고 주장합니다. 이 입장의 기독교 편에 있는 학자들은 성경을 좋은 심리학 교재로 생각하며, 성경의 내용들은 인간의 영적이며 도덕적인 삶을 위해 중요한 것으로 이해합니다. 종교는 보수적이며 권위적인 체계를 가지고 있는 불 건강한 종교와 서로에게 좋은 감정과 영향을 줄 수 있는 인본주의 종교는 건전한 종교라고 이해합니다. 이 입장의 심리학 편에 있는 학자들은 심리학에서 기독교적 요소를 발견하고자 하며, 하나님의 창조와 섭리는 받아들이지만, 하나님의 공의나 구원에는 그다지 관심이 없고, 기독교를 타 종교와 마찬가지로 가치 있는 삶을 전해 주는 하나의 길에 불과하다고 생각합니다. 이 입장은 소속 모델(Carter & Narramore, 1979)이라고도 불리며, 기독교 상담 분야의 주요 학자는 힐터(S. Hilter), 샌포드(J. Sanford) 등이 있습니다.

셋째, 병행적 입장은 기독교와 심리학은 전혀 다른 영역으로 이해하며, 기독교와 심리학 모두 자신들만의 영역이 있으며, 서로 겹쳐 지지 않는다고 봅니다. 이 입장은 두 가지 방식의 접근이 이루어질 수 있는데, 하나는, 고립된 방식이며, 기독교와 심리학을 전혀 다른 분야로 이해하고 서로 중복되거나 겹치지 않게 갈등 없이 각자의 위치를 인정하면서 존재합니다. 다른 하나는 상관된 방식으로, 서로 같은 내용을 다른 이름으로 사용하며 심리학적인 개념을 기독교적인 개념으로 설명하거나, 기독교적인 현상을 심리학적인 분석으로 설명하는 것입니다. 이 접근에서는 통합이라는 개념이 필요하지 않기 때문에 여기에서의 상관은 연합이라고 설명할 수 있을 것입니다. 이 입장은 평행 모델(Carter & Narramore, 1979), 평행 관점(Kirwan, 1984), 분리되었으나 동등한 모델(Crabb, 1982), 철로접근법(Collins, 1982), 병립 모델(Fansworth, 1982), 또는 이원론적 접근이라고도 불리며, 이 분야의 주요 학자는 올포트(G. Allport), 톰(F. Thome), 클레멘트(P. Clement) 등이 있습니다.

넷째, 통합적 입장은 기독교와 심리학 사이에 진정한 통합을 하고자 하는 기독교 상담학자들에 의해 계속 연구되고 발전되고 있는 접근입니다. 크랩(Crabb)은 자신의 통합이론을 이집트인에게서 빼앗기 모델(spoiling the egyptians)이라고 부르는데, 이 접근은 성경의 계시에 근거하여 성경과 일치되는 심리학적 지식들은 받아들이고, 일치되지 않는 지식들은 버리는 통합의 방법이므로, 심리학적 지식들은 성경에 의해서 주의 깊게 걸러져야 하며 선택적으로 수용 되어질 수 있다고 주장합니다. 콜린스(Collins)는 모든 진리는 하나님의 진리라는 관점에서 하나님의 특별 계시인 성경과 일반계시인 심리학의 통합의 가능성을 주장하며, 키르완(Kirwan)도 하나님은 모든 계시와 이성의 저자이시며, 모든 진리는 하나님의 진리라는 관점에서 통합을 지향합니다. 카터와 내러 모어(Carter & Narramore)는 자신의 통합 모델을 제시하면서, 통합이 이루어져야 할 영역을 진리의 일치, 인간 존재의 본성, 정신병리의 기원, 성경의 균형적 사용, 다른 학문들의 독자성 존중, 기독교와 정신건강, 기독교와 심리치료 등 일곱 가지로 설명하고 있습니다. 판스워스(Farnsworth)는 내재 통합이라는 자신의 통합 모델을 제시하는데, 이는 하나님의 진리에 대해서, 그리고 하나님의 진리 자체를 알아가는 전체 과정을 의미합니다. 이 접근은 하나님의 실존적이고 일반적인 계시에 대한 심리학적 해석과 하나님의 실존적이고 명제적인 계시에 대한 신학적 해석을 발생시키거나 평가하는 과정을 통해 이루어지게 되는데, 이 평가는 전체 삶의 과정을 통해 이루어지게 된다고 주장합니다. 콜린스(Collins)는 통합은 가장 기초적인 수준에서 시작되어야 하며, 심리학과 신학의 전제를 살펴서 통합의 가능성을 알아보아야 한다고 주장합니다. 통합의 기초는 계시(하나님은 존재하며 모든 진리의 원천이다)와 이성(존재하는 인간은 진리를 알 수 있다)이며, 그 위에 여섯 가지 가설(확장된 경험주의, 결정론과 자유의지, 성경 절대주의, 수정된 환원주의, 기독교 초자연주의, 성경적 인류학)을 세워가는 재건 모델을 제안하고 있습니다. 기독교 상담자는 진정한 신학과 심리학 간에 통합이 이루어질 수 있도록 크랩(Crabb)이 던져진 샐러드 모델이라고 표현하는 혼합주의적 접근을 지양하고, 기독교 세계관이라는 틀과 성경적인 통합적 기준을 가지고 신학과 심리학의 통합을 위한 노력을 계속해 나가야 할 것입니다.

3) 기독교 상담기법의 통합적 특징

기독교 상담기법의 통합적 특징의 가장 중요한 준거는 기독교 세계관이라 할 수 있는데, 기독교 세계관을 렌즈로 삼아서 상담기법을 분석하기 위해서는 기독교 상담자의 영적 분별력과 비판적 판단 능력이 매우 중요하다고 아니할 수 없을 것입니다.

첫째, 일반 상담 현장에서 이미 개발되어 사용 되어지고 있는 상담 및 심리치료의 기법 가운데 상담의 과정과 단계(초기~중기~말기)를 운영함에 있어 꼭 필요한 기법(주의집중, 경청, 공감, 자기 노출, 직면, 즉시성, 진실성, 요약, 명료화 등)이나 초기면접 기술 및 검사 도구(초기 면접 질문지, SCT 등)는 일반 상담과 충분히 공유할 수 있을 것입니다. 그리고 기독교적인 관점에서 거부해야 할 이유나 명분이 성립되지 않는 상담기법(질문기법, 과제 등)은 적절하게 수용하여 사용할 수 있습니다. 예를 들면, 칼쿠프(Carlkuff)의 상담기법이나 프로차스카(Prochaska) 등의 변화모델 등은 어떤 이론이나 접근에도 대체로 무리 없이 적용될 수 있다는 특징이 있으며, 심리검사 도구(성격검사, 투사검사, 진로검사, 부부검사 등) 등의 경우, 이론적 배경이나 검사 도구의 특성상 성경적 기준에 위배 되지 않는다면 기독교 상담에 통합적으로 활용할 수 있을 것입니다.

둘째, 이미 개발되어 사용 되어지고 있는 상담 및 심리치료의 기법 가운데 아무리 인기가 있어나 효과가 있는 도구와 기법이라 할지라도, 성경적 기준에 입각한 검증의 절차 없이 아무 도구나 기법을 무분별하게 받아들일 수는 없습니다. 먼저, 기독교적인 관점에서 수용할 수 있는 것인지 질문하고, 다음으로, 임상 실제에서 문제를 야기 할 가능성이 있는지에 대해 충분히 검증된 것인지를 질문하고, 아울러, 상담윤리(사회적, 도덕적, 성적 등)에 위배 되는 결과를 초래할 수 있는지 질문하여야 하는데, 이러한 질문에 부정적인 결과가 나온 도구나 기법은 수용해서 사용할 수 없습니다. 예를 들어 초월 심리적 관점에서 개발 되어진 검사 도구(예 : 타로카드 등) 또는 상담기법(예 : 전생 최면 등) 등과 같은 것은 기독교 상담에서는 결코 수용할 수 없는 도구이며 기법들이라 하겠습니다. 기독교 상담자가 상담 도구 및 기법의 특성을 정확하게 파악하고 있어야 이러한 도구나 기법의 영향이나 폐해를 막을 수 있으며, 내담자들의 피해를 예방할 수 있을 것입니다.

셋째, 기독교 상담의 임상 실제에서만 적용할 수 있는 상담기법을 효과적으로 사용할 수 있어야 합니다. 성경, 기도, 찬양, 예배, 심방, 성찬, 성례 등과 같은 기독교의 전통 자원들과 신앙 서적, 묵상의 도구와 방법들, 신앙 글쓰기 등과 같은 방법들은 기독교 상담에서만 활용할 수 있는 고유한 자원이라고 할 수 있으므로, 영적 자부심을 가지고 적극적으로 활용할 필요가 있습니다. 일반 상담이나 심리치료 장면에서는 수용되기 어려운 접근이겠지만, 영혼의 치유자이신 하나님의 도우심을 경험하고 영적 변화를 체험 하는 과정 가운데에서의 영적 자원의 활용은 기독교 상담에서는 충분히 의미 있는 접근이라

할 수 있습니다. 아울러 성경 말씀의 효과적인 활용을 위하여 기독교 상담자들은 체계적인 성경 공부와 말씀 훈련을 통하여 내담자에게 도움을 줄 수 있는 말씀의 적용에 대한 충분한 준비를 하도록 노력해야 할 것입니다.

넷째, 기독교 상담의 임상 현장 가운데 효과적으로 적용할 수 있는 상담 도구 또는 기법의 개발 및 활용이 필요합니다. 예를 들면, 통찰적 질문 리스트라고 할 수 있는 CCEF의 엑스레이 질문 등과 같이 신앙적 또는 영적 주제에 관해 탐색하기 위해 개발된 심리검사 척도 및 도구의 개발과 활용, 미술치료나 독서치료, 음악치료, 놀이치료, 인지행동치료 등에서 다양하게 개발 되어진 기독교적인 치료적 기법 등의 개발과 활용이 가능하리라 생각 되어집니다. 이미 다양한 척도나 검사 도구(기독교 양육 척도, 신앙 성숙 척도, 영적 안녕 척도 등) 등이 개발되어 사용되고 있을 뿐 아니라, 앞으로 더욱 이론적이며 실제적으로 기독교 상담 이론을 잘 적용할 수 있는 도구나 기법의 개발 및 활용이 발전적으로 이루어 질 수 있을 것으로 기대해 봅니다.

다섯째, 기독교 상담을 수행하는 기독교 상담자를 위한 다양한 상담기법의 활용과 훈련기법의 개발이 필요합니다. 일반 상담 및 심리치료 영역에서의 상담자의 자기분석이나 상담사례, 수퍼비젼 등을 통해 인간적 자질과 전문적 자질을 다듬어 갈 수 있는 기회를 가질 수 있겠지만, 기독교 상담의 통로이며 도구요, 인도자이며 조력자로서의 기독교 상담자는 자신의 내적 변화와 성숙을 위한 성경적인 자기관리 및 훈련 방법을 가지고 적용할 수 있어야 함과 동시에, 효과적인 상담자로서의 조력 기술에 대한 체계적인 훈련과 상담 실습, 수퍼비

견 등이 반드시 필요합니다. 아울러 기독교 상담자는 영적 자질의 성장을 위해 건전한 신앙과 생활을 확립해 가야 할 뿐 아니라, 학문적, 실제적, 개인적 통합을 이루어 갈 수 있도록 노력해야 할 것입니다.

10. 어떻게 "상담하는 교사"가 될까?

전통적으로 교회는 젊은이들에게 가치를 가르치는 데 있어서 권위적인 방법을 많이 사용하여 왔습니다. 젊은이들이 납득할 만한 수준에서 긍정적인 대안을 탐색할 방법을 제공하는 대신 "하지 말아야 할 것"을 너무 강조했습니다. 이런 교리에 끊임없이 노출되면 젊은이들은 강한 죄의식을 발전시키게 됩니다. 오늘날 미국의 많은 젊은이들이 교회를 떠나는 것을 보면서 미국의 교회 교육 방법에 의문을 갖게 됩니다. 과거에는 젊은이들이 교회에서 가르치는 교리를 수용하고 순종했으나 요즘의 젊은이들은 의문 내지 배척까지 하려는 경향이 있습니다. 이렇게 되면 종교적 가치관에 대한 혼동이 오고 급기야는 교회 출석 마저 기피하게 될 것입니다. 따라서 상담의 활용은 일반 교육 뿐만 아니라 교회학교 교육의 긍정적 발전을 위해서도 매우 바람직 하다 하겠습니다. 이상적인 스승이 표본이 되는 예수를 본받아 한 영혼, 한 생명을 귀히 여기는 마음의 자세를 가지고 상담의 원리 몇 가지를 염두에 두면서 상담하는 교사가 될 필요가 있습니다.

(1) 상담은 내담자를 충분히 이해하는 것을 바탕으로 그와의 인격적인 만남을 이루어야 가능합니다. 즉 진정한 인격적인 만남이 있

는 인격적인 관계에서만 상담이 가능하다는 이야기입니다. 비록 나이 어린 내담자라 할지라도 그를 인격적으로 대해줄 수 있어야 상담은 시작됩니다. 이때 중요한 것은 내담자를 자신과 같은 존재로 수용해야 한다는 사실입니다. 그렇게 될 때만이 상호 간의 신뢰할 수 있는 관계가 형성됩니다. 따라서 상담자는 자신의 "가면"을 벗고 그 스스로 참모습을 드러내며 심리적으로 자유롭게 대화하도록 노력해야 합니다. 상대방 위에 군림하는 자세가 아닌 대등한 인격을 소유한 동료 인간으로서의 위치를 상담자는 견지해야 합니다. 이러한 인격적 만남에서라야 상대편의 입장에서 사물을 보고 느끼는 공감적 이해가 가능합니다.

(2) 자신의 견해나 가치관을 일방적으로 내담자에게 설득하거나 주입하거나 강요하지 말아야 합니다. 상담자는 조력자(helper)이지 문제해결사(problem-solver)가 아닙니다. 개인적인 신상 문제라도 내담자 자신이 자신의 문제에 관한 한 전문인입니다. 자식을 사랑하는 것이 맹목적이고 과보호적 관심만이 사랑이 아니라 홀로서기까지 고통을 나누며 인내하는 것도 사랑입니다. 그러므로 상담의 지식이나 기술 등을 상호보충적으로 관련 시켜서 내담자 스스로 자기 방향(self-direction)을 갖게 해주는 것이 바람직합니다. 내담자가 자신이 속한 세계와 연관해서 자신이 어느 위치에 있는지 스스로를 탐색하도록(self-exploration) 이끌어 주는 것이 상담자의 임무일 것입니다. 이런 의미에서 상담은 사후 처방식이 아닌 발달적 관점에서 이루어져야 이상적입니다. 건강한 정상인이 더욱 건강하게 발달해 나

가도록, 그래서 일생을 걸쳐 성취하는 삶, 보다 생산적인 삶을 살도록 조력하는 것이 상담이어야 합니다. 교회학교 학생들을 위한 영적 성장도 발달 상담의 관점에서 이루어진다면 이상적일 것입니다.

(3) 너무나 당연하고 상식적인 상담 원리 중 비밀보장(confidentiality)이 있습니다. 당연한 것으로 알면서도 또 쉽게 실수하는 것이 바로 이 점이기도 합니다. 교회학교 설교를 하면서 예를 들 때 상담한 내용을 이야기 하는 경우가 있는데 비밀보장은 상담자의 윤리적 책임이라는 것을 기억해야 합니다. 내담자와 나눈 개인적인 이야기는 어떤 경우에도 외부인에게 알려져서는 안 됩니다. 그 정보는 반드시 내담자의 성장이나 발달, 그리고 자아실현을 돕는 데에만 사용되어야 합니다. 학교 상담에서 범하는 실수 아닌 과오 중 하나는 그 정보를 처벌의 요인으로 사용한다는 점입니다. 상담실이 "타작실"이라고 불리워 지는 것도 불행이지만 상담내용이 학생징계의 요인으로 악용되는 것은 더 큰 불행입니다. 비밀보장은 반드시 필요 하지만 "어떤 상황, 어느 조건하에서"라는 뜻은 아닙니다. 예컨대 내담자가 자살할 조짐이 있는 것을 알면서도 비밀을 보장해야 한다는 이유로 상담자 혼자만 알고 있는 것보다는 주위의 적절한 기관이나 전문인과 상의하여 그의 생명을 보호해 주는 것이 더 바람직 합니다.

(4) 상담자여, 그대 자신을 알찌어다. 상담 이론 책에서 흔하게 볼 수 있는 문구입니다. 이미 언급 하였지만 상담에서 만큼 전문가의 행동과 인성이 큰 차이를 나타내는 전문직도 없을 것입니다. 겉으로 드

러나지 않는 상담자의 개인적 문제가 그가 상담하는 방법에 영향을 줍니다. 본인 스스로 분노나 비탄 같은 강렬한 감정을 느끼고 있을 때면 내담자가 나타내는 높은 강도의 감정표현에는 불편을 느끼게 되는 법입니다. 내담자는 과거에 가졌던 인간관계에서 경험했던 느낌을 상담자에게 전이(transference) 시키기도 하는데 상담자는 그 상황을 어떻게 처리할 것인가? 반대로 상담자가 과거에 경험했던 느낌을 현 내담자에게 전이(countertransference) 할 때는 이러한 감정을 또 어떻게 처리할 것인가? 상담자가 내담자와 상담 자체에 대해 어떤 태도를 가지고 있는가 하는 점이 상담의 과정과 결과에 영향을 끼치는데 상담자는 어떤 내담자를 대해서도 항상 유연(flexibility)하고 수용적(acceptance)이고 그리고 부드러울 수(gentleness)있다고 장담할 수 있겠는가? 이러한 질문에 대한 해답을 얻기 위하여 상담자는 본인 스스로 알려고 하는 노력을 끊임없이 해야 합니다. 내담자의 실수나 비판을 받아 들이려는 기꺼움도 있어야 하겠고 자신의 한계를 인정하는 자세도 필요합니다. 마치 학습자가 영적으로 성장하기 원한다면 교사부터 먼저 자신의 영적 발달에 관심을 가지고 성숙한 신앙인이 되도록 노력해야 하는 것과 같습니다.

11. 상담의 실제

흔히 이론과 실제는 각기 다른 영역인 것으로 잘못 생각하는 경우가 있는데 실제로는 좋은 이론이란 상담 실제에 도움이 되는 매우 실용적인 것이라 했습니다. 즉 이론과 실제란 각기 다른 두 영역으로 나뉘도록 이분화된 것이 아닙니다. 또 상담 실제에서 특정 상담자의 상담 스타일을 발견해 내고 개발하는 일은 그의 개인적 특성과도 연관 있는 일입니다. 효율적인 상담 실제를 위하여 모든 내담자에게 다 적용시킬 수 있는 고정된 절차와 기법은 없습니다. 왜냐하면 내담자도 다르고, 문제, 배경도 다 다르기 때문입니다. 그러므로 상담자가 한 사람을 도와주기 위하여 자신의 이론을 만드는 셈입니다. 이때 중요한 것은 어떤 기법을 사용한다면 그것을 사용하는데 대한 이유가 타당해야 하고 그 이유를 상담자는 알고 있어야 한다는 점입니다. 이 이유는 그가 가진 이론과 철학을 바탕으로 해서 지금 대면하고 있는 바로 이 특수한 내담자를 이해하는 데서 나와야 합니다. 이처럼 기법 혹은 과정은 이론의 자연스런 부산물인 동시에 이론을 실시하는 방법을 표현해 주는 것입니다. 상담 이론에 따라 각기 독특한 기법들이 있지만 교육 현장에서 활용할 수 있는 일반적인 상담기법을 소개하겠습니다. 비록 따로 떼어 설명을 하지만 기법이란 의식적인 노력 없이 서로 뒤엉켜서 사용될 수 있다는 것을 전제로 합니다.

1) 침묵(silence)

굉장히 유용하면서도 효과적으로 사용하기가 쉽지 않은 기법입니다. 특히 할 말이 별로 없는 내담자에게는 위협적일 수도 있습니다. 상담자가 적절하게 침묵함으로써(그러나 관심은 계속 표명해야 함) 내담자로 하여금 특정한 화제와 연관된 생각을 계속하게 하는 것을 말합니다. 만약 침묵 대신에 말을 하게 될 경우 내담자를 방해할 수도 있습니다. 침묵의 기법은 누구나 자연스럽게 잘 쓰는 것은 아닙니다. 침묵함으로써 이해, 수용, 관심 등의 조건을 전달할 수 있다면 성공적인데 대체로 상담자의 인성과 많은 연관이 있다고 봅니다. 침묵은 내담자로 하여금 대화의 짐을 계속 지고 가도록 은연중 강요하려 할 때 많이 쓰는 기법입니다.

2) 단음절 반응(monosyllabic responses)

"그래?" "네?" 같은 의미 없는 단음절 형태의 반응을 의미합니다. 상담자가 잘 듣고 있으니 계속하라는 의미로 사용할 수 있고 또는 화제를 바꾸는 위험이라든지 내담자의 말을 중단시킬 위험을 피하려 할 때도 사용합니다. 특별히 이 기법을 쓸 때에는 억양과 표정에 각별히 주의할 필요가 있습니다.

3) 감정의 반영(reflection of feelings)

상담에서 가장 많이 사용하는 기법 중 하나로써 감정의 반영이란 내담자의 감정을 정확하게 반영하고 그가 경험한 것을 그대로 다시 묘사하는 상담자의 응답을 말합니다. 내담자가 경험한 숨겨져 있는 내부의 감정에 정확한 반응을 보임으로써 내담자로 하여금 좀 더 자유롭게 말하도록 돕고 자신에 대해서도 보다 정직하고 개방적이 되게 합니다. 뿐만 아니라 정확한 감정의 반영은 상담자가 내담자의 말을 잘 따라가며 이해하고 있다는 증거도 됩니다. 반면에 정확하지 못하게 감정을 반영했을 경우 상담 관계를 그르치게 될 수도 있습니다.

4) 의미의 명료화(clarification)

감정의 반영만큼 자주 거론되는 기법은 아니지만 개인이나 집단상 담에 모두 유익한 기법입니다. 상담자가 단지 감정을 표현하는 것에 서 한 걸음 더 나아가 내담자가 말한 것보다 조금 더 깊게, 그리고 그 가 표현한 감정보다 조금 더 깊이 들어가서 내담자가 미쳐 표현 하 지 못한 것까지 표현해 주는, 다시 말해 의미를 명확하게 해주는 것 을 말합니다.

따라서 감정의 반영보다는 오히려 설명적이어서 상담자의 말이 내 담자의 이해를 조금 앞섰다고 할 수 있겠습니다. 그런데 의미의 명 료화를 사용할 때에는 무엇보다 충분한 이해와 위협적이지 않은 수 용성을 나타내야 하며 상담자에게 간결하게 요약하고 모호성을 바로 잡아 정리할 수 있는 능력이 요구됩니다. 비교적 분명한 사실보다 너 무 들어가서는 안 되고 의미를 명료화하되 주로 감정에 중점을 둔다 면 내담자는 강요하지 않고도 앞으로 계속 나가게 합니다. 의미의 명 료화는 상담 과정이 진전하는 데 유용한 기법입니다. 효과적으로 쓰 기 위해서는 내담자가 표현하려는 것에 대한 민감성, 그것을 조립해 서 짧은 말로 조직하는 능력 그리고 그것을 내담자에게 전달할 수 있 는 상담자의 능력이 필요합니다.

5) 해석(interpretation)

해석이라는 기법은 심리검사의 점수나 직업상의 정보를 내담자에게 풀이해 주는 것도 되고 내담자가 한 말의 의미를 내담자에게 지적해 주는 상담자의 반응을 뜻할 수도 있습니다. 그러므로 해석은 글자 그대로 풀이하고 해석하는 것이어서 내담자가 말한 것보다 더 나아 갈 수도 있습니다. 해석은 이렇게 비약의 위험성을 내포하기 때문에 굉장히 조심을 요하는 기법입니다. 따라서 해석의 기법을 쓸 때에는 상담 과정이 충분히 확립되고 내담자와의 관계가 견고해 졌을 때 쓰는 것이 현명합니다. 해석을 사용함으로 내담자의 통찰력을 촉진 시켜서 상담이 빠르게 진전 하는데 도움이 됩니다. 보다 안전하게 이 기법을 쓰기 위해서는 풀이한 내용을 내담자에게 개방식 질문(open-ended question) 형식으로 반응을 보이는 것이 좋을 것입니다. 앞서 설명한 의미의 명료화는 감정의 반영보다 한 걸음 더 나아간 단계로써 감정의 반영에서 해석으로 가는 중간 단계라고 볼 수 있습니다.

6) 질문(questions)

적절하게 쓴다면 매우 유익한 기법입니다. 상담 과정에서 좀 더 탐색할 필요가 있는 주제로 돌아가고 싶을 때 혹은 그런 주제를 제의할 때, 질문으로 제의할 수가 있고 때로는 상담자의 반응이 질문형식으로 나올 수도 있는 것입니다. 질문은 현재 진행 중인 문제나 분야와 맞아야 하고 또 질문을 통하여 상담자가 내담자 문제에 관심을 가지고 있고 그를 도와 주고 싶어한다는 뜻이 전달되어야 합니다. 그러나 말이 별로 없는 혹은 의존적인 내담자에게는 과다하게 사용하지 않는 것이 바람직합니다. 내담자가 수동적인 역할을 하게 되고 따라서 상담의 모든 책임을 상담자에게 넘길 우려가 있기 때문입니다. 이때의 질문은 폐쇄식(closed question)보다는 개방식 질문이어야 함은 물론입니다.

7) 확신 주기(assurance)

상담자가 내담자를 보호하거나 안심시켜 안도감을 주기 원 할 때는 확신의 말을 해 줄 수가 있습니다. 물론 너무 성급하게 사용한 나머지 상담자가 자신의 문제가 얼마나 심각한지를 미쳐 모른다고 내담자가 느낄 수도 있지만 현명하게 쓴다면 자기 자신을 비난하거나 혹평하는 내담자, 혹은 낙심한 내담자를 돕는데 매우 효과적입니다. 상담자가 확신을 줌으로써 내담자는 자신의 감정을 다시 한번 생각하거나 탐색할 수 있게 되어 새로운 행동을 시도하는데 자신감을 갖게 됩니다. 특별히 초등학교 어린이 상담에서 매우 효과적인 것으로 알려져 있습니다.

8) 직면(confrontation)

어떤이는 매우 효과적이며 유용하다고 하고 또 어떤이는 위험하고 비효과적이라고 주장하는 기법입니다. 후자를 지지하는 사람들은 상담 과정 중에 내담자가 한 말의 모순점을 지적함으로써 내담자와 대결하는 것이 위험하다는 것입니다. 그러나 적절하게 온화한 직면을 한다면 내담자의 말이나 행동에 나타나는 모순을 시정하고 자기 이해(self-understanding)에 도움이 됩니다. 직접적으로 모순을 지적하지 않으면서 내담자가 자유롭게 대답할 수 있도록 개방식 질문형식으로 직면한다면 상담이 진전 되는데 도움이 됩니다.

9) 기타(others)

이 외에도 여러 가지 기법이 얼마든지 가능합니다. 상담자가 자신의 내담자에게 가장 적절한 기법을 스스로 개발할 수도 있습니다. 왜냐하면 항상 좋은 상담이란 내담자의 현재 위치에서 시작하는 것이므로 지금 대면하고 있는 바로 이 내담자를 위해 상담자가 자유롭게 다양한 기법을 개발해야 합니다. 현재 많이 통용되는 방법과 함께 여러 가지 상담기법을 늘 간직했다가 내담자에 따라 유연하고도 적절하게 사용하는 것이 현명합니다.

12. 맺는말

교회학교 교사는 가르치기 (teaching)만 하는 사람은 아닙니다. 그이상이어야 합니다. 즉 문제가 있는 소수의 학생 뿐만 아니라 전체 학생을 대상으로 생활지도를 할 수 있는 상담자여야 합니다. 교사가 학생의 생활 전반에 걸쳐 조언을 주고 상담함은 인간사의 전통 이었습니다. 따라서 교사는 학생의 전인적 학습(total learning) - 그의 인지적, 정의적, 심동적 영역 뿐만 아닌 영적인 성장에까지 관심을 갖게 됩니다. 그렇게 하기 위해서는 무엇보다 하나님께서 맡겨주신 학생들을 "부득이함으로 하지 않고 즐거운 뜻으로 하라"(벧전5:2), 학생들을 진정으로 사랑하는 마음을 가져야 할 것입니다. 그래서 그들의 수준에다 자신을 맞출 수 있어야 합니다. 특별히 교육은 학생들의 실제 삶의 경험과 직결되기 때문에 교사는 항상 학생들의 역할모델이 된다는 점을 명심하여서 좋은 본보기를 직접 보여 줄 수 있어야 할 것입니다.

잘 갖추어진 교육 자재, 보기 좋게 정돈된 환경 속에 안주하려는 수동적인 교사보다는 창의적으로 설계, 계획, 고안하여 운영하려는 재치와 역량과 열의를 겸비한 움직이는, 능동적인 교사, 학생들의 내면세계를 읽고 그 움직임을 감지하여 학생들이 건강하게 적응하도록 도와 주려는 상담자로서의 교사상이 가장 이상적이라 하겠습니다. 이러한 교사는 자신의 건강한 삶, 영적인 성장을 위해서도 끊임없이 노력 합니다.

기독교 상담학은 독자적인 상담 이론과 상담 과정(모델) 그리고 상담기법을 가지고 있느냐고 질문하는 사람들은 기독교 상담학에 대해 기독교인 상담자들이 하는 상담, 또는 기독교인들을 대상으로 하는 상담, 그리고 교회에서 하는 상담 등으로 인식하고 판단하고 있는 경향이 있음을 볼 수 있습니다. 또한, 기독교 상담학은 이론적 접근은 강하지만, 실제적 접근은 매우 약하다고 말하는 사람들은 기독교 상담학이 그리스도인들의 다양한 문제를 효과적으로 상담 해주기에는 너무 신앙 중심의 사변적이고 원론적인 접근을 하는 것이 아닌가 하는 의문과 우려를 가지고 있음을 보게 됩니다. 그러다 보니 많은 기독교 상담자들이 일반 상담 및 심리치료 영역의 이론들과 실제 기법에 매료되어 기독교 상담자로서의 정체성도 잊어버리고, 기독교 상담학에 대한 무력감과 상대적 열등감에 젖어 들기도 하며, 기독교 상담자가 오히려 기독교 상담학을 먼저 평가절하하여 기독교 상담적 접근을 하려는 노력을 게을리 하고 있는 것은 아닌가 하는 우려를 때때로 갖게 되기도 합니다.

심리학의 역사에 비해 기독교 상담학의 역사는 상대적으로 짧습니다. 수용의 역사만 해도 1920년대 임상 목회 교육부터 약 100년 남짓이며, 본격적인 기독교 상담의 역사라고 할 수 있는 통합의 역사는 쿤켈(Kunkel)이 통합이라는 용어를 제일 먼저 사용한 이래 이제 70여년의 역사를 가지고 있습니다. 통합의 단계로 보면, 1980대 이후부터 통합의 실제적인 단계로 접어들어 '학문 간의 통합', 즉 신학과 심리학의 통합에 대한 논의가 보다 활발하게 이루어지고 있는 지금이 본격적으로 구체적이며 실제적인 통합에 대해 연구하며 발전해 가야 할 시기라고 할 수 있을 것입니다.

참고문헌

• 강연정, 기독교 상담의 통합적 원리와 특징, 복음과 상담, 2019.

- 강용원 편집, 기독교 교육학 개론, 생명의 양식, 2007.

- 김용태, 통합의 관점에서 본 기독교 상담학, 학지사, 2006.

- 로렌스 J. 크랩, 성경적 상담학, 정정숙 역, 총신대학출판부, 1993.

- 마이클 J. 앤서니, 기독교 교육 개론, 정은심, 최창국 역, CLC, 2022.

- 서울신학대학교 기독교 교육 연구소 편, 기독교 교육 개론, 기성출판부, 1994.

- 오성춘 외 37명 공저, 교회 교육 현장백과 1, 말씀과 만남, 1994.

- 이현철 편저, 기독교 교육학 핸드북, 생명의 양식, 2024.

- 전요섭, 기독교 상담과 신앙, 좋은 나무, 2007.

- 정소영, 상담과 기독교 교육, 한국장로교출판사, 2000.

- 정정숙, 기독교 상담학, 베다니, 1994.

- 제이 E. 아담스, 목회 상담학, 총신대출판부, 1992.

- 제이 E. 아담스, 상담학 개론, 정정숙 역, 베다니, 1992.

- 한국기독교 교육학회 편, 기독교 교육, 대한 기독교 교육협회, 1994.

- 황규명, 성경적 상담의 원리와 방법, 바이블 리더스, 2008.

12장 • 기독교 교육의 행정

I. 기독교 교육 행정

1. 기독교 교육 행정 원리

행정이란 단어를 들으면 사람들과 일 사이에 조직적이고 체계적인 질서와 사람들의 움직임이 떠오릅니다. 과연 행정이란 무엇이고 기독교 교육 행정이란 무엇인가? 행정의 라틴어 어원 "administrare"는 섬기다(to serve), 돕다(to help), 보조하다(to assist), 관리하다(to manage), 통치하다(to Administer), 지도하다(to direct)의 의미를 갖고 있습니다. 그러므로 행정은 다스리고, 지도하는 의미만이 아니라 원래 돌보고(minister), 봉사하는(deacon) 의미도 같이 갖고 있는 것입니다. 지금까지 행정이라고 했을 때 우리는 다스리는 자나 관리자 또는 권위자의 개념 속에서 사람들과 더불어 혹은 사람들을 통하여 어떤 계획된 일을 수행해 나가는 것으로 생각했습니다. 그러나 정부 공기관이나 사회기관, 학교와 같은 곳에서도 이제 행정이라는 개념이 바뀌고 있습니다. 과거와 같이 행정이 권위주의적이고 통치적인 지배와 힘의 개념이 아니고, 이제 봉사와 섬김의 개념으로 바꿰어 가고 있습니다. 과거처럼 지배하고 통제하는 의미보다는 섬기고 도와주는 의미가 강하게 나타납니다. 즉 과거 개미의 시대에는 일의 성취를 위해서 행정이 중요시되었습니다. 그러나 고객 중심의 현대 정보사회, 즉 거미의 시대에는 어떻게 좋은 봉사를 하느냐, 어떻게 잘 섬기느냐를 위해 행정이 중요시되고 있습니다.

더구나 교회의 행정은 근본적으로 일반 행정과 다른 의미를 가집니다. 기독교의 행정은 단순히 일을 수행하는 데만 목적이 있기보다는 사람들을 섬기는 봉사의 행위로 사람들에게 적절한 봉사의 일을 하게 하므로 그들이 성장하도록 하는 데 더 큰 목적이 있습니다. 즉 교회의 행정은 전체 교회의 교인들이 함께 참여하고 봉사하는 것을 지원하는 활동입니다. 로버트 데일(Robert Dale)은 "교회 행정은 어떤 방법이 아니라 목회 그 자체이며, 서류작성이 아니라 사람 그 자체이며, 비인격적인 정책이 아니라 인격적인 과정이며, 교묘한 조작이 아니라 관리이다"라고 하였습니다.

그렇다면 기독교 교육에서 행정은 무엇인가? 기독교 교육에서 행정이란 가장 간단히 말해 본질적으로 기독교 교육의 이상과 목적을 효과적으로 달성하기 위한 일련의 지원 활동이라고 할 수 있습니다. 기독교 교육 목적을 달성하기 위해 필요한 인적 물적 조건을 확립하고 정비하는 수단적 활동인 것입니다. 이러한 교육 행정은 보는 입장에 따라 그 정의와 방향이 달라질 수 있는데, 교육 행정을 계획, 조직, 인사, 지휘, 조정, 보고, 예산편성 등 일곱 가지의 행정 요소로 보는 것과 같은 단계적인 활동으로 보는 입장, 하나의 사회적 과정으로 보는 입장, 그리고 합리성을 바탕으로 한 집단적인 협동행위로 보는 입장이 있습니다. 기독교 교육 행정은 기독교 교육의 제반 활동을 지원하는 통합적인 시스템으로 교육 행정의 성공 여부가 교회 교육의 시행에 중요한 영향을 미치게 됩니다. 그러므로 기독교 교육 행정은 기독교 교육활동에서 그동안 소홀히 여겨져 왔던 분야이지만 매우 중요한 분야임에 틀림이 없습니다. 기독교 교육 행정은 효과적인 기독교 교육의 시행을 위해 매우 중요합니다. 목회자나 교사가 교육활동을 활성화하는데 필요한 에너지를 지원하며, 발생 되는 문제를 해결하는 데 유익을 주기 때문입니다. 기독교 교육에서도 적절한 행정적인 지원이 따르지 않으면 교육활동의 위축을 가져다주고, 문제가 생길 수 있기 때문입니다. 김영호 교수는 여기서 한 걸음 더 나아가 기독교 교육 행정은 기독교 교육이 잘 일어날 수 있도록 하는 보조 역할만이 아니라, 그 자체도 하나의 교육적 행위로 학생들에게 영향을 미치고 있으며, "숨겨진 교과과정의 역할 수행"이며 행정 자체가 기독교 교육적 메시지를 전달하고 있다고 하였습니다.

기독교 교육 행정의 영역에는 교육정책의 수립, 교육 집단의 조직, 교과과정의 선택, 교육 프로그램의 계획, 학생들의 활동, 교육환경, 교사들과 학생들 사이의 인간관계, 지도력 개발 및 훈련, 교육 방법의 선택, 행정 조직의 구조, 교회의 교육적 분위기 등과 같은 것들이 있습니다. 이외에도 기독교 교육에는 일 년 내내 많은 업무가 있습니다. 업무의 우선순위를 정하는 일, 사람을 세우는 일, 적격한 사람에게 적격한 일을 하도록 하는 것 등도 포함됩니다. 그러나 기독교 교육에서는 특별히 일의 원활함도 중요하지만 사람에 대한 관심이 우선적이어야 합니다. 사람에서 출발하여 일로 나아가야 합니다. 일이

행정의 중심이 아니라, 개개인이 가진 재능, 역량 등 사람이 행정의
중심이 되어야 합니다.

2. 기독교 교육 행정의 성경적 근거

성경은 경영학이나 행정학 교과서는 아니지만 경영과 행정에 대한
탁월한 이해를 제공합니다. 흔히 복음주의권 교회의 신자들 가운데
조직이나 경영이나 행정은 20세기 이후 현대 경영학에서 나온 이론
으로 생각하며 이는 믿음과는 관계가 없고, 성경의 가르침과 배치된
다고 생각하는 경향이 있습니다. 그러나 하나님은 어지러움의 하나
님이 아니라 질서의 하나님이며, 혼란의 하나님이 아니라 화평의 하
나님입니다. 하나님은 과도한 일과 비조직적인 행정 때문에 발생하
는 교회와 복음 사역의 혼돈을 기뻐하지 않습니다(고전14:33,40).

기독교 교육 행정은 분명한 성경적 근거를 가지고 있습니다. 그러
면 구약 성경과 신약 성경에서 발견하는 행정의 원리는 무엇입니까?
하나님은 조직적인 분으로 이는 천지창조의 과정에서 발견할 수 있
습니다. 하나님은 천지창조를 계획하시고, 삼위일체 하나님이 함께
논의하여 창조 사역을 시작하셨는데(창1:26), 그 사역의 결과 창조
세계는 하나님이 보시기에 아름다운 세계가 되었고, 마지막 창조물
인 인간은 창조 세계의 면류관이라 칭할 만큼 위대한 작품이 되었습
니다(창1:31). 각 창조 세계는 질서를 따라 지어졌으며, 창조물들이
존재하기에 적합한 환경 가운데서 지어졌습니다. 하나님은 그 창조
세계를 인간에게 맡겨 관리하게 하셨는데, 아담이 창조물들에게 적

절한 이름을 지어줌으로써 그 존재의 의미를 더하게 되었습니다(창 2:19). 이러한 하나님의 창조 사역과 아담에게 준 피조물 관리와 위임은 행정과 경영에서 중요한 성경적인 근거가 됩니다.

행정에 대한 구약 성경의 가장 뚜렷한 근거는 출애굽기 18장에서 찾아볼 수 있습니다. 출애굽 사건 후 모세의 장인 이드로가 광야의 모세를 방문했을 때 매우 특이한 광경을 목격했습니다. 출애굽 당시 이스라엘의 인구는 적어도 200만명 이상이었을 것입니다(민1:46). 출애굽 이후 이스라엘 사회에는 민, 형사상의 다양한 사건들이 발생하고 있었고, 국가의 최고 지도자로서 모세의 책임은 백성들 사이에서 일어난 다양한 사건들의 문제를 해결해 주는 재판관 역할이었습니다. 당시 모세는 입법, 사법, 행정을 총괄하는 절대 군주적 위치에 있었습니다. 모세는 종일 각종 재판에 몰두하고 있었고, 백성들은 순서를 기다리느라 지친 모습을 보이고 있었습니다. 이에 이드로는 효율적인 행정을 위해 부장 제도를 제안하고, 모세가 이를 도입함으로써 국가행정이 체계화되었습니다(출18:13~22). 이 일로 모세는 국정에 전념하고, 사소한 문제는 각 단계의 부장들의 지휘로 해결되었기 때문에, 이후 모세는 40년간 백성들의 광야 생활을 성공적으로 이끌고, 모세오경도 기록할 수 있었습니다. 이처럼 행정의 집중화 현상은 조직에 문제를 발생시키고, 권한과 책임의 적절한 위임은 그 효율성을 제고합니다.

또한 느헤미야는 바벨론 귀환 이후 예루살렘 성벽의 건축 과정에서 적절한 조직과 행정으로 한정된 인적 물적 자원을 잘 관리하여 주어진 임무를 성공적으로 마칠 수 있었습니다. 그는 전체 귀환자들을 격려하여 성벽 재건에 동참하게 하였고, 그 결과 성벽이 성공적으로 건축할 수 있었습니다(느1~6장). 잠언 역시 여러 곳에서 경영학적 지혜를 많이 보여주고 있는데, 잠언 16장은 경영학 교과서라고 할 수 있을 정도입니다. 경영의 원리와 실제적인 면들을 강조함으로써 성경적인 행정의 원리를 알 수 있습니다.

신약성경에서 예수님은 행정가로서 치밀한 모습을 보여주고 있습니다. 그는 열두 제자들을 집중적으로 훈련하여 그의 죽음과 승천 이후의 세계를 준비시켰으며, 제자들을 전도자로 파송할 때도 둘씩 짝을 지어 파송함으로써 조직의 효율성을 극대화 하였습니다(막6:7). 예수님은 인적 물적 자원을 효과적으로 사용하여 유능한 조직가의 본을 보이셨습니다. 신약성경에서 행정의 효율성을 다루는 본문은 사도행전 6장에 나타나는 사도들의 직무와 관련된 일입니다. 오순절 성령 충만을 받은 제자들이 복음을 전하게 되자 많은 무리가 예수님을 믿게 되고, 교회가 크게 성장하고, 숫자적인 증가는 물론 성도들이 그들의 재산을 사도들에게 가져오므로 많은 사람들로 구제를 실시하게 되었습니다(행2:41,47,4:4). 이 구제사업은 사도들의 직무의 과중함을 가져오고, 고의적이지는 않았지만 대상자 선정에 있어서 헬라파 과부들이 소외되어 구제의 공정성이 문제가 되었습니다. 이는 교회 안에서 헬라파와 히브리파 유대인들 사이에 분쟁으로 발전, 공동체의 파괴를 이끌 수 있는 위기에 처하게 되었습니다. 이에 사도들은 본래의 임무인 기도하는 일과 말씀 전하는 일에 전념하게 되고 새로운 인사 제도를 도입하여 일곱 명의 중직자를 선출하여 구제의 임무를 맡겼습니다. 이 일로 사도들은 기도와 말씀 전파에 전념하게 됨으로써 능력이 나타나게 되었고, 평신도들이 교회의 리더로 세워짐으로써 열두 제자로 한정되었던 교회의 리더십의 확장이 이루어지게 되었습니다. 이 일로 인해 하나님의 말씀이 점점 더 왕성하여 예루살렘에 있는 제자의 수가 더 심히 많아지고 허다한 제사장의 무리가 교회의 일원으로 하나님의 나라에 편입되었습니다(행6:1~7). 이와 같이 기독교 공동체 안에서 적절한 조직과 행정이 필요하며, 기독교 교육에서도 효율적인 행정은 교육 사역의 역량을 강화시켜 줍니다. 균형 잡힌 기독교 교육 행정은 교회 교육의 활성화와 교육 사역의 역량을 강화 시켜 줍니다.

3. 기독교 교육 행정의 기본 원리

여기에서는 교회 교육 행정의 기본적인 원리를 살펴보기 위해서 기독교 교육학자인 리 게이블 (Lee Gable)과 로버트 바우어(Robert Bower)가 제시하고 있는 원리들을 중심으로 중요한 몇 가지를 살펴보고자 합니다.

(1) 행정은 기독교 교육의 목적을 성취하기 위한 도구입니다.

교회 교육을 위한 행정은 기독교 교육의 목적, 곧 크리스찬 됨이라는 목적을 성취하기 위한 하나의 도구입니다. 여기에서 크리스찬 됨이라는 말은 단순히 기독교인이 된다는 좁은 의미가 아니라, 복음의 말씀과의 만남을 통하여 거기에 응답하고 결단하여 행동하는 기독교적 인간 형성을 의미하며, 나아가 개인적인 신앙적 삶뿐만 아니라 공동체적인 사랑의 삶을 함께 살아가며 하나님 나라를 희망하는 넓은 의미의 크리스찬 됨을 의미하는 것입니다.

만일 교회학교 행정 담당자들이 이와 같은 크리스찬 됨이라는 기독교 교육의 목적을 잊고 교회학교를 교인 수를 확보하기 위한 수단으로 이용하거나, 교회학교의 조직 그 자체를 목적보다 더 신성시한다거나, 교회학교의 여러 가지 프로그램들을 자신들의 업적을 과시하기 위한 방편으로 삼으려 한다면, 교회학교에 참여하는 학생들이나 회원들은 교사나 지도자가 가르치는 교과 내용보다 행정 담당자들이 행동으로 보여 주는 숨겨진 교과 내용에서 더 큰 영향을 받게되고, 이로 인해 기독교에 대한 잘못된 이해나 심각한 회의는 갈등에 빠지게 되기도 할 것입니다. 그러므로 교회 교육 행정은 항상 행정 활동 그 자체가 목적이 되어서는 안 되며, 기독교 교육의 목적 달성을 위한 하나의 도구가 되어 봉사하는 "목적 지향적 행정"이 되어야 할 것입니다.

(2) 행정은 조직이나 프로그램보다 인간을 더 중요시해야 합니다.

우리들은 보통 조직, 프로그램, 활동 등과 같은 업무들을 효율적으로 수행하는 것만을 행정이라고 생각하고, 바람직한 인간관계를 형성하는 것은 행정 업무가 취급하는 분야가 아니라고 생각하고 있습니다. 그러나 현대의 기업 경영학이나 교육 행정학에서는 조직의 목적 달성을 위한 관리 기술과 거의 같은 비중으로 조직체 내의 인간관계 관리 기술을 중요시하고 있습니다. 오늘날 사회의 일반 행정도 이와 같이 인간성과 인간관계의 측면을 중요시하고 있는데, 교회학교의 교육 행정이 제도적 조직의 운영이나 고정된 프로그램만을 수행하기 위해서 개인이나 인간관계의 측면을 무시한다면 그것은 기독교 교육적 행정이 결코 될 수 없을 것입니다. 예수께서는 "안식일이 사람을 위해서 있는 것이지, 사람이 안식일을 위하여 있는 것은 아니다"(막2:27)라고 말씀하심으로 제도나 프로그램보다 인간이 더 중요시되어야 함을 가르쳐 주셨기 때문입니다.

  (3) 행정은 융통성이 있어야 합니다.

  교회학교 행정 담당자들은 대체로 과거에 집착하려는 경향이 많이 있습니다. 교회의 회중이나, 학생, 교사들은 진취적이며 진보적인데, 오히려 부장, 교장, 담임 목사들은 보수적인 것입니다. 행정 담당자들이 보수적인 경향을 나타내 보이는 이유는 두 가지로 생각할 수 있습니다. 첫째는 안전을 원하기 때문입니다. 과거부터 전통적으로 행해 왔던 조직이나 프로그램과 같은 "과거의 틀" 속에 머무르는 것이 안전하기 때문에 새로운 것을 시도하지 않으려 하는 것입니다. 새로운 것은 모험이기 때문입니다. 그러나 우리는 하나님의 부르심을 따라 새로운 미래를 향해 나아간 아브라함의 신앙은 하나의 모험이었다는 것을 생각해야 할 것입니다. 두 번째 이유는 행정 담당자로서의 자기 이해가 잘못되었기 때문입니다. 그것은 행정가라는 것을 단순히 통제하는 자로서만 이해하고, 집단을 이끌고 목표를 향해 나아가는 지도자 또는 인도자로서의 행정가를 알지 못했다는 것입니다. 약속의 땅을 향해 하나님의 백성들을 이끌고 나아가는 모세와 같은 지도자가 곧 오늘날 우리가 필요로 하는 교회 행정가의 모습일 것입니다.

기독교 교육이라는 것은 인간을 고정화된 과거의 틀 속에 얽어 매어 놓으려는 "길들이기 교육"이 아닙니다. 그것은 그리스도 안에서 새로 창조된 새 인간을 목표로 변화를 추구하는 과정입니다. 변화란 과거 지향적이 아니라, 미래 지향적인 것을 말합니다. 우리는 여기에서 종교 개혁자들의 중심되는 주장이었던 "교회는 항상 혁신되고 있다(ecclesia est semperreformanda)"라는 말을 다시 한번 기억 해야 할 것입니다. 그러므로 앞으로의 교회 교육 행정은 교회와 교회 학교의 혁신을 위해서 새로운 방법들을 도입이나 조직 및 프로그램의 운영에 있어서 좀 더 과감한 변화를 시도할 수 있는 융통성을 갖도록 해야 할 것입니다.

(4) 행정은 "계획-조직-실시-평가"라는 연속된 기능들을 수행하는 것입니다.

교회 교육 행정은 특수한 성격을 가진 행정에 속하나, 그 수행 과정에 있어서는 일반 행정과 마찬가지로 목적 달성을 위해 "계획-조직-실시-평가(planning-organizing-operating-measuring)"라는 연속된 행정적 기능들을 수행하게 됩니다. 이러한 기능들은 각각 단독으로 성립되는 것이 아니라, 상호 밀접한 관련 아래 순환적 구조를 가진 연속적인 기능들로서 "매니지먼트 사이클(management cycle)"이라고 부르는 것입니다. 이러한 매니지먼트 사이클에 대한 분석으로 가장 유명한 것은 "계획화–조직화–임원화–지시화–조정화–보고화–예산화"라는 7단계입니다. 그러나 오늘날에 와서는 매니지먼트 사이클을 "계획–조직–실시–평가"의 4단계로 간단하게 보는 경향입니다. 그리고 매니지먼트 사이클의 각 단계도 또 다시 "계획–실행–평가(plan-do-see)"의 세 과정들이 계속 순환하며 진행되고 있습니다.

이와 같은 행정적 순환 과정들은 교회학교의 전체적인 운영뿐만 아니라, 하나하나의 프로그램이나 활동들을 운영하는 데에도 반드시 적용되는 매우 중요한 행정 원리에 속하는 것입니다. 교회 교육 행정에는 이상과 같은 행정 단계와 과정에 따라 행정의 영역이 설정되고 있습니다. 구체적으로 먼저 기독교 교육을 실시하기 위한 목표와 계획이 수립되고, 이러한 계획의 실시를 위해 교회학교의 여러 교육 집단과 행정 집단들이 조직되고, 그 다음 지도자와 교사들을 통하여 교육이 실시되고, 마지막으로 이와 같은 교육이 계획한 목표를 달성했는가를 평가하는 모든 활동들이 행정의 영역에 속하는 것입니다.

이렇게 볼 때, 교회 교육 행정은 일반 학교 행정보다 더욱 광범위한 영역을 가지고 있음을 알 수 있습니다. 일반 학교는 교과부에서 교육의 계획과 내용 그리고 조직에 대한 것들을 모두 결정해 주고 있기 때문에 학교 현장에서는 교육의 실시와 평가만을 중심으로 하는 행정인데, 교회학교는 모든 교육 프로그램 활동의 계획, 교육 내용, 조직 구성 등의 문제도 개체 교회가 스스로 해결하여야 하기 때문입니다.

4. 기독교 교육 행정의 과정

행정은 교육적 활동의 계획에서부터 평가에 이르기까지의 전과정을 말합니다. 행정과정은 직선적으로 시작점과 끝나는 점이 있기보다는 지속 되어지는 순환 과정입니다. 갱젤(Gangel)은 행정의 과정에 포함 되어지는 요소를 10가지의 행정의 기능으로 설명하고 있습니다. 이들은 계획하고(planning), 조직하고(organizing), 참모하고(staffing), 주도하고 (initiating), 파견하고(delegating), 이끌고(leading) 지도하고(directing), 감독하고(overseeing), 조정하고(coordinaing), 평가하고(evaluating), 동기를 부여하는(motivating) 것들입니다.

갱젤(Gangel)은 이러한 행정의 요소들을 전 행정과정에서 과제를 수행해 나가는 데 밟아야 할 디딤돌과 같은 것으로 보고 있습니다. 그러나 위의 요소들이 행정과정에서 단계적으로 발달 되어지는 과제라기보다는 동시적으로 이루어지는 것들도 있습니다. 즉 조직을 하며 평가를 해야 하기도 하고, 지도하면서 파견을 하고 동기를 부여해야 하기도 합니다. 또 이들은 위에서 보여지는 것처럼 단계적으로 질서 있게 이루어지는 것은 아닙니다. 과정의 순서는 일의 성격에 따라 뒤바뀌어지는 경우가 많습니다. 그러나 행정의 과정에는 위의 열 요소가 필요합니다.

윤신영 교수는 교육 행정 과정의 공통요소를 의사결정(decision-making), 기획(planning), 조직(organizing), 자극(stimulating), 조정 (coordinating)과 평가(appraising)로 봅니다. 그러나 이 요소

들이 행정과정에서는 함께 동시적으로 일어나기도 하므로 여기서는 오늘날 보편적으로 가장 간단하게 행정과정을 보는 계획(planning), 조직(organizing), 실시(operating), 평가(evaluating)라는 과정으로 보고 있습니다. 이들도 역시 연속적인 순환 과정입니다.

5. 행정가들의 책임 및 역할

기독교 교육 행정의 역할을 원활하게 수행하기 위해서는 담임 목회자 뿐만 아니라 교육사(교육 목사), 교육 위원과 위원장 그리고 각 교회학교 부장과 같은 여러 행정가들이 자신들의 책임과 역할을 잘 감당해야 합니다. 교회학교에도 일반 학교와 같이 교회학교 교장의 직임을 두는 데 대해 저자는 의문을 제기하므로 이 책에서는 교장의 직임에 대해서는 고려하지 않고, 교회 교육을 일반 학교 구조와 다른 독창적인 방향에서 생각하고자 합니다. 실질적인 행정 체제로 나가기 위해 교장보다는 교육 위원회의 위원장과 각부 부장이 실질적으로 권한과 책임을 갖고 일하도록 했으면 합니다. 그리고 필요에 따라 과제 수행 그룹을 특별한 과제를 수행하기 위해 구성하여 둘 수 있습니다. 그럼 이러한 행정가들의 책임은 무엇이고 그 역할은 무엇입니까? 그를 위해 먼저 기독교 교육 행정의 영역을 살펴봅니다.

• 욕구(needs)를 측정 평가 : 학습자들의 욕구, 교사들의 욕구, 전체 교회의 욕구, 교육 위원회의 욕구, 교단 총회 교육부의 욕구가 무엇인지 측정하고 평가합니다.

• 장단기 목표설정 : 장기와 단기 목표를 설정합니다. 짧게는 일년 또는 각 분기별, 학기별, 월별 목표를 세우고, 장기목표로는 3년 또는 5년, 또는 새로운 세기의 목표를 설정하고 새로운 교육의 청사진을 기획합니다.

• 계획 : 각 분야별 대상별 프로그램과 이에 따른 운영계획, 방향과 같은 전반적인 것들을 계획합니다.

• 예산편성 : 회계연도에 따른 예산, 프로그램에 따른 예산, 장기목표에 따른 예산 등을 편성합니다.

• 위원회를 조력 : 교육적 사명을 감당하기 위해 조직되어 있는 위원회를 조력하는 일을 합니다.

• 교육 지도자와 프로그램 감독 : 교사들뿐만 아니라 교육에 관계되어진 사람들을 조력하고 감독할 뿐 아니라 프로그램의 질과 효과 등에 관한 것들도 감독합니다.

• 지도자 선발, 모집, 훈련, 지원, 사기 부여, 감사 표창 : 교사와 또 다른 지도자들을 모집하고, 선발하고, 훈련하고, 지원하며, 정신적으로, 필요에 따라서는 물질적으로 사기를 부여하고, 감사 표창도 합니다.

• 교육 프로그램의 효과를 평가 : 진행 되어지는 교육 프로그램에 대한 효과를 평가합니다.

• 지도자 훈련 : 교육 지도자를 지속적으로 훈련합니다.

• 교수 자재 제공 : 가르치는 주 자료 및 보조자료들을 제공합니다.

• 교사 공급 : 각 부처에서 요구 되어지는 교사를 공급합니다.

• 효과적인 학습을 위한 분위기 창조 : 효과적인 학습 분위기를 창

조하기 위해 노력하고 조력합니다.

이러한 행정의 제 영역을 누가 어떻게 책임을 지고 역할을 감당해 갈 수 있을까요?

(1) 담임목사의 책임과 역할

담임목사는 교육적인 분야에 거의 훈련을 받은 적이 없을 수도 있으며, 교회 교육적 기관과 별로 가까운 관계를 맺고 싶지 않을 수도 있습니다. 그리고 교회의 교육 프로그램을 만드는 것이 교회 전체 조직적인 면에서 별로 중요하지 않다고 생각할지도 모릅니다. 그러나 담임목사는 최고의 행정관으로 특별한 위치에 있습니다. 그는 교회 교육 프로그램이 적절히 움직여 나가는 데 열쇠의 역할을 해야 합니다. 아무리 기독교 교육사가 있어 교육적 봉사를 한다고 하더라도 교육의 성패는 담임목사의 어깨에 달려 있습니다. 담임목사는 목자로서의 역할과 더불어 교사로서의 중요한 역할이 있습니다. 담임목사는 전체적인 기독교 교육에 관계하는 반면 교육적 계획을 세우고 교육적 실무를 담당하는 자를 지원하고 협력하고 상담합니다.

① 교육 위원회 또는 당회와 협력하여 교육 목회의 방향을 설정합니다.

② 행정 자문으로 교육위원장, 교육(목)사 또는 교육전도사, 부장, 교사들과 수시로 담화하는 가운데 교육 프로그램의 조직관리를 점검하고 문제점을 파헤쳐 시정토록 격려합니다.

③ 교육 위원회에 참석하여 교사 모집, 교사 훈련, 교육 목표설정, 재정 확립을 위해 자문합니다.

④ 학생, 청·장년과 대화 모색, 교사 훈련에 직접 참여합니다.

⑤ 격려자가 되어야 합니다.

(2) 당회의 책임과 역할

당회는 교육을 포함한 성도들의 생활 전반에 걸쳐서 감독할 책임이 있습니다. 당회원 중 한 명은 교육 위원회 위원장이 되어 당회의 요구를 교육 위원회에 반영하고, 또 교육 위원회의 요구를 당회에 반영하기도 하므로 교량의 역할을 합니다. 당회는 교회의 전체적인 교육적 방향을 결정하는 책임이 있습니다.

(3) 기독교 교육 위원회의 책임과 역할

당회에서 위원회를 구성하여 교육적 책임을 위임할 수 있습니다. 교육 위원회의 구성은 직임상 위원(담임목사, 교육 목사, 교육사, 임명된 당회원)과 각부 부장으로 구성하는 것을 원칙으로 하고 교회의 규모에 따라 학부모나 학생들 중에서도 위원으로 임명할 수 있습니다. 교육 위원회의 구성은 교회의 크기에 상관이 없으며, 작은 교회라 할지라도 각 부서에서 교육의 책임을 맡은 사람들과 목회자로 구성된 교육 위원회는 존재할 필요가 있습니다. 교육 위원회는 명령하고 지시하고 감독하는 기관이 아니고 지원을 최우선으로 하는 기관입니다. 교회 교육이 원활하게 이루어지도록 지원하는 역할로, 교육사나 교육 목사가 활기차고 여유 있게 교육계획을 추진해 나가도록 돕는 역할입니다. 그러므로 교육 위원회는 유명무실해서는 안 되며 적어도 한 달에 한 번은 정기적으로 모임을 갖고 지난 달의 보고 및 평가를 듣고, 오는 달의 계획을 검토하고 지원계획을 세워야 합니다. 교육 위원회는 단지 교회학교만을 위한 기구가 아니고 교회 전반적인 활동이 교육적으로 이루어지도록 하는 데 그 목적이 있으며 그 영역 또한 연령으로 유아에서 노인까지의 전체 교육에 대한 일들을 논의하고 지원하는 기구입니다. ① 교육 행정의 조직을 분석하고 논의하고 정책을 결정합니다. ② 관리에 세심한 관심을 갖고 교재 선택, 예산책정, 자체평가, 시설, 장비 지원 등의 일을 합니다. ③ 교사 양성과 훈련, 계속 교육, 교사 격려, 창조적인 프로그램 개발과 운영지원 등 교사들이 교육적 활동을 수행하는 데 필요한 것들을 지원하고 교육업무를 체계화합니다. ④ 교회 교육을 위한 연구 및 장기계획과 단기계획을 세우는 데 참여합니다. ⑤ 교육활동의 내용과 질을 결정합니다.

(4) 교육부

교회에 따라 제직회에 교육부를 따로 두는 경우가 있습니다. 이들은 제직들의 교육적인 면을 위해 노력하고 제직들을 위한 교육 프로그램을 계획하고 조직하고 실행하고 평가하는 일을 합니다. 즉 제직 훈련이나 수련회, 세미나와 같은 것들을 제직들을 위해 마련할 수 있습니다. 어떤 의미에서 교육 위원회가 정책과 방향을 정한다면, 이들은 교육의 실무 역할을 각 부에서 행할 수도 있습니다. 그렇다면 상호 보완적인 역할을 감당할 수 있습니다. 또 제직회에 각 부에서 필요한 협조를 구하는 일을 함으로써 교육 현장과 제직회에 교량과 같은 역할을 해 교육 현장을 도울 수 있습니다.

(5) 각 부장

부장은 각 부서의 모든 교육적 활동이 잘 진행되도록 돕고 필요에 따라 당회와 당회장과 해당 부서와의 사이에 행정적인 교량의 역할을 합니다. 또 교사들을 격려하고 협력해서 교육적 활동들이 잘 이루어지도록 합니다. ① 촉진 계획 ② 지휘계획 ③ 훈련 담당 ④ 교사와 학생의 요구 인식 ⑤ 교사 모집과 선택 ⑥ 자료, 장비, 교사 교육, 학생 교육을 위한 예산 확보 및 제안

(6) 기독교 교육(목)사의 역할과 책임

기독교 교육사나 교육 목사는 전임으로 하는 것을 원칙으로 합니다. 전임 교육사나 교육 목사 아래 그들을 보조해서 교육의 실제를 이끌어 갈 각 부서의 교육전도사를 현재와 같이 둘 수 있습니다. 오늘날 교회는 누군가 교회 내외의 기독교 교육적 책임을 지고 하나님의 백성을 돌보는 교역을 담당할 수 있는 사람을 필요로 합니다. 전문적 기독교 교역자 또는 기독교 교육사는 교인들의 교육적 목회의 향상을 돕도록 부름을 받은 자입니다. 기독교 교육사는 당회장을 비롯한

목사들과 또 다른 교회의 직원들, 교회 내 평신도 지도자들과 함께 공동 목회팀을 이루고 일하면서 가장 직접적으로는 예배, 친교, 교육 그리고 봉사의 교회의 전체적인 목회의 교육적 측면에서 일합니다.

기독교 교육사의 역할은 회중의 요구에 따라 다양합니다. 보편적으로 기독교 교육의 역할은 주일날 교회학교에서부터 주중 교회학교 프로그램, 가족 목회, 청소년목회, 노인목회 등과 같이 다양합니다. 어떤 기독교 교육사는 청소년 목회나 어린이 목회 등 특수한 영역을 위해 부름 받은 자들도 있습니다. 기독교 교육사는 세례자 교육, 예배 기획, 교회 직원 및 제직 교육 같은 부분에서도 중심적 역할을 할 수 있습니다. 또한 교우들에게 목양적 돌봄을 베풀고, 개인적 문제나 영적 문제를 상담해 주고 교인들의 가정을 방문하는 일도 통합적으로 이루어질 수 있습니다. 대부분의 상황에서 기독교 교육사의 역할은 아래와 같이 정리될 수 있습니다. 여기에 전임 교육사나 교육 목사가 아니고, 시간제 교육전도사일 경우는 아래의 역할 중 교회의 형편에 맞추어 일을 시작하기 전 조정하고 감당할 만한 역할을 갖고 직무에 임합니다. 또한 전임 기독교 교육 교육사가 없는 작은 교회에서는 시간제 교육전도사와 담임 목회자가 이 역할들을 나누어 감당해야 하며, 시간제 교육전도사도 없는 교회에서는 담임 목회자와 교육을 담당하는 교사 중 한 사람이 이러한 역할과 책임들을 나누어지고 가야 합니다.

• 교수(가르침, teaching)영역 : 모델 교사로 봉사합니다.
① 교사나 지도자의 교육 및 상담

② 어린이 또는 청소년 예배 설교(예배를 개별적으로 드릴 경우)

③ 최근 기독교 교육 경향과 방법에 관심을 기울이는 한편, 새로운 아이디어 개발, 소개

④ 전체 교인들에게 교회 교육 기능에 대한 교육으로 교회 교육 풍토를 조성

⑤ 모든 교인들이 교육적인 프로그램에 참여토록 권장하고 프로그램 개발

• 행정(administrating) 영역 : 요구발견

① 목표 설정(장단기)

② 기획 - 전 교회적인 전망에서 총체적인 교육 목회를 생각하며 기획합니다.

③ 전략 세움

④ 예산편성

⑤ 각 위원회 협력 - 건전한 교육적 정책을 세우고 과정을 전개해 가도록 협력합니다.

⑥ 교사 및 지도자 훈련 - 교사 모집, 훈련, 그룹 활성화

⑦ 교육적 프로그램과 지도자 감독

⑧ 교육적 프로그램의 효용성 평가

⑨ 당회장, 당회, 교육 위원회, 교사 간의 관계에서 매개자 역할

• 자원(Resourcing)공급 영역 : 신학적 내용을 교육 프로그램으로 연결

① 다양한 연령층을 위한 교육 과정을 쓰고 응용하고 계획하고 선택하는 일

② 자료의 선별이나 추천

③ 교수 방법, 자료와 장비 구입을 도와 주고 조력함

④ 교육적 활동을 위한 자료 제공

II. 기독교 교육의 조직

조직은 개인들에게 일을 나누고 묶는(dividing and grouping) 과정입니다. 성공적인 행정은 효과적인 조직에 달렸습니다. 조직이 잘 되어지면 교사를 감독하고 파견하는 등의 일들이 잘 되어질 수 있으며, 성공적이고 긍정적으로 행정이 이루어질 수 있습니다. 교회 교육에 있어서도 짜임새 있는 조직이 필요합니다. 담임목사, 부목사, 교육사(교육 목사, 교육전도사), 교육 위원회, 부장, 교사 등의 관계에 있어서 책임과 역할 관계가 분명해야 합니다. 이 일들을 해내야 할 개인들 사이의 관계 설정 - 수직 또는 수평적 관계 구조 설정이 잘 이루어져야 합니다. 그러기 위해 명료하게 정의된 조직이 필수적입니다(고전14:40).

1. 교회학교 조직의 원리

우리는 먼저 교회학교 조직의 원리들을 찾고, 그 원리에 따르면서도 구체적인 상황에 적절한 조직 형태들을 모색해야 하는 것입니다.

여기에서는 기독교 교육학자 폴 비스(Paul Vieth)와 리 게이블(Lee Gable)이 제시해 주고 있는 교회학교 조직의 원리들 가운데 중요한 사항들을 살펴보고자 합니다.

(1) 조직은 변화될 수 있는 것입니다.

교회학교에 있어서 조직이라는 말이 의미하고 있는 것은 행정 계통을 나타내고 있는 행정 조직과 학생들이나 회원들이 함께 학습하며 함께 활동하는 교육 집단의 조직 모두를 포함합니다. 교회학교의 행정 조직이나 교육 집단의 조직은 그것 자체가 목적이 아니라 기독교 교육이라는 프로그램을 수행하기 위한 차량(vehicle)과 같은 것입니다. 우리를 목적지까지 싣고 가는 차량이 기차일 수도, 버스나 택시일 수도 있는 것처럼 조직은 변화 가능한 것이라는 인식이 중요한 것입니다. 그러나 일반적으로 교회에서는 전통적으로 물려받은 조직 그 자체를 하나의 성역과 같은 불가침의 영역으로 생각하는 경향이 있기도 합니다. 교회의 조직 형태는 시대와 상황에 따라 변화되어야 합니다. 교회학교의 형태도 1780년 로버트 레익스에 의해 창설될 때에는 가정집에서 주일 아침 10시에서 오후 5시 30분까지 공부하는 형태였었는데, 지금은 교회 안에서 주일 아침 1시간의 모임으로 변화되어 있는 것입니다. 그러므로 교회학교 조직은 이와 같이 변화 가능한 것임을 인식하고 개체 교회의 프로그램과 상황에 따라 불필요한 조직은 과감하게 없애고 필요한 조직은 과감하게 도입하는 조직의 유연성을 가질 수 있도록 해야 할 것입니다.

(2) 조직은 프로그램을 위해 존재하며 그것 역시 하나의 프로그램입니다.

교회학교 조직의 존재 이유는 기독교 교육 프로그램을 실시하기 위한 것입니다. 그렇기 때문에 교회학교라는 조직체가 아무런 문제가 발생하지 않고 잘 운영되고 있다고 해서 교회학교 행정 담당자들이 그들의 임무를 다 수행한 것이라고 말할 수가 없는 것입니다. 오히려 기독교 교육이 추구하는 목표들을 얼마나 달성했는가에 행정 담당자들의 관심이 모아져야 합니다. 그리고 교회학교 조직의 성격에 대해 우리가 알아야 할 것은 교회학교의 조직은 그것 역시 하나의 프로그램이라는 사실입니다. 교육 집단의 조직이라는 것은 교육을 실시하기 쉽게, 사람들을 다루기 쉽게 단순히 갈라 놓는 것이 아니며, 행정 그룹의 조직은 단순히 조직체만을 운영하기 위해 모인 모임이 아니라는 말입니다. 학생들은 교사가 가르쳐 주는 교재의 내용만을 배우는 것이 아니라, 학생들 상호 간의 인간관계, 집단 내에서의 역할 수행, 집단의 분위기를 통하여 많은 것을 배우게 되며, 행정 그룹에 속해 있는 자들도 그들의 공동 활동을 통해 신앙적 성숙이라는 경험을 얻게 되는 것입니다. 그리하여 오늘날의 기독교 교육의 경향은 교육 집단이나 행정 그룹 내의 교육환경 또는 교육적 세팅(setting)에 큰 관심을 갖고 있는데, 이는 개인의 신앙 형성에 있어서 그들이 속해 있으며 활동하고 있는 집단 그 자체가 크게 영향을 미치고 있음을 발견하였기 때문입니다. 앞으로의 집단의 조직은 그 집단의 구조를 통하여 기독교적인 삶이 경험될 수 있도록 하는 "계획된 구조"(planned structure)가 되도록 해야 할 것입니다.

(3) 조직은 간단해야 합니다.

요즈음 교회 안에서 발생하고 있는 비정상적인 현상 중의 하나는 사람들이 책임을 수행하는 것에는 열의가 없지만 직위를 가지는 것에는 큰 관심을 보여 주고 있다는 사실입니다. 그리하여 여러 부서의 책임들을 맡고 있는 사람들은 많지만 실제로 일하는 사람은 많지 않기 때문에, 결국 모든 업무들이 지도자 한 사람에게 과중하게 미루어지게 되는 현상을 나타내 보여 주기도 합니다. 이런 경우에 일반 사회의 조직들은 강제성을 발휘하여 해임할 수도 있으나, 교회에서는 직임을 해임한다거나 교체하는 것은 매우 어려운 일이기도 합니다. 이와 같은 문제들을 해결하고 조직 운영을 효율적으로 수행하기 위해서는 조직의 구조를 가능한 한 간단한 형태로 전환하는 방법을 찾아야 하는 것입니다.

• 현대 교회 행정의 경향은 이처럼 조직을 간단하게 하는 방향으로 나아가고 있는데 이러한 방법들을 몇 가지 제시하면 다음과 같습니다.

① 조직 상부와 하부와의 거리를 가깝게 하는 방법을 사용함으로 조직을 간단하게 할 수 있습니다. 이것은 조직 상부와 하부 사이에 있는 여러 단계의 조직들을 축소하거나 통합함으로써 가능하게 됩니다. 교회학교의 경우 일반적인 계통 조직으로 계산하면 담임 목사와 학생 사이에는 교육 목사, 교회학교장, 총무, 부장, 교사라는 5단계를

거쳐야만 하는데, 이때 교육 목사, 교회학교장, 총무를 "실행 위원회"로 통합하고, 부장과 교사들을 "교사 회의"로 통합한다면, 담임 목사와 학생 사이에는 2단계만 거치면 연결이 되는 것입니다.

② 행정 조직 내에 회장, 부회장, 총무, 서기, 회계, 신앙부, 문화부, 사회부, 친교부 등 여러 책임 부서들을 두는 것보다 "공동 지도 체제"(shared leadership) 형태의 운영팀으로 전환함으로 조직을 간단하게 할 수 있습니다. 운영팀은 어떤 과제를 수행할 때 모두가 함께 연구하며 아이디어들을 모으고 과제에 따라 수시로 책임을 분담하여 책임을 수행 하는 방식으로서 팀 자체 내의 책임 부서는 팀 리더와 서기만이 필요합니다.

③ 교회의 행정 조직 내에 있는 기본적인 부서나 위원회 수를 줄이고 그 대신 과업이 끝날 때까지만 봉사하는 과제 수행 그룹을 활용함으로써 조직을 간단히 할 수 있습니다.

(4) 조직은 일치를 추구해야 합니다.

기독교 교육학자 리 게이블은 "교회학교, 청년회, 남선교회, 여선교회 등이 완전히 독립적이던 시대는 지나 갔다"고 말하고 있습니다. 이것은 교회 안에 있는 각 집단들의 조직 운영이나 프로그램 활동들이 전체적인 행정 구조를 통하여 일치된 목표를 향하여 나아가고 있다는 사실을 말해 주는 것입니다. 그러나 교회가 추구해야 하는 일치는 위에서 강요된 획일성이 아니라, 아래에서부터 시작되는 "다양성 안에서의 일"입니다. 이것은 각 개인이나 그룹들의 다양성을 하나로 묶어 주는 "공동의 정신"을 통하여 일치를 추구해 나가는 방식입니다. 교회학교의 조직 운영과 프로그램 활동들이 일치를 유지할 수 있게 하는 방법으로는 각 그룹들이 교회학교 전체의 정책 결정 과정이나 프로그램 계획 과정에 그들의 대표자를 보내어 참여하게 하는 방법과 그룹 활동부와 같은 단일한 행정 구조를 통해 각 그룹의 자율적인 활동을 조정하고 지도하게 하는 방법 등을 생각할 수 있습니다.

2. 기독교 교육의 행정 조직

1) 중앙 행정 조직

기독교 교육의 중앙 행정 조직으로 전국교회를 관할 하는 총회의 교육조직이 있습니다. 대한예수교장로회 총회에는 총회 교육원이 있어 교단의 기독교 교육 행정의 책임을 지고 있습니다. 총회 교육원은 다음과 같은 기본적인 직무를 가지고 있습니다.

(1) 총회 교육정책의 수립과 추진

전국 교회의 교육 방향을 결정하는 총회 교육정책을 연구, 수립, 추진합니다. 중앙의 교육 행정은 교재개발, 교사 교육, 성경학교 주제 등 다양한 측면에서 개별 교회 교육에 관계를 맺고, 영향을 미치므로 교회 교육 지도자들은 총회의 교육정책에 대해 관심을 가져야 합니다.

(2) 교재개발

총회 교육원은 교회학교의 각급 부서에서 사용하는 교과서를 개발합니다. 공과서 편찬은 개별 교회가 할 수 있는 일이 아니므로 교역자는 교재의 특성을 이해하고, 공식적인 공과를 채택하는 것이 좋습니다. 교역자들의 개인적 신앙 배경에 따라 교회학교의 교재가 빈번하게 달라지는 것은 교육의 일관성을 훼손하는 일이므로 삼가해야 합니다.

(3) 교사 양성과 평신도 지도력 개발

총회 교육원은 총회 교사대학과 각종 교육 프로그램을 통해 교회학교 교사들을 훈련합니다. 국가가 교사들의 자격과 임면권을 가지고 있는 공립학교와는 달리 교회학교는 비전문적인 교사들이 일하고 있으므로 교회에서 체계적인 훈련을 해야 하는데, 개별 교회로서는 용이 하지가 않습니다. 그러므로 교회의 교사 양성을 위해서는 체계화되고 전문화된 총회적인 교사 양성 프로그램에 참여하는 것이 좋습니다. 교회 교육 지도자 역시 여름과 겨울의 성경학교 지도자 세미나에 참여하여 일찍부터 계절학교를 준비하도록 합니다. 또한 총회 성경대학을 운영하여 교회의 중간 지도자들을 훈련하고 이들이 교회의 지도자로 헌신할 수 있도록 지원합니다.

2) 중간 행정 조직

총회와 교회와 사이에 장로교회의 경우 노회, 감리교회나 성결교회의 경우 지방회라는 중간조직이 있고, 교육 행정도 이 조직과 함께 이루어지고 있습니다. 노회 혹은 지방회에는 교육부가 있어 산하 교회의 교육 문제를 지도하고, 노회에는 주일학교연합회가 있어 교회의 교사들의 교육력 향상을 위해 노력하고 있습니다. 노회 교육부는 산하 교회의 교육의 활성화를 위해 노력하되, 지나치게 관여함으로써 교사들의 자발성이 위축되지 않도록 해야 합니다. 또한 노회 단위의 주일학교연합회 역시 단순한 교사들의 친교 모임만 아니라 교사들의 지도력 향상에 기여 하는 바가 많으므로 전문성을 키우기 위해 노력해야 합니다. 교사 강습회와 세미나를 통해 교사들을 훈련하고, 또한 연합회 활동을 통해 연약한 교회의 교육을 지원하는 것은 귀한 일입니다.

3) 교회 교육 행정 조직

지역 교회에서 교육은 담임목사의 책임하에 이루어지도록 규정되어 있습니다. 당회가 명목상 교회학교를 감독하지만 많은 교회에서 그 감독 기능이 제대로 이루어지지 못하고 있습니다. 많은 교회에서 교육의 제반 문제는 당회가 교역자와 행정을 맡는 부장을 임명함으로써 그 역할을 다 했다고 생각하는 경향이 많습니다. 교회에는 기독교 교육의 발전을 위해 교회 교육 위원회를 구성하고, 교육 행정이 효율적으로 이루어지도록 노력해야 합니다.

(1) 교육 위원회의 필요성과 역할

교회의 교육의 일관성 있는 추진과 활성화를 위해 교육 위원회를 구성하는 것이 필요합니다. 이 기구는 교회의 교육적인 프로그램을 행정(administering) 하는 일에 관심을 가집니다. 이 위원회에서 교육 문제를 실질적으로 총괄하게 합니다. 교육 위원회는 교회의 전반적인 교육활동을 계획, 조직, 인도, 감독, 그리고 평가하는 기능을 가집니다. 이러한 과정을 전체적으로 교회의 교육 위원회의 책임을 구체적으로 열거하면 다음과 같이 열 가지로 정리할 수 있습니다.

① 교회의 교육 목회를 위한 대화와 촉진
② 교회학교 프로그램과 개인의 평가
③ 자격 있는 교사들의 모집
④ 커리큘럼의 선정
⑤ 교육 프로그램을 위한 예산편성
⑥ 교육 행사의 일정 조정
⑦ 필요한 것의 조달, 장비, 시설의 준비
⑧ 교사를 위한 계속 교육과 지원
⑨ 장기계획의 착수와 목적 설정
⑩ 출석, 개인 및 재정 기록의 유지

(2) 교회 교육 위원회의 구성과 운영

교회 교육 발전을 효과적으로 수행하기 위해 적절하게 참여해야 합니다. 목회자팀 안에서 교육 목사 혹은 교육 담당 목사가 책임을 지고, 연령별로 구분 되어 있는 교육부서의 부장과 교역자, 그리고 당회가 임명하는 교회 내 교육 전문인력이 함께 참여할 수 있어야 합니다. 평신도들의 오랜 경험과 전문성을 교회 교육에 참여하게 함으로써 도움을 얻을 수 있습니다. 그러나 교회 교육 위원회 운영은 담임 목사의 관심의 유무, 전임 목사나 교육사의 존재유무, 혹은 평신도 지도자의 헌신과 열정에 의해 크게 영향을 받을 수 있습니다. 위원회 운영에 있어 그러한 외적인 환경에 영향을 받지 않도록 인사, 행정, 재정 운영에 대해 제도적인 장치가 마련되어 있어야 합니다.

(3) 교회의 교육 조직과 행정

교회 교육의 조직은 교회의 규모와 인적 구성, 그리고 교회의 환경과 시설에 따라 다양하게 구분할 수 있습니다. 다음과 같은 구조를 따를 수 있는데, 교회의 규모에 따라 이를 조정하여야 합니다. 적은 수가 모여 인적인 한계가 있으면서 불필요하게 큰 조직을 구성할 필요는 없기 때문입니다.

① 중대형교회

주일예배 출석을 기준으로 하여 800명 이상 모이는 중대형교회는 비교적 좋은 교육시스템을 갖출 수 있습니다. 교육을 책임지고 전문성을 가진 전임 교육 목사를 채용하고, 각급 교육부서에 교역자를 임명하여 교육을 시행하는 것이 좋습니다. 각부의 교역자는 교육에 전념하게 하고 부장으로 하여금 행정을 맡게 합니다. 중대형교회가 교육적인 면에서는 10,000명이 모이는 메가 교회보다는 1,000명이 모이는 중대형교회 열 교회가 교육여건이 훨씬 나은 경향을 보이며, 교회의 건강도도 좋아질 수 있습니다.

② 중형교회

주일예배 출석을 기준으로 250명 이상 800명 미만의 교회도 비교적 좋은 교육여건을 확보할 수 있습니다. 교구 목사 가운데 교육을 책임지는 담당 목사를 임명하고, 각 부 교역자는 여건상 비전임 교역자를 임명할 수 있으나, 교회의 교육정책을 관리할 전문지도자가 필요 합니다.

③ 중소형교회

주일예배 출석을 기준으로 250명 미만의 교회는 시설 부족과 인력 부족으로 교육의 기반을 제대로 운영하기가 쉽지 않습니다. 더구나 예산의 부족으로 전임교역자 채용이 어렵기 때문에 파트타임 교역자를 채용하거나 평신도 교사들의 자발적인 노력에 의존할 수밖에 없습니다. 유아부와 유치부의 통합 운영, 초등부의 통합 운영, 중고등부의 통합 운영으로 제한된 공간과 인적자원을 활용해야 합니다.

④ 작은교회

주일예배 출석을 기준으로 100명 미만의 작은 교회는 공간과 시간 문제로 교육 기관들은 많은 갈등을 겪습니다. 이 체제의 경우에는 헌법이 명시하는 대로 목회자가 교육에 많은 관심을 가질 수 있는 체계이거나 자원봉사자들에 의해 운영될 수밖에 없습니다. 담임목사가 교회학교의 예배와 성경 공부를 둘러보고, 교사들을 격려함으로써 작은 교회의 장점을 살릴 수 있습니다. 열심 있는 평신도들이 교회학교, 찬양대, 구역, 남녀 전도회 등에서 적극적으로 참여하기 때문에 충분한 교육 시간이 제공되지 못하고 교사 상호 간에 관계 증진이 이루어질 수 없는 어려움이 있습니다.

⑤ 미조직 교회

그 외에도 교회 가운데 행정적인 체계를 거의 생각할 수 없는 미조직교회 혹은 개척교회가 있습니다. 오늘의 농어촌 지역에는 이농 현상과 기존 성도들의 노령화가 급격하게 진행됨으로 가임층에 속한 청년 부부들이 적고, 이로 인해 출생 어린이가 희소한 것은 물론 교회학교가 존재하지 않는 교회도 많습니다. 개척교회 역시 어린이나 청소년들이 적음으로 교육기관을 운영하는 것이 쉽지 않습니다. 농어촌이나 도시지역이라도 개척교회의 경우 적은 수의 어린이들의 신앙 교육을 위해 목회자 혹은 목회자 부인이 직접 교회학교 교육을 담당 하는것도 고려할 수 있습니다. 농어촌 지역에는 훈련받은 신자나 고등교육을 받은 이들이 적어 교사로 활용할 수 있는 인력이 제한되기 때문입니다.

3. 교회학교의 학제

교회학교의 학제에는 각 교단마다 차이가 있습니다. 대한예수교장로회 총회를 비롯하여 다수의 교단은 공교육 학제에 맞추어 대개 다음과 같은 학제를 갖습니다.

- 유아부 : 학령 전 3~4세 아동을 대상으로 합니다.
- 유치부 : 학령 전 5~6세 아동을 대상으로 합니다. 규모가 적은 교회는 유아부와 통합되거나 어머니와 함께 예배하기도 합니다.
- 초등부 : 초등학교 학령 아동을 대상으로 하고 초등 1, 2, 3부로 편성된다.
- 장애우부 : 발달 장애우들을 대상으로 합니다.
- 중등부 : 중학생을 대상으로 합니다.
- 고등부 : 고등학생을 대상으로 하는 사역으로 규모가 적은 교회는 중고등부가 청소년부로 통합 운영하고 있습니다.
- 대학부 : 대학생을 대상으로 하는 사역으로, 규모가 적은 교회는 직장인 청년들과 함께 모입니다.
- 장년부 : 장년부는 교회의 다수를 대상으로 하는 사역으로 주로 주일예배와 기도회, 구역(속회/다락방) 등으로 기본 프로그램으로 하고 있습니다. 별도로 새신자 교육과 학습 세례교육이 있습니다.
- 노년부 : 노년부 혹은 노인대학을 설치하여 교육과 지역 봉사와 전도의 기회로 활용하고 있습니다. 한국 사회가 경제적으로 윤택하고, 평균수명이 확대되고 있어 노년 연령층 교육이 더욱 강화될 것으로 전망됩니다.

• 교회학교의 학제와 관련하여 일부의 교회에서는 학생들의 성장 발달과 지적 능력을 무시하고 무학년제를 운영하기도 합니다. 이는 농어촌교회나 개척교회 등 소규모 교회학교에서 적당한 제도이며, 이 제도의 성공을 위해서는 교사들의 헌신이 전제되어야 합니다. 이 제도는 또한 전도와 양육에 유익한 점이 있습니다. 그러나 오랫동안 한 교사의 영향 아래서 양육됨으로 교사가 아동들의 신앙발달에 과도한 영향을 미치는 점이 있으며, 교사의 일관된 충성과 헌신이 전제되어야만 가능합니다. 이 경우에는 아동들에 대한 성장과 발달의 차이에 따라 아동들에 대한 개별적인 관심을 통해 발달단계에 필요한 도움을 제공할 수 있어야 합니다. 또한 교사는 지도력 신장을 위해 노력해야 하며, 교회는 교사의 지속적인 헌신하도록 동기를 부여를 해야합니다.

4. 반의 조직과 구성

1) 반 편성

반의 조직은 비전담성과 비전문적인 교사들의 지도력과 여건을 고려할 때 적절한 수로 한정되어야 합니다. 일반적으로 예수님의 제자단 구성과 같이 한 사람의 리더가 10~12명을 통솔할 수 있는 적정선으로 생각하는 경향이 있습니다. 그러나 교회학교 반 운영의 경우 아동들의 연령층에 따라 교사와 학생 간의 비율 차이를 두어야 하는데, 교회학교의 한정된 공간과 짧은 교육 시간도 고려해야 합니다.

교회학교의 반 편성에서 교사와 학생의 비율은 유아부는 1:1. 유치부는 1:3 정도가 적당하고, 초등부의 경우 5~7명이 적당합니다. 발달 장애우 부서는 1:1을 유지해야 하고, 특히 이들의 교회 출석을 부모가 책임지지 않을 경우에 별도로 차량 담당자들이 있어야 합니다. 이 경우 아동들의 신체적 정신적 특성을 고려하여 안전한 운행에 특히 관심을 가져야 합니다. 청소년들의 경우 1:5 이상을 유지하기가 어렵고, 청소년들 간의 상호 작용의 중요성을 고려할 때 학년 통합반의 운영도 고려할 수 있습니다. 청소년들은 친구들과의 또래 집단도 중요하지만 신앙적인 면에서 선배들의 경험이 효과적으로 작용하는 경우가 많기 때문입니다.

2) 반의 조직

효율적인 반목회를 위해 반에서 적절한 조직을 두고 아동이나 청소년 각자에게 임무를 맡기는 것이 필요합니다. 아동 후기나 청소년기의 학생들은 참여를 통해 배우며, 학급조직에서 맡은 직분에 따라 내가 학급의 주인이라는 긍정적인 인식을 하게 되며, 어려서부터 다른 어린이들을 돕고 섬김 훈련을 할 수 있습니다.

5. 새로운 시도

앞에서 제시한 조직의 원리에 근거하여 특별히 참여 중심적이고 민주적이어야 한다는 원리 위에, 또 위에서 과거와 현재의 조직을 분석한 것에 비추어 새로운 시도를 해보고자 합니다. 그 전에 우리가 다시 생각해야 할 몇 가지 것들이 있습니다.

첫째, 교회 전 공동체가 교육 공동체로의 전환된 사고 속에서 조직을 해야 합니다. 교회 부설기관과 같이 생각하는 아동에서 청소년까지의 교회학교 조직에서 떠나야 합니다. 모든 교회가 교육에 어떤 형태로든 참여 되어져야 합니다. 둘째, 각종 부서와 직책들은 개교회 특성과 요구에 맞게 구성하고, 각 부의 부장 등 각 부서에 배치된 교사들의 직무도 명확하게 구분, 제시하는 것이 순조롭고 원활한 교육활동을 위해 바람직합니다. 셋째, 폐쇄적 체제에서 개방적 체제로 바뀌어 민주적이고 참여적 조직으로 이루어져야 합니다. 위원회나 과제 중심. 팀 중심의 교회 교육조직으로의 전향입니다. 계통 조직에서 벗어나 새로운 형태의 의사전달 체계와 의사결정 구조를 생각하고 활동 구조를 생각해야 합니다. 넷째, 조직의 유지보다 문제를 해결하고 과제를 성취하기 위한 조직으로 조직은 가능한 한 간단해야 하며, 형식상으로 위치하는 부분들은 과감하게 삭제해 나가야 합니다. 다섯째, 교회의 교역자 중심의 조직에서 평신도 중심의 조직으로의 전향입니다. 이 의미는 교역자 한두 사람이 일을 다 처리하며 바삐 움직이는 조직이 아니라 교역자가 평신도들로 하여금 최대한 일을 하도록 격려하고, 일하게 하는 그러한 조직입니다. 특별히 21세기는 평신도 사역이 극대화되어야 합니다. 또한 평신도들의 교육 수준도 과거에 비해 많이 향상 되어졌고 전문직에 있는 사람들도 많으므로 그들의 재능에 따라 일할 수 있는 기회를 부여해야 합니다.

이러한 원리 위에 새로운 시도를 하는 몇 개의 교회 교육 조직표를 소개하기로 합니다. 서울 D교회는 회중 중심의 민주형 교회 형태를 취하여 그리스도의 몸과 지체의 통일성과 다양성을 살려서 유기적인 교회 조직을 만들었습니다. 그런 의미에서 이들은 피라미드 형태를 버리고 원형을 선택하여 모든 교인들이 하나되어 적극적인 참여와 나눔을 실현하는 코이노니아 공동체를 만들었습니다. 아래의 〈표1〉은 교회의 새로운 조직표의 좋은 본보기가 된다고 생각합니다. 당회를 중심으로 온 회중이 한마음으로 힘을 합해 일할 수 있는 구조를 가지고 있는 느낌이 듭니다.

〈표1〉 당회와 제직회 조직표, S도시 D교회

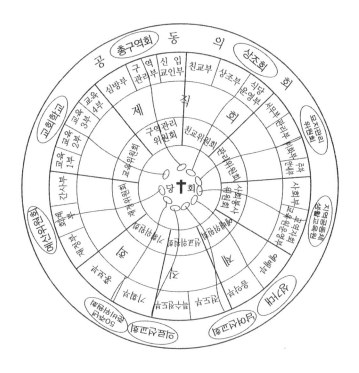

특별히 S도시 D교회의 예를 보면서 송남순은 교회 교육 구조를 피라미드 형태가 아닌 원형 속에서 복잡한 구조를 떠나 가장 실질적이면서도 단순한 구조를 생각하고 조직표를 원형으로 작성했습니다. 〈표2〉 교회 교육 조직표(큰 교회 모델) 여기에 당회와 제직회를 원 안에 둔 것은 과거처럼 이 두 기관이 명령을 하달하고 보고를 받고 하는 상부 조직이 아니고 교회의 중추적인 역할, 즉 교육 중심적인 지원역할로 핵에 두었고 교육 위원회는 당회와 제직회의 지원 속에서 교육 방향을 정하고, 교육적 활동을 실행해 가는 역할을 합니다. 교육 위원회의 구성은 교육(목)사, 당회원 대표, 제직회에서 각부 부장이 아닌 교육부원 대표, 각부 부장 그리고 지도교역자가 따로 있는 경우 지도교역자로 합니다.

〈표2〉 교회 교육 조직표(큰 교회 모델)

교육 위원회의 역할이 선교나 교회음악, 예배, 봉사와 같은 영역에서 교육적 측면에 있음에도 불구하고 여기서는 단순히 다양한 연령별 교회학교라는 틀 속에서만 생각합니다. 앞으로 한국교회의 전체적인 성숙을 위해 교회에서는 교육 위원회의 역할을 확대해 나가야 한다고 생각 합니다.

큰 교회일 경우는 교회 교육 조직표를 전 교회 교육 조직표와 개별 교회학교 조직표로 나누어 시도했습니다. 교회 교육 조직표에는 영아에서 노년까지 연령별 교회학교 외에 기존의 새신자반이라고 하는 새가족부와 특정 주제를 연구하는 주제별 성경 공부반을 두었습니다. 주제별 성경 공부반을 둔 것은 연령별 교회학교에 속하기를 원치 않는 사람들이나, 일정 기간 동안 특별한 주제를 연구하기를 원하는 사람들을 위해서이며, 아동부와 청소년부는 오늘날의 빠른 성장을 고려하여 다음과 같이 구분합니다. 여기에 아동 I부는 8세와 9세 아동들(초등학교 1, 2학년)을, 아동 II부는 10세와 11세 아동들(초등학교 3, 4학년)로 구분합니다. 청소년 I부는 12, 13, 14, 15세의 청소년들(초등학교 5, 6학년과 중학교 1, 2학년)로 합니다. 청소년 II부는 16, 17, 18, 19세(중학교 3학년과 고등학교)의 학생으로 합니다. 연령은 적절하게 조절할 수 있으나 오늘날에는 적어도 12세부터는 청소년으로 구분하고 교회학교의 틀을 만들어야 한다는 것입니다. 또한 대학부를 청년부와 별개로 나누는 것에는 많은 의문이 제기됩니다. 이는 교회라는 한 신앙의 공동체는 일반학교의 학년 구분의 체계에 매이거나 일반 교육체계를 넘어 새롭고 독특한 신앙 교육 공동체를 이룰 수 있어야 한다고 생각하기 때문입니다. 여기에 새로움을 줄 수 있는 신선하고 독특한 표현들이 요청됩니다.

〈표3〉 개별 교회학교 조직은 교육사(교육전도사)와 부장 총무를 중심으로 모든 교사와 학생들이 각 위원회로 역할을 나누어 활동함이 바람직하다고 생각되어 아래와 같이 조직해 보았습니다. 모든 위원회는 교사와 학생들로 구성합니다.

〈표3〉 개별 교회학교 조직표(큰 교회 모델)

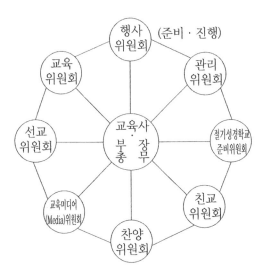

행사위원회는 교회력에 따른 절기 축제, 축하 및 각종 행사를 계획하고 준비하고 진행합니다. 즉 부활절, 추수감사절과 같은 절기 축제, 체육대회 및 야유회와 같은 친목행사를 계획하고 진행합니다. 교육위원회는 개별 교회학교 안의 교육 내용, 방향, 방법, 교육자료와 같은 것들을 연구하므로 교사들을 돕습니다. 그 뿐만 아니라 교사 성장을 위한 교육 기회도 계획하고 진행합니다. 선교위원회는 개별교회학교 안에서 가능한 선교적 활동을 계획하고 진행합니다. 교육 미디어위원회는 교회 교육을 위한 미디어 개발 및 구입, 대여 등을 통해 교사들에게 교육 미디어를 공급하므로 교사를 돕습니다. 찬양위원회는 개별 교회 교육을 위한 연령, 관심, 교육 내용, 주제에 적절한 찬양을 연구, 개발하고 예배 주제에 적절한 찬양을 공급하고 보급합니다. 친교위원회는 교회 교육에 친교의 중요성을 인식하고 그리스도인의 한 지체로서의 영적 교제을 위한 방안을 강구하고, 친교를 위한 프로그램을 개발하고, 함께 참여토록 합니다. 절기성경학교 준비위원회는 여름과 겨울을 이용한 특별교육 프로그램을 지속적으로 연구하고 새로운 방안을 모색해 나갑니다. 지난해 절기성경학교에 대한 평가에 기초하여 새로운 계획을 세우고 준비하고 진행합니다. 교회 내에서 프로그램을 진행하든지 교회 밖에서 진행하든지 이 기간은 주일 한 시간 교육을 하는 교회 교육 상황에 비추어 볼 때, 굉장히 중요한 위치를 차지하므로 따로 준비위원회를 두어 일년 내내 연구하고 계획하고 준비하도록 하는 것이 바람직합니다. 이와 더불어 필요하다면 주중 교육 연구위원회를 둘 수 있습니다. 이는 교회학교의 사정에 따라 일주일에 단 한 번만 모이는 것이 아니라 토요일이나 주중 어떤 날 오후에 프로그램을 갖는 것입니다. 관리위원회는 교회학교의 비품이나 소모품, 교육기재 등을 관리하는 위원회입니다.

여기에 제시된 위원회는 단지 한 예에 지나지 않습니다. 개교회 교회학교들은 교회와 교회학교의 특성에 맞는 위원회를 구성하여 조직하고 좀 더 실질적이고 창조적이고, 효과 있는 교회학교를 운영해 나갈 수 있습니다.

아래 〈표4〉는 작은 교회에서 구성할 수 있는 교회 교육 조직표의 한 예입니다. 담임 교역자 또는 교육 지도 교역자와 교회학교 부장이 중심핵을 이루고 장년부와 노년부를 비롯한 교회학교 각 부가 하나로 연결되어 그물망을 이루고 하나로 교육을 하고 있는 모습입니다. 이런 경우는 교회학교 각부에서 별도의 위원회 중심의 조직을 갖기보다는 전체 교회학교가 함께 필요에 따라 위원회를 구성할 필요가 있습니다. 즉 여름성경학교 위원회가 각부에서 조직되기보다는 전체 교회학교에서 함께 구성하여 전체 교회학교에서 여름성경학교 또는 수련회를 어떻게 할 것인가 결정할 수 있습니다.

〈표4〉 교회 교육 조직표(작은 교회 모델)

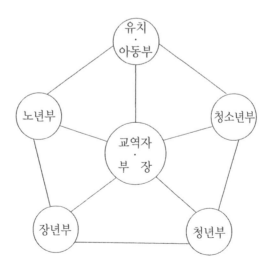

III. 계획 및 평가

계획과 평가는 교회 교육에서 분리 되어질 수 없는 관계에 있습니다. 교회 교육을 위해서는 교회학교를 중심으로 수없이 많은 계획을 세워야 하며, 그와 함께 수 없는 평가를 해야 합니다. 연간 계획, 월 계획, 주 계획, 여름성경학교 계획, 절기 계획, 예배 계획, 교사 수급 계획, 교사 훈련 계획, 교수-학습 계획 등을 계획해야 하며, 이와 함께 수시로 또 하나의 계획이 실행 되어진 다음에는 평가를 해야 합니다.

1. 교육계획의 원리와 방법

교회학교는 일반 학교처럼 주어진 커리큘럼과 지시 되어진 활동 등을 수행하기만 하면 되는 것이 아니라 스스로 교육계획을 수립하고 프로그램들을 진행해야 하는 어려움을 가지고 있으며, 그리고 일반 학교와는 달리 더 적은 시간에 더 많은 프로그램들을 실시해야 하는 어려움도 함께 가지고 있습니다. 그러므로 교회 교육 행정에 있어서 가장 중요한 과제는 교육 프로그램을 계획하는 일이라고 할 수 있습니다. 이것은 개별적인 프로그램의 계획만이 아니라 교회학교 전체의 프로그램을 계획하는 일까지 포함하는 것입니다. 교회학교도 넓은 의미에서 하나의 프로그램에 속하기 때문입니다. 그리하여 우리는 여기에서 개별적인 프로그램을 포함하여 교회학교 전체 프로그램을 위한 "교육 계획의 원리"를 바우어(Bower)가 제시하고 있는 몇 가지 중요한 원리들을 중심으로 살펴보고자 합니다.

(1) 목표의 원리

프로그램은 그것이 이루고자 하는 목표가 있어야 합니다. 교회학교 전체 프로그램은 교회학교를 통해 이룩하고자 하는 기독교 교육의 목적과 일치하는 궁극적인 목표가 있습니다. 그뿐만 아니라 교회학교가 이러한 궁극적인 목표를 향해 나아가기 위한 장기적인 목표와 단기적인 목표들을 가지게 됩니다. 이와 같은 전체적인 교육의 목표가 설정되어 있어야만 개별적인 프로그램 계획을 할 수 있습니다. 오늘날 교회학교 교육의 문제는 아무런 장기적 목표나 단기적 목표가 설정되지 않은 채로 고정화된 프로그램들이 습관적으로 반복되고 있거나, 목표는 설정되어 있어도 너무나도 추상적인 것이어서 그 목표와는 아무런 관계가 없는 여러 가지 프로그램들이 단순히 나열되고 있다는 데에 있습니다. 이렇게 될 때 각각의 개별 프로그램은 모두 서로 다른 각각의 목표들을 향해 나아가게 되며, 결국 교회학교의 교육은 실패할 수밖에 없게 됩니다. 그러므로 교육계획에 있어서 제일 중요한 원리는 전체 프로그램과 개별 프로그램들의 목표가 같은 방향을 향하여 설정되도록 해야 한다는 것이 될 것입니다.

(2) 조사의 원리

계획은 조사가 수행된 뒤에 따라오는 것입니다. 조사 없이는, 그리고 조사자가 발견하지 못한 문제는 또다시 해결되지 않은 채로 남게 되기 때문입니다. 그러므로 매년 계속되는 프로그램은 참가자들의 평가와 의견을 수집하는 방법으로 문제점들을 발견하고, 새롭게 시작 되는 프로그램은 다른 교회에서의 경험 또는 문헌 자료들을 통하여 그 프로그램의 실시에 따르는 문제점들을 미리 발견하고 그 해결책들을 모색해야 합니다. 계속적인 프로그램은 분기별로, 일시적인 프로그램은 그 프로그램이 끝날 때마다, 전체 교육 프로그램은 다음 해의 계획 수립 이전에 평가와 의견을 참가자들로부터 조사하는 것이 바람직하며, 조사를 행하는 책임적인 그룹을 통해 분명한 질문의 형태로 기술된 조사 내용을 작성하고, 수집된 사실들을 해석할 수 있도록 해야 합니다.

(3) 연속성의 원리

교육 프로그램들의 계획은 시간적인 진행에 따라, 그리고 연령별 단계에 따라 점차적으로 더욱 넓고 깊은 영역의 프로그램들로 계획 되어져야 합니다. 학습자가 현재 경험하고 있는 프로그램들과 앞으로의 프로그램은 연속성을 가져야 하는 것입니다. 그러나 기독교 교육의 프로그램들은 수학 교육처럼 한 계단 한 계단 밟아 올라갈 수 있는 구조를 가진 것이 아니라 복합적인 구조를 가진 것이기 때문에, 계단식의 연속성을 추구할 수 없습니다. 그러므로 기독교 교육 프로그램은 나선형의 형태와 같이 이미 학습한 동일한 주제들을 더욱 깊고 넓은 내용적인 전개로 반복하면서 발전해 나가는 연속성을 추구하여야 하는 것입니다.

(4) 유연성의 원리

프로그램의 계획은 실제의 운영에 있어서 시간과 노력의 심각한 손실이 없어도 조정이 가능할 수 있도록 충분한 유연성을 가진 계획이 되어야 합니다. 그러므로 프로그램의 연중 계획은 프로그램의 진행 과정에 따라 분기별로 다시 계획되고, 프로그램별로 재조정될 수 있도록 해야 할 것입니다.

(5) 정책 결정의 원리

교회학교 교육 프로그램의 계획에 있어서 매우 중요한 국면은, 계획은 정책적으로 결정되어야 한다는 것입니다. 이것은 조직이나 프로그램의 운영에 안정성과 일관성을 유지하기 위함입니다. 이때 정책 결정이라는 것은 조직체가 어떠한 계획을 조직 전체의 계획으로 수락한다는 의사를 결정하는 것을 의미하며, 원칙적으로 조직의 구성원 모두의 참여에 의해 결정하는 것이나, 일반적으로 정책 결정 기구에 그 권한을 위임하여 수행하게 됩니다. 교회학교의 경우 이러한 정책 결정 기구는 교육 위원회, 교회학교 총무 회의, 교사회, 임원회와 같은 행정 조직이 담당하게 됩니다. 그러나 정책 결정 과정에 있어서 항상 염두에 두어야 할 것은 정책은 회중 전체의 의사를 반영해야 한다는 것입니다. 교육 프로그램의 장기목표나 연간 계획은 교육 위원회에서, 분기별 계획은 교회학교 총무 회의에서, 개별 프로그램에 대한 계획은 행정팀에서 심의하도록 하고, 그룹에서의 자율적인 프로그램은 그룹 회원 공동의 결의에 의하여 계획이 수락되도록 하는 것이 바람직 합니다.

• 효과적인 계획과 그 수행을 위해서는 계획표가 필요한 데 여기에서는 계획표의 한 예를 제시해 봅니다.

〈표5〉 계획표

일 (행사)	청지기 정신
1. 무엇을 하기 원하나?	
2. 누구를 위해 하나?	
3. 필요로 하는 지도자는?	
4. 지원하는 지도자는?	
5. 일시	
6. 어디서	
7. 자원들	
8. 예산	
9. 평가	
10. 후속 프로그램	

마지막으로 아래 〈표6〉은 교회력에 따른 연간 부별 교육계획을 세우는 예를 제시해 봅니다. 순환적인 의미에서 원형을 써서 연간 교육계획을 세웁니다. 교육계획표에는 간단히 책임을 맡을 위원회의 이름을 적어 둡니다.

〈표6〉 교회력에 따른 교육 계획표

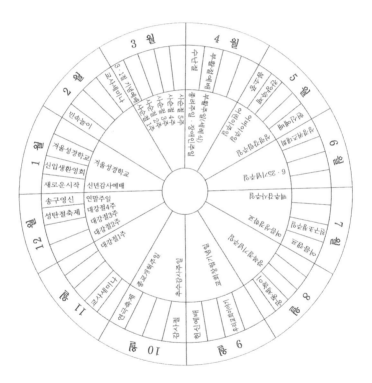

2. 평가의 원리 및 방법

평가는 계획의 일부로서 한 과정의 마지막 단계라기보다는 전 과정에서 지속적으로 이루어지는 절대 필요한 부분입니다. 교회 교육 평가는 교육의 목표가 어떻게 성공적으로 이루어지고 있는가를 교육 전 과정에서 진단하고 자료를 분석하고, 의미를 부여하므로 필요한 경우 방향을 수정해 가기도 하는 과정입니다. 좀더 구체적으로 서술하면 교회교육에서 평가가 필요로 되어지는 부분들은 교육이 이루어지는 모든 자리, 즉 예배, 반별학습, 봉사, 선교 및 기타 특별활동, 연간 교육계획 및 내용과 활동 등이고, 하나의 프로그램의 계획에서부터 조직, 실행의 모든 과정에서입니다. 이뿐만 아니라 평가는 평가 자체에 관한 평가가 요구됩니다.

(1) 평가의 원리

① 보다 나은 교육의 효과를 위해 교육목표의 달성 정도를 묻습니다. 교육이 목표한 대로 학생들이 얼마나 변화 되어졌는가를 점검합니다.

② 간편해야 합니다. 평가하는 자가 사용하기도 쉽고, 분석 또한 쉬워야 하며 경제적이어야 합니다.

③ 정확하고 합리적이어야 합니다.

④ 최대한 객관적 평가가 되도록 해야 합니다. 주관적 감정이나 기분, 선입견이 작용하지 않도록 해야 합니다.

⑤ 신뢰성이 있어야 합니다. 필요한 경우 비밀이 보장되어야 합니다.

⑥ 실용성이 있어야 합니다. 평가의 건설적인 결과는 실행에 옮겨지도록 해야 합니다.

(2) 평가의 방법

교회 교육에서 사용될 수 있는 평가 방법들은 아래와 같습니다.

① 객관식 질문지 평가 : 쉽게 많이 쓰여지는 방법으로 교육 내용이나 환경, 방법 등에 관해 질문의 항목을 정하고 몇 개의 유추되는 답을 제시하고 그중에서 선택하게 하는 방법입니다.

② 일기식 평가 : 어떤 특별행사나 주일예배와 성경 공부를 마치고 그날에 대한 일기를 쓰게 하여 분석 평가하는 방법입니다.

③ 관찰기록 평가 : 예배 태도, 학습 태도, 분위기 등을 객관적으로 관찰 기록하여 평가하는 방법입니다.

④ 자기 평가 : 학생과 교사가 일정 기간이 지난 후 스스로 변화에 대해 반성 기록하여 평가하는 방법입니다. 이는 자기 보고식 평가이기도 합니다.

⑤ 토의 평가 : 토의를 통해 이야기를 나눔으로 평가합니다.

행정가나 교육 지도자는 효율적인 평가를 해야 합니다. 어떻게 하고 있는가에 대답하는 과정이 필요합니다. 평가는 성공과 실패를 측정하고 교육목표 달성에 있어서 성공과 실패의 정도를 측정하는 것입니다. 평가의 결과로 얻어진 정보는 프로그램의 변화의 기초가 됩니다. 그 정보에 의해 요구를 재정립하고, 목표를 재명료화 하고 형태를 새롭게 해야 합니다.

(1) 조직적 구조의 평가

① 교회 교육적 프로그램이 적절히 통일 되어져 있는가? 여러 일하는 사람들의 마음이나 프로그램 그 자체에 목적이 하나인가? 일하는 자들이 자신들을 영적 조직체를 하나로 보는가?

② 교육 위원회가 적절히 기능을 발휘하고 있는가? 위원들이 분명한 책임감을 갖고 있으며, 생산적 회의를 하고 있으며, 장기목표와 비전이 있는가?

③ 누가, 어떤 그룹이 교육 프로그램을 계획하고 감독하는 데 책임이 있는가?

④ 명문화된 조직표를 모두가 공유하고 있는가? 조직 관계, 권위의 중심, 협조의 관계가 잘 나타나 있는가?

⑤ 상호 연결된 교회력이 준비되어 있는가?

⑥ 교회 목회자로부터 보고서가 요구 되어 지는가? 때로 말로 보고할 때도 있지만, 주로 글로 되어져야 합니다. 교회학교에 새로 온 새신자, 빠져나간 아이들, 필요한 교육 자재, 수선해야 할 물건, 다음 3개월 동안 진행될 계획 및 프로그램 등이 문서로 보고 되어져야 합니다.

⑦ 누가, 어떻게, 어느 정도의 기간에 교사나 다른 교육을 위해 일할 사람들을 임명하는가? 일 년에 한 번씩 또는 6개월에 한 번씩인가? 또는 수시로인가?

⑧ 무엇을 해야 할 것인가에 대한 일의 명세서가 분명한가?

⑨ 교육 목회가 잘 감당 되어지고 있는가? 교회는 지금 무엇을 하고 있으며, 앞으로 무엇을 할 것인가? 교육적인 관점에서 교회의 전반적인 목회를 평가할 수 있습니다.

⑩ 각 기관의 목회가 그 나름대로 뚜렷한 목표를 가지고 있는가?

⑪ 분반이 적절히 이루어졌는가?

⑫ 한 반의 수는 적절한가?

(2) 교육 과정과 교수 진행에 대한 평가

① 교사들은 교실에서 다양한 교수 방법을 사용하는가? 다양한 교수는 바람직한 교수의 특성 중에 하나입니다. 어떻게 역동적이고 효과적인 전달이 이루어질 수 있는가?

② 시청각 자료들은 교실에서 효과적으로 이용되고 있는가? 좋은 교수 방법은 좋은 교수 매체를 사용하는 것을 전제합니다.

③ 교사들은 교실에서 효과적인 전달을 하도록 훈련 되어졌는가?

④ 학생들은 학습 과정에 참여 되어지고 있는가?

⑤ 성경은 교사와 학생들에 의해 효과적으로 이용 되어지고 있는가?

⑥ 교사들은 교실에서 그리스도인의 사랑과 열심을 나타내 보이고 있는가?

⑦ 교육 과정이 신학적으로 정확하고, 교육적으로 적합하며, 교회의 요구에 부합되는가?

⑧ 교육 과정의 자료들이 교사와 학생에 의해 적절하게 사용 되어지고 있는가?

(3) 문서기록 보관, 선교, 구제에 대한 평가

① 모든 학생들의 영구적인 기록 카드와 파일이 잘 기록, 보관 되어지고 있는가?
② 매 주일 보다 나은 기독교 교육 프로그램을 위해 기록이 잘 되어지고 있는가?
③ 다양한 교육 목회가 지속적인 성장을 보이고 있는가?
④ 교육 목회를 통해 선교가 효과적으로 잘 진행되고 있는가?

(4) 교사 모집과 훈련에 관한 평가

① 일에 대한 목록표와 같이 교사나 기타 일하는 사람들이 무엇을 해야 하는가를 알 수 있는 표준적인 서술이 있는가? 이러한 목록표는 교육 위원회와 같은 상부 기관으로부터 내려오는 것이기보다는 교사들이나 기타 일을 맡은 사람들에 의해 작성되어야 합니다.
② 교사와 또는 여러 교육을 위해 일을 하는 사람들의 모임이 적절히 역할을 하고 있는가? 주일날이 아닌 다른 날 전문적 성장과 프로그램들을 위한 모임을 정규적으로 갖고 있는가?
③ 주일 저녁이든지 주중 밤에든지 장년들의 지도력 훈련을 위한 정규적인 프로그램이 있는가?

(5) 교회와 가정 관계에 대한 평가

① 교사들은 목회를 위해 부모들로부터 적절한 지원을 받고 있는가? "부모와 함께하는 성경 공부" 부모와 교사의 모임, 가정으로 보내는 서신, 가정방문 등이 적절히 이루어지고 있는가?

② 교사들은 매해 자기반 학생들의 집을 대부분 방문하고 있는가?

(6) 교육 기자재와 교육 환경에 대한 평가

① 교실의 크기는 적절한가?

② 교사와 학생들은 그들에게 주어진 공간을 적절히 활용하고 있는가?

③ 각 교실은 적절한 교수 활동을 위해 충분한 기자재를 가지고 있는가?

(7) 평가를 위한 지침 : 평가의 과정은 대체적으로 주관적입니다.

① 평가자는 그가 무엇을 보고 있는가를 알아야만 합니다. 때로는 교실에 들어가 10분 정도 앉아서 어떻게 교수-학습이 이루어지고 있는가를 느껴야 합니다. 그래서 역동적인 교수-학습이 되기 위한 부정적인 요소와 긍정적인 요소를 찾아낼 수 있어야 합니다.

② 때때로 평가는 교회의 일원이 아닌 다른 사람에 의해 되어질 필요가 있습니다.

③ 문서화 된 보고서를 준비할 때는 개선을 위한 세부적인 사항들이

포함될 수 있어야 합니다. 이러한 개선책들은 몇 개월과 몇 년을 두고 수행될 수 있는 것이어야 합니다.

④ 평가서는 단지 당회나 위원회와 같은 상부 기관에만 보고되는 것이 아니라 교회에 교육적 모든 조직체에 보고 되어져야만 합니다. 효과적인 교육적 프로그램을 만드는 것은 당회가 아니라 교실에서 가르치는 교사들이기에 교사들이 마지막 분석을 해야 합니다.

⑤ 적절한 평가서는 항상 그 초점에 교회의 기본적 본질이 잘 나타나야 합니다. 즉 초자연적 조직이 필요로 하는 성장을 위한 영적 지침과 개선책들이 제공될 수 있어야 합니다.

참고문헌

• M. M 피어스, 교회학교 운영 지침서, 김재은 역, 종로서적, 1991.

• 강용원 편집, 기독교 교육학 개론, 생명의 양식, 2007.

• 고용수 외 7인, 기독교 교육 개론 (하), 한국장로교출판사, 2003.

• 권율복, 주일학교 관리의 줄기를 잡아라, 어린이전도협회, 1994.

• 김경섭, 교회 인사 행정론, 프리셉트, 1994.

• 김영호, 교회 교육 행정, 종로서적, 1985.

• 로버트 K 바우어, 기독교 교육 행정의 원리와 실제, 신청기 역, 성광문화사, 1990.

• 마이클 J. 앤서니, 기독교 교육 개론, 정은심, 최창국 역, CLC, 2022.

• 방지형, 교회 운영론, 성광문화사, 1992.

• 성기호, 주일학교 운영관리, 성광문화사, 1994.

- 신재성, 교회학교 팀웍 갖추기, 두돌비, 1994.

- 올란 헨드릭스, 교회 지도자를 위한 운영과 관리, 생명의 말씀사, 1992.

- 케네쓰 갠젤, 교회 교육에 대한 이해, 김국환 역, 무림출판사, 1991.

- 하워드 헨드릭스 외 2인, 동기를 부여하는 교회 교육, 선교햇불, 2004.

- 하워드 헨드릭스 외 7인, 교수법 베이직, 디모데, 2005.

13장 • 기독교 교육의 선교

1. 선교적 사명

선교는 교회의 일부분만이 실행하는 특수 기능이 아니며 전 교회적으로 실행해야 하는 사역입니다. 선교란 전 세계에 대한 그리스도의 관심을 표현해 가는 그리스도의 몸(the body of Christ) 자체입니다. 먼저 교회의 선교 모형은 오순절 이후에 나타난 예루살렘 교회와 안디옥 교회에서 찾을 수 있습니다. 이 공동체는 그리스도를 머리로 하는 선교공동체입니다. 주님의 분부대로 십자가와 부활을 증거하기 위해서 모였고, 중심 과제는 그리스도를 주라고 증거하는 것이었습니다. 그들이 말씀을 증거하는 삶은 믿는 자들의 수를 확장시키는 결과를 낳았습니다. 사도행전은 성도의 숫자적 증가와 더불어 복음의 지역적 확장을 그리고 있는데 이것은 사도행전 1:8절의 말씀대로 복음은 사방으로 전파되었습니다. 초대교회의 사도적 근원은 가장 먼 곳까지라도 기꺼이 달려가는 선교적 사명에 의해 형성되었습니다.

교회의 결론적 의미인 '선교'는 여러 학자에 의해 다양한 방법으로 표현 되어 왔습니다. 코스타스(Orlando Costas)는 교회의 선교에 대하여 언급하기를 "교회란 기본적으로 선교적 공동체이다. 즉 교회의 성격은 오직 세상을 향한 하나님 자신의 선교적 관점에서만 이해될 수 있다. 이와 같은 성격의 교회와 교회의 소명 사이에는 본질적이며 뗄 수 없는 상호관계가 있다. 즉 교회는 기적적인 구속의 공동체이다. 이 교회는 이 세상 속에서 구원 활동을 펼쳐 가시는 하나님의 역사적 산물일 뿐만 아니라 교회는 처음부터 그 자신이 태어나게 된 성령의 역사적 도구로 불려진 공동체이다". 알프레드 크라스(Alfred C. Krass)는 교회는 선교를 위하여 존재한다고 주장하였습니다. "교회는 모든 피조물이 하나님께서 정하신 계획을 알아야만 한다는 그분의 뜻을 수행해 가고 있다. 이 하나님의 계획이란 바로 모든 사람들이 이 세상에 사는 동안에 구속받고 하나님과 성숙한 교제를 나누며 영원한 세계에서 그분의 영광에 함께 참여하는 일이다(골1:27). 이것이 그리스도 안에서 교회의 목회와 선교 안에서 활동하시는 하나님의 역사의 목표이다. 교회는 그 자체가 목적이 될 수는 없다. 교회는 오직 선교만을 위하여 존재한다. 교회는 곧 선교이다". 폴 미니어(Paul Minear)는 "신약성경에 나타난 교회의 이미지"에서 하나님이 세상에 보내신 실재로서의 교회의 본질과 선교와의 관계를 설명하기 위해 신약성경에 사용된 96개 이상의 비유를 채록한 바 있습니다. 그는 "신약성경에서 빛, 소금, 누룩, 진리를 떠받치는 기둥, 하나님의 사자, 씨앗을 뿌리는 농부, 예배 의전 등과 같은 표현들은 교회의 본질과 선교와 관련된 비유이다"라고 했습니다.

교회의 중심은 자기를 게시하시는 하나님께 있고 하나님은 보내시는 분이기에 교회는 본래적으로 선교적 성격을 띱니다. 성령의 능력으로 구원받은 교회는 오직 자신이 받은 바와 같은 구원을 지상의 모든 사람들이 같이 누릴 수 있도록 도와주어야 합니다. 그러므로 이 선교적 본질이야말로 교회가 존재하는 특성이라 할 수 있습니다.

2. 선교에 대한 이해

선교에 대한 현대의 두 극단적 견해는 다음과 같습니다. 그 하나는 전통적 견해로서 선교와 전도, 선교사와 전도사, 선교 프로그램과 전도 프로그램을 동일시 해온 견해입니다. 전통적으로 복음 전도만을 주장하는 것으로 나타났고 이들에게 있어 교육과 의료사업은 흔히 무지한 자들과 병자들에 대한 '연민의 정'의 발로였습니다. 이러한 관련 사업들은 복음 전파의 하나의 발판이었고 복음 사업의 유익한 부속품으로 간주 되었습니다. 세계선교 및 전도위원회(The Commission on World Mission and Evangelism) 현장에서까지 선교와 전도는 구분되지 않았고 다만 세상 사람들을 교회로 불러 모아 교회 중심 그리스도 왕국을 건설하는 것이 주된 관심사였습니다. 그래서 선교가 교회 확장을 위한 하나의 도구나 수단이었던 것입니다. 예수의 재림을 매우 임박한 것으로 받아들이기 때문에 사회구조에 대한 비판이나 더욱이 사회를 개척한다는 것은 권장할만한 일이 아니었습니다. 인간의 희망은 오로지 중생이며 각 개인이 새롭게 거듭나면 사회도 거듭나게 될 것으로 생각 했습니다. 전통적 선교관을 내세우는 입장에 있는 사람들은 교회 교육과 의료사업을 하나의 정당한 선교사업으로 생각하고 이것을 가난하고 병들고 무지한 자에 대한 복음 사업의 하나의 큰 부속 사업으로 간주했습니다.

선교에 대한 또 다른 견해는 전통적 선교관과는 대치되는 견해로서 1960년대 이후 등장 된 에큐메니칼 견해입니다. 1968년 W.C.C 웁살라 대회에 제출된 「타자를 위한 교회」란 제목하에 회중의 선교적 구조에 관한 보고서에 의하면 하나님 선교의 목적은 구체적으로 사회 조직적 의미에서의 샬롬의 건설입니다. 이것은 구체적으로 인종차별, 노사관계, 환경문제, 전원개발, 직업 윤리 추구, 지적 정직과 성실 등 사회적 관심들로 예시되고 있습니다. 하나님 선교에 있어서 교회의 역할은 회중으로 하여금 하나님이 세계 역사 속에서 무엇을 어떻게 하는가를 발견케 함으로써 그 일에 적극 발맞추어 헌신할 수 있도록 하는 일입니다. 이들에게 있어서 교회는 곧 선교인 것입니다. 하나님 선교와 사회혁신을 거의 동일시하는 이러한 극단적 견해에도 비판의 여지는 있습니다. 샬롬에 대한 성경적 범주와 참 인간화와는 반드시 일치될 수 없고 더구나 하나님 나라와 사회개혁을 동일시 할 수는 없는 것입니다. 사회개혁 및 사회정의 실현에 치우쳐 기독교 복음 전파와 이에 대한 관심을 잃어버려서는 안 되는 것입니다. 또한 선교란 단어를 다만 하나님께서 세계 역사 속에서 행하시는 행위하심 모두를 포괄하는 의미로 사용할 수는 없는 것입니다. 선교란 하나님의 구속받은 백성과의 관계 속에서 생성되는 것으로 수용되어야 하며 구속받은 하나님의 백성들이 이 세계와 역사적 삶 속에 파송되어 하나님을 들어내어 알리는 모든 일과 밀접한 관계가 있기 때문입니다.

이제 선교를 다만 복음 전파에 국한해서 해석하는 전통적 선교관과 하나님의 샬롬을 지나치게 강조하는 에큐메니칼 선교관은 각각 그 극단적 입장을 극복하여야 합니다. 하나님의 백성들의 복음 전도의 책임과 하나님의 샬롬을 위한 사회적 책임을 영혼 구원에 본질적 관심을 둔 수직적인 복음 해석과 세계 속에서 참 인간관계에 주된 관심을 둔 수평적 복음 해석 간의 양극화 현상을 극복해야 할 것입니다. 이러한 양극단의 갈등은 복음의 진리를 전체적으로 포용하지 못한 결과로 볼 수 있는데 성경적 차원에서 이 둘의 한계를 극복 할 길을 모색해야 할 것입니다. 선교에 대한 성경적 의미는 복음 전도와 사회 봉사활동을 모두 포괄하는 넓은 의미에서 수용하고 있습니다.

첫째, 선교는 일차적으로 하나님께로부터 유래했다는 점과 예수의 지상 위임명령이 복음 전파의 책임 뿐만 아니라 사회적 책임까지도 내포하고 있다는 점을 인식해야 합니다.

둘째, 선교는 예수 그리스도의 선교적 자세에서 그 근거를 삼고 섬기는 자세가 되어야 한다는 점을 인식해야 합니다. 복음 전도와 사회활동의 진정한 합일은 바로 교회의 섬김의 역할에서 이루어져야 하며 따라서 구속받은 백성은 세상 속에 보내져서 희생적인 섬김의 자세를 보여주어야 할 것입니다.

선교란 요한복음 20장 21절에서 "아버지께서 나를 보내신 것 같이 나도 너희를 보내노라"라는 말씀과 마태복음 10장 7절 이하에 "가면서 전파하여 말하되 천국이 가까왔다 하고 병든 자를 고치며 죽은 자를 살리며 문둥이를 깨끗하게 하며 귀신을 쫓아내되 너희가 거저 받았으니 거저 주어라"란 말씀으로 요약할 수 있습니다. 선교는 영혼 구원을 위한 복음 전파를 위한 보내심(막10:45,눅22:27)을 함께 하는 의미로 받아들여야 할 것입니다. 교회의 복음 전도와 사회활동 간의 관계에 있어서 사회활동이 복음 전도의 수단이나 표현이라는 차원을 넘어서서 양자가 동반자의 위치에서 서로 독립적이면서 서로 상호협력적인 관계를 유지해야 할 것입니다. 따라서 교회는 선교와 전도를 동일시해서도 안 되지만 또한 교회가 봉사단체만은 아니라는 점이 간과되어서는 안 될 것입니다. 선교와 전도를 포함하는 의미로 받아 들일 때 전도가 물고기를 낚아 올리는 그물의 역할이라면 선교는 고기잡이가 원활이 진행될 수 있도록 환히 비추어 주는 등대의 역할로 볼 수 있을 것입니다. 교회는 우선 하나님께 예배하는 예배공동체로서 복음 전파의 사명을 갖고 있으며 또 세상에 참된 유익을 주는 희생적 봉사의 공동체임을 명심해야 합니다.

선교에 대한 예수 그리스도의 말씀 중 "그러므로 너희가 가서 모든 족속으로 제자를 삼아 아버지와 아들과 성령의 이름으로 세례를 주고 내가 너희에게 분부한 모든 것을 가르쳐 지키게 하라"(마 28:19~20 참조)는 예수의 지상명령은 바로 선교가 교육으로부터 시작될 뿐만 아니라 교육 자체가 곧 선교로 이어져야 함을 의미하고 있습니다. 하나님의 구원의 행위에 참여하는 것이 선교라면 이 선교를 더욱 가능케 하는 의도적 행위가 교육인 것입니다. 예수의 제자들이 선교에 임하기에 앞서 교육과 훈련을 받았던 사실을 성경의 여러 곳에서 찾아 볼 수 있습니다. 또한 교회에 들어온 사람들을 위한 기초교육은 물론 선교에 동참할 수 있는 자로 성숙시키기 위한 교육이 있었음을 알 수 있습니다. 따라서 현대 교회 교육은 사람들로 하여금 교회에 들어오게 하는 교육과 들어온 사람들을 양육시키는 교육에만 머물러 있지 말고 적극적으로 세상이란 선교 현장에 나아가 하나님 나라 건설을 위한 모든 사회적 활동에까지 그 범위를 확대 시켜야 할 것입니다.

3. 교육과 선교의 관계

선교와 교육은 교회의 중심적 과제이며 교회가 교회되기 위해서 없어서는 안 되는 사명입니다. 오늘날 교회는 선교를 필연적 임무라고 생각하지만 기독교 교육을 경시하는 경향이 있습니다. 그러나 선교와 교육은 어느 것도 소홀히 할 수 없는 과제입니다. 그러므로 하나님 나라를 확장하기 위해서 교회는 이 두 가지의 과제를 동시에 실시해야 합니다. 초대교회는 가르치는 일과 복음을 전파하는 두 가지 유기적인 일을 통해 그리스도의 제자를 삼는다는 공통 목표를 가지고 있었습니다. 초대교회는 그 시작과 더불어 교회 안에서 교육은 배움의 과정이요 사회화의 과정으로서 선교의 과제와 나란히 교회의 정체성을 이루어 왔습니다. 선교와 교육의 사명은 모두 피조물에 대한 하나님의 사랑 안에서 그 공동의 원천을 갖고 있습니다.

사도행전에서는 가르치는 것을 '디다케'(Didache)로, 전파하는 것을 '케리그마'(Kerygma)로 표현했습니다. "저희가 날마다 성전에 있든지 집에 있든지 예수는 그리스도라 가르치고 전도하기를 쉬지 아니하니라"(행5:42). 여기서 가르치는 '디다케'와 전도하는 '케리그마'가 함께 조화를 이루어 실시되었음을 보여줍니다. 스마트(James Smart)는 다드(C. H. Dodd)가 구분한 케리그마(복음 전파)와 디다케(교육)의 개념을 비판하면서 교회에서 복음 전파와 교육의 임무가 동등한 위치에 있음을 역설하고 있습니다. 다드는 사도들의 가르침이 기독교 공동체를 대상으로 윤리적인 교훈이었던 것에 비해 사도들의 선교는 비기독교 세계를 향하여 그리스도를 공개적으로 선포하는 것이었다고 결론지었습니다. 즉 교육은 성격상 시종일관 윤리적이었고 케리그마와 같은 깊이와 힘을 가지고 있지 않은 것으로만 이해했다면 교육과 복음 전파와의 필연적인 관계를 분리시켜 놓은 것이나 다름없으며 교회의 사명으로서 기독교 교육의 위치를 약화시켜 놓을 수밖에 없습니다.

교회가 선교공동체로서 세상을 향한 누룩, 소금, 빛의 사명과 훈련장으로서의 역할을 감당하기 위해서는 교육 공동체로 전환되어야 합니다. 또한 교회가 삶의 모든 영역에 관심을 보이면서 선교에 동참해야 된다면 기독교 교육은 단순한 경건의 학습이나 영적 양육의 차원에 머물 것이 아니라 전 교인을 선교의 역군으로 훈련시켜야 할 필연적 과제에 집중해야 합니다. 선교가 하나님 나라의 확장이라는 목표의 전차적 사역이라면 기독교 교육은 후차적인 사역입니다. 그러나 자칫 기독교 교육을 선교에 종속시키거나 선택 사항으로 인식하는 것은 하나님 나라를 확장하는 일을 실패하게 만드는 요인이 될 수 있습니다. 미래의 교두보를 마련하기 위해서 양대 사역은 공존적으로 실시해야 합니다.

요약하면, 교육과 선교는 교회에서 없어서는 안 될 막중한 사명이며 어느 하나를 다른 것에 종속시키면 교회는 교육과 선교의 원천적 사명을 수행하지 못하는 결과를 낳습니다. 그러므로 교회는 교육과 선교에 같은 비중을 두고 균형을 유지해야 하며 하나님 나라를 확장하기 위하여 교회의 사명을 역동적으로 감당해야 합니다.

4. 삼위 하나님의 선교 교육

1) 하나님과 선교 교육

선교는 성부 하나님으로부터 비롯됩니다. 하나님은 성경 전반에 걸쳐 하나님 자신께서 선교적인 하나님이신 것을 계시하고 계십니다. 하나님께서는 모든 죄인들을 향하여 "내게로 오라"고 부르시는 분이시며, 하나님께로 나온 자들에게는 다시금 "가라"고 명령하시는 하나님입니다. 선교는 은혜와 긍휼에 풍성하신 하나님께서 이처럼 세상을 사랑하셔서 하나님께로부터 잃어버려진 자들을 구원하시려고 급기야는 독생자를 보내 주신 하나님 아버지께 그 신학적 기초를 두고 있습니다.

먼저 선교 교육자로서의 하나님은 구약 성경에서 찾아볼 수 있습니다. 이스라엘 백성들과 언약을 맺으신 하나님께서(창 12,15장, 출 19~24장) 하나님 자신의 계획과 목적을 훼방하는 모든 이방 세력들을 심판하시는 하나님입니다. 나아가 하나님께서는 그의 택하신 이스라엘 백성들로 하여금 그들을 택하신 거룩한 목적인 선교적 사명을 성취하도록 그들을 훈련하시는 하나님입니다. 그리므로 이스라엘 백성들은 존재 그 자체로서 이미 선교적 역할을 감당했을 뿐만 아니라 직접 선교적 사명을 감당하도록 하나님께서 그들을 격려했습니다.

이스라엘의 하나님은 언약의 하나님입니다. 하나님께서는 이스라엘 백성들과 언약을 맺으심으로써 그들을 선교사로 교육을 시켰습니다. 이를테면 노아, 아브라함, 모세, 요나 등 하나님께서 부르시고 사용하신 그들에게 끊임없이 구원과 사명에 관한 언약을 맺었습니다. 하나님과 이스라엘 백성들과의 언약은 일방적 언약이요, 유언적 언약으로서 하나님께 무조건 순종해야만 하는 언약이었습니다. 하나님은 징계를 통하여 이스라엘 백성들을 선교사로 교육과 훈련을 시켰습니다. 그들이 하나님의 말씀에 불순종하거나 선교적 사명을 망각할 때마다 징계를 통해 그들의 선교적 사명을 일깨웠습니다. 이를테면 요나에게 내리신 징계는 그 상징적 의미가 분명합니다. 이스라엘 민족의 편협된 국수주의를 깨뜨리시는 하나님의 선교적 의도가 분명한 사건이었습니다. 성부 하나님은 선교의 주관자로서 본질적으로 선교적 존재이시며 그 선교적인 거룩하신 뜻을 이루시고자 구약의 제사장으로 불리는 이스라엘 백성들을 부르셨으며, 나아가 그들을 선교적인 사명을 감당하는 백성들로 만드시기 위하여 교육과 훈련을 하신 선교 교육자 하나님입니다. 그러므로 교회의 선교 교육에 대한 관심과 실천은 성부 하나님의 뜻을 이루는 거룩하고 존귀한 일입니다.

2) 예수님과 선교 교육

예수께서 공생애를 시작하실 때 첫 메시지를 우리는 기억하고 있습니다. "회개하라 천국이 가까웠느니라"(마4:19). 이 말씀은 예수께서 오신 목적을 가장 극명하게 드러내 주시는 말씀입니다. 요한복음 13:13절에 의하면 예수님의 오신 목적을 "내가 온 것은 양으로 생명을 얻게 하려는 것이라". 그리고 마가복음 10:45절에 의하면 "인자가 온 것은 섬김을 받으려 함이 아니라 도리어 섬기려 하고 자기 목숨을 많은 사람의 대속물로 주려 함이니라". 누가복음 19:10절에서는 "인자의 온 것은 잃어버린 자를 찾아 구원하려 함이니라"고 말씀했습니다. 그리고 지상의 사역을 마치고 승천하실 때가 가까워 올 때 말씀하시기를 "아버지께서 내게 하라고 주신 일을 내가 이루어 아버지를 이 세상에서 영화롭게 하였느니라"(요17:4)고 했습니다. 그리고는 "다 이루었다"(요19:30)고 선포했습니다.

예수께서 자신의 공생애를 통하여 성취하신 일들은 무엇이었습니까? 그것은 모든 죄인을 위한 천국 복음의 전파와 나아가 구속을 위한 거룩한 사역이었습니다. 복음 전파 사역은 친히 회당에서 그리고 주어진 모든 장소를 교실 삼아 하나님 나라의 귀중한 복음을 가르치시고 전파 하셨으며, 나아가 열두 제자들을 부르시고 훈련하셔서 그들에게 이 위대한 사명을 수행하도록 위탁하시면서, "그러므로 너희는 모든 족속으로 제자를 삼아 아버지와 아들과 성령의 이름으로 세례를 주고 내가 네게 분부한 모든 것을 가르쳐 지키게 하라 볼지어다 내가 세상 끝날까지 너희와 함께 있으리라"(마28:19~20)고 했습니다. 그리고 예수님은 제자들에게 "아버지께서 나를 보내신 것 같이 나도 너희를 세상에 보내노라"(요20:21) 말씀했습니다. 우리는 여기서 예수님은 친히 선교사이셨으며 나아가 선교 교육자이셨음을 알 수 있습니다. 그리고는 급기야 모든 인류의 죄를 짊어지시고 십자가에 달려 죽으심으로 죄의 문제를 해결하시고 사흘 만에 부활하심으로써 의를 완성하시므로 구속 사업을 완전하게 성취하신 것입니다.

이와 같은 예수님의 선교 교육 방법은 오늘날 현대 교회가 추구해야 할 선교 교육의 모델이 됩니다. 예수께서는 소수의 일꾼들을 집중적으로 교육하시고 훈련했습니다. 그리고 훈련된 그들에게 기꺼이 당신의 사역을 위탁했습니다. 이에 관하여 오스왈드 스미스(Oswald J. Smith)는 다음과 같은 말을 하였습니다. "예수님께서 지상 사역을 마치시고 승천하셨을 때 천사 가브리엘을 만나 말씀하셨다. '나는 하나님께서 나에게 명하신 것을 완수했노라'. 그때 가브리엘이 다시 물었다. '예수님께서 지상에서 시작하신 사역이 계속되도록 하기 위하여 어떤 계획을 가지고 계십니까?' 그러자 그때 예수님께서 대답하셨다. '소수의 제자들을 남겨 두었다. 그러므로 그들이 나의 사역을 계속하게 될 것이다'."

예수님께서 행하신 선교 교육은 친히 모범을 보여주신 것이 그 특징입니다. 친히 행하시며 가르치시는(행1:1, 히1:1~3) 분입니다. 유대인들뿐만 아니라 모든 이방인들을 사랑하시는 하나님의 뜻을 실천하심으로 우리들에게 나타냈습니다. 민족의 벽과 나아가 종교적인 벽, 사회적인 벽, 인종적인 벽, 남녀노소, 빈부 계층의 모든 벽을 부수시고 모든 이들에게 천국의 복음을 전파하셨고 하나님의 사랑을 증거 했습니다. 그리고 선교를 위하여 훈련된 열두 제자를 파송하셨고, 나아가 70인 전도팀(10장)을 파송 했습니다. 이 사역은 현대 교회의 선교를 위한 준비와 교육에 중요한 교훈을 제공해 주고 있는 것입니다.

예수께서는 공생애의 마지막 사역으로서 제자들에게 선교적 사명을 부여하시고 그들을 힘 있게 파송했습니다. 예수님의 선교 교육은 파송하시고 위임하심으로써 완성되었습니다. 제자들은 예수님에게 부름 받아 선교적 사명을 잘 감당하였듯이 오늘의 교회도 신실한 주의 제자들을 불러 그들에게 지속적인 선교 교육을 통하여 예수 그리스도의 복음이 온 세상에 전파되도록 해야 할 것입니다.

3) 성령과 선교 교육

기독교 선교는 인간의 일이 아니라 처음부터 끝까지 성령의 지도와 역사하심으로서만 이루어지는 하나님의 사역입니다. 마태복음에서 명령하신 선교 명령인 '모든 족속으로 제자들을 삼으라'고 하신 말씀은 사실 인간으로서는 행하기 불가능한 것이었습니다. 그러나 불가능한 여러 가지 상황 속에서도 땅끝까지 이르러 증인이 될 수 있었던 이유는 성령의 능력을 받았기 때문이었습니다. 그러므로 성령께서는 선교 사역의 촉진자입니다. 성령의 역사하심 없이는 선교 사역을 할 수가 없습니다. 그래서 사도행전 1:8절에서는 성령의 임재와 임하시는 능력만이 복음의 증인이 되는, 즉 선교적 삶의 절대적인 조건이 됨을 교훈하고 있기 때문입니다. 성령 하나님께서는 본질적으로 증거의 영입니다.

지상에 존재하는 모든 교회와 그리스도인들이 하나님의 위대한 선교를 위하여 행하는 모든 일들은 성령님의 역사하심에 의해서만 가능한 것입니다. 오직 성령께서만 죄인들을 살리는 영적인 생명을 불어넣어 주실 수 있으며, 또한 증인들로 하여금 복음을 증거하도록 역사합니다. 가장 탁월한 선교 사역을 감당했던 사도 바울 역시 그의 선교 사역을 되게 하신 분은 성령님이시며, 성령님께 민감했던 바울은 그의 모든 전도 여행은 날마다 성령의 인도하심을 따라 순종한 결과라고 밖에 볼 수 없습니다.

하나님의 선교를 감당하려는 모든 사역자들은 성령의 은사를 받아야만 합니다. 성령의 은사는 교회를 통하여 이루시고자 하시는 뜻을 성취하게 하시는 성령의 능력입니다. 그러므로 성령께서는 모든 그리스도인들에게 능력과 하늘의 지혜, 특히 선교 사역을 위하여 필요한 모든 은사를 부어 주시는 것입니다. 성령께서는 앞에서(사45:2), 뒤에서(사58:8), 안에서(요14:17), 함께(마28:20) 하시면서 모든 선교 사역자들과 선교사들을 도우시며 힘을 줍니다. 뿐만 아니라 성령께서는 보혜사입니다(요14:16). 위로자입니다. 치료자입니다. 선생입니다(요16:8~9). 돕는 자입니다. 선교를 위한 모든 필요를 채워 주시는 분입니다. 교회로 하여금 가장 효과적으로 선교하고 선교 교육을 하도록 오늘도 도와주시고 인도해 주시는 분입니다.

5. 선교 교육의 기초

한국교회는 지난 선교 1세기 동안 엄청난 부흥과 성장을 이룩하였습니다. 그래서 외형적으로는 선교의 열기가 뜨거웠으나 내용적으로는 짧은 선교 역사, 선교에 대한 충분하지 못한 교육, 충분히 준비되지 못한 선교사 파송 등으로 한국교회의 선교가 많은 시행착오를 일으킨 것은 주지의 사실입니다. 그 원인들을 분석해 보면 선교에 대한 인식과 이해의 부족으로 말미암아 발생하는 양적 실적에 대한 요구, 선교사를 잘 훈련할 수 있기 위한 선교 신학의 부재와 선교 교육의 부재 등을 우선 들 수 있습니다. 그리고 빼놓을 수 없는 문제점은 한 선교사가 부름 받아 헌신하여 파송되기까지 준비 기간이 너무 짧다는 것과 선교 교육과 훈련이 부족하다는 것입니다.

1) 선교 교육의 본질

'선교'라는 용어가 성경에 나타나 있지는 않지만 일반적으로 '선교'는 '보냄'(sending)을 의미합니다. 이 말은 헬라어로 'apostel-lin', 즉 '파견, 파송하다'(to send forth)이며, 라틴어 'missio'에서 온 것으로 그 원형은 '보낸다'(to send)를 뜻하는 'mittere'입니다. 영어의 'missionary'는 13세기 로마 가톨릭 교회(R.C.C)의 수도원에서 사용되었는데 그 의미는 세상에서 사도의 생활과 사역을 위하여 보내을 받은 자를 가리키는 용어였습니다. 그러므로 어원적으로 살펴볼 때 선교사는 하나님을 위하여 하나님의 비밀을 맡은 봉사자로서 파송된 자를 말합니다. 그런 관점에서 선교는 하나님의 사업이며, 아울러 교회의 사명이며, 나아가 이 땅의 모든 그리스도인들의 사명인 것입니다. 삼위일체이신 하나님의 본질은 그 속성상 선교적 하나님입니다. 조지 휘체돔(George F. Vicedom)은 선교에 대하여 언급하기를 "하나님은 선교의 주역이시다"라고 했습니다. 그러므로 선교는 예수 그리스도를 통하여 완성된 구원의 복음을 교회를 통하여 이 땅에서 성취해 가시는 하나님의 사업입니다.

이를 위하여 예수 그리스도는 최초의 선교 교육자로서 사역을 했습니다. 예수께서 스스로 직접 삶의 현장 속에서 제자들을 만나셨고 부르셨으며(마4:1819), 제자들과 함께 공동체 생활을 하면서 직접 제자들을 가르쳐 훈련했습니다(마5~8,10장). 또한 열두 제자를 파송 하셨고(마10:1~12), 나아가 70인 제자들을 파송했습니다(눅 10:1~12). 그리고 승천을 앞두시고 마지막으로 제자들에게 "너희는 가서 모든 족속으로 제자를 삼아 아버지와 아들과 성령의 이름으로 세례를 주고 내게 네게 분부한 모든 것을 가르쳐 지키게 하라"(마 28:18~20)고 명령하시면서 선교 교육을 강조했습니다. 그러므로 선교 교육은 예수 그리스도에 관한 교육이며, 주님의 지상명령을 연구하는 교육이며, 순종케 하는 교육이며, 순종을 통하여 온 세계로 가게 하는 교육이며, 온 세계 복음화할 수 있도록 지속적으로 격려하며, 훈련하는 하나의 성경적 훈련의 과정인 것입니다.

2) 선교 교육의 필요성

선교 사역에 있어서 한국교회는 긴 역사에 걸쳐서 단일 민족, 단일 언어, 단일 문화권을 지니고 있다는 것입니다. 이것은 타 문화권 선교에 있어서 결정적인 약점으로 작용할 수 있습니다. 왜냐하면 타 문화권에 대한 이해의 부족으로 타문화에 대해 배타적이거나 아니면 반대로 전적인 모방적 태도로 일관할 수 있다는 것입니다. 타 문화의 수용 능력이나 적응력을 가질 수 있는 기회를 그만큼 가질 수 없기 때문입니다. 그런 의미에서 선교 교육은 대단히 중요한데, 선교 교육의 중요성에 대하여 데이턴(E. R. Dayton)은 "의사에게 실수라는 것은 치료받는 환자의 생명과 직결되기 때문에 수년에 걸쳐 수련 과정을 거친다. 하물며 이질적인 문화 환경에서 인간의 영혼을 구원하는 사명을 수행하는 선교사의 역할을 고려한다면 선교사가 받아야 할 교육의 중요성은 아무리 강조해도 지나치지 않다"라고 언급했습니다. 그리고 허버트 케인(J. Herbert Kane)은 "선교사는 태어나지 않고 만들어진다"라고 했고 "선교 없는 교회는 뿌리 없는 나무요, 교육 없는 선교는 열매 없는 뿌리와 같다"라고 했는데 이는 선교 교육이 얼마나 중요한가를 단적으로 말해 주는 것입니다.

선교에 헌신하고자 하는 모든 사람은 선교 교육을 받아야 합니다. 그러므로 선교사는 교육을 받아야 합니다. 그 어떤 이유로도 그 과정은 면제될 수도, 건너뛸 수도 없는 것입니다. 선교 교육의 중요성은 아무리 강조해도 지나침이 없습니다. 선교에 대한 정확한 지식과 타문화에 대한 이해와 적응력을 가진 후라야 사역을 더욱 극대화할 수 있기 때문입니다.

선교 교육의 필요성에 대하여 한국선교훈련원(GMTC) 백인숙 교수는 다음과 같이 말했습니다. "첫째, 교회가 교회적 사명을 다하기 위해서는 선교 교육이 필요하다. 선교는 교회의 본질이므로 교회가 성장하려면 선교적이어야 함은 당연하다. 둘째, 올바른 동기로 선교하기 위해서는 선교 교육이 필요하다. 셋째, 의미 있는 동역을 하기 위해서는 선교 교육이 필요하다. 선교는 비전가(Visionary)나 선교사 그리고 교회 전체가 참여하여 이루어지는 것이다. 현지에서 활동하는 선교사만 아니라 기도와 물질로 후원하는 자들도 중요한 인력이다. 넷째, 훌륭한 인력을 양성하기 위해서는 선교 교육이 필요하다. 그리스도인은 영적으로 거듭나는 순간 세계를 품는 그리스도인이 되어야 하는데 세계적인 선교 훈련은 장기적이고 보다 조기에 실시하는 것이 이상적이라는 결론에 이르고 있다. 다섯째, 현재 활동하고 있는 선교사들이 더욱 양질의 선교사들이 될 수 있도록 교정하고 선교 발전을 위하여 선교 교육이 필요하다. 여섯째, 한국 선교의 장래를 위해 선교 교육이 필요하다. 예를 들면 선교사 자녀 교육의 공동 대처 등이다. 일곱째, 선교를 위한 행정 체계의 발전과 선교 사역의 발전을 위해서 선교 교육이 필요하다".

3) 선교 교육의 목적

바람직한 성경적인 선교를 위해서는 선교에 앞서 선교 교육이 반드시 선행되어야 합니다. 이때의 선교 교육은 성경에 나타나 있는 선교의 목적을 성취하기 위한 목적을 내포한 것이어야 할 것입니다. 성경적 선교의 목적은 온 세계 열방의 잃어버린 자들을 구원하는 것과 함께 하나님 나라의 실현과 확장에 있는 것입니다. 따라서 선교 교육은 교회가 하나님께서 특별히 선택한 사람들로 하여금 살아계신 하나님께 경배와 찬양의 삶을 드리며, 나아가 열방을 향해 선교적 삶을 통하여 하나님 나라를 확장하는 데 기여 하도록 체계적으로 돕는 데 있습니다. 즉 선교 교육은 성경에 게시된 하나님의 사랑을 온 세계 열방을 향하여 땅끝까지 전파하므로 그들이 하나님을 알고(엡1:15~23),

진리의 지식(요14:6)을 통하여 구원을 받을 뿐만 아니라 선교적인 존재로 살아가도록 돕는 행위라 할 수 있는 바 선교 교육의 목적은 다음과 같이 정리할 수 있습니다.

첫째, 모든 그리스도인들로 하여금 자신을 먼저 하나님 앞에서 예수 그리스도의 온전한 제자로 세울 뿐만 아니라 그리스도의 장성한 분량에까지 성장하도록 도우며 지속적으로 강건하도록 돕는 데 있습니다.

둘째, 모든 그리스도인들로 하여금 하나님 앞에서(Coram Deo) 신실한 예배자로서의 삶을 살아 하나님께 영광 돌리도록 격려하며 이 세상을 향하여서는 선교와 봉사의 삶으로 선교적 사명을 감당할 수 있도록 돕는 데 있습니다.

셋째, 그리스도인들로 하여금 이 세상에서 선교적 존재로 살아갈 수 있도록 그 구체적인 방법과 내용들을 체계적으로 가르침으로서 선교적 책임을 가장 효과적으로 감당할 수 있도록 돕는 데 있습니다.

넷째, 모든 교회가 하나님으로부터 선택받은 공동체로서 궁극적으로 다른 교회를 설립하고 성장과 부흥을 이룩하며 이 세상에서 복음 전파와 선한 삶을 통하여 하나님 나라를 확장하는 데 있습니다.

다섯째, 선교 교육은 성도들뿐만 아니라 영적 지도자들(목회자, 선교사, 선교 지원자)에게도 절실히 필요한 것임을 인식해야 합니다. 왜냐하면 좀 더 건강하고 성경적인 선교를 위한 것이 가장 중요한 이유이며, 또 올바른 선교사 후원과 양육 그리고 바람직한 선교 지도력 개발을 위해서는 먼저 지도자들 자신이 성경의 빛에 비추어서 하나님의 뜻에 합당하게 사역에 임하고 있는가를 점검해야 할 필요가 있기 때문입니다.

4) 무엇이 선교 교육인가?

선교 교육은 한 개인이 하나님의 선교 목적의 성격, 함축적 의미, 증거들을 이해해 감으로써 탐구해 나가는 과정이며, 또한 개인적 헌신과 순종을 통해 그 목적에 응답해 가는 과정입니다. 선교 교육은 그리스도인들로 하여금 하나님이 행하신 일과 하고 계신 일, 그리고 예수 그리스도 안에서 약속하신 일들을 전 세계에 나타내고자 하는 교회의 선교 사역에 효과적으로 참여하도록 합니다. 선교 교육은 탐구, 응답, 준비 등의 과정을 포함합니다. 개인은 하나님의 선교 목적의 성격, 함축적 의미, 증거들을 이해해 가면서 탐구하게 됩니다. 다음에는 개인적으로 헌신하고 순종하여 그 선교 목적에 응답하게 됩니다. 이어서 지역적으로, 세계적으로, 전 세계를 향한 교회의 선교에 효과적으로 참여할 수 있도록 준비됩니다.

모든 교육에 적용되는 것과 마찬가지로 선교 교육은 몇 가지 요소들을 가지고 있습니다. 첫째, 선교에 대한 정보이며 둘째, 기술 개발, 즉 선교에 참가하는 방법이며 셋째, 그 주제에 대한 적극적 참여, 즉 선교의 실제적인 실천입니다.

교회에서 제시된 선교에 대한 인식과 참여 방법은 선교에 대한 성경적 이해에 기초하고 있습니다. 지역교회는 선교가 하나님의 사랑에서 시작되었고 예수님의 선교와 성령님의 역사로 계속되었다는 사실을 기억해야만 합니다. 지역교회에서 건전하고 균형 잡힌 선교 교육의 강조점은 교인들을 다음과 같이 하도록 인도해야 합니다.

 - 선교를 위해 기도하라.

 - 선교를 감당하라(목사와 증인)

 - 선교를 통해 배우라.

 - 선교를 위한 삶의 방식이 되도록 영적으로 개발하라

 - 교회와 교파의 사역에 참여하라.

6. 선교 교육에서 지역 교회의 동반자 관계

선교를 위한 교육이 결과를 낳을 때 우리는 그것이 성공적이라는 것을 알게 됩니다. 강력한 성경적 기초는 알맞은 사실과 의미 있는 논의와 함께 생애 모든 수준에서 지상 대명령에 대한 유익한 수확을 낳을 것입니다. 다음에 제안하고 있는 것들은 지역 교회 구성원들과 선교 봉사단체 간의 동반자 관계를 발전시키는 것을 도울 것입니다.

1) 선교 동반자 관계는 개인이 관여해야 합니다.

선교 동반자 관계는 개인의 삶에서 하나님의 부르심과 하나님 사역의 협력자가 되는 기회에 자기 자신이 부응함으로 시작됩니다. 선교를 위하여 개인이 주님과 함께 일할 수 있는 길은 끝없이 많이 있으며, 그중 몇 가지가 여기에 언급되어 있습니다.

2) 헌신의 동반자 관계를 가르치라.

그리스도인 각자는 언젠가 주님께 자신이 어느 정도 순종했는지 그리고 세상을 복음화하라는 그리스도의 명령에 어느 정도 응했는지에 대하여 설명해야 할 것입니다. "이는 우리가 다 반드시 그리스도의 심판대 앞에 나타나게 되어 각각 선악 간에 그 몸으로 행한 것을 따라 받으려 함이라"(고후5:10). 각 사람은 그리스도께 자신의 생명을 빚지고 있으며, 각자는 하나님의 뜻에 완전히 순종하고 주님의 위대한 선교 계획에 섬길 수 있도록 요청받고 있습니다. 영적 종의 신분을 받아들이는 것은 다름 아닌 주 예수님께 완전히 노예 상태가 되는 것일 것입니다. 비록 모든 이들이 그리스도를 위하여 무엇이나 언제나 어디서나 선교하기 위하여 순종하고 마음을 열어야 하지만 대부분 사람은 국내에서 임무가 주어질 것입니다.

목회자들은 그들의 양들에게 순종이 의미하는 바가 무엇인지 본을 보이면서 살도록 하나님에 의해 책임을 맡은 개인들의 특별한 무리입니다. 어떤 이들은 하나님께서 그것의 일원이 되라고 그들에게 요구하실 수도 있다는 두려움 때문에 선교에 개인적으로 참여하는 순종을 회피하고 그들이 생각하기에 그것이 덜 매력적인 봉사로 여겨지는 것 때문에 교회와 모국을 떠나기를 회피합니다. 어떤 목회자들은 그들이 다른 지역에 가서 자신의 강단을 비울 때만 선교사들에게 말할 기회를 줄 것입니다. 매우 적은 신학교들이 선교 사역에 대한 생각을 진지하게 고려하고 있습니다. 그러나 이 이슈에서 하나님을 똑바로 바라보고 역동적인 영적 능력과 가장 큰 효과를 경험하는 사람은 목회자입니다. 그러한 경우에 하나님께서 그분의 불을 쏟아 부어 주실 수 있습니다.

3) 중보기도의 동반자 관계를 가르치라.

매일 한 사람이 브라질, 일본 그리고 세계의 다른 곳에서 복음을 전할 수 있습니다. 그것은 거실 의자에서 행해질 수 있습니다. 이것은 중보기도를 의미합니다. 하나님 아버지와 이야기하는 효과를 진정으로 이해하는 그리스도인은 승리의 기도를 드리기 위하여 그분과 함께 하는 시간을 힘들어하지 않을 것입니다. 개인들은 다른 사람들을 위하여 기도하기 위하여 여러 보조 기억 도구를 사용합니다. 어떤 이들은 그림이나 카드, 선교 편지들, 선교 프로젝트 알림 글, 소식지, 힘들어하고 있다고 여기는 사람들의 이름들을 기도 알림으로 사용하여, 중보기도 때 주님 앞에 그것들을 펼쳐 놓습니다. 개인용 기도 목록을 만들어 그것을 5일 이상으로 나누어 다른 사람을 위하여 정규적으로 기도하는데 쓰는 것도 보통입니다. 하나님의 승리와 복을 이미 나누고 있는 중보기도자는 지금 그리고 종말에 영원한 보상을 받을 것입니다.

4) 선교 편지의 동반자 관계를 가르치라.

모든 성인 그리스도인은 특별한 관심과 집중된 기도, 편지, 생일, 기념일, 크리스마스 그리고 특별한 "돌봄" 꾸러미를 보내기 위하여 개인 선교사를 입양해야 합니다. 어린이들과 청소년들도 선교사들과

서신을 보내도록 격려되어야 합니다. 선교사와 동반자들 간에 깊은 유대감이 생기면, 선교사들이 휴가차 돌아왔을 때 입양된 선교사와 그 선교사를 입양한 사람 간에 풍성한 만남이 이루어집니다.

5) 재정 후원 동반자 관계를 가르치라.

중보기도에서와 같이, 선교 봉사활동에 재정적인 참여를 통하여 또한 기부자는 전 세계에서 복음을 전하고 교회를 개척하게 됩니다. 모든 믿는 자들이 선교 현장에 직접 가서 일할 수는 없지만, 그들이 수입 일부를 투자하여 다른 사람들이 거기에서 다른 사람들을 섬기도록 재정 후원을 함으로써 가능합니다. 하나님의 기록 시스템은 국내에 머물러야 했던 사람들이 영적 승리의 보상을 나누게 되어 있습니다(삼상30:24을 보라). 중보기도의 삶을 시작한 사람들은 전형적으로 그것이 가져오는 큰 특권에서 선교사가 가진 관심에 열렬한 기부자가 되는 것을 목격하는 것은 흥미롭습니다.

6) 경험의 동반자 관계를 가르치라

선교 현장을 관찰하러 해외 방문을 할 수 있는 개인들은 그 경험으로 그들의 관점이 크게 변화되었습니다. 개인이 사역을 직접 보는 것만큼 사람들을 그렇게 극적으로 영향을 미치는 것은 없을 것입니다. 성인 한 명 혹은 두 명이 지구상 어느 곳에 가기 위한 교통비용은 보통 그다지 많이 들지 않습니다. 선교 현장을 경험하기 위한 또 다른 방법인 업무 여행은 사역을 대신하여 하나의 과제를 성취하는 정해진 목적이 있습니다. 그러한 여행은 보통 이삼일에서 이삼 주정도 진행됩니다. 건축가, 교사, 의료진, 정비공, 기술이 조금 있거나 없는 일반인들은 그들을 필요로 하는 곳에서 섬기기 위하여 그러한 여행에 시간을 낼 수 있습니다. 그 결과는 그들 자신과 그들의 국내 교회들을 열광시킬 수 있습니다.

최근에 개인들이 1~2년 단기 선교를 가는 것이 더 흔해졌습니다. 직업적 봉사로 들어가기 위한 하나님의 지시를 감지하지 못했다면, 이러한 하나님의 좋은 선교 사역에 그들의 삶의 일부를 기부하기 원합니다. 이 선택 사항은 젊거나 나이 들었거나, 미혼이거나 결혼했거나, 대학 나이거나 은퇴한 사람들 모두를 위하여 회중에서 강조되어야 합니다. 교회들은 각 그리스도인이 이것을 고려하도록 격려해야 합니다. 많은 단기 선교사들은 사역의 비전에 붙잡혀서 직업 사역자들처럼 현장에 되돌아갑니다. 다른 이들은 선교사 열성분자와 선교적인 생각이 있는 교회의 지도자가 됩니다.

지역교회의 보통 교육 프로그램을 넘어서 선교에 대하여 배울 방법이 많이 있습니다. 선교에 대한 좋은 가르침과 설교가 놀랄만한 효과를 가지고 있을 수 있다는 것을 인식하는 것과 그 기초 작업의 가장 강력한 결과는 개인이 어떤 동반자 관계 - 주님이 그의 자녀가 세계에 복음을 전달하는 것을 돕는 사역을 하고 계신다는 것을 가리키는 - 개인적으로 관여하게 될 때입니다.

7. 선교 동반자 관계는 가족을 포함해야 한다.

개인에게 적합한 선교 기회들은 또한 가족들에게도 적용될 수 있습니다. 그러나 가족들은 한 사람이 어려워하는 것을 집합적으로 할 수 있습니다. 기독교 가정이 가지고 있는 다음 세대를 형성하는 힘을 똑같이 중복할 수 있는 개인이나 기관은 어디에도 없습니다. 다음에 제안하는 것들은 선교에 좀 더 관련되기를 추구하는 가족들에게 도움이 될 것입니다.

1) 선교적 사고로 가족의 선교 동반자 관계 가르치기

한 전문 선교사는 한 번은 열매가 풍부한 그의 선교 봉사를 위한 훈련을 어디에서 받았는지 질문을 받고 이렇게 대답했습니다. "대부분 나의 실제 선교사 훈련은 가정에서 받았습니다". 그가 대학과 신학교에서 훈련을 받았지만 그는 자기 선교에 대한 깊은 관심을 선교적인 관심이 중심이 된 가정에서 그 흔적을 찾았습니다. 선교사의 명판과 그림들이 벽에 걸려 있었고, 선교사의 편지가 가정의 기도 시간에 정규적으로 읽혀졌고 방문한 선교사들이 저녁 식사 손님들이었던 가정에서 찾았습니다. 하나님 사역의 유익을 위하여 가족들이 연합하는 것은 주요한 결과 중의 하나가 가족 그룹 자체에 있습니다. 그것은 가족을 공동의 목적을 통하여 가까워지게 합니다. 모든 구성원은 온전히 선교 중심이고 그리스도 중심이 될 잠재성이 있습니다. 자녀들에게 세상의 가치 대신에 주님의 가치가 가르쳐집니다. 예를 들면, 아이들에게 선교 은행 계좌를 만들어 선교를 위해 그들의 돈을 저축하는 것을 가르치는 것은 훌륭한 주일학교 프로젝트입니다. 아이들은 천국에 재정을 투자하는 것의 축복을 일찍 배울 수 있습니다.

2) 선교사 '입양'으로 가족의 선교동반자 관계 가르치기

한 가족은 선교사 가족 전체를 입양하여 주님의 이름으로 그 가족에게 그들의 기도와 사역 활동을 집중하기 위하여 집합적으로 협력할 수 있습니다. 집중된 기도와 편지쓰기 사역 모두 그 선교사들에게 놀라운 격려를 가져다줄 것입니다. 어린아이들의 나이가 비슷한 선교사 가족을 입양한 가족이라면, 그 유대감은 일생 동안 계속되는 우정으로 이어질 수 있고 자녀들에게 더 큰 비전과 하나님을 섬기기 원하는 의지를 낳게 할 수 있습니다.

3) 선교사 초청으로 가족의 선교 동반자 관계 가르치기

아이들에게 선교 세계를 소개하는 훌륭한 방법은 선교사들을 저녁 식사 손님으로 초청하는 것입니다. 식사를 위해서이든지 아니면 숙박 손님으로든지 어린이의 삶에 하나님의 놀라움과 도전을 심기에 선교사나 선교사 가족과의 사적 상호 작용을 대체할 것은 없습니다. 성인들 젊은이와 어린이들 모두 이러한 노출에서 혜택을 얻습니다. 그것은 쌍방향의 축복입니다. 왜냐하면, 선교사들에게 다가가는 것은 우리가 주님의 사역자들이 회복되고 사랑받으며 기운을 되찾는 것을 느끼도록 돕는 것이며 주인 가족들은 스스로 격려되기 때문입니다. 실제 손님은 그리스도 그분 자신입니다(마10:41~42).

8. 어떻게 선교 교육을 할 것인가?

균형 잡힌 선교 교육의 강조에 대한 필요성을 이해했다면 다음 질문은 '어떻게'일 것입니다. 어떻게 지역교회들이 각 교인들을 지상명령을 수행하여 선교를 경험하도록 인도할 것인가?

○ 모든 교회를 위한 선교 교육
(팀 시너, 남침례회 북미선교부 선교 교육팀 책임자의 글)

(1) 교회는 세계 선교의 중심

하나님의 계획에 따라 개교회는 세상에 있는 모든 사람들에게 복음을 전하기 위한 전략 중심지가 된다. 또한 하나님은 각각의 교회로부터 그분의 추수지에 일꾼들을 보낼 계획을 가지고 계신다(헨리 블랙가비).

(2) 선교부(북미)의 선교 비전

미국 내 2억 2천만 명의 잃어버린 영혼들에게 현재의 선교사 숫자로 그들에게 다가가기 위해서는 선교사 혼자서 44,000명을 감당해야 한다. 그러나 만약 우리가 우리의 지역교회 성도들을 동원한다면 한 사람이 20명을 접촉할 수 있다. 5,000명의 전문인력만으로는 이 일을 해 낼 수 없다. 우리는 선교 교육을 통해서 평신도들이 이 일에 참여하도록 우리의 노력을 배가해야 한다. 이 일이 성공한다면 미국과 캐나다에 41,000개의 선교 전략 센터가 세워지게 되고, 1,100만 명 이상의 선교사들이 존재하게 될 것이다.

(3) 선교 교육의 목적

세계선교의 전략센터가 되어서 추수할 일꾼을 부르고 세우는 일을 해야 한다. 그리스도인 개개인이 어떻게 하나님의 선교에 개인적으로 '참여'할 수 있는지를 알도록 인도 한다.

(4) 선교 교육의 새로운 정의

선교 교육은 선교 교육 조직이나 자료, 전략과 선교 교육을 위한 행사들을 활용함으로써 그리스도인들과 교회들이 선교에 임할 수 있도록 변화시키는 영적 변화라고 정의할 수 있다. 그리하여 지상명령에 참여하도록 개개인을 각성시키고 그리스도인들과 교회들이 선교로 하나님의 일에 적극적으로 동참하도록 도우며 세계선교의 이유에 대한 열렬한 주창자가 되도록 성장케 한다.

(5) 중대한 변화

선교(missions) 교육에서 'S'자를 제거함으로써 우리는 선교 사역으로 하나님과 연합하는 영적인 과정에 주의를 집중한다. 우리는 선교 기술에 기초한 원리를 가르치고 선교 현지에서 이를 개인적으로 적용하도록 격려한다. 선교적 정신을 가진 그리스도인들은 그리스도를 위하여 미국과 세계로 뻗어갈 지역교회에 의해 개발된 거대한 평신도 선교 전력의 일부가 되는 것이다.

(6) 선교 교육의 방법

① 교회는 성경적인 선교 목적을 개발해야 한다. ② 교회는 사도행전 1:8절에 의해 실천적이고 균형 잡힌 선교 계획을 세워야 한다. ③ 개인적인 선교 전략, 협력 계획들은 선교 계획을 지원하는 틀을 세우게 된다. ④ 다각적인 교회 행사는 선교에 대한 인식과 헌신을 위한 기회가 된다. ⑤ 조직은 선교 헌신에 대한 책임을 가르치고 능력 있는 평신도 선교사들을 훈련 시킨다.

(7) 선교사들은 무엇을 하는가?

효과적인 선교 정신을 지닌 그리스도인이 되기 위해서 우리는 최근에 해외와 북아메리카에서 사역해 온 성공적인 선교사들로부터 배울 수 있다. 선교사들은 선교에 관한 최고의 선생이고 대변자이다.

(8) 선교 교육 기술들

① 선교에 대해 알기 ② 기도 ③ 한 그룹에 관심 갖기 ④ 타문화 체험 훈련 ⑤ 관계성 개발 ⑥ 전략들 ⑦ 전략적인 협력 사역 개발 ⑧ 섬김의 훈련 ⑨ 계획의 실행 ⑩ 메시지 전달 ⑪ 새 신자 훈련 ⑫ 다른 그리스도인과의 나눔

(9) 선교 교육을 받은 그리스도인은 효과적인 개인 선교 현장이다.

선교 교육은 참여자들에게 9개의 선교 영역이나 잃어버린 사람들이 있는 현장에서 적용할 선교 기술을 제공한다. 선교지는 대상자 그룹(people group)과 교회 선교 협력자들에 따라서 나누어진다. 처음 다섯 개의 선교 영역은 선교를 마음에 품은 사람이라면 쉽게 접근할 수 있는 영역이다. 이 영역에서의 선교는 교회와 함께 협력할 수 있으며 직접적으로 교회의 건강과 활동에 영향을 미친다.

① 교회의 선교 현장
네 영역은 사도행전 1:8절의 모델을 따른다. 지방회는 '예루살렘'이 된다. 지역 선교는 '유대'이고 국가는 '사마리아'가 되고 해외 선교는 '땅끝'이 되는 것이다. 이러한 지역의 선교는 다른 교회들과 총회와 선교부들이 지역교회를 통해 함께 동역해야 하는 것이다.

② 개인적인 선교 현장

나의 인생 및 나의 가족, 교회, 직장, 이웃들이다. 더 나아가 나의 지방회, 지역, 국가, 세계이다.

(10) 모든 교회를 위한 선교 교육

• 지역교회 선교 교육은 다음의 3가지에 중점을 두어야 한다.

① 정기 선교 교육 기회와 행사들
② 조직화 된 선교 교육 소그룹들
③ 모든 그룹들 속에서 선교 정신을 가진 개인으로 발전하도록 격려하는 프로그램들

(11) 주된 선교 교육 기회와 행사들

선교 교육에 중점을 둔다는 것은 전체 교회의 상황에서 선교 지향적 원리를 적용하는 것이다. 그것은 교회가 사도행전 1:8절의 선교 계획에 대한 능동적인 책임을 이행하도록 하는 것이다. 그것은 교회 선교팀을 통해서 지원할 수 있다.

① 예배의 기회 ② 교회 차원의 공부 ③ 회의 ④ 선교 박람회 ⑤ 선교 계획

(12) 조직화 된 선교 교육 소그룹들

① 모임이 목적이다. 시간을 즐겁게 보내는 능력만큼 모임이 재미있다.

② 시간 안배가 가장 중요하다. 시간 활용을 못하면 목적을 상실하게 된다.

③ 시작이나 끝이 없다. 프로그램의 목적은 정보를 제공하는 것이며 끝내야 할 과제는 없다.

④ 사역자들이 이 시간에 대해 강조해야 한다. 사역자들이 이 시간에 참여토록 독려하는 것이 가장 중요한 목적이다. 지도자가 필요하다. 사역자들은 효과적으로 활동할 수 있는 능력을 갖춰야 한다.

⑤ 포괄적인 교과과정이 요구된다. 시간 안배에 맞는 '전천후'(one size fitsall) 교과과정이 필요하다.

⑥ 우리의 목적은 교회 내의 기존 조직들을 목적 지향의 소그룹으로 바꾸어 구성원들이 선교에 참여하도록 하는 데 있다.

⑦ 선교 교육 조직은 개개인들이 선교 정신을 지닌 그리스도인이 되는 영적 과정에 참여하기로 헌신한 사람들의 공동체에 기초한 교회에서 이루어진다.

⑧ 그것은 목적 지향적이다.

⑨ 그것은 '선교 지향적'인 목적 진술과 단련되고 책임 있는 지도력 구조로 정의되는 회원자격을 포함한다. 지도자들은 회원들이 영적으로 변화하도록 돕는다.

⑩ 그것은 발전적으로 적합한 교육 과정과 지도(mentoring), 계

획/평가, 책임성과 의사소통의 네트워크가 필요하다. 헌신과 책임은 성공의 열쇠이다. 특정 성을 구분해 책임지는 것이 가장 영향력이 크다.

⑪ 선교 교육 조직을 지원할 수 있는 도구들은 '선교 지향적'인 전략과 자료들, 정규적인 모임들, 행사들, 계획들, 선교 단체 정하기(brand dentification)와 동기 부여적인 체계 등이다.

(13) 선교 지향적인 개발 계획

선교 교육 전략은 잃어버린 영혼을 위한 9개 선교 영역 중에 하나로 나아가는 것과 선교 방법을 가르쳐 참여를 유도하며, 선교 지향적 삶을 살게 하는 교회에 기초 계획이다.

선교 지향적인 전략은 특별한 기간 동안 선교 전략 지역의 잃어버린 영혼들에게 다가가는 데 필요한 그리스도를 향한 개인적인 헌신, 자각, 이해와 책임 있는 수행을 포함한다. 선교 지향적인 전략은 자원과 지도자/멘토, 평가와 조언이 필요하다. 선교 교육 전략을 지원하기 위해서는 계획, 자원과 훈련이 필요하다. 모든 조직들은 선교 지향적인 전략을 사용할 수 있다.

① 교회학교 ② 성가대 ③ 제직회 ④ 남전도회 ⑤ 여전도회 ⑥ 청소년부 ⑦ 어린이부

(14) 선교 행사 기획부

교회가 세계선교의 전략적 센터가 되도록 하는 것과 회중에 정기적인 선교 교육을 하도록 돕는다.

① 선교사들이 선교에 대해 독려할 수 있도록 하고, 필요한 도움을 요청 한다.
② 선교 기념행사를 주관 한다.
③ 폭넓은 선교 교육 자료를 교회에 제공 한다.
④ 여러 방법으로 교회가 선교에 우선순위를 갖도록 내면화 시킨다.
⑤ 개인과 교회가 교회 갱신을 통하여 선교 지향적이 되도록 일깨운다.

(15) 선교 교육 조직부

개개인이 책임 있는 선교 지향적 그리스도인으로 헌신하고 효과적인 사역을 하는 데 필요한 기술을 습득하도록 돕는다.
① 어린이, 젊은이와 성인들이 선교 지향적인 전략을 접하도록 개발한다. ② 어린이, 젊은이와 성인들을 위해서 선교 교육조직을 강화하고 영향을 미친다. ③ 교회가 유능한 평신도 선교사들을 훈련 시킬 수 있도록 선교 교육 자료들을 제공한다.

참고문헌

• 김도일, 전 세대와 소통하는 선교적 교회 교육, 동연, 2022.

• 마이클 J. 앤서니, 기독교 교육 개론, CLC, 2022.

• 마이클 로마노스키 외 1인, 타문화권 교육 선교, 김덕영 역, CLC, 2019.

• 박근원, 전환기의 선교 교육, 한국기독교장로회 선교교육원, 1988.

• 에드워드 R. 데이톤 외 1인. 세계 선교의 이론과 전략, 곽선희 외 2인 역, 대한예수교장로회출판국, 1991.

• 요한네스 베르구일, 선교의 성서적 기초, 김명희 역, 성광문화사, 1983.

• 윤춘식, 현대 교회와 선교 교육, 영문, 2000.

• 이 영, 선교 매트릭스, 좋은땅, 2021.

• 이 영, 땅끝 선교, 그 시작에서 완수까지, 아침향기, 2017.

• 이재완, 교회와 선교 교육, CLC, 2009.

• 임창복 외 2인, 21세기 교회의 선교 교육, 한국기독교 교육 교역연구원, 2007.

• 전영인, 선교 교육 지침서, 한국어린이전도협회, 1993.

• 전호진, 선교학, CLC, 1992.

• 한남대학교 인돈학술원, 미국 남장로회 교육 선교 연구, 동연, 2022.

• 허버트 케인, 기독교 선교 이해, 신서균 역, CLC, 1997.